5·7급 상황판단 PSAT

퍼즐 + 계산

유형 뽀개기!

SD에듀

(주)시대고시기획

머리말

자신이 강한 유형과 약한 유형을 파악하고,
강한 유형보다는 약한 유형을 보완하는 방식으로 준비하기!

2004년 외무고등고시에 처음 도입된 공직적격성평가(이하 PSAT)는 이후 2005년 행정고등고시와 입법고등고시, 그리고 2011년 민간경력자 시험에도 도입되면서 그 중요성이 점차 강조되어 왔습니다. 이제 PSAT는 적용범위를 더 확대하여 7급 공무원 채용시험에도 도입되는 등 그야말로 공무원 시험의 핵심요소로 자리 잡았습니다.

PSAT는 언어논리, 자료해석, 상황판단 등 크게 세 가지 영역으로 분류되는데, 각 영역 내에서도 여러 세부 유형들로 다시 나뉩니다. 수험생마다 언어논리, 자료해석, 상황판단 중 자신이 더 잘하는 영역이 존재하고, 각 영역 내에서도 조금 더 수월하게 해결하는 세부 유형이 존재합니다. PSAT의 기출문제가 축적되고 이를 준비하는 수험생들의 실력이 증가하면서 1~2문제를 더 맞히느냐 못 맞히느냐의 차이로도 당락이 결정되는 상황에서 자신이 약한 유형을 포기하고 강한 부분만 집중적으로 준비할 수 없는 시험이 되었습니다. 이에 따라 수험생들은 스스로 자신이 강한 유형과 약한 유형을 파악하고, 강한 유형보다는 약한 유형을 보완하는 방식으로 준비하셔야 합니다.

이에 본서는 언어논리, 자료해석, 상황판단이라는 큰 분류 내에서 수험생들이 가장 어려워하고 까다롭다고 느끼는 세부 유형을 분석하여 해당 유형을 철저하게 대비할 수 있는 교재를 출간했습니다. 본서가 다루고 있는 세부 유형은 대부분의 수험생들이 어려움을 느끼는 유형이므로 해당 유형을 집중적으로 공부한다면 다른 수험생들이 많이 틀리는 문제를 맞힘으로써 경쟁력을 확보할 수 있을 것입니다.

PSAT의 효율적인 대비를 위해서는 기출문제를 무작정 풀어보는 것이 아니라 과목별 기출유형을 꼼꼼히 파악하고 정리해 두는 습관이 필요합니다. 또한 이를 통해 자신이 약한 세부 유형을 파악하고 이를 집중적으로 대비하여 자신만의 풀이 방법을 찾는 과정이 필요합니다.

본서는 이러한 점에 주안점을 두고 해당 세부 유형에 대한 가장 효과적인 접근법과 남들보다 10점을 더 맞출 수 있는 포인트를 제시하고자 노력했습니다. 자신이 생각하고 있는 접근법과 해설에 기재되어 있는 접근법이 일치하는지를 확인하고, 만약 일치하지 않는다면 어떤 방법이 더 신속하고 본인에게 맞는 방법인지를 정리하는 학습을 하시기를 바랍니다.

SD에듀는 수험생 여러분의 지치지 않는 노력을 응원하며 합격에 도달하는 가장 빠르고 정확한 길을 제시하고자 힘쓰고 있습니다. 수험생 여러분이 합격의 결승선에 도달하는 그날까지 언제나 함께 응원하겠습니다.

SD PSAT연구소

자격증 · 공무원 · 금융/보험 · 면허증 · 언어/외국어 · 검정고시/독학사 · 기업체/취업
이 시대의 모든 합격! SD에듀에서 합격하세요!
www.youtube.com → SD에듀 → 구독

공직적격성평가 PSAT

도입 배경

21세기 지식기반사회가 필요로 하는 공직자는 정치 · 경제 · 사회 · 문화 등 각 분야에서 일어나는 급속한 변화에 신속히 적응하고 새롭게 발생하는 문제들에 대처할 수 있어야 합니다. 이러한 시대적 요구에 부응하기 위해 단순히 암기된 지식이 아닌 잠재적 학습능력과 문제해결능력을 측정하기 위한 PSAT 시험을 도입, 공직자로서 갖추어야 할 소양과 자질을 평가하고 있습니다.

평가 영역

공직적격성평가(Public Service Aptitude Test)는 공직자에게 필요한 소양과 자질을 측정하는 시험으로, 논리적 · 비판적 사고능력, 자료의 분석 및 추론능력, 판단 및 의사 결정능력 등 종합적 사고력을 평가합니다.

❶ PSAT의 평가영역은 언어논리 · 자료해석 · 상황판단 세 영역으로 구성됩니다.

언어논리	글의 이해, 표현, 추론, 비판과 논리적 사고 등의 능력을 평가
자료해석	수치 자료의 정리와 이해, 처리와 응용계산, 분석과 정보 추출 등의 능력을 평가
상황판단	상황의 이해, 추론 및 분석, 문제 해결, 판단과 의사 결정 등의 능력을 평가

❷ PSAT는 특정한 지식의 정도를 측정하는 것이 아니라 능력을 측정하는 시험이기 때문에, 대학입시 수학능력시험과 유사한 측면이 있습니다. 그러나 수학능력시험은 학습능력을 측정하고 있는 데 반해, PSAT는 새로운 상황에서 적응하는 능력과 문제해결, 판단능력을 주로 측정하고 있기 때문에 학습능력보다는 공직자로서 당면하게 될 업무와 문제들에 대한 해결능력과 종합적이고 심도 있는 사고력을 요하는 문제가 중점적으로 출제됩니다.

PSAT 실시 시험 개관

구분	시행 형태		
	1차시험	2차시험	3차시험
5급 공개경쟁채용시험	PSAT · 헌법	직렬별 필수/선택과목 (논문형)	면접
입법고시			
외교관후보자 선발시험		전공평가/통합논술 (논문형)	
지역인재 7급 수습직원 선발시험		서류전형	
7급 공개경쟁채용시험	PSAT	전문과목(선택형)	
5 · 7급 민간경력자 선발시험		서류전형	

시험경향분석 2022년 5·7급 PSAT 상황판단

5급 상황판단 총평

2022년 5급 PSAT 상황판단은 2021년보다 상당히 어려운 난도로 출제되었습니다. 2020년과 2021년 PSAT 상황판단은 기존보다 쉬운 난도로 출제된 경향이 있었지만, 그 경향이 뒤바뀌었습니다. 더욱이 상황판단은 많은 수험생들이 어려워하는 과목이기 때문에 이번 시험은 수험생들을 크게 당황시켰다고 판단됩니다.

2022년 상황판단의 특징은 다음과 같습니다.

첫째, 법조문 유형 문제들은 평이한 난도로 출제되었습니다. 법조문 유형의 문제들은 조문 내의 주체를 파악한다든지, 기간 등을 계산하는 문제가 주를 이루었고, 이러한 유형은 기출문제를 통하여 충분히 연습된 아이디어이므로 많은 학생들이 큰 문제없이 앞쪽 문제들을 해결할 수 있었습니다. 법조문이 선지에 적용되는 방식을 이해하고 훈련하여 빠르게 문제를 풀고 어려운 뒤쪽 문제(퀴즈 등)를 풀 시간을 벌어야 합니다.

둘째, 수리퀴즈 유형의 문제 난도가 상승하였습니다. 3분 이상의 시간을 주어도 어떠한 아이디어가 떠오르지 않는다면 풀 수 없는 8번, 30번, 32번과 같은 퀴즈가 출제되고 전반적으로 계산하여야 하는 양이 많아져 수리퀴즈 문제를 푸는 데 시간이 많이 소요되었습니다.

셋째, 조건을 적용하여 계산을 요구하는 문제가 많아지고 그 계산이 복잡해졌습니다. 8, 10, 11, 30번 등 조건을 주고 총액을 구하는 식의 문제가 많아져 시간이 많이 소요됩니다. 문제를 보고 2분 이상의 시간이 소요될 것 같으면 다음 문제로 넘어가는 식의 선구안이 필요합니다.

넷째, 문제의 구성 측면에서 앞부분의 문제는 평이한 난도로 빨리 풀리고, 뒷부분의 문제에서 난도가 높아져 시간이 지체된 경우가 많았습니다. 시간관리 측면에서 앞부분의 문제를 빠르게 풀고 뒷부분의 문제에 시간을 쏟을 수 있게 하는 전략이 필요합니다. 문제 푸는 순서에도 여러 전략이 있는데 1번부터 차례대로 문제를 푸는 방식, 1번부터 10번을 풀고 21번으로 넘어가는 방식 등이 있습니다. 자신에게 맞는 방식을 선택하여 어려운 문제에 시간을 뺏기는 일이 발생하지 않아야 합니다.

어려워진 상황판단 기조가 계속된다면 역시 난도의 상승은 수리퀴즈나 복잡한 계산문제가 견인할 것입니다. 그렇다고 하여 퀴즈 문제를 대비하는 것에는 한계가 있으므로 형식화된 법조문이나 조건적용 유형의 기출문제를 연습하여 적어도 기존 기출에 등장한 정답 장치에 대해서는 신속하고 정확하게 대처할 수 있도록 하여야 고득점을 노릴 수 있을 것입니다.

7급 상황판단 총평

2022년 7급 PSAT 상황판단은 전체적으로 크게 까다롭지 않았으나 언어논리에서 얼마나 시간을 확보할 수 있었는지에 따라 상대적인 체감 난이도가 다르게 느껴졌을 것으로 예상됩니다.

2022년 상황판단의 특징은 다음과 같습니다.

첫째, 단골로 출제되는 법조문 유형은 예외항목만 잘 체크하면 쉽게 풀이가 가능하게끔 출제되었습니다. 가책형 기준 5번 문제와 같은 설명문 유형 역시 제시문이 어렵지 않고 등장하는 항목도 많지 않았습니다.

둘째, 항상 과도한 시간소모를 유발하는 계산형 문제는 가책형 기준 21번 문제를 제외하고는 까다롭지 않게 풀이가 가능했으며, 규정과 실제 대상들의 데이터를 판단하는 대상선정 유형 역시 규정들이 짧게 제시되어 무난하게 출제되었습니다.

셋째, 항상 변수가 되는 세트문제는 제시문의 이해와 간단한 계산만으로 2문제 모두 쉽게 풀이가 가능했습니다. 특히, 증가율이 25%라는 매우 쉬운 수치로 제시되어 관련된 수치들을 큰 고민 없이 이끌어낼 수 있었습니다.

넷째, 퍼즐형은 수험생에 따라 편차가 심했을 것이라 생각됩니다. 가책형 기준 17번 문제는 문제의 구조는 참신했지만 난도는 높지 않았고, 18번 문제는 문제 자체는 어렵지 않았지만 가능한 경우를 바로 떠올리지 못했다면 멈칫했을 가능성이 높습니다. 반면, 20번 문제는 복잡하게 논리적인 틀을 만들려고 했던 수험생의 경우 매우 고전했을 가능성이 높지만 직관적으로 접근했다면 의외로 매우 쉽게 풀이가 가능했을 것입니다. 24번 문제는 간단하게 생각하면 매우 쉽지만 종료시간이 임박한 후반부 문제로 출제되었다는 점에서 빠른 접근법을 찾아내기가 쉽지 않았을 것이라 생각됩니다.

구성과 특징

유형별 핵심이론

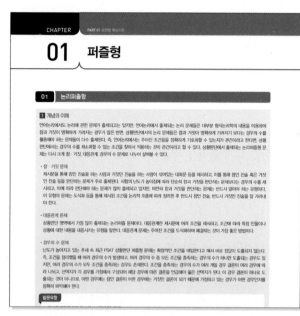

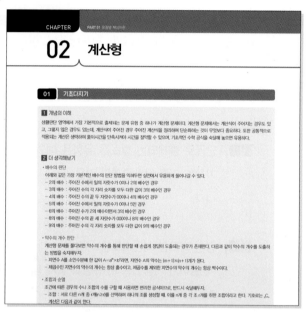

PSAT 상황판단 유형 중 퍼즐형과 계산형의 핵심이론을 수록하였습니다. 각 유형마다 개념의 이해, 더 생각해보기, 10점 UP 포인트와 대표예제로 구성하여 학습의 효율성을 높였습니다.

유형별 필수기출 160제

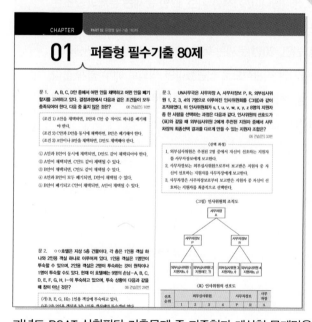

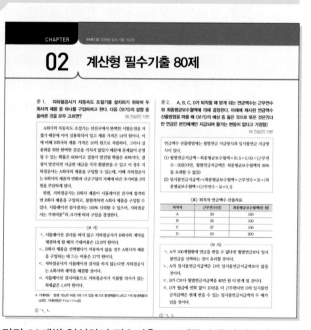

과년도 PSAT 상황판단 기출문제 중 퍼즐형과 계산형 문제만을 각각 80제씩 엄선하여 필수기출 160제를 수록하였습니다.

상세한 해설

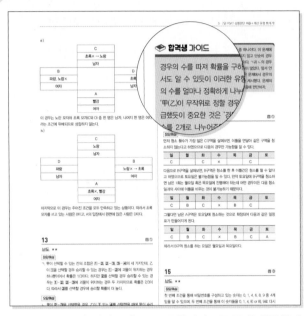

정답해설과 오답해설을 나누어 수록하는 등 최대한 상세하게 해설을 수록하고자 하였으며, 주요 문항마다 5급 공채 최종합격생의 노하우가 담긴 '합격생 가이드'를 수록하였습니다.

5·7급 PSAT 상황판단 최신기출문제

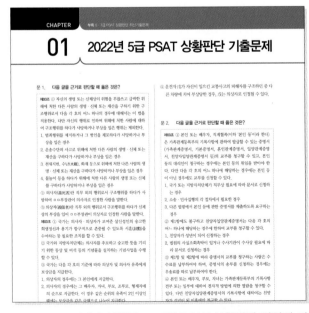

2022~2021년에 시행된 5 · 7급 PSAT 상황판단 영역의 기출문제와 해설을 부록으로 수록하였습니다.

목차

PART 01

유형별
핵심이론

01 퍼즐형

01 논리퍼즐형

1 개념의 이해

언어논리에서도 논리에 관한 문제가 출제되고는 있지만, 언어논리에서 출제되는 논리 문제들은 대부분 형식논리학의 내용을 이용하여 참과 거짓이 명확하게 가려지는 경우가 많은 반면, 상황판단에서의 논리 문제들은 참과 거짓이 명확하게 가려지기 보다는 경우의 수를 활용해야 하는 문제들이 다수 출제된다. 즉, 언어논리에서는 주어진 조건들을 정확하게 기호화할 수 있는지가 관건이라고 한다면, 상황판단에서는 경우의 수를 최소화할 수 있는 조건을 찾아서 적용하는 것이 관건이라고 할 수 있다. 상황판단에서 출제되는 논리퍼즐형 문제는 다시 크게 참·거짓, 대응관계, 경우의 수 문제로 나누어 살펴볼 수 있다.

• 참·거짓 문제

제시문을 통해 참인 진술을 하는 사람과 거짓인 진술을 하는 사람이 섞여있는 대화문 등을 제시하고, 이를 통해 참인 진술 혹은 거짓인 진술 등을 판단하는 문제가 주로 출제된다. 시험의 난도가 높아짐에 따라 단순히 참과 거짓을 판단하는 문제보다는 경우의 수를 제시하고, 이에 따라 판단해야 하는 문제가 많이 출제되고 있지만, 여전히 참과 거짓을 판단하는 문제는 반드시 알아야 하는 유형이다. 이 유형의 문제는 도식화 등을 통해 제시된 조건을 논리적 흐름에 따라 정리한 후 반드시 참인 진술, 반드시 거짓인 진술을 잘 가려내야 한다.

• 대응관계 문제

상황판단 영역에서 가장 많이 출제되는 논리퍼즐 문제이다. 대응관계란 제시문에 여러 조건을 제시하고, 조건에 따라 특정 인물이나 상황에 대한 내용을 대응시키는 유형을 말한다. 대응관계 문제는 주어진 조건을 도식화하여 해결하는 것이 가장 좋은 방법이다.

• 경우의 수 문제

난도가 높아지고 있는 추세 속 최근 PSAT 상황판단 퍼즐형 문제는 확정적인 조건을 대입한다고 해서 바로 정답이 도출되지 않는다. 즉, 조건을 정리했을 때 여러 경우의 수가 발생하고, 여러 경우의 수 중 모든 조건을 충족하는 경우의 수가 하나만 도출되는 경우도 있지만, 여러 경우의 수가 모두 조건을 충족하는 경우도 존재한다. 조건을 충족하는 경우의 수가 여러 개일 경우 결론이 여러 경우에 따라 나뉘고, 선택지가 각 경우를 가정해서 구성되어 해당 경우에 따른 결론을 언급해야 옳은 선택지가 된다. 이 경우 결론이 하나로 도출되는 것이 아니므로, 어떤 경우에는 참인 결론이 어떤 경우에는 거짓인 결론이 되기 때문에 가정하고 있는 경우가 어떤 경우인지를 정확히 파악해야 한다.

> **발문유형**
>
> • 제시된 조건을 따를 때 반드시 참(거짓)인 것은?
> • 제시된 조건을 따를 때 반드시 참(거짓)이라고 하기 어려운 것은?
> • 다음 조건을 근거로 할 때 해당 내용에 맞는 인물은?
> • 다음 조건을 근거로 판단할 때 생성될 수 있는 조합으로 가능한(가능하지 않은) 것은?

2 더 생각해보기

• 발문 접근법

대부분 상황판단에서 출제되는 문제의 발문은 옳은 것 또는 틀린 것을 알려주는 데 그치지만, 논리퍼즐형 문제의 경우 발문에서 이른바 '킬러조건'을 제시하는 경우가 많다. 또한 발문에서 결론이 하나만 생기는 것인지 아니면 경우의 수가 나뉘어 여러 상황이 가능한 것인지를 암시하는 경우가 많으니 발문의 문구 하나하나를 허투루 넘겨서는 안 된다.

- 참 · 거짓 문제 : 참과 거짓을 가리는 문제에서 발문은 크게 중요한 내용을 담고 있지 않은 경우도 존재한다. 그러나 발문을 통해 제시문에서 참을 진술한 사람의 수나 거짓을 진술한 사람의 수 등이 제시되는 경우가 있으므로, 이때는 발문에 표시를 해두고 착각을 하거나 해당 조건을 빼먹지 않도록 유의해야 한다.

- 대응관계 문제 : 발문에는 큰 정보를 제시하고 있지 않은 경우가 많지만, 종종 발문을 통해 세부적인 내용을 제시하는 경우도 있다. 발문을 통해 구체적으로 도출해야 할 내용을 제시하고 있다면, 해당 내용에 자신이 잘 보일 수 있도록 표시해둬서 문제 풀이 과정에서 시간을 허비하지 않도록 유의해야 한다.

- 경우의 수 문제 : 해당 유형의 경우 발문에서 문제풀이에 도움이 되는 정보가 제시되는 경우는 적다. 하지만 발문을 통해 궁극적으로 도출해야 하는 값을 제시하는 경우가 많으므로, 해당 내용이 언급되어 있다면 잘 확인하고 넘어가야 한다. 또한 발문에서 제시하는 내용에 따라 모든 경우의 수를 전부 검토해야 할지 아니면 특정 경우의 수만 검토하면 될지 결정되므로, 유의해서 보아야 한다.

• 제시문 접근법

논리퍼즐형 문제에서는 제시문을 통해 〈조건〉이나 〈보기〉를 활용해야 하는 경우가 대부분이다. 이때 대부분의 경우 제시문을 통해 주어지는 〈조건〉이나 〈보기〉의 길이와 유용성은 비례한다고 봐도 무방하다. 즉, 길이가 긴 조건문일수록 제약되는 내용이 많아 경우의 수를 줄이는 데 큰 도움을 주는 반면, 길이가 짧은 조건문의 경우 경우의 수를 크게 줄이지 못해 문제 해결에 많은 도움이 되지 않는 경우가 많다. 따라서 조건문의 길이는 조건을 판단하는 순서를 정하는 기준이 되며, 이에 따라 문제를 접했을 때 길이가 긴 조건문과 길이가 짧은 조건문이 혼재되어 있는 경우 길이가 긴 조건문을 먼저 살펴보는 것이 좋다.

- 참 · 거짓 문제 : 제시문에 여러 진술들이 나오고, 이를 통해 정답을 도출해야 한다. 우선은 제시문의 진술들 중에서 반드시 참인 진술이나 반드시 거짓인 진술이 있는지 파악해야 한다. 다음으로는 동시에 참일 수밖에 없는 진술이나 동시에 거짓일 수밖에 없는 진술을 찾거나 하나의 진술이 참이라면 반드시 거짓이 될 수밖에 없는 진술(모순 관계)을 찾아야 한다. 참과 거짓이 명확하게 나누어진다면 쉽게 문제가 해결될 수 있지만, 참과 거짓을 명확히 알 수 없어 경우에 따라 참일 수도, 거짓일 수도 있을 때는 경우의 수로 나누어 참과 거짓 여부를 확인해야 한다.

- 대응관계 문제 : 앞서 언급한 바와 같이 대응관계 문제는 도식화를 이용하는 것이 가장 효율적이다. 즉, 제시된 조건을 간단히 표로 정리하는 것을 말하는데, 표를 그리는 방법은 아래와 같다.
  ① 대응시켜야 할 항목에 따라 표의 행과 열을 구성한다.
  ② 제시된 조건에 따라 표 안에 내용을 기입한다.
  ③ 조건에 따라 확실하게 결정되는 내용은 기입하고, 알 수 없는 내용은 빈칸이나 물음표(?) 등으로 기입한다.
  ④ 조건을 순차적으로 정리하면서 표를 채워나간다.

- 경우의 수 문제 : 제시문을 보고 가장 먼저 해야 할 것은 확정적인 정보를 파악하여 정리하는 것이다. 우선 확정적인 정보를 정리하고, 그 뒤에 각 경우(가정)에 따른 결론을 도출해야 한다. 이때 확정적인 정보와 불확정적인 정보를 잘 구분해야 한다.

• 선택지 접근법

논리퍼즐형 문제는 문제의 조건을 어떻게 구성하는가에 따라 경우의 수가 기하급수적으로 늘어날 수 있는 문제이다. 최근 출제 경향을 살펴보면, 경우의 수가 3개 내외로 결정되는 문제들이 대다수였던 PSAT 도입 초기와 달리 경우의 수가 10개 이상으로 확장된 문제들도 종종 출제될 만큼 복잡하고 어려워지고 있다. 경우의 수가 3개 내외일 때는 선택지를 이용할 필요가 없었지만, 경우의 수가 증가한 최근 문제들을 더 빠르고 효율적으로 풀기 위해서는 선택지를 이용해 판단해야 한다. 따라서 선택지를 보고 소거법을 활용하여 오답인 선택지를 빠르게 제거해나가야 한다.

- 참 · 거짓 문제 : 경우의 수가 너무 많이 나뉘거나 내용이 복잡한 경우 선택지 중 임의로 하나를 골라 대입을 하거나 참인 경우 혹은 거짓인 경우로 가정한 후 해결할 수도 있다. 이 경우 대입이나 가정을 하는 선택지는 제시문의 내용과 가장 많이 연계되는 선택지를 고르는 것이 정답을 도출하는 데 유리하다.

- 대응관계 문제 : 대응관계 문제에서는 선택지를 대입해보는 것은 쉽지 않다. 따라서 선택지의 내용을 먼저 대입하는 것보다는 도식화를 진행하면서 선택지의 내용 중 정답에서 제외되는 것이 확실한 경우 해당 선택지를 소거해가면서 문제를 풀어나가는 것이 시간을 절약하는 가장 좋은 방법이다.

- 경우의 수 문제 : 경우의 수 문제에서는 제시문만큼 중요한 것이 바로 선택지의 내용이다. 선택지에서 가정하고 있는 경우를 잘 파악해서 해당 경우에 맞는 결론 찾아낼 수 있어야 문제 해결이 가능하기 때문이다. 이밖에도 선택지에서 특정한 인물이나 값을 구해야 하는 경우 소거법을 이용하여 해당하지 않는 선택지는 소거해가면서 문제를 풀어야 시간을 더 절약할 수 있다.

3 10점 UP 포인트

- **도식화**

  논리퍼즐형 문제를 가장 효율적이고 빠르게 해결하기 위해서는 무엇보다 '도식화'가 중요하다. 앞서 언급한 바와 같이 경우의 수가 복잡해진 최근 문제들에서 특히 더 중요해졌는데, 제시된 조건을 얼마나 간결하고 정확하게 도식화할 수 있는지에 따라 전체 문제 풀이의 성패를 좌우하게 된다. 대부분의 논리퍼즐형 문제는 문제의 하단에 충분히 많은 여백을 주고 있어 해당 부분에 도식화를 하면서 해결한다. 여기서 주의할 점은 여백이 많다고 하여 가운데 부분에 큼지막하게 도식화를 하는 경우가 종종 있는데, 문제를 푸는 과정에서 여러 차례 다시 그려야 하는 경우가 발생하기 때문에 가급적 문제의 바로 아랫부분에 적당한 크기로 도식화하는 것이 좋다.

- **참·거짓 문제**

  - 여러 인물이 등장하는 경우 : 제시문에 등장하는 인물이 여러 명일 경우 각 인물들의 진술 횟수를 확인하면 좋다. 등장하는 각각의 인물들이 모두 2번 이상 진술을 하는 경우 해당 인물의 진술이 모두 거짓인지, 거짓인 진술과 참인 진술이 혼합되어 있는지에 따라 정답이 달라질 수 있다.

  - 반드시 참인 것을 고르는 문제인 경우 : 여러 조건들을 제시해주고 반드시 참인 진술을 고르는 문제는 가장 많이 출제되는 유형이다. 이 문제는 반드시 특정 출발점에서 시작해야 하는데, 제시문에 명확하게 확정조건(A는 참이다)이 주어지는 경우도 있지만 대부분의 경우 제시문을 조건문의 형태(P→Q)로 변형시켜야 확정조건이 도출되는 경우가 많다.

  - 제시문에 참인 진술과 거짓인 진술이 혼합된 경우 : 제시문에 있는 진술 중 참인 진술과 거짓인 진술이 혼합되어 제시된 경우이다. 이 경우 거짓인 조건을 명확하게 제시해주기도 하지만, 대부분의 경우 어떤 조건이 거짓인지는 명확하게 알려주지 않는 경우가 많다. 어떤 조건이 거짓인지 알 수 없는 경우 주어진 조건 중 양립이 불가능한 두 명제를 찾아 이 중 하나를 참으로 가정하고 조건을 연결해보고, 모순이 발생하는지 살펴봐야 한다. 모순이 발생한다면 참으로 가정한 조건은 거짓이 되고, 양립이 불가능한 다른 한 명제가 참이 된다. 참고로 양립 불가능한 명제도 없다면, 경우의 수로 나누어 풀어보는 수밖에 없다.

- **대응관계 문제**

  - 확실한 내용과 불확실한 내용의 구분 : 표를 채워가는 과정에서 기입될 내용이 명확하게 도출되는 경우는 그대로 기입을 하면 되지만, 기입해야 할 내용이 명확하지 않은 경우가 더 많다. 따라서 이 경우 해당 칸을 빈칸으로 두거나 물음표(?)를 기입하는 방법도 있지만, 경우의 수가 많지 않다면 해당 칸을 두 칸으로 나누거나 구분선(/)을 두고 적용해보는 것도 한 방법이다.

  - 표를 새로 그리지 않아도 되는 경우 : 제시문에서 굳이 새로 표를 그리지 않아도 될 정도로 자료가 충분히 주어졌거나 이미 표가 그려져 있는 경우 새로 표를 그리지 않고 주어진 제시문을 활용하여 문제를 풀어야 시간을 절약할 수 있다. 문제에서 제시된 표를 이용하는 경우 해당 표를 여러 번 사용하게 될 수 있으니 너무 큰 글씨로 적지 않도록 유의해야 한다.

  - 선택지 소거법 적극 활용 : 앞서 선택지 접근법에서 언급한 바와 같이 표를 채워가는 과정에서 정답이 아닌 것이 확실시 되는 선택지는 우선 소거해두는 것이 좋다. 소거를 하다보면 정답이 의외로 빨리 도출되는 경우도 발생할 수 있고, 그렇지 않다고 하더라도 조건을 정리하는 데 더 도움이 되기 때문에 선택지 소거법을 적극적으로 활용할 필요가 있다.

- **경우의 수 문제**

  - 발문 또는 선택지 확인 : 발문이나 선택지에서 특정 경우를 가정하고 있다면, 해당 경우만을 가정하여 조건을 대입해나가야 한다. 처음부터 모든 경우의 수를 염두하고 문제를 풀어나간다면 시간도 더 오래 소요될 뿐만 아니라 잘못된 답이 도출될 수 있다. 또한 선택지에서 특정 경우를 가정한다면, 해당 가정에 맞춰 도식화해보는 것이 좋다. 마찬가지로 모든 경우의 수를 검토하는 것보다는 선택지에서 가정하는 경우의 수(최대 5개의 경우)만 검토하면 정답을 도출할 수 있기 때문이다.

  - 불확정적 정보의 처리 : 경우의 수가 있다는 것은 다른 말로 정보가 불확정적이라는 것과 같다. 불확정적인 정보를 너무 오래 검토하면 시간만 소요될 뿐이므로, 일단 경우의 수가 존재하는 문제임을 빠르게 캐치하고, 확정적인 정보만 우선 반영한 후 불확정적인 정보에 따른 경우의 수를 검토하는 것이 정확하고 빠르게 문제를 해결하는 방법이다. 여기서 확정적으로 보이지만 불확정적인 정보도 있고, 반대로 불확정적인 정보로 보이지만 확정적인 정보가 도출되는 경우도 존재하기 때문에 기초논리학을 기반으로 확정적인 정보인지, 불확정적인 정보인지 정확하게 파악하는 것이 무엇보다 중요하다.

  - 선택지 소거 혹은 대입 : 선택지의 구성을 잘 살펴서 확정적인 정보로부터 확인되는 선택지는 빠르게 소거하여 검토해야 할 경우의 수를 줄여나가야 한다. 선택지를 소거할 수 있는 확정적인 정보가 없다면 도식화 등을 통해 경우의 수를 판단하는 과정에서 소거되는 선택지는 미리 소거해두고, 바로 다음 경우의 수를 검토해야 한다.

대표예제 01

다음 글을 근거로 판단할 때, B구역 청소를 하는 요일은?

뿌레스토랑은 매주 1회 휴업일(수요일)을 제외하고 매일 영업한다. 뿌레스토랑의 청소시간은 영업일 저녁 9시부터 10시까지이다. 이 시간에 A구역, B구역, C구역 중 하나를 청소한다. 청소의 효율성을 위하여 청소를 한 구역은 바로 다음 영업일에는 하지 않는다. 각 구역은 매주 다음과 같이 청소한다.

- A구역 청소는 일주일에 1회 한다.
- B구역 청소는 일주일에 2회 하되, B구역 청소를 한 후 영업일과 휴업일을 가리지 않고 이틀간은 B구역 청소를 하지 않는다.
- C구역 청소는 일주일에 3회 하되, 그중 1회는 일요일에 한다.

① 월요일과 목요일
② 월요일과 금요일
③ 월요일과 토요일
④ 화요일과 금요일
⑤ 화요일과 토요일

정답해설

먼저 청소 횟수가 가장 많은 C구역을 살펴보면, 이틀을 연달아 같은 구역을 청소하지 않는다고 하였으므로 다음의 경우만 가능함을 알 수 있다.

일	월	화	수	목	금	토
C		C	×		C	

다음으로 B구역을 살펴보면, B구역은 청소를 한 후 이틀간은 청소를 할 수 없다고 하였으므로 토요일은 불가능함을 알 수 있다. 만약 토요일에 B구역을 청소하게 된다면 남은 1회는 월요일 혹은 목요일에 진행해야 하는데 어떤 경우이든 다음 청소일과의 사이에 이틀을 비우는 것이 불가능하기 때문이다.

일	월	화	수	목	금	토
C	B	C	×	B	C	

그렇다면 남은 A구역은 토요일에 청소하는 것으로 확정되어 다음과 같은 일정표가 만들어지게 된다.

일	월	화	수	목	금	토
C	B	C	×	B	C	A

따라서 B구역 청소를 하는 요일은 월요일과 목요일이다.

답 ①

대표예제 02

다음 〈그림〉과 같이 동일한 크기의 단층 건물 10개가 두 줄로 나란히 서 있고, 각 건물에는 1부터 10까지 번호가 붙어 있다. 또 각 건물에는 10개의 사무실 또는 상점(변호사 사무실, 회계사 사무실, 법무사 사무실, 세무사 사무실, 감정평가사 사무실, 옷가게, 편의점, 노래방, 복사가게, 호프집) 중의 하나가 있고, A, B, C, D, E, F, G, H, I, J 10명이 각각 한 곳에서 일하고 있다. 〈보기〉의 조건이 성립할 때, 반드시 참인 것은?

〈그림〉

1	2	3	4	5

6	7	8	9	10

※ 다만, 1과 6, 2와 7, 3과 8, 4와 9, 5와 10번 건물은 각각 정면으로 마주보고 있음

보기

(가) 전문직종 사무실, 즉 변호사 · 회계사 · 법무사 · 세무사 · 감정평가사 사무실은 짝수 번호 건물에 들어 있고, 나머지는 홀수 번호 건물에 들어 있다.

(나) 변호사 사무실과 법무사 사무실은 같은 줄에 있고, 세무사 · 회계사 · 감정평가사 사무실은 변호사 · 법무사 사무실과 다른 쪽 줄에 있다.

(다) D와 J는 1~5번 사이의 짝수 번호 건물에서 일하는데, D가 일하는 건물과 정면으로 마주보는 건물에 옷가게가 있고, 옷가게에서 큰 번호 쪽으로 다음다음 건물은 노래방이다.

(라) 감정평가사 사무실은 노래방 바로 옆이 아니고, 복사가게가 감정평가사 사무실과 정면으로 마주보는 건물에 있다.

(마) 법무사 사무실에서 감정평가사 사무실까지의 거리가 변호사 사무실에서 감정평가사 사무실까지의 거리보다 가깝다.

(바) 편의점은 법무사 사무실 바로 옆이 아니고, 편의점과 정면으로 마주보는 건물에 회계사 사무실이 있다.

(사) B는 옷가게에서 일한다.

(아) C는 전문직종 사무실에서 일하지 않으며, F가 일하는 건물과 G가 일하는 건물 사이에는 C가 일하는 건물만 있다.

① A는 감정평가사 사무실에 일한다.

② C는 노래방에서 일한다.

③ D는 변호사 사무실에서 일한다.

④ F는 회계사 사무실에서 일한다.

⑤ J는 호프집에서 일한다.

정답해설

(가)에서 변호사, 회계사, 법무사, 세무사, 감정평가사 사무실이 짝수(2·4·6·8·10) 번호 건물임을 제시하였다. 그리고 (나)에서 변호사, 법무사 사무실이 2 또는 4번 건물이고, 회계사, 세무사, 감정평가사 사무실이 6·8·10번 건물 중 하나임을 알 수 있다. 왜냐하면 1~5 사이에 짝수가 2개, 6~10 사이에 짝수가 3개 있기 때문이다. 다음으로 (다)에서 D와 J가 변호사 사무실 또는 법무사 사무실에서 일하고 있음을 알 수 있다. (다)에서 옷가게와 노래방이 6~10번 건물에 있고[(가)에 의해 7 또는 9번 건물], 노래방이 옷가게의 다음다음 큰 번호의 건물이므로 옷가게가 7번, 노래방이 9번 건물임을 알 수 있다. 따라서 옷가게와 마주보고 있는 건물, 즉 D가 일하는 건물은 2번임을 알 수 있다. 그리고 (라)에서 감정평가사 사무실을 6번, 복사가게는 1번 건물임을 알 수 있으며, (마)에서 법무사 사무실이 2번, 변호사 사무실이 4번임을 알 수 있다. 계속해서 (바)에서 편의점이 5번, 회계사 사무실이 10번임을 알 수 있으며, (사)에서 B가 일하는 건물이 7번(옷가게)임을 알 수 있다. 지금까지의 내용을 정리하면 다음과 같다.

1 복사가게	2 법무사	3 (호프집)	4 (변호사)	5 (편의점)

6 (감정평가사)	7 옷가게	8 (세무사)	9 노래방	10 회계사

마지막으로 (아)에서 C는 양옆에 전문직종 사무실을 끼고 있는 비전문직종 상점에서 일한다고 하였는데 F와 G가 일하는 건물 사이에 있다고 하였으므로 9번 건물이 이 조건을 만족시킨다.

정답 ②

02 ｜ 수리퍼즐형

1 개념의 이해

수리퍼즐 유형은 논리퍼즐 유형과 계산 유형이 혼합된 문제 유형이라고 할 수 있다. 즉, 논리퍼즐의 일종이지만 세부적인 풀이과정에서 수리적 추론이 개입되는 유형이라고 할 수 있다. 문제 풀이를 위한 계산은 산수 수준에서 벗어나지 않지만, 그 산식을 이끌어내기까지의 과정은 만만치 않다. 수리퍼즐 유형에서는 주로 대소관계나 연립방정식을 사용해야 하는 경우가 많으며, 대소관계와 연립방정식을 모두 활용하는 문제 유형인 혼합형 문제도 출제된다. 혼합형에서는 수치에 미지수가 포함되어 있어, 이를 해결하기 위해서는 연립방정식으로 계산해야 하며, 이를 통해 도출된 값의 대소관계를 파악해야 한다.

> **발문유형**
>
> • 다음 상황과 조건을 근거로 판단할 때, (획득할 수 있는 값)은?
> • 다음 대화를 근거로 판단할 때 (도출되는 값)은?

2 더 생각해보기

• **발문 접근법**

수리퍼즐 유형의 문제에서 발문에는 특별한 사항을 언급하는 경우는 거의 없다. 따라서 최종적으로 구해야 하는 값만을 체크한 후 빠르게 넘어가도록 하자.

• **제시문 접근법**

– 대소관계 : 주어진 조건을 활용하여 대상들의 크기를 비교하는 유형이며 가장 대표적인 유형이다. 다만 일부 대상은 대소관계가 명확하지 않아 경우의 수를 따져야 하는 상황이 발생한다. 이를 풀이할 때에는 올바른 도식화가 필수적이며 각각의 경우의 수 중 모순이 발생하는 상황을 빠르게 제거하는 것이 관건이다(예 해당 경우의 수를 따라가다 보면 2가 3보다 크다는 결론에 이르게 되는 경우 등).

– 연립방정식 : 두 식을 서로 차감하여 변수의 값을 찾아내는 유형이다. 최근에는 연립방정식 자체를 풀이하게끔 하는 경우보다 이와 같이 식과 식의 관계를 통해 문제를 풀어야 하는 경우가 종종 출제된다. 가장 중요한 것은 변수의 수를 최소화하는 것이다.

– 혼합형 : 미지수가 포함된 두 수치의 대소비교가 필요한 경우 두 산식을 차감하여 부호를 확인하는 것이 가장 정확한 방법이다. 물론, 임의의 수를 대입하여 계산하는 방법도 있을 수 있으나 분기점을 기준으로 대소관계가 바뀌는 경우도 존재할 수 있으므로 가급적 위와 같이 판단하는 것을 추천한다.

• **선택지 접근법**

수리퍼즐형 문제에서는 선택지를 먼저 소거할 수 있는 경우가 많지 않다. 그러나 선택지의 값들이나 배치를 보면서 최종적으로 구해야 할 값을 대략적으로 파악하는 선에서 활용하고, 발문에서 파악한 최종적으로 구해야 할 값을 도출하는 데 집중해야 한다.

3 10점 UP 포인트

• **대소관계**

논리퍼즐형 문제의 풀이를 위해 올바른 도식화가 필수적이라고 하였다. 이는 수리퍼즐형 문제도 마찬가지라고 할 수 있는데, 도식화를 하다보면 어느 것을 기준으로 삼아 나머지 항목들을 배치할 것인지가 애매한 경우가 종종 있다(예 대소관계에 맞게 항목들을 좌우로 배치하는 경우). 이 경우에는 일단 조건에서 가장 많이 등장하는 것을 중심에 놓고 대소관계를 판단해보는 것을 추천한다. 또한 발문 자체만으로는 특별한 사항이 없는 경우가 많으므로 빠르게 넘어가고 〈상황〉과 〈대화〉를 살펴보면서 허수정보들은 빠르게 읽고 넘겨야 할 것이다. 통상 대화로 주어지는 내용들은 외형적으로 는 매우 가볍게 느껴지지만 단어, 문구 하나하나가 의미를 지니는 경우가 많다. 또한 대소관계만을 묻는 문제라면, 주어진 자료를 모두 계산하려고 하기보다는 공통적으로 포함되는 항목이 있을 경우 이 부분은 과감히 제거하고 계산하는 것이 바람직하다.

• 연립방정식

상황판단의 문제를 풀다보면 연립방정식의 원리를 이용한 문제들이 상당히 많이 출제된다는 사실을 알 수 있다. 하지만 PSAT의 상황판단에서 단순히 연립방정식을 이용해 특정 변수의 값을 구하라는 문제가 출제되지는 않을 것을 생각해본다면 반드시 다른 풀이 방법이 있을 것이라는 의문을 가져야 한다. 물론 실전에서 이러한 접근법이 떠오르는 것은 하루아침에 이루어지지 않는다. 평소 문제를 풀 때 단순히 산수만으로 풀이해야 하는 것은 없다는 생각을 가지고 의식적으로 접근하는 습관이 필요하다. 그런데 만약 실전에서 연립방정식으로 푸는 것 이외의 방법이 떠오르지 않는다면 바로 연립방정식으로 풀어야 한다. 앞에서 서술한 내용은 어디까지나 평소에 공부할 때의 접근법이지 시험장에서도 연구를 하라는 의미가 아니다.

• 혼합형

혼합형 문제의 경우 미지수가 주어지고, 연립방정식을 통해 미지수를 해결한 후에야 대소관계를 파악할 수 있는 경우가 대부분이다. 따라서 풀이의 시작은 연립방정식을 도출하는 것에서 시작된다고 할 수 있다. 이 경우 미지수의 설정을 정확히 해야 하고, 해당 미지수를 도출할 수 있는 연립방정식을 빠르게 정립해야만 하므로, 평소에 이와 비슷한 유형의 문제를 많이 풀어보아야 한다. 연립방정식만 제대로 설정하고 나면 이후 풀이는 쉽게 진행될 수 있으므로, 연립방정식을 도출하는 연습을 많이 해두어야 한다.

연립방정식을 통해 미지수를 해결한 후에야 대소관계를 파악할 수 있는 문항 외에도 미지수의 값을 굳이 도출하지 않고도, 산식만으로 대소관계를 파악할 수 있는 문제도 있으니 문제의 조건을 잘 파악해야 한다. 계산하지 않아도 되는 문제를 계산해서 풀면 그만큼 다른 문제를 해결할 시간이 부족해지므로, 다양한 유형의 문제를 풀면서 감을 익혀야 한다.

대표예제 01

다음 〈상황〉과 〈대화〉를 근거로 판단할 때 6월생은?

상 황

- 같은 해에 태어난 5명(지나, 정선, 혜명, 민경, 효인)은 각자 자신의 생일을 알고 있다.
- 5명은 자신을 제외한 나머지 4명의 생일이 언제인지는 모르지만, 3월생이 2명, 6월생이 1명, 9월생이 2명이라는 사실은 알고 있다.
- 아래 〈대화〉는 5명이 한 자리에 모여 나눈 대화를 순서대로 기록한 것이다.
- 5명은 〈대화〉의 진행에 따라 상황을 논리적으로 판단하고, 솔직하게 대답한다.

대 화

민경 : 지나야, 네 생일이 5명 중에서 제일 빠르니?
지나 : 그럴 수도 있지만 확실히는 모르겠어.
정선 : 혜명아, 네가 지나보다 생일이 빠르니?
혜명 : 그럴 수도 있지만 확실히는 모르겠어.
지나 : 민경아, 넌 정선이가 몇 월생인지 알겠니?
민경 : 아니, 모르겠어.
혜명 : 효인아, 넌 민경이보다 생일이 빠르니?
효인 : 그럴 수도 있지만 확실히는 모르겠어.

① 지나
② 정선
③ 혜명
④ 민경
⑤ 효인

정답해설

주어진 질문과 대답을 순서대로 살펴보면 다음과 같다.
- 민경과 지나 : 생일이 5명 중에서 가장 빠를 가능성이 있다고 하였으므로 지나의 생일은 3월이 되어야 한다. 다만 다른 3월생의 날짜를 알지 못하므로 가장 빠른지의 여부를 확신하지 못하는 것이다.
- 정선과 혜명 : 앞의 대화에서 지나가 3월생이라고 하였는데 정선의 생일이 그보다 빠를 가능성이 있다고 하였다. 따라서 나머지 3월생은 혜명이 된다.
- 지나와 민경 : 이제 남은 자리는 6월(1명)과 9월(2명)이다. 만약 민경이 6월생이라면 나머지 정선과 효인은 9월이 되어야 하므로 몇 월생인지는 알 수 있다. 하지만 그렇지 않다고 하였으므로 민경은 9월생이 되어야 한다.
- 혜명과 효인 : 민경이 9월생인데 효인은 자신이 민경보다 생일이 빠른지를 확신할 수 없다고 하였다. 만약 효인이 6월생이었다면 당연히 자신의 생일이 빠르다는 것을 알 수 있지만 그렇지 않다고 하였으므로 효인은 9월생이어야 한다.
따라서 남은 6월생의 자리에는 정선이 들어가게 된다.

답 ②

대표예제 02

정부는 농산물 가격의 안정을 위해서 정부미를 방출할 계획이다. 정부미 방출 시 정부는 아래와 같은 공급절차를 적용한다. 다음 중 보관소에서 도시로 공급하는 정부미의 양을 바르게 제시한 것은?

정부미 공급 절차

1. 수송 비용표에서 톤당 수송비가 가장 적은 경우를 골라 공급 및 수요 조건의 범위 내에서 가능한 한 많은 양을 할당한다.
2. 그 다음으로 톤당 수송비가 적은 경우를 골라 공급 및 수요 조건의 범위 내에서 가능한 한 많은 양을 할당한다.
3. 위 과정을 공급량과 수요량이 충족될 때까지 계속한다. 만일 두 개 이상의 경우에서 톤당 수송비가 같으면 더 많은 양을 할당할 수 있는 곳에 우선적으로 할당한다.

〈표 1〉 도시별 수요량과 보관소별 공급량

(단위 : 톤)

도시	수요량	보관소	공급량
A도시	140	서울보관소	120
B도시	300	대전보관소	200
C도시	60	부산보관소	180
합계	500	합계	500

〈표 2〉 톤당 수송비용

(단위 : 만 원)

구분	A도시	B도시	C도시
서울보관소	40	18	10
대전보관소	12	20	36
부산보관소	4	15	12

① 서울보관소는 A도시에 정부미 50톤을 공급한다.
② 서울보관소는 B도시에 정부미 60톤을 공급한다.
③ 대전보관소는 A도시에 정부미 100톤을 공급한다.
④ 대전보관소는 B도시에 정부미 140톤을 공급한다.
⑤ 부산보관소는 C도시에 정부미 10톤을 공급한다.

정답해설

먼저 톤당 수송비가 가장 적은 경우인 부산보관소에서 A도시로 140톤의 정부미를 방출한 이후의 상황은 다음과 같다.

도시	수요량	보관소	공급량
A도시	0	서울보관소	120
B도시	300	대전보관소	200
C도시	60	부산보관소	40

그 다음으로 톤당 수송비가 적은 경우인 서울보관소에서 C도시로 60톤의 정부미를 방출한 이후의 상황은 다음과 같다.

도시	수요량	보관소	공급량
A도시	0	서울보관소	60
B도시	300	대전보관소	200
C도시	0	부산보관소	40

이제 3곳의 보관소에 남아있는 정부미가 300톤이고 B도시의 수요량이 300톤이므로 각 보관소에 남아있는 정부미를 모두 B도시로 방출하면 공급 절차가 마무리 된다. 따라서 이를 바르게 제시한 것은 ②이다.

정답 ②

02 계산형

01 기초다지기

▣ 개념의 이해

상황판단 영역에서 가장 기본적으로 출제되는 문제 유형 중 하나가 계산형 문제이다. 계산형 문제에서는 계산식이 주어지는 경우도 있고, 그렇지 않은 경우도 있는데, 계산식이 주어진 경우 주어진 계산식을 정리하여 단순화하는 것이 무엇보다 중요하다. 또한 공통적으로 적용되는 계산은 생략하여 풀이시간을 단축시켜야 시간을 절약할 수 있으며, 기초적인 수학 공식을 숙달해 놓으면 유용하다.

▣ 더 생각해보기

• 배수의 판단

아래와 같은 가장 기본적인 배수의 판단 방법을 익혀두면 실전에서 유용하게 풀어나갈 수 있다.

- 2의 배수 : 주어진 수에서 일의 자릿수가 0이나 2의 배수인 경우
- 3의 배수 : 주어진 수의 각 자리 숫자를 모두 더한 값이 3의 배수인 경우
- 4의 배수 : 주어진 수의 끝 두 자릿수가 00이나 4의 배수인 경우
- 5의 배수 : 주어진 수에서 일의 자릿수가 0이나 5인 경우
- 6의 배수 : 주어진 수가 2의 배수이면서 3의 배수인 경우
- 8의 배수 : 주어진 수의 끝 세 자릿수가 000이나 8의 배수인 경우
- 9의 배수 : 주어진 수의 각 자리 숫자를 모두 더한 값이 9의 배수인 경우

• 약수의 개수 판단

계산형 문제를 풀다보면 약수의 개수를 통해 판단할 때 손쉽게 정답이 도출되는 경우가 존재한다. 다음과 같이 약수의 개수를 도출하는 방법을 숙지해두자.

- 자연수 A를 소인수분해 한 값이 $A=a^m \times b^n$라면, 자연수 A의 약수는 $(m+1) \times (n+1)$개가 된다.
- 제곱수인 자연수의 약수의 개수는 항상 홀수이고, 제곱수를 제외한 자연수의 약수의 개수는 항상 짝수이다.

• 조합과 순열

조건에 따른 경우의 수나 조합의 수를 구할 때 사용하면 편리한 공식이므로, 반드시 숙달해두자.

- 조합 : 서로 다른 n개 중 r개(n≥r)를 선택하여 하나의 조를 생성할 때, 이를 n개 중 각 조 r개를 취한 조합이라고 한다. 기호로는 $_nC_r$, 계산은 다음과 같이 한다.

$$_nC_r = \frac{n(n-1)(n-2)\cdots(n-r+1)}{r(r-1)(r-2)\cdots2\times1} = \frac{n!}{r!(n-r)!}$$

- 순열 : 서로 다른 n개 중 r개를 골라 순서를 고려하여 나열하는 경우 이를 n개 중 r개를 취한 순열이라고 한다. 기호로는 $_nP_r$, 계산은 다음과 같이 한다.

$$_nP_r = n(n-1)(n-2)\cdots(n-r+1)$$

- 이진법

일반적으로 사용하는 숫자체계는 0~10까지의 숫자를 사용해 각 자릿수의 값이 9를 넘을 때 다음 자릿수로 올리는 십진법이다. 반면 이진법은 0과 1, 2개의 숫자만 사용하고, 각 자릿수의 값이 1을 넘을 때 다음 자릿수로 올린다.

십진법	이진법
1	1
2	10
3	11
4	100
5	101
6	110
7	111
8	1,000
⋮	⋮

02 계산형

1 개념의 이해

상황판단 영역에서 무엇인가를 계산해야 하는 문제는 절반을 훨씬 넘는 비중을 차지하는데 이 문제들은 사칙연산에 약한 수험생에게 는 시간을 잡아먹는 문제가 될 수 있고, 평소에 조건이나 단서를 놓치는 등의 실수가 잦은 수험생에게는 오답을 체크할 확률이 높은 문제이다. 따라서 평소 기출문제를 최대한 많이 풀어 자신의 강점과 약점을 파악한 후, 풀 수 없는 문제는 패스하고 풀 수 있는 문제에 집중하여 정답률을 높이는 것이 핵심 전략이라고 할 수 있다. 한 가지 확실한 것은 아무리 계산 문제에 자신이 없다고 하여도 이 문제 들을 모두 스킵해서는 절대로 합격할 수 없다는 사실이다.

2 더 생각해보기

• 발문 접근법

계산형 문제의 경우에도 발문에서는 딱히 중요하게 얻을 정보는 많지 않다. 따라서 최종적으로 도출해야 하는 값을 빠르게 파악하고 넘어가면 된다. 그러나 종종 발문 마지막에 '(단, ~)'처럼 괄호를 넣어 단서 지문을 넣는 경우가 존재하니 해당 경우에는 단서 지문에 유의하여 문제를 풀어야 한다. 발문에 수록된 단서 지문에는 정답을 도출하는 데 중요한 요소를 담고 있는 경우가 많기 때문이다.

• 제시문 접근법

– 복잡한 수식 : 상황판단의 문제들 중에는 제시문에 복잡한 수식이 제시된 것들이 종종 등장하는 편이다. 여기서 확실히 알아두어야 할 것은 출제자는 무조건 그 수식을 직접 계산하여 구체적인 수치를 도출하게끔 문제 구성을 하지 않는다는 것이다. 여러분들이 준 비하는 시험은 공학수학이 아니라 PSAT임을 명심하자.

– 단위의 통일 : 공간적인 개념을 통해 계산을 해야 하는 문제는 풀이의 편의를 위해 그림으로 그려 직관적으로 판단하는 것이 좋다. 단, 그림을 그릴 때 기준에 일관성이 있어야 한다. 통상 이러한 문제는 주어지는 자료가 많은 편인데 어느 부분은 '시간' 단위로, 다른 부분은 '분' 단위로 제시된 경우에 이것을 하나로(가급적 '분' 단위) 통일하는 것이 좋다는 의미이다. 풀이하면서 바꾸면 된다고 생각할 수 있으나 실전에서는 그것이 말처럼 쉽지 않다. 그림으로 정리가 끝난 후에는 기계적인 풀이만 할 수 있게끔 정리하는 것이 좋다.

• 선택지 접근법

상황판단의 계산형 문제에서 연립방정식의 원리를 이용한 문제들이 상당히 많이 출제된다는 사실을 알 수 있다. 하지만 앞선 챕터에 서 언급한 바와 같이 단순히 연립방정식을 이용해 특정 변수의 값을 구하는 문제보다는 산식의 정리를 통하여 간단하게 정답이 도출 되는 문제가 더 많이 출제된다. 따라서 학습할 때는 기계적으로 연립방정식만으로 해결하려하지 말고, 반드시 다른 방법이 있을 것이 라는 의문을 가지고 문제를 풀어보는 연습이 필요하다.

3 10점 UP 포인트

상황판단의 계산 문제는 자료해석과는 접근 방식이 조금 달라서 대부분 대소비교만을 요구하는 편이다. 따라서 주어진 자료를 모두 계산하려고 하기보다는 공통적으로 포함되는 항목이 있다면 이 부분은 과감히 제거하고 계산하는 것이 바람직하다. 해당 부분은 관련 된 기출문제들의 해설에서 설명하고 있으니 참고하기 바란다.

대표예제 01

다음 글과 〈상황〉을 근거로 판단할 때, 甲이 납부해야 할 수수료를 옳게 짝지은 것은?

특허에 관한 절차를 밟는 사람은 다음 각 호의 수수료를 내야 한다.
1. 특허출원료
   가. 특허출원을 국어로 작성된 전자문서로 제출하는 경우 : 매건 46,000원. 다만 전자문서를 특허청에서 제공하지 아니한 소프트웨어로 작성하여 제출한 경우에는 매건 56,000원으로 한다.
   나. 특허출원을 국어로 작성된 서면으로 제출하는 경우 : 매건 66,000원에 서면이 20면을 초과하는 경우 초과하는 1면마다 1,000원을 가산한 금액
   다. 특허출원을 외국어로 작성된 전자문서로 제출하는 경우 : 매건 73,000원
   라. 특허출원을 외국어로 작성된 서면으로 제출하는 경우 : 매건 93,000원에 서면이 20면을 초과하는 경우 초과하는 1면마다 1,000원을 가산한 금액
2. 특허심사청구료 : 매건 143,000원에 청구범위의 1항마다 44,000원을 가산한 금액

상황

甲은 청구범위가 3개 항으로 구성된 총 27면의 서면을 작성하여 1건의 특허출원을 하면서, 이에 대한 특허심사도 함께 청구한다.

	국어로 작성한 경우	외국어로 작성한 경우
①	66,000원	275,000원
②	73,000원	343,000원
③	348,000원	343,000원
④	348,000원	375,000원
⑤	349,000원	375,000원

정답해설

제시된 〈상황〉에서는 전자문서가 아닌 서면으로 제출하였으므로 특허출원료 산정 시 '나'와 '라' 조항이 적용된다.
- 국어로 작성한 경우
  - 특허출원료 : 66,000원+(7×1,000원)=73,000원
  - 특허심사청구료 : 143,000원+(44,000×3)=275,000원
  - 수수료 총액 : 348,000원
- 외국어로 작성한 경우
  - 특허출원료 : 93,000원+(7×1,000원)=100,000원
  - 특허심사청구료 : 275,000원
  - 수수료 총액 : 375,000원

정답 ④

대표예제 02

A국은 자동차 수출을 확대하기 위해 새로운 해외시장을 개척하려 하고 있다. 현재 A국은 해외시장 개척 대상으로 B국과 C국을 고려하고 있으며 B국과 C국은 자동차의 환경친화도를 나타내는 환경점수와 성능우수성을 나타내는 성능점수를 기준으로 자동차 수입을 규제하고 있다. 다음 자료를 기준으로 볼 때 올바른 설명을 〈보기〉에서 모두 고른 것은?(단, 현재 기준으로 A국의 기술력은 환경점수 65점, 성능점수 64점을 획득할 수 있는 수준이고, 환경친화도를 높이는 연구와 성능향상을 위한 연구가 동시에 추진될 수 없는 상황이며, 두 연구는 연구기간에 상관없이 각각 한 번만 추진됨)

〈B국과 C국의 자동차 수입 허용 기준〉

구분	환경점수	성능점수
B국	69	78
C국	73	69

〈연구기간에 따른 예상 도달점수〉

구분	3개월	6개월	9개월
환경점수	70	74	78
성능점수	69	74	79

보 기

ㄱ. 성능점수 5점을 향상시키기 위한 기회비용*은 연구기간과 무관하게 일정하다.

ㄴ. 두 국가 중 한 국가에 진출하는 것을 목표로 하는 경우 B국보다는 C국에 진출하는 것을 목표로 연구를 진행하는 것이, 새로운 해외시장 개척에 소요되는 연구기간을 단축시키는 데 유리하다.

ㄷ. 두 국가에 모두 진출하는 것을 목표로 연구를 진행하는 경우 최소한 12개월의 연구기간이 소요된다.

ㄹ. 두 국가에 모두 진출하는 것을 목표로 연구를 진행하는 경우 환경친화도 연구보다는 성능우수성 연구를 선행하는 것이 한 국가 진출 후 나머지 국가에 진출하기 위해 필요한 연구기간을 단축시키는 데 유리하다.

ㅁ. 두 국가에 모두 진출하는 것을 목표로 연구를 진행하는 경우 C국 진출을 위한 준비가 먼저 완료되도록 연구를 진행하면 C국 진출 후 3개월의 연구기간이 더 필요하다.

※ 기회비용 : 어떤 행위를 하지 않고 다른 행위를 했을 때 포기해야 하는 재화나 기회의 가치

① ㄱ, ㄷ

② ㄴ, ㄹ

③ ㄱ, ㄴ, ㄷ

④ ㄱ, ㄷ, ㄹ

⑤ ㄴ, ㄹ, ㅁ

정답해설

ㄴ. 두 국가 중 한 국가에 진출하는 것을 목표로 할 때,
- B국 진출 목표 : 환경점수 도달 3개월＋성능점수 도달 9개월＝12개월
- C국 진출 목표 : 환경점수 도달 6개월＋성능점수 도달 3개월＝9개월

ㄹ. 두 국가에 진출하는 것을 목표로 할 때,
- 성능우수성 연구 선행 시 : 9개월 후 성능점수 78점에 도달하고 환경친화도 연구를 시작하여 3개월 후 환경점수 70점을 만족하는 B국에 진출한다. 이후 환경점수를 70점에서 74점까지 올려야만 C국에 진출할 수 있으므로, 나머지 C국에 진출하기 위해 추가로 필요한 시간은 3개월이다.
- 환경친화도 연구 선행 시 : 6개월 후 환경점수 74점에 도달하고 성능우수성 연구를 시작하여 3개월 후 성능점수 69점을 만족하는 C국에 진출한다. 이후 성능점수를 69점에서 78점까지 올려야만 B국에 진출할 수 있으므로, 나머지 B국에 진출하기 위해 추가로 필요한 시간은 6개월이다.

오답해설

ㄱ. 성능점수를 5점 향상시키기 위한 기회비용은 연구기간에 따라 다음과 같이 변화하므로 옳지 않은 내용이다.

연구기간	3개월	6개월	9개월
기회비용(환경점수)	5점	4점	4점

ㄷ. 두 국가 모두 진출하기 위한 최소 연구기간을 구하면,
- 환경점수 : 두 국가 모두 진출하기 위해서는 73점을 얻어야 하며 6개월이 필요하고,
- 성능점수 : 두 국가 모두 진출하기 위해서는 78점을 얻어야 하며 9개월이 필요하므로 총 15개월의 연구기간이 필요하다.

ㅁ. 두 국가에 진출하는 것을 목표로 하는 경우 환경점수의 허용기준에서 C국이 B국보다 높고, 성능점수 허용기준에서는 B국이 높으므로 C국 진출을 위한 준비가 먼저 완료되도록 하기 위해서는 환경친화도 연구가 선행되어야 한다. 이것은 위 ㄹ의 두 번째 설명에 해당하므로 6개월의 연구기간이 더 필요하다.

정답 ②

5·7급 PSAT 상황판단 퍼즐 + 계산 유형 뽀개기!

나에 대한

자신감을 잃으면

온 세상이 나의 적이 된다.

-랄프 왈도 에머슨(Ralph Waldo Emerson)-

PART 02

유형별 필수기출 160제

01 퍼즐형 필수기출 80제

문 1. A, B, C, D안 중에서 어떤 안을 채택하고 어떤 안을 폐기할지를 고려하고 있다. 결정과정에서 다음과 같은 조건들이 모두 충족되어야 한다. 다음 중 옳지 <u>않은</u> 것은? 06 견습(인) 10번

(조건 1) A안을 채택하면, B안과 C안 중 적어도 하나를 폐기해야 한다.
(조건 2) C안과 D안을 동시에 채택하면, B안은 폐기해야 한다.
(조건 3) A안이나 B안을 채택하면, D안도 채택해야 한다.

① A안과 B안이 동시에 채택되면, D안도 같이 채택되어야 한다.
② A안이 채택되면, C안도 같이 채택될 수 있다.
③ B안이 채택되면, C안도 같이 채택될 수 있다.
④ A안과 B안이 모두 폐기되면, D안이 채택될 수 있다.
⑤ B안이 폐기되고 C안이 채택되면, A안이 채택될 수 있다.

문 2. ○○호텔은 지상 5층 건물이다. 각 층은 1인용 객실 하나와 2인용 객실 하나로 이루어져 있다. 1인용 객실은 1명만이 투숙할 수 있으며, 2인용 객실은 2명이 투숙하는 것이 원칙이나 1명이 투숙할 수도 있다. 현재 이 호텔에는 9명의 손님—A, B, C, D, E, F, G, H, I—이 투숙하고 있으며, 투숙 상황이 다음과 같을 때 참이 <u>아닌</u> 것은? 06 견습(인) 29번

(가) B, E, G, H는 1인용 객실에 투숙하고 있다.
(나) 2층 2인용 객실과 3층 1인용 객실에만 투숙객이 없다.
(다) A와 C는 부부로 같은 객실에 투숙하고 있다. 또한 이들은 E보다 두 층 아래에 투숙하고 있다.
(라) G와 I는 같은 층에 투숙하고 있다. 그리고 이들이 투숙하고 있는 층은 H보다 한 층 아래에 있다.

① A와 C는 I보다 위층에 투숙하고 있다.
② H는 B보다 아래층에 투숙하고 있다.
③ D는 B보다 위층에 투숙하고 있다.
④ F는 B보다 아래층에 투숙하고 있지 않다.
⑤ A와 C는 D보다 위층에 투숙하고 있지 않다.

문 3. UN사무국은 사무차장 A, 사무차장보 P, R, 외부심사위원 1, 2, 3, 4의 7명으로 이루어진 인사위원회를 〈그림〉과 같이 조직하였다. 이 인사위원회가 s, t, u, v, w, x, y, z 8명의 지원자 중 한 사람을 선택하는 과정은 다음과 같다. 인사위원의 선호도가 〈표〉와 같을 때 외부심사위원 2에게 추천된 지원자 중에서 사무차장의 최종선택 결과를 다르게 만들 수 있는 지원자 조합은? 06 견습(인) 33번

〈선택 과정〉
1. 외부심사위원은 추천된 2명 중에서 자신이 선호하는 지원자를 사무차장보에게 보고한다.
2. 사무차장보는 외부심사위원으로부터 보고받은 지원자 중 자신이 선호하는 지원자를 사무차장에게 보고한다.
3. 사무차장은 사무차장보로부터 보고받은 지원자 중 자신이 선호하는 지원자를 최종적으로 선택한다.

〈그림〉 인사위원회 조직도

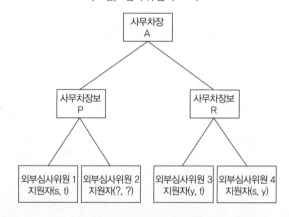

〈표〉 인사위원의 선호도

선호 순위	외부심사위원				사무차장보		사무차장
	1	2	3	4	P	R	A
1위	u	z	y	x	u	v	u
2위	x	v	t	u	x	x	s
3위	v	u	z	s	w	y	w
4위	s	y	u	w	s	t	y
5위	t	t	v	y	t	u	z
6위	w	x	s	z	v	w	v
7위	y	s	w	t	z	s	x
8위	z	w	x	v	y	z	t

① (s, u) ② (s, y)
③ (t, x) ④ (u, v)
⑤ (w, z)

문 4.　A, B, C, D국으로 구성된 국제기구가 있다. 이 기구의 상임이사국 선출과 관련하여 다음과 같은 사실이 알려졌다고 하자. 다음 〈보기〉 중 반드시 참이라고 보기 <u>어려운</u> 것을 모두 고르면?

06 행시(출) 08번

> (사실 1) 각 회원국은 적어도 한 국가의 지지를 받는다.
> (사실 2) 회원국은 다수의 국가를 지지할 수는 있으나 스스로를 지지할 수 없다.
> (사실 3) 2개국 이상의 회원국이 지지하는 나라는 상임이사국이 된다.
> (사실 4) A국은 B국을 지지하고 B국이 지지하는 국가도 지지하지만, B국은 A국을 지지하지 않는다.
> (사실 5) C국과 D국은 상대방을 지지하지 않는다.

─────── 〈보 기〉 ───────
> ㄱ. A국은 상임이사국이다.
> ㄴ. C국의 지지를 받는 나라는 상임이사국이 된다.
> ㄷ. B국이 D국을 지지하면, D국은 상임이사국이다.
> ㄹ. B국이 C국을 지지하지 않는다면, A국도 C국을 지지하지 않는다.

① ㄱ, ㄴ
② ㄴ, ㄷ
③ ㄷ, ㄹ
④ ㄱ, ㄴ, ㄹ
⑤ ㄱ, ㄴ, ㄷ, ㄹ

문 5.　어느 부처의 시설과에 A, B, C, D, E, F의 총 6명의 직원이 있다. 이들 가운데 반드시 4명의 직원으로만 팀을 구성하여 부처회의에 참석해 달라는 요청이 있었다. 만일 E가 불가피한 사정으로 그 회의에 참석할 수 없게 된 상황에서 아래의 조건을 모두 충족시켜야만 한다면 몇 개의 팀이 구성될 수 있는가?

06 행시(출) 09번

> (조건 1) A 또는 B는 반드시 참석해야 한다. 하지만 A, B가 함께 참석할 수 없다.
> (조건 2) D 또는 E는 반드시 참석해야 한다. 하지만 D, E가 함께 참석할 수 없다.
> (조건 3) 만일 C가 참석하지 않게 된다면 D도 참석할 수 없다.
> (조건 4) 만일 B가 참석하지 않게 된다면 F도 참석할 수 없다.

① 0개　　　　　　　② 1개
③ 2개　　　　　　　④ 3개
⑤ 4개

문 6.　첨단도시육성사업의 시범도시로 A, B, C시가 후보로 고려되었다. 시범도시는 1개 도시만 선정될 수 있다. 시범도시 선정에 세 가지 조건(조건 1, 조건 2, 조건 3)이 적용되었는데, 이 중 조건 3은 알려지지 않았다. 최종적으로 A시만 선정될 수 있는 조건 3으로 적절한 것은?

06 행시(출) 10번

> (조건 1) A시가 탈락하면 B시가 선정된다.
> (조건 2) B시가 선정되면 C시는 탈락한다.

① A시나 B시 중 하나가 선정된다.
② A시나 C시 중 하나가 선정된다.
③ B시나 C시 중 하나가 탈락된다.
④ C시가 탈락되면 A시도 탈락된다.
⑤ A시가 탈락되면 C시도 탈락된다.

문 7.　A, B, C, D, E, F의 여섯 나라가 있다. A국은 가능하면 다른 나라들을 침공하여 합병하고자 하지만 다음과 같은 제약이 있어 고민하고 있다. 이 경우 A국이 최대한으로 합병할 수 있는 나라(들)는?

06 행시(출) 29번

> • B국과 C국은 서로 적대적이어서 연합할 수 없다.
> • C국과 F국은 서로 적대적이어서 연합할 수 없다.
> • D국과 F국은 서로 적대적이어서 연합할 수 없다.
> • 세 나라가 연합하여야 다른 나라를 침공할 수 있다.
> • 다른 나라에 의해 침공 받는 나라는 연합할 수 있는 나라가 있으면 최대한 연합하며, 두 나라가 연합할 경우 침공을 막을 수 있다.
> • F국과 연합한 나라는 D국을 침공할 수 없다.
> • E국은 중립국으로 어느 나라와도 연합하지 않고 또한 다른 나라가 침공할 수 없다.

① B
② C
③ F
④ B, F
⑤ C, F

문 8. 철학과 교수 7명(A~G)은 다음 〈조건〉에 따라 신학기 과목을 개설하려고 한다. 각 교수들의 강의 가능 과목이 〈보기〉와 같을 때 다음 중 옳지 <u>않은</u> 것은?   08 행시(조) 14번

───── 〈조 건〉 ─────
• 학과장인 C는 한 과목만 가르칠 수 있다.
• 학과장인 C는 일주일에 하루만 가르칠 수 있다.
• 학과장 이외의 다른 교수들은 모두 두 과목씩 가르쳐야 한다.
• 윤리학과 논리학은 각각 적어도 두 강좌가 개설된다.
• 윤리학은 이틀에 나누어서 강의하며, 논리학도 마찬가지다.
• 윤리학과 논리학 이외에는 동일 과목이 동시에 개설될 수 없다.

───── 〈보 기〉 ─────
A : 논리학, 언어철학, 과학철학
B : 희랍철학, 근세철학, 윤리학
C : 과학철학, 논리학, 윤리학
D : 인식론, 논리학, 형이상학
E : 언어철학, 수리철학, 논리학
F : 인식론, 심리철학, 미학
G : 윤리학, 사회철학, 근세철학

① 학과장은 과학철학을 강의한다.
② 논리학은 최대 3강좌가 개설될 수 있다.
③ 인식론과 심리철학이 둘 다 개설될 수도 있다.
④ 형이상학이 개설되면 인식론은 개설될 수 없다.
⑤ 희랍철학과 사회철학이 둘 다 개설될 수도 있다.

문 9. A, B, C, D 4개의 밭이 나란히 있다. 첫 해에 A에는 장미, B에는 진달래, C에는 튤립을 심었고, D에는 아무 것도 심지 않았다. 그리고 2년차에는 C에 아무 것도 심지 않기로 하였다. 이 경우 다음 〈조건〉에 따를 때 3년차에 가능한 것은?   09 행시(극) 14번

───── 〈조 건〉 ─────
• 한 밭에는 한 가지 꽃만 심는다.
• 심을 수 있는 꽃은 장미, 튤립, 진달래, 백합, 나팔꽃이다.
• 한 가지 꽃을 두 군데 이상 심으면 안 된다.
• 장미와 튤립을 인접해서 심으면 안 된다.
• 전 해에 장미를 심었던 밭에는 아무 것도 심지 않거나 진달래를 심고, 진달래를 심었던 밭에는 아무 것도 심지 않거나 장미를 심어야 한다(단, 아무 것도 심지 않았던 밭에는 그 전 해에 장미를 심었으면 진달래를, 진달래를 심었으면 장미를 심어야 함).
• 매년 한 군데 밭에만 아무 것도 심지 않아야 한다.
• 각각의 밭은 4년에 한 번만 아무 것도 심지 않아야 한다.
• 전 해에 심지 않은 꽃 중 적어도 한 가지는 심어야 한다.
• 튤립은 2년에 1번씩 심어야 한다.

	A	B	C	D
①	장미	진달래	튤립	심지 않음
②	심지 않음	진달래	나팔꽃	백합
③	장미	심지 않음	나팔꽃	튤립
④	심지 않음	진달래	백합	나팔꽃
⑤	장미	진달래	심지 않음	튤립

문 10. A, B, C, D 정책을 실시하려고 한다. 다음 〈조건〉을 근거로 비용 대비 효과가 가장 큰 정책실시 순서를 바르게 나열한 것은?

11 민간실험(발) 18번

──── 〈조건 1〉 ────

A, B, C, D 네 가지 개별 정책의 비용과 효과의 크기는 동일하다. 다만, 〈조건 2〉에 따라 달라질 수 있다.

──── 〈조건 2〉 ────

• A정책을 B정책 뒤에 실시하면 A정책의 효과가 절반으로 줄어든다.
• D정책을 A정책 전에 실시하면 D정책의 효과는 0이 된다.
• A정책과 B정책을 바로 이어서 실시하면 A정책과 B정책의 비용이 두 배가 된다.
• A정책과 C정책을 서로 인접하여 실시하면 A정책과 C정책의 효과가 절반으로 줄어든다.
• A정책과 D정책은 다른 정책 하나를 사이에 두고 실시하면 A정책과 D정책의 효과는 두 배가 된다.

① A-B-C-D
② A-C-D-B
③ B-C-D-A
④ C-A-D-B
⑤ D-B-C-A

문 11. 다음 〈조건〉을 근거로 판단할 때, A, B, C, D, E 5개 국가들 중 두 개 이상의 국가를 공격할 수 있는 국가들로 옳게 묶은 것은?

11 민간실험(발) 21번

──── 〈조건 1〉 ────

• A와 B는 민주주의 국가이다.
• B와 E, C와 D는 각각 동맹관계에 있다.
• D는 핵무기를 보유하고 있다.
• 군사력의 크기는 B>A=D>C>E이다.

──── 〈조건 2〉 ────

• 민주주의 국가는 서로 공격하지 않는다.
• 핵무기를 가진 국가는 공격받지 않는다.
• 동맹국은 서로 공격하지 않고, 동맹국이 다른 국가를 공격을 할 경우 동참하여야 한다.
• 연합군의 형성은 동맹국 간에 한한다.
• 자신보다 강한 국가를 단독으로 공격하지 않는다.

① A, B, C   ② A, C, D
③ A, D, E   ④ B, D, E
⑤ C, D, E

문 12. 다음 〈조건〉을 근거로 판단할 때, 초록 모자를 쓰고 있는 사람과 A 입장에서 왼편에 앉은 사람으로 모두 옳은 것은?

15 민간(인) 25번

──── 〈조 건〉 ────

• A, B, C, D 네 명이 정사각형 테이블의 각 면에 한 명씩 둘러 앉아 있다.
• 빨강, 파랑, 노랑, 초록 색깔의 모자 4개가 있다. A, B, C, D는 이 중 서로 다른 색깔의 모자 하나씩을 쓰고 있다.
• A와 B는 여자이고 C와 D는 남자이다.
• A 입장에서 왼편에 앉은 사람은 파란 모자를 쓰고 있다.
• B 입장에서 왼편에 앉은 사람은 초록 모자를 쓰고 있지 않다.
• C 맞은편에 앉은 사람은 빨간 모자를 쓰고 있다.
• D 맞은편에 앉은 사람은 노란 모자를 쓰고 있지 않다.
• 노란 모자를 쓴 사람과 초록 모자를 쓴 사람 중 한 명은 남자이고 한 명은 여자이다.

	초록 모자를 쓰고 있는 사람	A 입장에서 왼편에 앉은 사람
①	A	B
②	A	D
③	B	C
④	B	D
⑤	C	B

문 13. 다음 글을 근거로 판단할 때, 〈보기〉에서 옳은 것만을 모두 고르면?　16 민간(5) 20번

甲과 乙이 '사냥게임'을 한다. 1, 2, 3, 4의 번호가 매겨진 4개의 칸이 아래와 같이 있다.

1 2 3 4

여기에 甲은 네 칸 중 괴물이 위치할 연속된 두 칸을 정하고, 乙은 네 칸 중 화살이 명중할 하나의 칸을 정한다. 甲과 乙은 동시에 자신들이 정한 칸을 말한다. 그 결과 화살이 괴물이 위치하는 칸에 명중하면 乙이 승리하고, 명중하지 않으면 甲이 승리한다.

예를 들면 甲이 1 2 , 乙이 1 또는 2 를 선택한 경우 괴물이 화살에 맞은 것으로 간주하여 乙이 승리한다. 만약 甲이 1 2 , 乙이 3 또는 4 를 선택했다면 괴물이 화살을 피한 것으로 간주하여 甲이 승리한다.

〈보 기〉

ㄱ. 괴물이 위치할 칸을 甲이 무작위로 정할 경우 乙은 1 보다는 2 를 선택하는 것이 승리할 확률이 높다.

ㄴ. 화살이 명중할 칸을 乙이 무작위로 정할 경우 甲은 2 3 보다는 3 4 를 선택하는 것이 승리할 확률이 높다.

ㄷ. 이 게임에서 甲이 선택할 수 있는 대안은 3개이고 乙이 선택할 수 있는 대안은 4개이므로 乙이 이기는 경우의 수가 더 많다.

① ㄱ　　　　　　　　　　② ㄴ

③ ㄷ　　　　　　　　　　④ ㄱ, ㄴ

⑤ ㄱ, ㄷ

문 14. 다음 글을 근거로 판단할 때, B구역 청소를 하는 요일은?　19 민간(나) 07번

甲레스토랑은 매주 1회 휴업일(수요일)을 제외하고 매일 영업한다. 甲레스토랑의 청소시간은 영업일 저녁 9시부터 10시까지이다. 이 시간에 A구역, B구역, C구역 중 하나를 청소한다. 청소의 효율성을 위하여 청소를 한 구역은 바로 다음 영업일에는 하지 않는다. 각 구역은 매주 다음과 같이 청소한다.

• A구역 청소는 일주일에 1회 한다.

• B구역 청소는 일주일에 2회 하되, B구역 청소를 한 후 영업일과 휴업일을 가리지 않고 이틀간은 B구역 청소를 하지 않는다.

• C구역 청소는 일주일에 3회 하되, 그중 1회는 일요일에 한다.

---

① 월요일과 목요일

② 월요일과 금요일

③ 월요일과 토요일

④ 화요일과 금요일

⑤ 화요일과 토요일

문 15. A는 잊어버린 네 자리 숫자의 비밀번호를 기억해 내려고 한다. 비밀번호에 대해서 가지고 있는 단서가 다음의 〈조건〉과 같을 때 사실이 아닌 것은?　07 행시(재) 34번

〈조 건〉

• 비밀번호를 구성하고 있는 어떤 숫자도 소수가 아니다.

• 6과 8 중에 단 하나만 비밀번호에 들어가는 숫자다.

• 비밀번호는 짝수로 시작한다.

• 골라 낸 네 개의 숫자를 큰 수부터 차례로 나열해서 비밀번호를 만들었다.

• 같은 숫자는 두 번 이상 들어가지 않는다.

---

① 비밀번호는 짝수이다.

② 비밀번호의 앞에서 두 번째 숫자는 4이다.

③ 위의 〈조건〉을 모두 만족시키는 번호는 모두 세 개가 있다.

④ 비밀번호는 1을 포함하지만 9는 포함하지 않는다.

⑤ 위의 〈조건〉을 모두 만족시키는 번호 중 가장 작은 수는 6410이다.

문 16. 다음 제시문의 내용을 근거로 판단할 때 〈그림〉에 대한 설명으로 적절하지 <u>않은</u> 것은?

08 행시(조) 17번

사회 네트워크란 '사람들이 연결되어 있는 관계망'을 의미한다. '중심성'은 한 행위자가 전체 네트워크에서 중심에 위치하는 정도를 표현하는 지표이다. 중심성을 측정하는 방법에는 여러 가지가 있는데, 대표적인 것으로 '연결정도 중심성'과 '근접 중심성'의 두 가지 유형이 있다.

'연결정도 중심성'은 사회 네트워크 내의 행위자와 직접적으로 연결되는 다른 행위자 수의 합으로 얻어진다. 이는 한 행위자가 다른 행위자들과 얼마만큼 관계를 맺고 있는가를 통하여 그 행위자가 사회 네트워크에서 중심에 위치하는 정도를 측정하는 것이다. 예를 들어 〈예시〉에서 행위자 A의 연결정도 중심성은 A와 직접 연결된 행위자의 숫자인 4가 된다.

'근접 중심성'은 사회 네트워크에서의 두 행위자 간의 거리를 강조한다. 사회 네트워크상의 다른 행위자들과 가까운 위치에 있다면 그들과 쉽게 관계를 맺을 수 있고 따라서 그만큼 중심적인 역할을 담당한다고 간주한다. 연결정도 중심성과는 달리 근접 중심성은 네트워크 내에서 직·간접적으로 연결되는 모든 행위자들과의 최단거리의 합의 역수로 정의된다. 이때 직접 연결된 두 점의 거리는 1이다. 예를 들어 〈예시〉에서 A의 근접 중심성은 $\frac{1}{6}$이 된다.

〈예 시〉

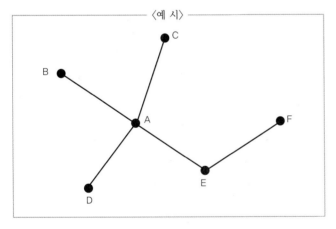

〈그 림〉

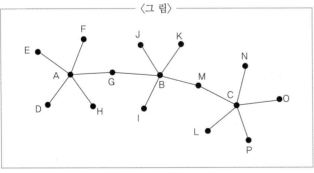

① 행위자 G의 근접 중심성은 $\frac{1}{37}$이다.

② 행위자 A의 근접 중심성은 행위자 B의 근접 중심성과 동일하다.

③ 행위자 G의 근접 중심성은 행위자 M의 근접 중심성과 동일하다.

④ 행위자 G의 연결정도 중심성은 행위자 M의 연결정도 중심성과 동일하다.

⑤ 행위자 A의 연결정도 중심성과 행위자 K의 연결정도 중심성의 합은 6이다.

문 17. 다음과 같은 방법으로 〈보기〉에 주어진 수열을 정렬할 때, 다섯 번째 교환이 이루어진 후의 수열은?

09 행시(극) 28번

인접한 두 숫자의 크기를 비교하여 교환하는 방식으로 정렬한다. 이때 인접한 두 숫자는 수열의 맨 앞부터 뒤로 이동하며 비교된다. 맨 마지막 숫자까지 비교가 이루어져 가장 큰 수가 맨 뒷자리로 이동하게 되면 한 라운드가 종료된다. 다음 라운드는 맨 뒷자리로 이동한 수를 제외하고 같은 방식으로 비교 및 교환이 이루어진다. 더 이상 교환할 숫자가 없을 때 정렬이 완료된다. 교환은 두 개의 숫자가 서로 자리를 맞바꾸는 것을 말한다.

〈예 시〉

다음은 '30 15 40 10'의 수열을 위의 방법으로 정렬한 것이다. 괄호는 각 단계에서 비교가 이루어지는 인접한 두 숫자를 나타낸다.

• 제1라운드

(30 15) 40 10 : 30>15 이므로 첫 번째 교환

15 (30 40) 10 : 40>30 이므로 교환이 이루어지지 않음

15 30 (40 10) : 40>10 이므로 두 번째 교환

15 30 10 40 : 가장 큰 수 40이 맨 마지막으로 이동

• 제2라운드(40은 비교 대상에서 제외)

(15 30) 10 <u>40</u> : 30>15 이므로 교환이 이루어지지 않음

15 (30 10) <u>40</u> : 30>10 이므로 세 번째 교환

15 10 30 <u>40</u> : 40을 제외한 수 중 가장 큰 수 30이 40 앞으로 이동

• 제3라운드(30, 40은 비교 대상에서 제외)

(15 10) <u>30 40</u> : 15>10 이므로 네 번째 교환

10 15 <u>30 40</u> : 정렬 완료

〈보 기〉

37	82	12	5	56

①	5	12	37	56	82
②	37	12	82	5	56
③	5	56	12	37	82
④	12	37	5	56	82
⑤	12	5	37	56	82

문 18. 다음 글과 〈상황〉을 읽고 추론한 것으로 항상 옳은 것을 〈보기〉에서 모두 고르면? 　10 행시(발) 12번

어떤 단체의 회원들은 단체의 결정에 대하여 각기 다른 선호를 보인다. 단체에 매월 납부하는 회비의 액수를 정하는 문제에 대해서도 마찬가지이다. 단체의 목적 달성에는 동의하나 재정이 넉넉하지 않은 사람은 될 수 있으면 적은 회비를 부담하려 한다(소극적 회원). 반면, 목적 달성에 동의하고 재정 또한 넉넉한 사람은 오히려 회비가 너무 적으면 안 된다고 생각한다(적극적 회원).

따라서 단체가 회비의 액수를 결정할 때에는 각 회원이 선호하는 액수를 알아야 한다. 회원들은 저마다 선호하는 회비의 범위가 있다. 만약 단체가 그 범위 내에서 회비를 결정한다면 회비를 내고 단체에 남아 있겠지만, 회비가 그 범위를 벗어난다면 단체의 결정에 불만을 품고 단체를 탈퇴할 것이다. 왜냐하면 소극적 회원은 과중한 회비 부담을 감수하려 들지 않을 것이고, 적극적 회원은 회비가 너무 적어 단체의 목적 달성이 불가능하다고 볼 것이기 때문이다.

〈상 황〉

5명(A~E)의 회원으로 새롭게 결성된 이 단체는 10만 원에서 70만 원 사이의 일정 금액을 월 회비로 정하려고 한다. 각 회원이 선호하는 회비의 범위는 다음과 같다.

회원	범위
A	10만 원 이상~20만 원 미만
B	10만 원 이상~25만 원 미만
C	25만 원 이상~40만 원 미만
D	30만 원 이상~50만 원 미만
E	30만 원 이상~70만 원 미만

〈보 기〉

ㄱ. C가 원하는 범위에서 회비가 정해지면, 최소 2인이 단체를 탈퇴할 것이다.

ㄴ. D가 원하는 범위에서 회비가 정해지면, 최소 3인이 단체를 탈퇴할 것이다.

ㄷ. 회비가 일단 정해지면, 최소 2명 이상은 이 단체를 탈퇴할 것이다.

ㄹ. 회비를 20만 원으로 결정하는 경우와 30만 원으로 결정하는 경우 탈퇴할 회원 수는 같다.

① ㄱ, ㄴ

② ㄱ, ㄷ

③ ㄴ, ㄷ

④ ㄴ, ㄹ

⑤ ㄷ, ㄹ

문 19. A, B 두 국가 간의 시차와 비행시간이 옳은 것은? 　11 민간실험(발) 15번

〈A ↔ B 간의 운항 시간표〉

구간	출발시각	도착시각
A → B	09:00	15:00
B → A	18:00	08:00(다음날)

※ 1) 출발 및 도착시각은 모두 현지시각임
　　2) 비행시간은 A → B구간, B → A구간 동일함
　　3) A가 B보다 1시간 빠르다는 것은 A가 오전 5시일 때 B가 오전 4시임을 의미함

	시차	비행시간
①	A가 B보다 4시간 빠르다	10시간
②	A가 B보다 4시간 느리다	14시간
③	A가 B보다 2시간 빠르다	8시간
④	A가 B보다 2시간 빠르다	10시간
⑤	A가 B보다 3시간 느리다	14시간

문 20. 두 개의 직육면체 건물이 아래와 같다고 할 때, (나)건물을 페인트칠 하는 작업에 필요한 페인트는 최소 몇 통인가?(단, 사용되는 페인트 통의 용량은 동일함) 　11 민간(인) 06번

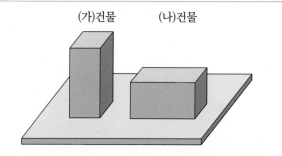

- (가)건물 밑면은 정사각형이며, 높이는 밑면 한 변 길이의 2배이다.
- (나)건물은 (가)건물을 그대로 눕혀놓은 것이다.
- 페인트는 각 건물의 옆면 4개와 윗면에 (가)와 (나)건물 모두 같은 방식으로 칠한다.
- (가)건물을 페인트칠 하는 작업에는 최소 36통의 페인트가 필요했다.

① 30통

② 32통

③ 36통

④ 42통

⑤ 45통

문 21. A, B, C, D 네 팀이 참여하여 체육대회를 하고 있다. 다음 〈순위 결정 기준〉과 각 팀의 현재까지 〈득점 현황〉에 근거하여 판단할 때, 항상 옳은 추론을 〈보기〉에서 모두 고르면?

11 민간(인) 24번

〈순위 결정 기준〉

- 각 종목의 1위에게는 4점, 2위에게는 3점, 3위에게는 2점, 4위에게는 1점을 준다.
- 각 종목에서 획득한 점수를 합산한 총점이 높은 순으로 종합 순위를 결정한다.
- 총점에서 동점이 나올 경우에는 1위를 한 종목이 많은 팀이 높은 순위를 차지한다.
  - 만약 1위 종목의 수가 같은 경우에는 2위 종목이 많은 팀이 높은 순위를 차지한다.
  - 만약 1위 종목의 수가 같고, 2위 종목의 수도 같은 경우에는 공동 순위로 결정한다.

〈득점 현황〉

종목명 \ 팀명	A	B	C	D
가	4	3	2	1
나	2	1	3	4
다	3	1	2	4
라	2	4	1	3
마	?	?	?	?
합계	?	?	?	?

※ 종목별 순위는 반드시 결정되고, 동순위는 나오지 않음

〈보 기〉

ㄱ. A팀이 종목 마에서 1위를 한다면 종합 순위 1위가 확정된다.
ㄴ. B팀이 종목 마에서 C팀에게 순위에서 뒤지면 종합 순위에서도 C팀에게 뒤지게 된다.
ㄷ. C팀은 종목 마의 결과와 관계없이 종합 순위에서 최하위가 확정되었다.
ㄹ. D팀이 종목 마에서 2위를 한다면 종합 순위 1위가 확정된다.

① ㄱ
② ㄹ
③ ㄱ, ㄴ
④ ㄴ, ㄷ
⑤ ㄷ, ㄹ

문 22. 甲과 乙이 아래 〈조건〉에 따라 게임을 할 때 옳지 않은 것은?

12 민간(인) 08번

〈조 건〉

- 甲과 乙은 다음과 같이 시각을 표시하는 하나의 시계를 가지고 게임을 한다.

0	9	:	1	5

- 甲, 乙 각자가 일어났을 때, 시계에 표시된 4개의 숫자를 합산하여 게임의 승패를 결정한다. 숫자의 합이 더 작은 사람이 이기고, 숫자의 합이 같을 때에는 비긴다.
- 甲은 반드시 오전 6시에서 오전 6시 59분 사이에 일어나고, 乙은 반드시 오전 7시에서 오전 7시 59분 사이에 일어난다.

① 甲이 오전 6시 정각에 일어나면, 반드시 甲이 이긴다.
② 乙이 오전 7시 59분에 일어나면, 반드시 乙이 진다.
③ 乙이 오전 7시 30분에 일어나고, 甲이 오전 6시 30분 전에 일어나면 반드시 甲이 이긴다.
④ 甲과 乙이 정확히 1시간 간격으로 일어나면, 반드시 甲이 이긴다.
⑤ 甲과 乙이 정확히 50분 간격으로 일어나면, 甲과 乙은 비긴다.

문 23. 다음은 9개 구역으로 이루어진 〈A지역〉과 그 지역을 구성하는 〈구역 유형별 유권자 수〉이다. A지역을 〈조건〉에 따라 유권자 수가 동일한 3개의 선거구로 나누려고 할 때 가능한 경우의 수는?

12 민간(인) 10번

〈A지역〉

〈구역 유형별 유권자 수〉

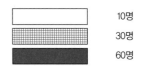

(흰색)	10명
(격자)	30명
(검정)	60명

〈조 건〉

같은 선거구에 속하는 구역들은 사각형의 한 변이 적어도 그 선거구에 속하는 다른 한 구역의 사각형의 한 변과 맞닿아 있어야 한다.

① 1가지
② 2가지
③ 3가지
④ 4가지
⑤ 5가지

문 24. 다음 글을 근거로 판단할 때, 〈보기〉에서 옳은 것을 모두 고르면?

12 민간(인) 22번

- 첫차는 06:00에 출발하며, 24:00 이내에 모든 버스가 운행을 마치고 종착지에 들어온다.
- 버스의 출발지와 종착지는 같고 한 방향으로만 운행되며, 한 대의 버스가 1회 운행하는 데 소요되는 총 시간은 2시간이다. 이 때 교통체증 등의 도로사정은 고려하지 않는다.
- 출발지를 기준으로 시간대별 배차 간격은 아래와 같다. 예를 들면 평일의 경우 버스 출발지를 기준으로 한 버스 출발 시간은 …, 11:40, 12:00, 12:30,… 순이다.

구분	A시간대 (06:00~12:00)	B시간대 (12:00~14:00)	C시간대 (14:00~24:00)
평일	20분	30분	40분
토요일	30분	40분	60분
일요일 (공휴일)	40분	60분	75분

〈보 기〉

ㄱ. 공휴일인 어린이날에는 출발지에서 13:00에 버스가 출발한다.

ㄴ. 막차는 출발지에서 반드시 22:00 이전에 출발한다.

ㄷ. 일요일에 막차가 종착지에 도착하는 시간은 23:20이다.

ㄹ. 출발지에서 09:30에 버스가 출발한다면, 이 날은 토요일이다.

① ㄱ, ㄴ   ② ㄱ, ㄷ

③ ㄷ, ㄹ   ④ ㄱ, ㄴ, ㄹ

⑤ ㄴ, ㄷ, ㄹ

문 25. 5명(A~E)이 다음 규칙에 따라 게임을 하고 있다. 4 → 1 → 1의 순서로 숫자가 호명되어 게임이 진행되었다면 네 번째 술래는?

12 민간(인) 25번

- A → B → C → D → E 순으로 반시계방향으로 동그랗게 앉아 있다.
- 한 명의 술래를 기준으로, 술래는 항상 숫자 3을 배정받고, 반시계방향으로 술래 다음 사람이 숫자 4를, 그 다음 사람이 숫자 5를, 술래 이전 사람이 숫자 2를, 그 이전 사람이 숫자 1을 배정받는다.
- 술래는 1~5의 숫자 중 하나를 호명하고, 호명된 숫자에 해당하는 사람이 다음 술래가 된다. 새로운 술래를 기준으로 다시 위의 조건에 따라 숫자가 배정되며 게임이 반복된다.
- 첫 번째 술래는 A다.

① A   ② B

③ C   ④ D

⑤ E

문 26. 다음 〈규칙〉과 〈결과〉에 근거하여 판단할 때, 甲과 乙 중 승리한 사람과 甲이 사냥한 동물의 종류 및 수량으로 가능한 조합은?

13 민간(인) 09번

〈규 칙〉

- 이동한 거리, 채집한 과일, 사냥한 동물 각각에 점수를 부여하여 합계 점수가 높은 사람이 승리하는 게임이다.
- 게임시간은 1시간이며, 주어진 시간 동안 이동을 하면서 과일을 채집하거나 사냥을 한다.
- 이동거리 1미터당 1점을 부여한다.
- 사과는 1개당 5점, 복숭아는 1개당 10점을 부여한다.
- 토끼는 1마리당 30점, 여우는 1마리당 50점, 사슴은 1마리당 100점을 부여한다.

〈결 과〉

- 甲의 합계점수는 1,590점이다. 甲은 과일을 채집하지 않고 사냥에만 집중하였으며, 총 1,400미터를 이동하는 동안 모두 4마리의 동물을 잡았다.
- 乙은 총 1,250미터를 이동했으며, 사과 2개와 복숭아 5개를 채집하였다. 또한 여우를 1마리 잡고 사슴을 2마리 잡았다.

	승리한 사람	甲이 사냥한 동물의 종류 및 수량
①	甲	토끼 3마리와 사슴 1마리
②	甲	토끼 2마리와 여우 2마리
③	乙	토끼 3마리와 여우 1마리
④	乙	토끼 2마리와 여우 2마리
⑤	乙	토끼 1마리와 사슴 3마리

문 27.   다음 〈상황〉과 〈대화〉를 근거로 판단할 때, 〈보기〉에서 옳은 것만을 모두 고르면?   13 민간(인) 16번

〈상 황〉

　지구와 거대한 운석이 충돌할 것으로 예상되자, A국 정부는 인류의 멸망을 막기 위해 甲, 乙, 丙 세 사람을 각각 냉동캡슐에 넣어 보존하기로 했다. 운석 충돌 후 시간이 흘러 지구에 다시 사람이 살 수 있는 환경이 조성되자, 3개의 냉동캡슐은 각각 다른 시점에 해동이 시작되어 하루 만에 완료되었다. 그 후 甲, 乙, 丙 세 사람은 2120년 9월 7일 한 자리에 모여 다음과 같은 〈대화〉를 나누었다.

〈대 화〉

甲 : 나는 2086년에 태어났습니다. 19살에 냉동캡슐에 들어갔고, 캡슐에서 해동된 지는 정확히 7년이 되었어요.

乙 : 나는 2075년생입니다. 26살에 냉동캡슐에 들어갔고, 캡슐에서 해동된 것은 지금으로부터 1년 5개월 전입니다.

丙 : 난 2083년 5월 17일에 태어났어요. 21살이 되기 두 달 전에 냉동캡슐에 들어갔고, 해동된 건 일주일 전이에요.

※ 이들이 밝히는 나이는 만 나이이며, 냉동되어 있는 기간은 나이에 산입되지 않음

〈보 기〉

ㄱ. 甲, 乙, 丙이 냉동되어 있던 기간은 모두 다르다.

ㄴ. 대화를 나눈 시점에 甲이 丙보다 나이가 어리다.

ㄷ. 가장 이른 연도에 냉동캡슐에 들어간 사람은 甲이다.

① ㄱ

② ㄱ, ㄴ

③ ㄱ, ㄷ

④ ㄴ, ㄷ

⑤ ㄱ, ㄴ, ㄷ

문 28.   다음 〈상황〉에서 기존의 승점제와 새로운 승점제를 적용할 때, A팀의 순위로 옳게 짝지어진 것은?   13 민간(인) 20번

〈상 황〉

• 대회에 참가하는 팀은 총 13팀이다.

• 각 팀은 다른 모든 팀과 한 번씩 경기를 한다.

• A팀의 최종성적은 5승 7패이다.

• A팀과의 경기를 제외한 12팀 간의 경기는 모두 무승부이다.

• 기존의 승점제는 승리 시 2점, 무승부 시 1점, 패배 시 0점을 부여한다.

• 새로운 승점제는 승리 시 3점, 무승부 시 1점, 패배 시 0점을 부여한다.

	기존의 승점제	새로운 승점제
①	8위	1위
②	8위	8위
③	13위	1위
④	13위	5위
⑤	13위	13위

문 29. 다음 〈그림〉처럼 ⚫️가 1회 이동할 때는 선을 따라 한 칸 움직인 지점에서 우측으로 45도 꺾어서 한 칸 더 나아가는 방식으로 움직인다. 하지만 ⚫️가 이동하려는 경로상에 장애물(⊠)이 있으면 움직이지 못한다. 〈보기〉 A~E에서 ⚫️가 3회 이하로 이동해서 위치할 수 있는 곳만을 옳게 묶은 것은?　13 민간(인) 22번

〈그림〉

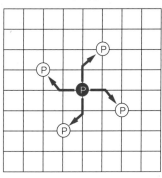

〈보기〉

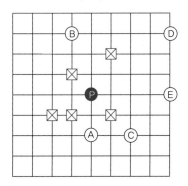

① A, B

② B, D

③ A, C, E

④ B, D, E

⑤ C, D, E

문 30. 다음 글과 〈표〉를 근거로 판단할 때, 여섯 사람이 서울을 출발하여 대전에 도착할 수 있는 가장 이른 예정시각은?(단, 다른 조건은 고려하지 않음)　14 민간(A) 22번

아래 여섯 사람은 서울 출장을 마치고 같은 고속버스를 타고 함께 대전으로 돌아가려고 한다. 고속버스터미널에는 은행, 편의점, 화장실, 패스트푸드점, 서점 등이 있다.

다음은 고속버스터미널에 도착해서 나눈 대화내용이다.

가은 : 버스표를 사야하니 저쪽 은행에 가서 현금을 찾아올게.

나중 : 그럼 그 사이에 난 잠깐 저쪽 편의점에서 간단히 먹을 김밥이라도 사올게.

다동 : 그럼 난 잠깐 화장실에 다녀올게. 그리고 저기 보이는 패스트푸드점에서 햄버거라도 사와야겠어. 너무 배고프네.

라민 : 나는 버스에서 읽을 책을 서점에서 사야지. 그리고 화장실도 들러야겠어.

마란 : 그럼 난 여기서 바솜이랑 기다리고 있을게.

바솜 : 지금이 오전 11시 50분이니까 다들 각자 볼일 마치고 빨리 돌아와.

각 시설별 이용 소요시간은 은행 30분, 편의점 10분, 화장실 20분, 패스트푸드점 25분, 서점 20분이다.

〈표〉

서울 출발 시각	대전 도착 예정시각	잔여좌석 수
12:00	14:00	7
12:15	14:15	12
12:30	14:30	9
12:45	14:45	5
13:00	15:00	10
13:20	15:20	15
13:40	15:40	6
14:00	16:00	8
14:15	16:15	21

① 14:15

② 14:45

③ 15:00

④ 15:20

⑤ 16:15

문 31. 다음 글을 근거로 판단할 때, 〈표〉의 화장 단계 중 7개만을 선택하였을 경우 甲의 최대 매력 지수는? 14 민간(A) 23번

- 아침마다 화장을 하고 출근하는 甲의 목표는 매력 지수의 합을 최대한 높이는 것이다.
- 화장 단계별 매력 지수와 소요 시간은 아래의 〈표〉와 같다.
- 20분 만에 화장을 하면 지각하지 않고 정시에 출근할 수 있다.
- 회사에 1분 지각할 때마다 매력 지수가 4점씩 깎인다.
- 화장은 반드시 '로션 바르기 → 수분크림 바르기 → 썬크림 바르기 → 피부화장 하기' 순으로 해야 하며, 이 4개 단계는 생략할 수 없다.
- 피부화장을 한 후에 눈썹 그리기, 눈화장 하기, 립스틱 바르기, 속눈썹 붙이기를 할 수 있으며, 이 중에서는 어떤 것을 선택해도 상관없다.
- 동일 화장 단계는 반복하지 않으며, 2개 이상의 화장 단계는 동시에 할 수 없다.

〈표〉

화장 단계	매력 지수(점)	소요 시간(분)
로션 바르기	2	1
수분크림 바르기	2	1
썬크림 바르기	6	1.5
피부화장 하기	20	7
눈썹 그리기	12	3
눈화장 하기	25	10
립스틱 바르기	10	0.5
속눈썹 붙이기	60	15

① 53점

② 61점

③ 76점

④ 129점

⑤ 137점

문 32. 다음 글을 근거로 판단할 때, 〈보기〉에서 옳은 것만을 모두 고르면?(단, 다른 조건은 고려하지 않음) 14 민간(A) 24번

다양한 무게의 짐 12개를 아래의 방법에 따라 최소 개수의 상자에 넣으려고 한다. 각각의 짐 무게는 아래와 같고, 좌측부터 순서대로 도착했다. 하나의 짐을 분리하여 여러 상자에 나누어 넣을 수 없으며, 포장된 상자에는 짐을 추가로 넣을 수 없다.

6, 5, 5, 4, 2, 3, 6, 5, 4, 5, 7, 8 (단위 : kg)

방법 1. 도착한 순서대로 짐을 상자에 넣는다. 짐을 상자에 넣어 10kg이 넘을 경우, 그 짐을 넣지 않고 상자를 포장한다. 그 후 짐을 다음 상자에 넣는다.

방법 2. 모든 짐을 무게 순으로 재배열한 후 무거운 짐부터 순서대로 상자에 넣는다. 짐을 상자에 넣어 10kg이 넘을 경우, 그 짐을 넣지 않고 상자를 포장한다. 그 후 짐을 다음 상자에 넣는다.

〈보 기〉

ㄱ. 방법 1과 방법 2의 경우, 필요한 상자의 개수가 다르다.

ㄴ. 방법 1의 경우, 10kg까지 채워지지 않은 상자들에 들어간 짐의 무게의 합은 50kg이다.

ㄷ. 방법 2의 경우, 10kg이 채워진 상자의 수는 2개이다.

① ㄴ

② ㄷ

③ ㄱ, ㄴ

④ ㄱ, ㄷ

⑤ ㄴ, ㄷ

문 33. 다음 〈규칙〉을 근거로 판단할 때, 〈보기〉에서 옳은 것만을 모두 고르면? 　　　　　15 민간(인) 08번

〈규 칙〉

• △△배 씨름대회는 아래와 같은 대진표에 따라 진행되며, 11명의 참가자는 추첨을 통해 동일한 확률로 A부터 K까지의 자리 중에서 하나를 배정받아 대회에 참가한다.

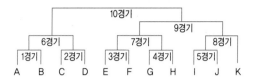

• 대회는 첫째 날에 1경기부터 시작되어 10경기까지 순서대로 매일 하루에 한 경기씩 쉬는 날 없이 진행되며, 매 경기에서는 무승부 없이 승자와 패자가 가려진다.

• 각 경기를 거듭할 때마다 패자는 제외시키면서 승자끼리 겨루어 최후에 남은 두 참가자 간에 우승을 가리는 승자 진출전 방식으로 대회를 진행한다.

〈보 기〉

ㄱ. 이틀 연속 경기를 하지 않으면서 최소한의 경기로 우승할 수 있는 자리는 총 5개이다.

ㄴ. 첫 번째 경기에 승리한 경우 두 번째 경기 전까지 3일 이상을 경기 없이 쉴 수 있는 자리에 배정될 확률은 50% 미만이다.

ㄷ. 총 4번의 경기를 치러야 우승할 수 있는 자리에 배정될 확률이 총 3번의 경기를 치르고 우승할 수 있는 자리에 배정될 확률보다 높다.

① ㄱ

② ㄴ

③ ㄷ

④ ㄱ, ㄷ

⑤ ㄴ, ㄷ

문 34. 다음 글을 근거로 판단할 때, 〈보기〉에서 방정식 $x^3+4x+2=0$의 표현으로 옳은 것만을 모두 고르면? 　15 민간(인) 15번

과거에는 방정식을 현재의 표현 방식과는 다르게 표현하였다.

카르다노는 x를 reb^9라고 쓰고 x^3을 cub^9라고 했으며 $+$를 p:과 같이 써서 $x^3+6x=18$을

$$cub^9 p : 6reb^9 \ ae\bar{q} \ lis \ 18$$

이라고 했다.

스테빈은 $x^3+3=2x+6$을

$$1^③+3 \ egales \ a' \ 2^①+6$$

이라고 썼다. 여기서 $egales \ a'$는 =를 나타낸다.

기랄드는 x를 (1), x^2을 (2), x^3을 (3)과 같이 사용했다. 즉, $x^3+21x^2+4=0$을

$$1(3)+21(2)+4=0$$

이라고 쓴 것이다.

헤리옷은 $x^3+3x=0$을

$$xxx+3 \cdot x=0$$

과 같이 표현했다.

〈보 기〉

ㄱ. 카르다노는 $cub^9 \ p: 4reb^9 \ p: 2 \ ae\bar{q} \ lis \ 0$이라고 썼을 것이다.

ㄴ. 스테빈은 $1^③+4^①+2 \ egales \ a' 0$이라고 썼을 것이다.

ㄷ. 기랄드는 $1(2)+4(1)+2=0$이라고 썼을 것이다.

ㄹ. 헤리옷은 $xxx+4 \cdot x+2=0$이라고 썼을 것이다.

① ㄱ, ㄷ

② ㄴ, ㄹ

③ ㄱ, ㄴ, ㄷ

④ ㄱ, ㄴ, ㄹ

⑤ ㄴ, ㄷ, ㄹ

문 35. 다음 글과 〈상황〉을 근거로 판단할 때, 주택(A~E) 중 관리 대상주택의 수는?

15 민간(인) 18번

○○나라는 주택에 도달하는 빛의 조도를 다음과 같이 예측한다.

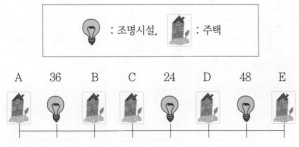

: 조명시설, : 주택

A   36   B   C   24   D   48   E

1. 각 조명시설에서 방출되는 광량은 그림에 표시된 값이다.
2. 위 그림에서 1칸의 거리는 2이며, 빛의 조도는 조명시설에서 방출되는 광량을 거리로 나눈 값이다.
3. 여러 조명시설로부터 동시에 빛이 도달할 경우, 각 조명시설로부터 주택에 도달한 빛의 조도를 예측하여 단순 합산한다.
4. 주택에 도달하는 빛은 그림에 표시된 세 개의 조명시설에서 방출되는 빛 외에는 없다고 가정한다.

───── 〈상 황〉 ─────

빛공해로부터 주민생활을 보호하기 위해, 주택에서 예측된 빛의 조도가 30을 초과할 경우 관리대상주택으로 지정한다.

① 1채
② 2채
③ 3채
④ 4채
⑤ 5채

문 36. 다음 글을 근거로 판단할 때, 〈보기〉에서 옳은 것만을 모두 고르면?

15 민간(인) 22번

거짓말 탐지기는 진술 내용의 참, 거짓을 판단하는 장치이다. 거짓말 탐지기의 정확도(%)는 탐지 대상이 되는 진술이 참인 것을 참으로, 거짓인 것을 거짓으로 옳은 판단을 내릴 확률을 의미하며, 참인 진술과 거짓인 진술 각각에 대하여 동일한 정확도를 나타낸다. 甲이 사용하는 거짓말 탐지기의 정확도는 80%이다.

───── 〈보 기〉 ─────

ㄱ. 탐지 대상이 되는 진술이 총 100건이라면, 甲의 거짓말 탐지기는 20건에 대하여 옳지 않은 판단을 내릴 가능성이 가장 높다.
ㄴ. 탐지 대상이 되는 진술 100건 가운데 참인 진술이 20건이라면, 甲의 거짓말 탐지기가 이 100건 중 참으로 판단하는 것은 총 32건일 가능성이 가장 높다.
ㄷ. 탐지 대상이 되는 진술 100건 가운데 참인 진술이 10건인 경우, 甲이 사용하는 거짓말 탐지기의 정확도가 높아진다면 이 100건 중 참으로 판단하는 진술이 많아진다.
ㄹ. 거짓말 탐지기의 정확도가 90%이고 탐지 대상이 되는 진술 100건 가운데 참인 진술이 10건인 경우, 탐지기가 18건을 참으로 판단했다면 그중 거짓인 진술이 9건일 가능성이 가장 높다.

① ㄱ, ㄴ
② ㄱ, ㄷ
③ ㄱ, ㄴ, ㄹ
④ ㄱ, ㄷ, ㄹ
⑤ ㄴ, ㄷ, ㄹ

문 37. 다음 글을 근거로 판단할 때 옳은 것은? 15 민간(인) 23번

○○리그는 10개의 경기장에서 진행되는데, 각 경기장은 서로 다른 도시에 있다. 또 이 10개 도시 중 5개는 대도시이고 5개는 중소도시이다. 매일 5개 경기장에서 각각 한 경기가 열리며 한 시즌당 각 경기장에서 열리는 경기의 횟수는 10개 경기장 모두 동일하다.

대도시의 경기장은 최대수용인원이 3만 명이고, 중소도시의 경기장은 최대수용인원이 2만 명이다. 대도시 경기장의 경우는 매 경기 60%의 좌석 점유율을 나타내고 있는 반면 중소도시 경기장의 경우는 매 경기 70%의 좌석 점유율을 보이고 있다. 특정 경기장의 관중 수는 그 경기장의 좌석 점유율에 최대수용인원을 곱하여 구한다.

① ○○리그의 1일 최대 관중 수는 16만 명이다.

② 중소도시 경기장의 좌석 점유율이 10%p 높아진다면 대도시 경기장 한 곳의 관중 수보다 중소도시 경기장 한 곳의 관중 수가 더 많아진다.

③ 내년 시즌부터 4개의 대도시와 6개의 중소도시에서 경기가 열린다면 ○○리그의 한 시즌 전체 누적 관중 수는 올 시즌 대비 2.5% 줄어든다.

④ 대도시 경기장의 좌석 점유율이 중소도시 경기장과 같고 최대 수용인원은 그대로라면, ○○리그의 1일 평균 관중 수는 11만 명을 초과하게 된다.

⑤ 중소도시 경기장의 최대수용인원이 대도시 경기장과 같고 좌석 점유율은 그대로라면, ○○리그의 1일 평균 관중 수는 11만 명을 초과하게 된다.

문 38. 다음 글을 근거로 판단할 때 ○○년 8월 1일의 요일은? 15 민간(인) 24번

○○년 7월의 첫날 甲은 자동차 수리를 맡겼다. 甲은 그달 마지막 월요일인 네 번째 월요일에 자동차를 찾아가려 했으나, 사정이 생겨 그달 마지막 금요일인 네 번째 금요일에 찾아갔다.

※ 날짜는 양력 기준

① 월요일

② 화요일

③ 수요일

④ 목요일

⑤ 금요일

문 39. 다음 글과 〈상황〉을 근거로 판단할 때, 〈보기〉에서 옳은 것만을 모두 고르면? 16 민간(5) 09번

A국 사람들은 아래와 같이 한 손으로 1부터 10까지의 숫자를 표현한다.

숫자	1	2	3	4	5
펼친 손가락 개수	1개	2개	3개	4개	5개
펼친 손가락 모양					

숫자	6	7	8	9	10
펼친 손가락 개수	2개	3개	2개	1개	2개
펼친 손가락 모양					

── 〈상 황〉 ──

A국에 출장을 간 甲은 A국의 언어를 하지 못하여 물건을 살 때 상인의 손가락을 보고 물건의 가격을 추측한다. A국 사람의 숫자 표현법을 제대로 이해하지 못한 甲은 상인이 금액을 표현하기 위해 펼친 손가락 1개당 1원씩 돈을 지불하려고 한다(단, 甲은 하나의 물건을 구매하며, 물건의 가격은 최소 1원부터 최대 10원까지라고 가정한다).

── 〈보 기〉 ──

ㄱ. 물건의 가격과 甲이 지불하려는 금액이 일치했다면, 물건의 가격은 5원 이하이다.

ㄴ. 상인이 손가락 3개를 펼쳤다면, 물건의 가격은 최대 7원이다.

ㄷ. 물건의 가격과 甲이 지불하려는 금액이 8원 만큼 차이가 난다면, 물건의 가격은 9원이거나 10원이다.

ㄹ. 甲이 물건의 가격을 초과하는 금액을 지불하려는 경우가 발생할 수 있다.

① ㄱ, ㄴ

② ㄷ, ㄹ

③ ㄱ, ㄴ, ㄷ

④ ㄱ, ㄷ, ㄹ

⑤ ㄴ, ㄷ, ㄹ

문 40. 다음 글을 근거로 판단할 때, 사자바둑기사단이 선발할 수 있는 출전선수 조합의 총 가짓수는? 16 민간(5) 10번

- 사자바둑기사단과 호랑이바둑기사단이 바둑시합을 한다.
- 시합은 일대일 대결로 총 3라운드로 진행되며, 한 명의 선수는 하나의 라운드에만 출전할 수 있다.
- 호랑이바둑기사단은 1라운드에는 甲을, 2라운드에는 乙을, 3라운드에는 丙을 출전시킨다.
- 사자바둑기사단은 각 라운드별로 이길 수 있는 확률이 0.6 이상이 되도록 7명의 선수(A~G) 중 3명을 선발한다.
- A~G가 甲, 乙, 丙에 대하여 이길 수 있는 확률은 다음 〈표〉와 같다.

〈표〉

선수	甲	乙	丙
A	0.42	0.67	0.31
B	0.35	0.82	0.49
C	0.81	0.72	0.15
D	0.13	0.19	0.76
E	0.66	0.51	0.59
F	0.54	0.28	0.99
G	0.59	0.11	0.64

① 18가지
② 17가지
③ 16가지
④ 15가지
⑤ 14가지

문 41. 다음 글과 〈상황〉을 근거로 판단할 때, 甲이 둘째 딸에게 물려 주려는 땅의 크기는? 16 민간(5) 18번

한 도형이 다른 도형과 접할 때, 안쪽에서 접하는 것을 내접, 바깥쪽에서 접하는 것을 외접이라고 한다. 이를테면 한 개의 원이 다각형의 모든 변에 접할 때, 그 다각형은 원에 외접한다고 하며 원은 다각형에 내접한다고 한다. 한편 원이 한 다각형의 각 꼭짓점을 모두 지날 때 그 원은 다각형에 외접한다고 하며, 다각형은 원에 내접한다고 한다. 정다각형은 반드시 내접원과 외접원을 가지게 된다.

─── 〈상 황〉 ───

甲은 죽기 전 자신이 가진 가로와 세로가 각각 100m인 정사각형의 땅을 다음과 같이 나누어 주겠다는 유서를 작성하였다.

"내 전 재산인 정사각형의 땅에 내접하는 원을 그리고, 다시 그 원에 내접하는 정사각형을 그린다. 그 내접하는 정사각형에 해당하는 땅을 첫째 딸에게 주고, 나머지 부분은 둘째 딸에게 물려준다."

① 4,000m²
② 5,000m²
③ 6,000m²
④ 7,000m²
⑤ 8,000m²

문 42. 다음 글을 근거로 판단할 때, 1단계에서 甲이 나눈 두 묶음의 구슬 개수로 옳은 것은? 16 민간(5) 21번

甲은 아래 세 개의 단계를 순서대로 거쳐 16개의 구슬을 네 묶음으로 나누었다. 네 묶음의 구슬 개수는 각각 1개, 5개, 5개, 5개이다.

- 1단계 : 16개의 구슬을 두 묶음으로 나누어, 한 묶음의 구슬 개수가 다른 묶음의 구슬 개수의 n배(n은 자연수)가 되도록 했다.
- 2단계 : 5개 이상의 구슬이 있던 한 묶음에서 다른 묶음으로 5개의 구슬을 옮겼다.
- 3단계 : 두 묶음을 각각 두 묶음씩으로 다시 나누어 총 네 묶음이 되도록 했다.

① 8개, 8개
② 11개, 5개
③ 12개, 4개
④ 14개, 2개
⑤ 15개, 1개

문 43. 다음 글을 근거로 판단할 때, 〈보기〉에서 옳은 것만을 모두 고르면? 16 민간(5) 23번

- 'ㅇㅇ코드'는 아래 그림과 같이 총 25칸(5×5)으로 이루어져 있으며, 각 칸을 흰색으로 채우거나 검정색으로 채우는 조합에 따라 다른 코드가 만들어진다.

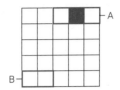

- 상단 오른쪽의 3칸(A)은 항상 '흰색−검정색−흰색'으로 ㅇㅇ코드의 고유표시를 나타낸다.
- 하단 왼쪽의 2칸(B)은 코드를 제작한 지역을 표시하는 것으로 전 세계를 총 4개의 지역으로 분류하고, 甲 지역은 '흰색−흰색'으로 표시한다.

※ 코드를 회전시키는 경우는 고려하지 않음

─ 〈보 기〉 ─

ㄱ. 甲지역에서 만들 수 있는 코드 개수는 100만 개를 초과한다.

ㄴ. 甲지역에서 만들 수 있는 코드와 다른 지역에서 만들 수 있는 코드는 최대 20칸이 동일하다.

ㄷ. 각 칸을 기존의 흰색과 검정색뿐만 아니라 빨간색과 파란색으로도 채울 수 있다면, 만들 수 있는 코드 개수는 기존보다 100만 배 이상 증가한다.

ㄹ. 만약 상단 오른쪽의 3칸(A)도 다른 칸과 마찬가지로 코드 만드는 것에 사용토록 개방한다면, 만들 수 있는 코드 개수는 기존의 6배로 증가한다.

① ㄱ, ㄴ
② ㄱ, ㄷ
③ ㄴ, ㄹ
④ ㄱ, ㄷ, ㄹ
⑤ ㄴ, ㄷ, ㄹ

문 44. 다음 〈조건〉을 따를 때, 5에 인접한 숫자를 모두 더한 값은?(단, 숫자가 인접한다는 것은 숫자가 쓰인 칸이 인접함을 의미함) 16 민간(5) 24번

─ 〈조 건〉 ─

- 1~10까지의 자연수를 모두 사용하여, 〈숫자판〉의 각 칸에 하나의 자연수를 쓴다. 단, 6과 7은 〈숫자판〉에 쓰여 있다.
- 1은 소수와만 인접한다.
- 2는 모든 홀수와 인접한다.
- 3에 인접한 숫자를 모두 더하면 16이 된다.
- 5는 가장 많은 짝수와 인접한다.
- 10은 어느 짝수와도 인접하지 않는다.

※ 소수 : 1과 자신만을 약수로 갖는 자연수

─ 〈숫자판〉 ─

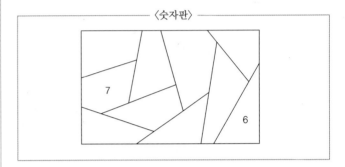

① 22
② 23
③ 24
④ 25
⑤ 26

문 45. 다음 글과 〈A여행사 해외여행 상품〉을 근거로 판단할 때, 세훈이 선택할 여행지는?   17 민간(나) 10번

> 인희 : 다음 달 셋째 주에 연휴던데, 그때 여행갈 계획 있어?
>
> 세훈 : 응, 이번에는 꼭 가야지. 월요일, 수요일, 금요일이 공휴일이잖아. 그래서 우리 회사에서는 화요일과 목요일에만 연가를 쓰면 앞뒤 주말 포함해서 최대 9일 연휴가 되더라고. 그런데 난 연가가 하루밖에 남지 않아서 그렇게 길게는 안 돼. 그래도 이번엔 꼭 해외여행을 갈 거야.
>
> 인희 : 어디로 갈 생각이야?
>
> 세훈 : 나는 어디로 가든 상관없는데 여행지에 도착할 때까지 비행기를 오래 타면 너무 힘들더라고. 그래서 편도 총비행시간이 8시간 이내면서 직항 노선이 있는 곳으로 가려고.
>
> 인희 : 여행기간은 어느 정도로 할 거야?
>
> 세훈 : 남은 연가를 잘 활용해서 주어진 기간 내에서 최대한 길게 다녀오려고 해. A여행사 해외여행 상품 중에 하나를 정해서 다녀올 거야.

〈A여행사 해외여행 상품〉

여행지	여행기간 (한국시각 기준)	총 비행시간 (편도)	비행기 환승 여부
두바이	4박 5일	8시간	직항
모스크바	6박 8일	8시간	직항
방콕	4박 5일	7시간	1회 환승
홍콩	3박 4일	5시간	직항
뉴욕	4박 5일	14시간	직항

① 두바이
② 모스크바
③ 방콕
④ 홍콩
⑤ 뉴욕

문 46. 다음 〈상황〉을 근거로 판단할 때, 짜장면 1그릇의 가격은?   17 민간(나) 21번

─〈상 황〉─

- A중식당의 각 테이블별 주문 내역과 그 총액은 아래 〈표〉와 같다.
- 각 테이블에서는 음식을 주문 내역별로 1그릇씩 주문하였다.

〈표〉

테이블	주문 내역	총액(원)
1	짜장면, 탕수육	17,000
2	짬뽕, 깐풍기	20,000
3	짜장면, 볶음밥	14,000
4	짬뽕, 탕수육	18,000
5	볶음밥, 깐풍기	21,000

① 4,000원
② 5,000원
③ 6,000원
④ 7,000원
⑤ 8,000원

문 47. 다음 글과 〈표〉를 근거로 판단할 때, 백설공주의 친구 7명(A~G) 중 왕자의 부하는 누구인가?   17 민간(나) 22번

- A~G 중 2명은 왕자의 부하이다.
- B~F는 모두 20대이다.
- A~G 중 가장 나이가 많은 사람은 왕자의 부하가 아니다.
- A~G 중 여자보다 남자가 많다.
- 왕자의 두 부하는 성별이 서로 다르고, 국적은 동일하다.

〈표〉

친구	나이	성별	국적
A	37살	?	한국
B	28살	?	한국
C	22살	여자	중국
D	?	여자	일본
E	?	?	중국
F	?	?	한국
G	38살	여자	중국

① A, B
② B, F
③ C, E
④ D, F
⑤ E, G

문 48. 다음 〈조건〉과 〈관광지 운영시간 및 이동시간〉을 근거로 판단할 때, 〈보기〉에서 옳은 것만을 모두 고르면? 17 민간(나) 25번

─── 〈조 건〉 ───

• 하루에 4개 관광지를 모두 한 번씩 관광한다.
• 궁궐에서는 가이드투어만 가능하다. 가이드투어는 10시와 14시에 시작하며, 시작 시각까지 도착하지 못하면 가이드투어를 할 수 없다.
• 각 관광에 소요되는 시간은 2시간이며, 관광지 운영시간 외에는 관광할 수 없다.

─── 〈관광지 운영시간 및 이동시간〉 ───

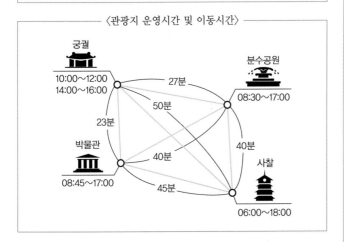

─── 〈보 기〉 ───

ㄱ. 사찰에서부터 관광을 시작해야 한다.
ㄴ. 마지막 관광을 종료하는 시각은 16시 30분 이후이다.
ㄷ. 박물관과 분수공원의 관광 순서가 바뀌어도 무방하다.

① ㄴ
② ㄷ
③ ㄱ, ㄴ
④ ㄱ, ㄷ
⑤ ㄱ, ㄴ, ㄷ

문 49. 다음 글을 근거로 판단할 때, 〈그림 2〉의 정육면체 아랫면에 쓰인 36개 숫자의 합은? 18 민간(가) 09번

정육면체인 하얀 블록 5개와 검은 블록 1개를 일렬로 붙인 막대를 30개 만든다. 각 막대의 윗면에는 가장 위에 있는 블록부터, 아랫면에는 가장 아래에 있는 블록부터 세어 검은 블록이 몇 번째 블록인지를 나타내는 숫자를 쓴다. 이런 규칙에 따르면 〈그림 1〉의 예에서는 윗면에 2를, 아랫면에 5를 쓰게 된다.

다음으로 검은 블록 없이 하얀 블록 6개를 일렬로 붙인 막대를 6개 만든다. 검은 블록이 없으므로 윗면과 아랫면 모두에 0을 쓴다.

이렇게 만든 36개의 막대를 붙여 〈그림 2〉와 같은 큰 정육면체를 만들었더니, 윗면에 쓰인 36개 숫자의 합이 109였다.

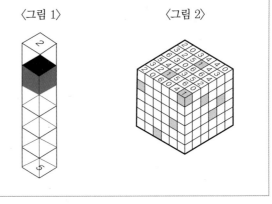

〈그림 1〉   〈그림 2〉

① 97
② 100
③ 101
④ 103
⑤ 104

문 50. 다음 글을 근거로 판단할 때, 〈보기〉의 각 괄호 안에 들어갈 숫자의 합은? 18 민간(가) 17번

A부처와 B부처에 소속된 공무원 수는 각각 100명이고, 모두 소속된 부처에 있었다. 그런데 A부처는 국가 행사를 담당하게 되어 B부처에 9명의 인력지원을 요청하였다. B부처는 소속 공무원 100명 중 9명을 무작위로 선정해서 A부처에 지원 인력으로 보냈다. 얼마 후 B부처 역시 또 다른 국가 행사를 담당하게 되어 A부처에 인력지원을 요청하였다. A부처는 B부처로부터 지원받았던 인력을 포함한 109명 중 9명을 무작위로 선정해서 B부처에 지원 인력으로 보냈다.

─────── 〈보 기〉 ───────

ㄱ. A부처와 B부처 간 인력지원이 한 차례씩 이루어진 후, A부처에 B부처 소속 공무원이 3명 남아있다면 B부처에는 A부처 소속 공무원이 ( )명 있다.

ㄴ. A부처와 B부처 간 인력지원이 한 차례씩 이루어진 후, B부처에 A부처 소속 공무원이 2명 남아있다면 A부처에는 B부처 소속 공무원이 ( )명 있다.

① 5
② 8
③ 10
④ 13
⑤ 15

문 51. 다음 글과 〈대화〉를 근거로 판단할 때 대장 두더지는? 18 민간(가) 20번

- 甲은 튀어나온 두더지를 뿅망치로 때리는 '두더지 게임'을 했다.
- 두더지는 총 5마리(A~E)이며, 이 중 1마리는 대장 두더지이고 나머지 4마리는 부하 두더지이다.
- 대장 두더지를 맞혔을 때는 2점, 부하 두더지를 맞혔을 때는 1점을 획득한다.
- 두더지 게임 결과, 甲은 총 14점을 획득하였다.
- 두더지 게임이 끝난 후 두더지들은 아래와 같은 〈대화〉를 하였다.

─────── 〈대 화〉 ───────

두더지 A : 나는 맞은 두더지 중에 가장 적게 맞았고, 맞은 횟수는 짝수야.

두더지 B : 나는 두더지 C와 똑같은 횟수로 맞았어.

두더지 C : 나와 두더지 A, 두더지 D가 맞은 횟수를 모두 더하면 모든 두더지가 맞은 횟수의 3/4이야.

두더지 D : 우리 중에 한 번도 맞지 않은 두더지가 1마리 있지만 나는 아니야.

두더지 E : 우리가 맞은 횟수를 모두 더하면 12번이야.

① 두더지 A
② 두더지 B
③ 두더지 C
④ 두더지 D
⑤ 두더지 E

문 52. 다음 〈상황〉을 근거로 판단할 때, 〈보기〉에서 옳은 것만을 모두 고르면?

18 민간(가) 21번

─〈상 황〉─

- A위원회는 12명의 위원으로 구성되며, 위원 중에서 위원장을 선출한다.
- 12명의 위원은 자신을 제외한 11명 중 서로 다른 2명에게 1표씩 투표하여 최다 득표자를 위원장으로 결정한다.
- 최다 득표자가 여러 명인 경우 추첨을 통해 이들 중 1명을 위원장으로 결정한다.

※ 기권 및 무효표는 없음

─〈보 기〉─

ㄱ. 득표자 중 5표를 얻은 위원이 존재하고 추첨을 통해 위원장이 결정되었다면, 득표자는 3명 이하이다.

ㄴ. 득표자가 총 3명이고 그중 1명이 7표를 얻었다면, 위원장을 추첨으로 결정하지 않아도 된다.

ㄷ. 득표자 중 최다 득표자가 8표를 얻었고 추첨 없이 위원장이 결정되었다면, 득표자는 4명 이상이다.

① ㄴ
② ㄷ
③ ㄱ, ㄴ
④ ㄱ, ㄷ
⑤ ㄴ, ㄷ

문 53. 다음 글을 근거로 판단할 때, 〈보기〉에서 옳은 것만을 모두 고르면?

18 민간(가) 22번

- 甲시청은 관내 도장업체(A~C)에 청사 바닥(면적 : 60m²) 도장공사를 의뢰하려 한다.

〈관내 도장업체 정보〉

업체	1m²당 작업시간	시간당 비용
A	30분	10만 원
B	1시간	8만 원
C	40분	9만 원

- 개별 업체의 작업속도는 항상 일정하다.
- 여러 업체가 참여하는 경우, 각 참여 업체는 언제나 동시에 작업하며 업체당 작업시간은 동일하다. 이때 각 참여 업체가 작업하는 면은 겹치지 않는다.
- 모든 업체는 시간당 비용에 비례하여 분당 비용을 받는다. (예 A가 6분 동안 작업한 경우 1만 원을 받는다)

─〈보 기〉─

ㄱ. 작업을 가장 빠르게 끝내기 위해서는 A와 C에게만 작업을 맡겨야 한다.

ㄴ. B와 C에게 작업을 맡기는 경우, 작업 완료까지 24시간이 소요된다.

ㄷ. A, B, C에게 작업을 맡기는 경우, B와 C에게 작업을 맡기는 경우보다 많은 비용이 든다.

① ㄱ
② ㄴ
③ ㄷ
④ ㄱ, ㄴ
⑤ ㄴ, ㄷ

문 54. 다음 글을 근거로 판단할 때, 〈보기〉에서 옳은 것만을 모두 고르면?

18 민간(가) 24번

엘로 평점 시스템(Elo Rating System)은 체스 등 일대일 방식의 종목에서 선수들의 실력을 표현하는 방법으로 물리학자 아르파드 엘로(Arpad Elo)가 고안했다.

임의의 두 선수 X, Y의 엘로 점수를 각각 E_X, E_Y라 하고 X가 Y에게 승리할 확률을 P_{XY}, Y가 X에게 승리할 확률을 P_{YX}라고 하면, 각 선수가 승리할 확률은 다음 식과 같이 계산된다. 무승부는 고려하지 않으므로 두 선수가 승리할 확률의 합은 항상 1이 된다.

$$P_{XY} = \frac{1}{1+10^{-(E_X-E_Y)/400}}$$

$$P_{YX} = \frac{1}{1+10^{-(E_Y-E_X)/400}}$$

두 선수의 엘로 점수가 같다면, 각 선수가 승리할 확률은 0.5로 같다. 만약 한 선수가 다른 선수보다 엘로 점수가 200점 높다면, 그 선수가 승리할 확률은 약 0.76이 된다.

경기 결과에 따라 각 선수의 엘로 점수는 변화한다. 경기에서 승리한 선수는 그 경기에서 패배할 확률에 K를 곱한 만큼 점수를 얻고, 경기에서 패배한 선수는 그 경기에서 승리할 확률에 K를 곱한 만큼 점수를 잃는다(K는 상수로, 보통 32를 사용한다). 승리할 확률이 높은 경기보다 승리할 확률이 낮은 경기에서 승리했을 경우 더 많은 점수를 얻는다.

〈보 기〉

ㄱ. 경기에서 승리한 선수가 얻는 엘로 점수와 그 경기에서 패배한 선수가 잃는 엘로 점수는 다를 수 있다.

ㄴ. K=32라면, 한 경기에서 아무리 강한 상대에게 승리해도 얻을 수 있는 엘로 점수는 32점 이하이다.

ㄷ. A가 B에게 패배할 확률이 0.1이라면, A와 B의 엘로 점수 차이는 400점 이상이다.

ㄹ. A가 B에게 승리할 확률이 0.8, B가 C에게 승리할 확률이 0.8이라면, A가 C에게 승리할 확률은 0.9 이상이다.

① ㄱ, ㄴ
② ㄴ, ㄹ
③ ㄱ, ㄴ, ㄷ
④ ㄱ, ㄷ, ㄹ
⑤ ㄴ, ㄷ, ㄹ

문 55. 다음 〈재난관리 평가지침〉과 〈상황〉을 근거로 판단할 때 옳은 것은?

19 민간(나) 10번

〈재난관리 평가지침〉

□ 순위산정 기준

• 최종순위 결정
– 정량평가 점수(80점)와 정성평가 점수(20점)의 합으로 계산된 최종점수가 높은 순서대로 순위 결정

• 동점기관 처리
– 최종점수가 동점일 경우에는 정성평가 점수가 높은 순서대로 순위 결정

□ 정성평가 기준

• 지자체 및 민간분야와의 재난안전분야 협력(10점 만점)

평가	상	중	하
선정비율	20%	60%	20%
배점	10점	6점	3점

• 재난관리에 대한 종합평가(10점 만점)

평가	상	중	하
선정비율	20%	60%	20%
배점	10점	5점	1점

〈상 황〉

일부 훼손된 평가표는 아래와 같다(단, 평가대상기관은 5개이다).

평가 / 기관	정량평가 (80점 만점)	정성평가 (20점 만점)
A	71	20
B	80	11
C	69	11
D	74	
E	66	

① A기관이 2위일 수도 있다.
② B기관이 3위일 수도 있다.
③ C기관이 4위일 가능성은 없다.
④ D기관이 3위일 가능성은 없다.
⑤ E기관은 어떠한 경우에도 5위일 것이다.

문 56. 다음 글과 〈상황〉을 근거로 판단할 때, 甲, 乙, 丙의 자동차 번호 끝자리 숫자의 합으로 가능한 최댓값은?

19 민간(나) 17번

- A사는 자동차 요일제를 시행하고 있으며, 각 요일별로 운행할 수 없는 자동차 번호 끝자리 숫자는 아래와 같다.

요일	월	화	수	목	금
숫자	1, 2	3, 4	5, 6	7, 8	9, 0

- 미세먼지 비상저감조치가 시행될 경우 A사는 자동차 요일제가 아닌 차량 홀짝제를 시행한다. 차량 홀짝제를 시행하는 날에는 시행일이 홀수이면 자동차 번호 끝자리 숫자가 홀수인 차량만 운행할 수 있고, 시행일이 짝수이면 자동차 번호 끝자리 숫자가 홀수가 아닌 차량만 운행할 수 있다.

─── 〈상 황〉 ───

A사의 직원인 甲, 乙, 丙은 12일(월)부터 16일(금)까지 5일 모두 출근했고, 12일, 13일, 14일에는 미세먼지 비상저감조치가 시행되었다. 자동차 요일제와 차량 홀짝제로 인해 자동차를 운행할 수 없는 경우를 제외하면, 3명 모두 자신이 소유한 자동차로 출근을 했다. 다음은 甲, 乙, 丙이 16일에 출근한 후 나눈 대화이다.

- 甲 : 나는 12일에 내 자동차로 출근을 했어. 따져보니 이번 주에 총 4일이나 내 자동차로 출근했어.
- 乙 : 저는 이번 주에 이틀만 제 자동차로 출근했어요.
- 丙 : 나는 이번 주엔 13일, 15일, 16일만 내 자동차로 출근할 수 있었어.

※ 甲, 乙, 丙은 자동차를 각각 1대씩 소유하고 있음

① 14
② 16
③ 18
④ 20
⑤ 22

문 57. 다음 글과 〈상황〉을 근거로 판단할 때 옳은 것은?

19 민간(나) 23번

○○시는 A정류장을 출발지로 하는 40인승 시내버스를 운영하고 있다. 승객은 정류장에서만 시내버스에 승·하차할 수 있다. 또한 시내버스는 좌석제로 운영되어 버스에 빈 좌석이 없는 경우 승객은 더 이상 승차할 수 없으며, 탑승객 1인은 1개의 좌석을 차지한다.

한편 ○○시는 애플리케이션을 통해 시내버스의 구간별 혼잡도 정보를 제공한다. 탑승객이 0~5명일 때는 '매우쾌적', 6~15명일 때는 '쾌적', 16~25명일 때는 '보통', 26~35명일 때는 '혼잡', 36~40명일 때는 '매우혼잡'으로 표시된다.

구간별 혼잡도는 시내버스의 한 정류장에서 다음 정류장까지 탑승객의 수를 측정하여 표시한다. 예를 들어 'A-B' 구간의 혼잡도는 A정류장에서 출발한 후 B정류장에 도착하기 전까지 탑승객의 수에 따라 표시된다.

※ 버스기사는 고려하지 않음

─── 〈상 황〉 ───

A정류장에서 07:00에 출발한 시내버스의 〈승·하차내역〉과 〈구간별 혼잡도 정보〉는 다음과 같다.

〈승·하차내역〉

정류장	승차(명)	하차(명)
A	20	0
B	(㉠)	10
C	5	( )
D	( )	10
E	15	( )
F	0	( )

※ 승·하차는 동시에 이루어짐

〈구간별 혼잡도 정보〉

구간	표시
A-B	(㉡)
B-C	매우혼잡
C-D	매우혼잡
D-E	(㉢)
E-F	보통

① C정류장에서 하차한 사람은 아무도 없다.
② E정류장에서 하차한 사람은 10명 이하이다.
③ ㉠에 들어갈 수 있는 최솟값과 최댓값의 합은 55이다.
④ ㉡은 혼잡이다.
⑤ ㉢은 혼잡 또는 매우혼잡이다.

문 58. 다음 〈조건〉과 〈정보〉를 근거로 판단할 때, 곶감의 위치와 착한 호랑이, 나쁜 호랑이의 조합으로 가능한 것은?

14 행시(A) 35번

─── 〈조 건〉 ───
- 착한 호랑이는 2마리이고, 나쁜 호랑이는 3마리로 총 5마리의 호랑이(甲~戊)가 있다.
- 착한 호랑이는 참말만 하고, 나쁜 호랑이는 거짓말만 한다.
- 곶감은 꿀단지, 아궁이, 소쿠리 중 한 곳에만 있다.

─── 〈정 보〉 ───
甲 : 곶감은 아궁이에 있지.
乙 : 여기서 나만 곶감의 위치를 알아.
丙 : 甲은 나쁜 호랑이야.
丁 : 나는 곶감이 어디 있는지 알지.
戊 : 곶감은 꿀단지에 있어.

	곶감의 위치	착한 호랑이	나쁜 호랑이
①	꿀단지	戊	丙
②	소쿠리	丁	乙
③	소쿠리	乙	丙
④	아궁이	丙	戊
⑤	아궁이	甲	丁

문 59. 다음 글을 근거로 판단할 때 참말을 한 사람은?

16 행시(4) 32번

A동아리 5명의 학생 각각은 B동아리 학생들과 30회씩 가위바위보 게임을 했다. 각 게임에서 이길 경우 5점, 비길 경우 1점, 질 경우 −1점을 받는다. 게임이 모두 끝나자 A동아리 5명의 학생들은 자신이 얻은 합산 점수를 다음과 같이 말했다.
- 태우 : 내 점수는 148점이야.
- 시윤 : 내 점수는 145점이야.
- 성헌 : 내 점수는 143점이야.
- 빛나 : 내 점수는 140점이야.
- 은지 : 내 점수는 139점이야.
이들 중 한 명만이 참말을 하고 있다.

① 태우
② 시윤
③ 성헌
④ 빛나
⑤ 은지

문 60. 다음 글을 근거로 판단할 때, 〈보기〉에서 옳은 것만을 모두 고르면?

18 행시(나) 33번

- 甲과 乙은 책의 쪽 번호를 이용한 점수 게임을 한다.
- 책을 임의로 펼쳐서 왼쪽 면 쪽 번호의 각 자리 숫자를 모두 더하거나 모두 곱해서 나오는 결과와 오른쪽 면 쪽 번호의 각 자리 숫자를 모두 더하거나 모두 곱해서 나오는 결과 중에 가장 큰 수를 본인의 점수로 한다.
- 점수가 더 높은 사람이 승리하고, 같은 점수가 나올 경우 무승부가 된다.
- 甲과 乙이 가진 책의 시작 면은 1쪽이고, 마지막 면은 378쪽이다. 책을 펼쳤을 때 왼쪽 면이 짝수, 오른쪽 면이 홀수 번호이다.
- 시작 면이나 마지막 면이 나오게 책을 펼치지는 않는다.

※ 1) 쪽 번호가 없는 면은 존재하지 않음
  2) 두 사람은 항상 서로 다른 면을 펼침

─── 〈보 기〉 ───
ㄱ. 甲이 98쪽과 99쪽을 펼치고, 乙은 198쪽과 199쪽을 펼치면 乙이 승리한다.
ㄴ. 甲이 120쪽과 121쪽을 펼치고, 乙은 210쪽과 211쪽을 펼치면 무승부이다.
ㄷ. 甲이 369쪽을 펼치면 반드시 승리한다.
ㄹ. 乙이 100쪽을 펼치면 승리할 수 없다.

① ㄱ, ㄴ
② ㄱ, ㄷ
③ ㄱ, ㄹ
④ ㄴ, ㄷ
⑤ ㄴ, ㄹ

문 61. 다음 글을 근거로 판단할 때, 〈보기〉에서 옳은 것만을 모두 고르면?　　　　　　　　　　　　　20 행시(나) 12번

A과에는 4급 과장 1명, 5급 사무관 3명, 6급 주무관 6명이 근무한다. A과의 내선번호는 253☐ 네 자리로 이루어져 있으며, 맨 뒷자리 번호는 0~9 중에서 하나씩 과원에게 배정된다.

맨 뒷자리 번호 배정규칙은 다음과 같다. 먼저 직급 순으로 배정한다. 따라서 과장에게 0, 사무관에게 1~3, 주무관에게 4~9를 배정한다. 다음으로 동일 직급 내에서는 여성에게 앞 번호가 배정된다. 성별도 같은 경우, 나이가 많은 사람에게 앞 번호가 배정된다. 나이도 같은 경우에는 소속 팀명의 '가', '나', '다' 순으로 앞 번호가 배정된다.

〈A과 조직도〉

과장 : 50세, 여성

가팀	나팀	다팀
사무관1 : 48세, 여성	사무관2 : 45세, 여성	사무관3 : 45세, ( )
주무관1 : 58세, 여성	주무관3 : ( ), ( )	주무관5 : 44세, 남성
주무관2 : 39세, 남성	주무관4 : 27세, 여성	주무관6 : 31세, 남성

〈보 기〉

ㄱ. 사무관3이 배정받는 내선번호는 그의 성별에 따라서 달라지지 않는다.

ㄴ. 여성이 총 5명이라면, 배정되는 내선번호가 확정되는 사람은 4명뿐이다.

ㄷ. 주무관3이 남성이고 31세 이상 39세 이하인 경우, 모든 과원의 내선번호를 확정할 수 있다.

ㄹ. 사무관3의 성별과 주무관3의 나이와 성별을 알게 된다면, 현재의 배정규칙으로 모든 과원의 내선번호를 확정할 수 있다.

① ㄱ, ㄴ

② ㄱ, ㄷ

③ ㄴ, ㄹ

④ ㄱ, ㄷ, ㄹ

⑤ ㄴ, ㄷ, ㄹ

문 62. 다음 글과 〈진술 내용〉을 근거로 판단할 때, 첫 번째 사건의 가해차량 번호와 두 번째 사건의 목격자를 옳게 짝지은 것은?　　　　　　　　　　　　　20 행시(나) 14번

• 어제 두 건의 교통사고가 발생하였다.

• 첫 번째 사건의 가해차량 번호는 다음 셋 중 하나이다.

99★2703, 81★3325, 32★8624

• 어제 사건에 대해 진술한 목격자는 甲, 乙, 丙 세 명이다. 이 중 두 명의 진술은 첫 번째 사건의 가해차량 번호에 대한 것이고 나머지 한 명의 진술은 두 번째 사건의 가해차량 번호에 대한 것이다.

• 첫 번째 사건의 가해차량 번호는 두 번째 사건의 목격자 진술에 부합하지 않는다.

• 편의상 차량 번호에서 ★ 앞의 두 자리 수는 A, ★ 뒤의 네 자리 수는 B라고 한다.

〈진술 내용〉

• 甲 : A를 구성하는 두 숫자의 곱은 B를 구성하는 네 숫자의 곱보다 작다.

• 乙 : B를 구성하는 네 숫자의 합은 A를 구성하는 두 숫자의 합보다 크다.

• 丙 : B는 A의 50배 이하이다.

	첫 번째 사건의 가해차량 번호	두 번째 사건의 목격자
①	99★2703	甲
②	99★2703	乙
③	81★3325	乙
④	81★3325	丙
⑤	32★8624	丙

문 63. 다음 〈상황〉과 〈대화〉를 근거로 판단할 때 乙의 점수는?　　　　　　　　　　　　　20 행시(나) 15번

〈상 황〉

• 甲, 乙, 丙이 과제를 제출하여 각자 성적을 받았다.

• 甲, 乙, 丙의 점수는 서로 다른 자연수로서 세 명의 점수를 합하면 100점이 되며, 甲, 乙, 丙은 이 사실을 알고 있다.

• 甲, 乙, 丙은 자신의 점수는 알지만 다른 사람의 점수는 모르고 있다.

〈대 화〉

甲 : 내가 우리 셋 중에 가장 높은 점수를 받았어.

乙 : 甲의 말을 들으니 우리 세 사람이 받은 점수를 확실히 알겠네.

丙 : 나도 이제 우리 세 사람의 점수를 확실히 알겠어.

① 1　　　　　　　　　　② 25

③ 33　　　　　　　　　④ 41

⑤ 49

문 64. 다음 글을 근거로 판단할 때, 〈보기〉에서 옳은 것만을 모두 고르면?

20 행시(나) 16번

- A청은 업무능력 평가를 통해 3개 부서(甲~丙) 중 평가항목별 최종점수의 합계가 높은 2개 부서를 포상한다.
- 4명의 평가위원(가~라)은 문제인식, 실현가능성, 성장전략으로 구성된 평가항목을 5개 등급(최상, 상, 중, 하, 최하)으로 각각 평가하여 점수를 부여한다.
- 각 평가항목의 등급별 점수는 다음과 같다.

구분	최상	상	중	하	최하
문제인식	30	24	18	12	6
실현가능성	30	24	18	12	6
성장전략	40	32	24	16	8

- 평가항목별 최종점수는 아래의 식에 따라 산출한다. 단, 최고점수 또는 최저점수가 복수인 경우 각각 하나씩만 차감한다.

$$\frac{\text{평가항목에 대한 점수 합계} - (\text{최고점수} + \text{최저점수})}{\text{평가위원 수} - 2}$$

- 평가결과는 다음과 같다.

구분	평가위원	점수 문제인식	점수 실현가능성	점수 성장전략
甲	가	30	24	24
	나	24	30	24
	다	30	18	40
	라	ⓐ	12	32
乙	가	6	24	32
	나	12	24	ⓑ
	다	24	18	16
	라	24	18	32
丙	가	12	30	ⓒ
	나	24	24	24
	다	18	12	40
	라	30	6	24

――――――― 〈보 기〉 ―――――――

ㄱ. ⓐ값에 관계없이 문제인식 평가항목의 최종점수는 甲이 제일 높다.

ㄴ. ⓑ=ⓒ>16이라면, 성장전략 평가항목의 최종점수는 乙이 丙보다 낮지 않다.

ㄷ. ⓐ=18, ⓑ=24, ⓒ=24일 때, 포상을 받게 되는 부서는 甲과 丙이다.

① ㄴ
② ㄷ
③ ㄱ, ㄴ
④ ㄱ, ㄷ
⑤ ㄱ, ㄴ, ㄷ

문 65. 다음 글을 근거로 판단할 때, 태은이의 만족도 점수의 합은?

20 행시(나) 18번

태은이는 모처럼의 휴일을 즐길 계획을 세우고 있다. 예산 10만 원을 모두 사용하여 외식, 전시회 관람, 쇼핑을 한 번씩 한다. 태은이는 만족도 점수의 합이 최대가 되도록 항목별로 최대 6만 원까지 1만 원 단위로 지출한다. 다음은 항목별 지출에 따른 태은이의 만족도 점수이다.

구분	1만 원	2만 원	3만 원	4만 원	5만 원	6만 원
외식	3점	5점	7점	13점	15점	16점
전시회 관람	1점	3점	6점	9점	12점	13점
쇼핑	1점	2점	6점	8점	10점	13점

① 23점
② 24점
③ 25점
④ 26점
⑤ 27점

문 66. 다음 글을 근거로 판단할 때, 甲과 乙이 콩을 나누기 위한 최소 측정 횟수는?

20 행시(나) 29번

甲이 乙을 도와 총 1,760g의 콩을 수확한 후, 甲은 400g을 가지고 나머지는 乙이 모두 가지기로 하였다. 콩을 나눌 때 사용할 수 있는 도구는 2개의 평형접시가 달린 양팔저울 1개, 5g짜리 돌멩이 1개, 35g짜리 돌멩이 1개뿐이다. 甲과 乙은 양팔저울 1개와 돌멩이 2개만을 이용하여 콩의 무게를 측정한다. 양팔저울의 평형접시 2개가 평형을 이룰 때 1회의 측정이 이루어진 것으로 본다.

① 2
② 3
③ 4
④ 5
⑤ 6

문 67. 다음 글을 근거로 판단할 때, 甲이 출연할 요일과 프로그램을 옳게 짝지은 것은? 　20 행시(나) 32번

甲은 ○○방송국으로부터 아래와 같이 프로그램 특별 출연을 요청받았다.

매체	프로그램	시간대	출연 가능 요일
TV	모여라 남극유치원	오전	월, 수, 금
	펭귄극장	오후	화, 목, 금
	남극의 법칙	오후	월, 수, 목
라디오	지금은 남극시대	오전	화, 수, 목
	펭귄파워	오전	월, 화, 금
	열시의 펭귄	오후	월, 수, 금
	굿모닝 남극대행진	오전	화, 수, 금

甲은 다음주 5일(월요일~금요일) 동안 매일 하나의 프로그램에 출연하며, 한 번 출연한 프로그램에는 다시 출연하지 않는다. 또한 동일 매체에 2일 연속 출연하지 않으며, 동일 시간대에도 2일 연속 출연하지 않는다.

	요일	프로그램
①	월요일	펭귄파워
②	화요일	굿모닝 남극대행진
③	수요일	열시의 펭귄
④	목요일	펭귄극장
⑤	금요일	모여라 남극유치원

문 68. 다음 글을 근거로 판단할 때, 甲~丁 4명이 모두 외출 준비를 끝내는 데 소요되는 최소 시간은? 　20 행시(나) 33번

甲~丁 4명은 화장실 1개, 세면대 1개, 샤워실 2개를 갖춘 숙소에 묵었다. 다음날 아침 이들은 화장실, 세면대, 샤워실을 이용한 후 외출을 하려고 한다.
• 화장실, 세면대, 샤워실 이용을 마치면 외출 준비가 끝난다.
• 화장실, 세면대, 샤워실 순서로 1번씩 이용한다.
• 화장실, 세면대, 각 샤워실은 한 번에 한 명씩 이용한다.

〈개인별 이용시간〉

(단위 : 분)

구분	화장실	세면대	샤워실
甲	5	3	20
乙	5	5	10
丙	10	5	5
丁	10	3	15

① 40분
② 42분
③ 45분
④ 48분
⑤ 50분

문 69. 다음 〈상황〉과 〈자기소개〉를 근거로 판단할 때 옳지 않은 것은? 　20 행시(나) 34번

―― 〈상 황〉 ――

5명의 직장인(甲~戊)이 커플 매칭 프로그램에 참여했다.
• 남성이 3명이고 여성이 2명이다.
• 5명의 나이는 34세, 32세, 30세, 28세, 26세이다.
• 5명의 직업은 의사, 간호사, TV드라마감독, 라디오작가, 요리사이다.
• 의사와 간호사는 성별이 같다.
• 라디오작가는 요리사와 매칭된다.
• 남성과 여성의 평균 나이는 같다.
• 한 사람당 한 명의 이성과 매칭이 가능하다.

―― 〈자기소개〉 ――

甲 : 안녕하세요. 저는 32세이고 의료 관련 일을 합니다.
乙 : 저는 방송업계에서 일하는 남성입니다.
丙 : 저는 20대 남성입니다.
丁 : 반갑습니다. 저는 방송업계에서 일하는 여성입니다.
戊 : 제가 이 중 막내네요. 저는 요리사입니다.

① TV드라마감독은 乙보다 네 살이 많다.
② 의사와 간호사 나이의 평균은 30세이다.
③ 요리사와 라디오작가는 네 살 차이이다.
④ 甲의 나이는 방송업계에서 일하는 사람들 나이의 평균과 같다.
⑤ 丁은 의료계에서 일하는 두 사람 중 나이가 적은 사람보다 두 살 많다.

문 70. 다음 글을 근거로 판단할 때, 甲이 조립한 상자의 개수는? 　20 행시(나) 35번

甲, 乙, 丙은 상자를 조립하는 봉사활동을 하였다. 이들은 상자 조립을 동시에 시작하여 각각 일정한 속도로 조립하였다. 그리고 '1분당 조립한 상자 개수', '조립한 상자 개수', '조립한 시간'에 대하여 아래와 같이 말하였다. 단, 2명은 모두 진실만을 말하였고 나머지 1명은 거짓만을 말하였다.

甲 : 나는 乙보다 1분당 3개 더 조립했는데, 乙과 조립한 상자 개수는 같아. 丙보다 10분 적게 일했어.
乙 : 나는 甲보다 40분 오래 일했어. 丙보다 10개 적게 조립했고 1분당 2개 적게 조립했어.
丙 : 나는 甲보다 1분당 1개 더 조립했어. 조립한 시간은 乙과 같은데 乙보다 10개 적게 조립했어.

① 210
② 240
③ 250
④ 270
⑤ 300

문 71. 다음 글을 근거로 판단할 때 옳지 <u>않은</u> 것은?

21 행시(가) 09번

> 도시 O, A, B, C는 순서대로 동일 직선상에 배치되어 있으며 도시 간 거리는 각각 30km로 동일하다. ($\overline{OA}$: 30km, $\overline{AB}$: 30km, $\overline{BC}$: 30km)
>
> A, B, C가 비용을 분담하여 O에서부터 A와 B를 거쳐 C까지 연결하는 직선도로를 건설하려고 한다. A, B, C 주민은 O로의 이동을 위해서만 도로를 이용한다. 도로 1km당 건설비용은 동일하다. 비용 분담안으로 다음 세 가지 안이 논의되고 있다.
> - I안 : 각 도시가 균등하게 비용을 부담
> - II안 : 각 도시가 이용 구간의 길이에 비례하여 비용을 부담
> - III안 : 도로를 $\overline{OA}$, $\overline{AB}$, $\overline{BC}$로 나누어 해당 구간을 이용하는 도시가 해당 구간 건설비용을 균등하게 부담

① A에게는 III안이 가장 부담 비용이 낮다.

② B의 부담 비용은 I안과 II안에서 같다.

③ II안에서 A와 B의 부담 비용의 합은 C의 부담 비용과 같다.

④ I안에 비해 부담 비용이 낮아지는 도시의 수는 II안보다 III안에서 더 많다.

⑤ C의 부담 비용은 III안이 I안의 2배 이상이다.

문 72. 다음 글을 근거로 판단할 때, 하나의 단어를 표현하는 가장 긴 코드의 길이는?

21 행시(가) 10번

> 일반적으로 대화에는 약 18,000개의 단어가 사용된다. 항공우주연구소는 화성에 보낸 우주비행사와의 통신을 위해 아래의 〈원칙〉에 따라 단어를 코드로 바꾸어 교신하기로 하였다.
>
> 〈원칙〉
> - 하나의 코드는 하나의 단어만을 나타낸다.
> - 26개의 영어 알파벳 소문자를 사용하여 왼쪽에서부터 오른쪽으로 일렬로 나열한 코드를 만든다.
> - 코드 중 가장 긴 것의 길이를 최소화한다.
> - 18,000개의 단어를 표현할 수 있어야 한다.
>
> 〈단어-코드 변환의 예〉
>
> | 코드 | 단어 | 코드 | 단어 |
> | --- | --- | --- | --- |
> | a | 우주비행사 | aa | 지구 |
> | b | 우주정거장 | ab | 외계인 |
> | ⋮ | ⋮ | ⋮ | ⋮ |

※ 코드의 길이는 코드에 표시된 글자의 수를 뜻한다.

① 1   ② 2

③ 3   ④ 4

⑤ 5

문 73. 다음 글을 근거로 판단할 때, 18시에서 20시 사이에 보행신호가 점등된 횟수는?

21 행시(가) 12번

- A시는 차량통행은 많지만 사람의 통행은 적은 횡단보도에 보행자 자동인식시스템을 설치하였다.
- 보행자 자동인식시스템이 횡단보도 앞에 도착한 보행자를 인식하면 1분 30초의 대기 후에 보행신호가 30초간 점등되며, 이후 차량통행을 보장하기 위해 2분간 보행신호는 점등되지 않는다. 점등 대기와 보행신호 점등, 차량통행 보장 시간 동안에는 보행자를 인식하지 않는다.

점등 대기	→	보행신호 점등	→	차량통행 보장
1분 30초		30초		2분

- 보행신호가 점등되기 전까지 횡단보도 앞에 도착한 사람만 모두 건넌다.
- 다음은 17시 50분부터 20시까지 횡단보도 앞에 도착한 사람의 수와 도착 시각을 정리한 것이다.

도착 시각	인원	도착 시각	인원
18 : 25 : 00	1	18 : 44 : 00	3
18 : 27 : 00	3	18 : 59 : 00	4
18 : 30 : 00	2	19 : 01 : 00	2
18 : 31 : 00	5	19 : 48 : 00	4
18 : 43 : 00	1	19 : 49 : 00	2

① 6

② 7

③ 8

④ 9

⑤ 10

문 74. 다음 글과 〈대화〉를 근거로 판단할 때 옳지 <u>않은</u> 것은?

21 행시(가) 15번

- A부서의 소속 직원(甲~戊)은 법령집, 백서, 판례집, 민원 사례집을 각각 1권씩 보유하고 있었다.
- A부서는 소속 직원에게 다음의 기준에 따라 새로 발행된 도서(법령집 3권, 백서 3권, 판례집 1권, 민원 사례집 2권)를 나누어 주었다.
  - 법령집 : 보유하고 있던 법령집의 발행연도가 빠른 사람부터 1권씩 나누어 주었다.
  - 백서 : 근속연수가 짧은 사람부터 1권씩 나누어 주었다.
  - 판례집 : 보유하고 있던 판례집의 발행연도가 가장 빠른 사람에게 주었다.
  - 민원 사례집 : 민원업무가 많은 사람부터 1권씩 나누어 주었다.

※ 甲~戊는 근속연수, 민원업무량에 차이가 있고, 보유하고 있던 법령집, 판례집은 모두 발행연도가 다르다.

─────── 〈대 화〉 ───────

甲 : 나는 책을 1권만 받았어.

乙 : 나는 4권의 책을 모두 받았어.

丙 : 나는 법령집은 받았지만 판례집은 받지 못했어.

丁 : 나는 책을 1권도 받지 못했어.

戊 : 나는 丙이 받은 책은 모두 받았고, 丙이 받지 못한 책은 받지 못했어.

① 법령집을 받은 사람은 백서도 받았다.

② 甲은 丙보다 민원업무가 많다.

③ 甲은 戊보다 많은 도서를 받았다.

④ 丁은 乙보다 근속연수가 길다.

⑤ 乙이 보유하고 있던 법령집은 甲이 보유하고 있던 법령집보다 발행연도가 빠르다.

문 75. 다음 글을 근거로 판단할 때, 〈보기〉에서 옳은 것만을 모두 고르면?

21 행시(가) 28번

- 3개의 과일상자가 있다.
- 하나의 상자에는 사과만 담겨 있고, 다른 하나의 상자에는 배만 담겨 있으며, 나머지 하나의 상자에는 사과와 배가 섞여 담겨 있다.
- 각 상자에는 '사과 상자', '배 상자', '사과와 배 상자'라는 이름표가 붙어 있다.
- 이름표대로 내용물(과일)이 들어 있는 상자는 없다.
- 상자 중 하나에서 한 개의 과일을 꺼내어 확인할 수 있다.

─────── 〈보 기〉 ───────

ㄱ. '사과와 배 상자'에서 과일 하나를 꺼내어 확인한 결과 사과라면, '사과 상자'에는 배만 들어 있다.

ㄴ. '배 상자'에서 과일 하나를 꺼내어 확인한 결과 배라면, '사과 상자'에는 사과와 배가 들어 있다.

ㄷ. '사과 상자'에서 과일 하나를 꺼내어 확인한 결과 배라면, '배 상자'에는 사과만 들어 있다.

① ㄱ

② ㄴ

③ ㄱ, ㄷ

④ ㄴ, ㄷ

⑤ ㄱ, ㄴ, ㄷ

문 76. 다음 글을 근거로 판단할 때, 甲이 귀가했을 때의 정확한 시각은?

21 행시(가) 29번

甲은 집에 있는 시계 X의 건전지가 방전되어 새 건전지로 갈아 끼웠다. 甲은 정확한 시각을 알 수 없어서 일단 X의 시각을 정오로 맞춘 직후 일정한 빠르기로 걸어 친구 乙의 집으로 갔다. 乙의 집에 당일 도착했을 때 乙의 집 시계 Y는 10시 30분을 가리키고 있었다. 甲은 乙과 1시간 동안 이야기를 나눈 후 집으로 출발했다. 집으로 돌아올 때는 갈 때와 같은 길을 2배의 빠르기로 걸었다. 집에 도착했을 때, X는 14시 정각을 가리키고 있었다. 단, Y는 정확한 시각보다 10분 느리게 설정되어 있다.

※ X와 Y는 시각이 부정확한 것 외에는 정상 작동하고 있다.

① 11시 40분

② 11시 50분

③ 12시 00분

④ 12시 10분

⑤ 12시 20분

문 77. 다음 글을 근거로 판단할 때, ㉠과 ㉡을 옳게 짝지은 것은?

21 행시(가) 31번

- 甲회사는 재고를 3개의 창고 A, B, C에 나누어 관리하며, 2020년 1월 1일자 재고는 A창고 150개, B창고 100개, C창고 200개였다.
- 2020년 상반기 입·출고기록은 다음 표와 같으며, 재고는 입고 및 출고에 의해서만 변화한다.

입고기록				출고기록			
창고 일자	A	B	C	창고 일자	A	B	C
3월 4일	50	80	0	2월 18일	30	20	10
4월 10일	0	25	10	3월 27일	10	30	60
5월 11일	30	0	0	4월 13일	20	0	15

- 2020년 5월 25일 하나의 창고에 화재가 발생하여 그 창고 안에 있던 재고 전부가 불에 그을렸는데, 그 개수를 세어보니 150개였다.
- 화재 직후인 2020년 5월 26일 甲회사의 재고 중 불에 그을리지 않은 것은 [㉠]개였다.
- 甲회사는 2020년 6월 30일 상반기 장부를 정리하던 중 두 창고 [㉡]의 상반기 전체 출고기록이 맞바뀐 것을 뒤늦게 발견하였다.

	㉠	㉡
①	290	A와 B
②	290	A와 C
③	290	B와 C
④	300	A와 B
⑤	300	A와 C

문 78. 다음 글을 근거로 판단할 때, A물건 1개의 무게로 가능한 것은?

21 행시(가) 32번

甲이 가진 전자식 체중계는 소수점 이하 첫째 자리에서 반올림하여 kg 단위의 자연수로 무게를 표시한다. 甲은 이 체중계를 아래와 같이 이용하여 A물건의 무게를 추정하고자 한다.

- 甲이 체중계에 올라갔더니 66이 표시되었다.
- 甲이 A물건을 2개 들고 체중계에 올라갔지만 66이 그대로 표시되었다.
- 甲이 A물건을 3개 들고 체중계에 올라갔더니 67이 표시되었다.
- 甲이 A물건을 4개 들고 체중계에 올라갔을 때에도 67이 표시되었다.
- 甲이 A물건을 5개 들고 체중계에 올라갔더니 68이 표시되었다.

① 200g
② 300g
③ 400g
④ 500g
⑤ 600g

문 79. 다음 글을 근거로 판단할 때, 甲이 잃어버린 인물카드의 수는?

21 행시(가) 33번

甲은 이름, 성별, 직업이 기재된 인물카드를 모으고 있다. 며칠 전 그 중 몇 장을 잃어버렸다. 다음은 카드를 잃어버리기 전과 후의 상황이다.

〈잃어버리기 전〉
- 남성 인물카드를 여성 인물카드보다 2장 더 많이 가지고 있다.
- 가지고 있는 인물카드의 직업은 총 5종류이며, 인물카드는 직업별로 최대 2장이다.
- 가수 직업의 인물카드는 1장만 가지고 있다.

〈잃어버린 후〉
- 잃어버린 인물카드 중 2장은 직업이 소방관이다.
- 가수 직업의 인물카드는 잃어버리지 않았다.
- 인물카드는 총 5장 가지고 있으며, 직업은 4종류이다.

① 2장
② 3장
③ 4장
④ 5장
⑤ 6장

문 80. 다음 글과 〈상황〉을 근거로 판단할 때 옳은 것은?

21 행시(가) 34번

甲은 상자를 운반하려고 한다. 甲은 상자를 1회 운반할 때마다 다음 규칙 중 하나를 선택하여 적용한다.

㉠ 남아 있는 상자 중 가장 무거운 것과 가장 가벼운 것의 총 무게가 17kg 이하이면 함께 운반한다. 가장 무거운 것과 가장 가벼운 것의 총 무게가 17kg 초과이면 가장 무거운 것만 운반한다.

㉡ 남아 있는 상자 중 총 무게가 17kg 이하인 상자 3개를 함께 운반한다.

㉢ 남아 있는 상자를 모두 운반한다. 단, 운반하려는 상자의 총 무게가 17kg 이하여야 한다.

〈상 황〉

甲이 운반하는 상자는 10개(A~J)이다. 상자는 A가 20kg으로 가장 무겁고 알파벳순으로 2kg씩 가벼워져 J가 가장 가볍다. 甲은 첫 번째로 A를, 두 번째로 ⓐ · I · J를 운반한다.

① D는 다른 상자와 같이 운반된다.

② 두 번째 운반 후에 ㉠은 적용되지 않는다.

③ ⓐ가 G라면 이후에 ㉢은 적용될 수 없다.

④ 두 번째 운반부터 상자를 모두 옮길 때까지 운반 횟수를 최소로 하려면 ⓐ가 H여서는 안 된다.

⑤ 상자를 모두 옮길 때까지 전체 운반 횟수를 최소로 하기 위해서는 두 번째 운반에 ㉠을 적용해야 한다.

02 계산형 필수기출 80제

문 1. 지하철공사가 자동속도 조절기를 설치하기 위하여 두 회사의 제품 중 하나를 구입하려고 한다. 다음 〈보기〉의 설명 중 올바른 것을 모두 고르면? 06 견습(인) 12번

A회사의 자동속도 조절기는 선진국에서 완벽한 시험운전을 거쳤기 때문에 이미 실용화되어 있고 제품 가격은 14억 원이다. 이에 비해 B회사의 제품 가격은 10억 원으로 저렴하다. 그러나 실용화를 위한 완벽한 검증을 거치지 않았기 때문에 문제없이 운영될 수 있는 확률은 60%이고 결점이 발견될 확률은 40%이다. 결점이 발견되면 지급한 대금을 즉각 환불받을 수 있고 이 경우 지하철공사는 A회사의 제품을 구입할 수 있는데, 이때 지하철공사는 B회사의 제품의 반환과 신규구입의 지체에 따른 추가비용 3억 원을 부담하게 된다.

한편, 지하철공사는 B회사 제품이 시뮬레이션 검사에 합격하면 B회사 제품을 구입하고, 불합격하면 A회사 제품을 구입할 수 있다. 시뮬레이션 검사결과는 100% 신뢰할 수 있으며, 지하철공사는 기대비용※의 크기에 따라 구입을 결정한다.

〈보 기〉

ㄱ. 시뮬레이션 검사를 하지 않고 지하철공사가 B회사와 계약을 체결하게 될 때의 기대비용은 12.8억 원이다.

ㄴ. B회사 제품을 선택했다가 작동하지 않을 경우 A회사의 제품을 구입하는 데 드는 비용은 17억 원이다.

ㄷ. 지하철공사가 시뮬레이션 검사를 하지 않는다면 지하철공사는 A회사와 계약을 체결할 것이다.

ㄹ. 시뮬레이션 검사비용으로 지하철공사가 지불할 의사가 있는 최대값은 1.6억 원이다.

※ 기대비용 : 발생 가능한 비용 X와 Y가 있을 때 X의 발생확률이 p이고 Y의 발생확률이 q라면, 기대비용은 X×p+Y×q임

① ㄱ, ㄴ
② ㄱ, ㄷ
③ ㄷ, ㄹ
④ ㄱ, ㄴ, ㄷ
⑤ ㄴ, ㄷ, ㄹ

문 2. A, B, C, D가 퇴직할 때 받게 되는 연금액수는 근무연수와 최종평균보수월액에 의해 결정된다. 아래에 제시된 연금액수 산출방법을 따를 때 〈보기〉의 예상 중 옳은 것으로 묶은 것은?(다만 연금은 본인에게만 지급되며 물가는 변동이 없다고 가정함) 06 견습(인) 13번

연금액수 산출방법에는 월별연금 지급방식과 일시불연금 지급방식이 있다.

(1) 월별연금지급액＝최종평균보수월액×{0.5＋0.02×(근무연수－20)}(다만, 월별연금지급액은 최종평균보수월액의 80%를 초과할 수 없음)

(2) 일시불연금지급액＝(최종평균보수월액×근무연수×2)＋{최종평균보수월액×(근무연수－5)×0.1}

〈표〉 퇴직자 연금액수 산출자료

퇴직자	근무연수(년)	최종평균보수월액(만 원)
A	20	100
B	35	100
C	37	100
D	10	200

〈보 기〉

ㄱ. A가 100개월밖에 연금을 받을 수 없다면 월별연금보다 일시불연금을 선택하는 것이 유리할 것이다.

ㄴ. A의 일시불연금지급액은 D의 일시불연금지급액보다 많을 것이다.

ㄷ. B가 C보다 월별연금지급액을 40만 원 더 받게 될 것이다.

ㄹ. D가 월급에 변화 없이 10년을 더 근무한다면 D의 일시불연금지급액은 현재 받을 수 있는 일시불연금지급액의 두 배가 넘을 것이다.

① ㄱ, ㄴ
② ㄴ, ㄹ
③ ㄷ, ㄹ
④ ㄱ, ㄴ, ㄹ
⑤ ㄴ, ㄷ, ㄹ

문 3. H부처에서 업무추진력이 높은 서기관을 ○○프로젝트의 팀장으로 발탁하려고 한다. 성취행동 경향성이 높은 사람을 업무추진력이 높은 사람으로 규정할 때, 아래의 정의를 활용해서 〈보기〉의 서기관들을 업무추진력이 높은 사람부터 순서대로 바르게 나열한 것은?

08 행시(조) 09번

성취행동 경향성(TACH)의 강도는 성공추구 경향성(Ts)에서 실패회피 경향성(Tf)을 뺀 점수로 계산할 수 있다(TACH=Ts−Tf). 성공추구 경향성에는 성취동기(Ms)라는 잠재적 에너지의 수준이 영향을 준다. 왜냐하면 성취동기는 성과가 우수하다고 평가받고 싶어 하는 것으로 어떤 사람의 포부수준, 노력 및 끈기를 결정하기 때문이다. 어떤 업무에 대해서 사람들이 제각기 다양한 방식으로 행동하는 것은 성취동기가 다른 데도 원인이 있지만, 개인이 처한 환경요인이 서로 다르기 때문이기도 하다. 이 환경요인은 성공기대확률(Ps)과 성공결과의 가치(Ins)로 이루어진다. 즉 성공추구 경향성은 이 세 요소의 곱으로 결정된다(Ts=Ms×Ps×Ins).

한편 실패회피 경향성은 실패회피동기, 실패기대확률 그리고 실패결과의 가치의 곱으로 결정된다. 이 때 성공기대확률과 실패기대확률의 합은 1이며, 성공결과의 가치와 실패결과의 가치의 합도 1이다.

──────── 〈보 기〉 ────────

- A서기관은 성취동기가 3이고, 실패회피동기가 1이다. 그는 국제환경협약에 대비한 공장건설환경규제안을 만들었는데, 이 규제안의 실현가능성을 0.7로 보며, 규제안이 실행될 때의 가치를 0.2로 보았다.
- B서기관은 성취동기가 2이고, 실패회피동기가 1이다. 그는 도시고속화도로 건설안을 기획하였는데, 이 기획안의 실패가능성을 0.7로 보며, 도로건설사업이 실패하면 0.3의 가치를 갖는다고 보았다.
- C서기관은 성취동기가 3이고, 실패회피동기가 2이다. 그는 △△지역의 도심재개발계획을 주도하였는데, 이 계획의 실현가능성을 0.4로 보며, 재개발사업이 실패하는 경우의 가치를 0.3으로 보았다.

① A, B, C
② B, A, C
③ B, C, A
④ C, A, B
⑤ C, B, A

문 4. 다음은 X공기업의 팀별 성과급 지급 기준이다. Y팀의 성과평가결과가 〈보기〉와 같다면 지급되는 성과급의 1년 총액은?

08 행시(조) 29번

[성과급 지급 방법]

가. 성과급 지급은 성과평가 결과와 연계함

나. 성과평가는 유용성, 안전성, 서비스 만족도의 총합으로 평가함. 단, 유용성, 안전성, 서비스 만족도의 가중치를 각각 0.4, 0.4, 0.2로 부여함

다. 성과평가 결과를 활용한 성과급 지급 기준

성과평가 점수	성과평가 등급	분기별 성과급 지급액	비고
9.0 이상	A	100만 원	성과평가 등급이 A이면 직전분기 차감액의 50%를 가산하여 지급
8.0 이상 9.0 미만	B	90만 원 (10만 원 차감)	
7.0 이상 8.0 미만	C	80만 원 (20만 원 차감)	
7.0 미만	D	40만 원 (60만 원 차감)	

──────── 〈보 기〉 ────────

구분	1/4 분기	2/4 분기	3/4 분기	4/4 분기
유용성	8	8	10	8
안전성	8	6	8	8
서비스 만족도	6	8	10	8

① 350만 원
② 360만 원
③ 370만 원
④ 380만 원
⑤ 390만 원

문 5. 다음 제시문을 읽고 바르게 추론한 것만을 〈보기〉에서 모두 고르면?

09 행시(극) 03번

민법 제750조는 고의 또는 과실로 인한 위법행위로 타인에게 손해를 가한 자는 그 손해를 배상할 책임이 있다고 규정하고 있다. 고의로 인한 위법행위의 경우 손해배상책임이 있는 것은 당연하나, 과실의 경우에는 무엇을 기준으로 과실유무를 결정하느냐가 중요한 법정책적 과제가 된다. 일반적으로 민법 제750조에 대한 해석론을 보면, 과실유무의 판단은 일반인 · 보통인의 주의정도를 다하였는가 아닌가를 기준으로 하고 있다. 한마디로 동조의 과실은 개개인의 평상시의 주의정도를 기준으로 하는 구체적 과실이 아니라 일반인 · 보통인의 주의정도를 기준으로 하는 추상적 과실을 의미한다. 물론 이때의 일반인 · 보통인이란 당사자의 직업, 지위, 당해사건의 환경 등을 고려한 평균개념이다.

그러나 추상적인 기준을 보다 객관화할 수 있는 근거가 필요하다. 이에 판사 갑은 선창에 매어 두었던 배가 밧줄이 느슨해져 움직이는 바람에 옆에 있던 다른 배를 파손한 사건에서, 가해를 한 배의 소유자의 주의의무 정도를 판단하는 기준을 다음과 같이 제시했다.

소유자의 주의의무 정도를 판단하는 데에는 다음과 같은 세 가지 변수가 있다. (1) 그 배를 묶어 둔 밧줄이 느슨해져 다른 배에게 피해를 줄 확률(P), (2) 그러한 사건이 생길 때 다른 배에게 줄 피해의 정도(L), (3) 그러한 사건을 방지하기 위하여 사전조치를 하는 데 드는 비용(B)이 그것이다. 배 소유자의 과실로 인한 책임은 B < PL일 때 물을 수 있다.

───── 〈보 기〉 ─────

ㄱ. B가 주의의무를 이행하는 데 드는 비용이라면, PL은 주의의무를 이행할 경우 방지할 수 있는 기대손실액이다.

ㄴ. 사고방지비용이 사고의 기대손실액(사고확률×사고피해금액)보다 작은데도 사고방지노력을 하지 아니한 경우에는 과실이 인정되지 않는다.

ㄷ. 갑에 의하면, 사고확률이 0.1%, 사고피해금액이 25,000원 그리고 사고방지비용이 50원인 경우 배 소유자의 과실이 인정되지 않는다.

ㄹ. 갑에 의하면, 한 사람의 과실유무를 판단하기 위해서는 그의 사고방지비용과 다른 사람의 사고방지비용을 비교해야 한다.

① ㄱ

② ㄱ, ㄷ

③ ㄴ, ㄹ

④ ㄱ, ㄷ, ㄹ

⑤ ㄴ, ㄷ, ㄹ

문 6. 다음 글을 읽고 〈보기〉에서 틀린 것을 모두 고르면?

11 민간실험(발) 08번

공무원연금관리공단에서는 여유자금 1억 원을 어떻게 투자해야 할 것인가를 결정해야 하는 문제에 직면해 있다. 공단재무담당자는 다음 표와 같은 몇 가지 투자대안을 가지고 있다. 투자에 따른 수익률(%)은 1년 동안의 일반적인 경제적 상황에 따라 달라지게 되는데, 경기침체확률은 0.1, 상승확률은 0.2, 안정확률은 0.7 정도 될 것으로 추정된다.

구분		경기에 따른 예상수익률		
		상승	안전	침체
대안	국채	7%	11%	12%
	지방채	8%	10%	13%
	부동산 펀드	8%	10%	14%
	주식	25%	9%	2%

───── 〈보 기〉 ─────

ㄱ. 부동산 펀드의 기대수익률이 가장 높다.

ㄴ. 1년간 투자에 따른 국채의 기대수익금은 1,030만 원이다.

ㄷ. 1년간 투자에 따른 주식의 수익률이 부동산 펀드의 수익률보다 높다.

ㄹ. 1년간 투자에 따른 국채와 지방채 간의 기대수익금의 차이는 50만 원 미만이다.

ㅁ. 1년간 투자에 따른 기대수익금이 가장 높은 대안과 기대수익금이 가장 낮은 대안의 차이는 200만 원 이상이다.

① ㄱ, ㄴ

② ㄱ, ㅁ

③ ㄴ, ㄷ

④ ㄷ, ㄹ

⑤ ㄷ, ㅁ

문 7. 다음 글을 근거로 판단할 때, 〈보기〉에서 옳은 것을 모두 고르면?

11 민간(인) 17번

최근 가창력이 뛰어난 가수들이 매주 공연을 한 뒤, 청중 투표를 통해 탈락자를 결정하는 프로그램이 인기를 얻고 있다. 100명의 청중평가단이 가수 4명의 공연을 보고, 본인의 선호에 따라 가장 마음에 드는 가수 1명에게 투표를 한다. 이 결과를 토대로 득표수가 가장 적은 사람이 탈락하는 방식이다.

그러나 기존 투표 방식에 문제가 있다는 지적이 계속되자, 제작진은 가수 4명의 공연이 끝난 뒤 청중평가단에게 선호도에 따라 1위부터 4위까지의 순위를 매겨 제출하도록 하였다. 그 결과는 다음 표와 같다.

〈선호도 조사결과〉

(단위 : 명)

가수 \ 선호순위	1	2	3	4
A	10	50	30	10
B	20	30	20	30
C	30	10	20	40
D	40	10	30	20

※ 위 표의 청중평가단 선호순위는 어떤 투표방식 하에서도 동일하며, 청중평가단은 그 선호순위에 따라 투표함

─── 〈보 기〉 ───

ㄱ. 기존의 탈락자 선정방식은 청중평가단 선호도의 1순위만을 반영하기 때문에 다수의 청중평가단이 2순위로 선호하는 가수도 탈락할 수 있다.

ㄴ. 가장 선호하는 가수 한 명에게만 투표하는 기존의 방식을 그대로 적용하게 되면 탈락자는 A가 된다.

ㄷ. 4순위 표가 가장 많은 사람을 탈락시킬 경우, 탈락자는 C가 된다.

ㄹ. 가장 선호하는 가수 두 명의 이름을 우선순위 없이 적어서 제출하는 방식으로 투표할 경우, 최저득표자는 A가 된다.

① ㄱ, ㄴ
② ㄱ, ㄹ
③ ㄷ, ㄹ
④ ㄱ, ㄴ, ㄷ
⑤ ㄴ, ㄷ, ㄹ

문 8. A국에서는 부동산을 매매·상속 등의 방법으로 취득하는 사람은 취득세, 농어촌특별세, 등록세, 지방교육세를 납부하여야 한다. 다음 글을 근거로 할 때, 자경농민인 甲이 공시지가 3억 5천만 원의 농지를 상속받아 주변농지의 시가 5억 원으로 신고한 경우, 甲이 납부하여야 할 세금액은?(단, 신고불성실가산세, 상속세, 증여세 등은 고려하지 않음)

11 민간(인) 20번

─── 〈부동산 취득시 납부하여야 할 세금의 산출방법〉 ───

• 취득세는 부동산 취득 당시 가액에 2%의 세율을 곱하여 산정한다. 다만 자경농민이 농지를 상속으로 취득하는 경우에는 취득세가 비과세된다. 그리고 농어촌특별세는 결정된 취득세액에 10%의 세율을 곱하여 산정한다.

• 등록세는 부동산 취득 당시 가액에 0.8%의 세율을 곱하여 산정한다. 다만 자경농민이 농지를 취득하는 때 등록세의 세율은 상속의 경우 취득가액의 0.3%, 매매의 경우 1%이다. 그리고 지방교육세는 결정된 등록세액에 20%의 세율을 곱하여 산정한다.

• 부동산 취득 당시 가액은 취득자가 신고한 가액과 공시지가(시가표준액) 중 큰 금액으로 하며, 신고 또는 신고가액의 표시가 없는 때에는 공시지가를 과세표준으로 한다.

① 75만 원
② 126만 원
③ 180만 원
④ 280만 원
⑤ 1,280만 원

문 9. 다음 규정과 서울에서 대전으로 출장을 다녀온 〈甲의 지출내역〉에 근거하였을 때, 甲이 정산받는 여비의 총액은?

11 민간(인) 23번

제00조(여비의 종류) 여비는 운임·숙박비·식비·일비 등으로 구분한다.

1. 운임 : 여행 목적지로 이동하기 위해 교통수단을 이용함에 있어 소요되는 비용을 충당하기 위한 여비
2. 숙박비 : 여행 중 숙박에 소요되는 비용을 충당하기 위한 여비
3. 식비 : 여행 중 식사에 소요되는 비용을 충당하기 위한 여비
4. 일비 : 여행 중 출장지에서 소요되는 교통비 등 각종 비용을 충당하기 위한 여비

제00조(운임의 지급) ① 운임은 철도운임·선박운임·항공운임으로 구분한다.

② 국내 철도운임은 [별표 1]에 따라 지급한다.

제00조(일비·숙박비·식비의 지급) ① 국내 여행자의 일비·숙박비·식비는 [별표 1]에 따라 지급한다.

② 일비는 여행일수에 따라 지급한다.

③ 숙박비는 숙박하는 밤의 수에 따라 지급한다. 다만, 출장기간이 2일 이상인 경우에 지급액은 출장기간 전체의 총액한도 내 실비로 계산한다.

④ 식비는 여행일수에 따라 지급한다.

[별표 1] 국내 여비 지급표

(단위 : 원)

철도 운임	선박 운임	항공 운임	일비 (1일당)	숙박비 (1박당)	식비 (1일당)
실비 (일반실)	실비 (2등급)	실비	20,000	실비 (상한액 : 40,000)	20,000

〈甲의 지출내역〉

(단위 : 원)

항목	1일차	2일차	3일차
KTX 운임(일반실)	20,000		20,000
대전 시내 버스요금	5,000	10,000	2,000
대전 시내 택시요금			10,000
식비	10,000	30,000	10,000
숙박비	45,000	30,000	

① 182,000원
② 187,000원
③ 192,000원
④ 230,000원
⑤ 235,000원

문 10. 다음 〈관세 관련 규정〉에 따를 때, 甲이 전자기기의 구입으로 지출한 총 금액은?

11 민간(인) 25번

〈관세 관련 규정〉

• 물품을 수입할 경우 과세표준에 품목별 관세율을 곱한 금액을 관세로 납부해야 한다. 단, 과세표준이 15만 원 미만이고, 개인이 사용할 목적으로 수입하는 물건에 대해서는 관세를 면제한다.

• 과세표준은 판매자에게 지급한 물품가격, 미국에 납부한 세금, 미국 내 운송료, 미국에서 한국까지의 운송료를 합한 금액을 원화로 환산한 금액으로 한다. 단, 미국에서 한국까지의 운송료는 실제 지불한 운송료가 아닌 다음의 〈국제선편요금〉을 적용한다.

〈국제선편요금〉

중량	0.5kg~1kg 미만	1kg~1.5kg 미만
금액(원)	10,000	15,000

• 과세표준 환산 시 환율은 관세청장이 정한 '고시환율'에 따른다. (현재 고시환율 : ₩1,100/$)

〈甲의 구매 내역〉

한국에서 甲은 개인이 사용할 목적으로 미국 소재 인터넷 쇼핑몰에서 물품가격과 운송료를 지불하고 전자기기를 구입했다.

• 전자기기 가격 : $120
• 미국에서 한국까지의 운송료 : $30
• 지불 시 적용된 환율 : ₩1,200/$
• 전자기기 중량 : 0.9kg
• 전자기기에 적용되는 관세율 : 10%
• 미국 내 세금 및 미국 내 운송료는 없다.

① 142,000원
② 156,200원
③ 180,000원
④ 181,500원
⑤ 198,000원

문 11. 다음 글에 근거할 때, 甲이 내년 1월 1일부터 12월 31일까지 아래 작물(A~D)만을 재배하여 최대로 얻을 수 있는 소득은?

12 민간(인) 09번

甲은 각 작물별 재배 기간과 재배 가능 시기를 고려하여 작물 재배 계획을 세우고자 한다. 아래 〈표〉의 네 가지 작물 중 어느 작물이든 재배할 수 있으나, 동시에 두 가지 작물을 재배할 수는 없다. 또한 하나의 작물을 같은 해에 두 번 재배할 수도 없다.

〈표〉 작물 재배 조건

작물	1회 재배 기간	재배 가능 시기	1회 재배로 얻을 수 있는 소득
A	4개월	3월 1일~11월 30일	800만 원
B	5개월	2월 1일~11월 30일	1,000만 원
C	3개월	3월 1일~11월 30일	500만 원
D	3개월	2월 1일~12월 31일	350만 원

① 1,500만 원
② 1,650만 원
③ 1,800만 원
④ 1,850만 원
⑤ 2,150만 원

문 12. 甲이 다음의 〈조건〉과 〈기준〉에 근거할 때 구입할 컴퓨터는?

12 민간(인) 17번

〈조건〉

항목 컴퓨터	램 메모리 용량 (Giga Bytes)	하드 디스크 용량 (Tera Bytes)	가격 (천 원)
A	4	2	500
B	16	1	1,500
C	4	3	2,500
D	16	2	2,500
E	8	1	1,500

─── 〈기 준〉 ───

• 컴퓨터를 구입할 때, 램 메모리 용량, 하드 디스크 용량, 가격을 모두 고려한다.
• 램 메모리와 하드 디스크 용량이 크면 클수록, 가격은 저렴하면 저렴할수록 선호한다.
• 각 항목별로 가장 선호하는 경우 100점, 가장 선호하지 않는 경우 0점, 그 외의 경우 50점을 각각 부여한다. 단, 가격은 다른 항목보다 중요하다고 생각하여 2배의 점수를 부여한다.
• 각 항목별 점수의 합이 가장 큰 컴퓨터를 구입한다.

① A
② B
③ C
④ D
⑤ E

문 13. 甲, 乙, 丙, 丁이 다음과 같은 경기를 하였을 때, 평균속력이 가장 빠른 사람부터 순서대로 나열한 것은?

12 민간(인) 19번

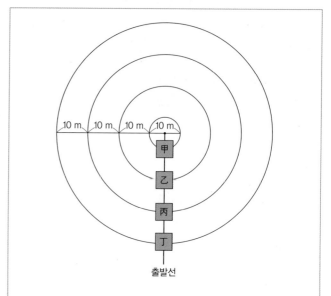

• 甲, 乙, 丙, 丁은 동심원인 위의 그림과 같이 일직선상의 출발선에서 경기를 시작한다.
• 甲, 乙, 丙, 丁은 위의 경기장에서 각자 자신에게 정해진 원 위를 10분 동안 걷는다.
• 甲, 乙, 丙, 丁은 정해진 원 이외의 다른 원으로 넘어갈 수 없다.
• 甲, 乙, 丙, 丁이 10분 동안에 각자 걸었던 거리는 다음과 같다.

甲	乙	丙	丁
7바퀴	5바퀴	3바퀴	1바퀴

① 乙, 丙, 甲, 丁
② 丙, 乙, 丁, 甲
③ 乙=丙, 甲=丁
④ 甲, 丁=乙, 丙
⑤ 甲, 丁, 乙, 丙

문 14. 甲은 ○○주차장에 4시간 45분간 주차했던 차량의 주차 요금을 정산하려고 한다. 이 주차장에서는 총 주차 시간 중 최초 1시간의 주차 요금을 면제하고, 다음의 〈주차 요금 기준〉에 따라 요금을 부과한다. 甲이 지불해야 할 금액은?

12 민간(인) 20번

〈주차 요금 기준〉

구분	총 주차 시간	
	1시간 초과~3시간인 경우	3시간 초과인 경우
요금	30분마다 500원	• 1시간 초과~3시간 : 30분마다 500원 • 3시간 초과 : 30분마다 2,000원

※ 주차 요금은 30분 단위로 부과되고, 잔여시간이 30분 미만일 경우 30분으로 간주함

① 5,000원
② 9,000원
③ 10,000원
④ 11,000원
⑤ 20,000원

문 15. 다음 글과 〈사례〉에 근거할 때, 〈보기〉의 금액으로 바르게 연결된 것은?　　12 민간(인) 23번

　감세에 따른 세수 감소 총액을 계산하는 방식은 다음과 같은 두 가지가 사용될 수 있다.
- A방식 : 감세안이 시행된 해부터 매년 전년도와 비교했을 때, 발생하는 감소분을 누적적으로 합계하는 방식
- B방식 : 감세안이 시행된 해의 직전 연도를 기준년도로 하여 기준년도와 비교했을 때, 매년 발생하는 감소분을 누적적으로 합계하는 방식

── 〈사 례〉 ──

　정부는 경기활성화를 위해 감세안을 만들어 2013년부터 시행하고자 한다. 감세 효과 파악을 위해 2015년까지 감세안에 따른 세수 변화 규모를 추산했다.

〈연도별 세수 총액〉

연도	세수 총액(단위 : 원)
2012	42조 5,000억
2013	41조 8,000억
2014	41조 4,000억
2015	41조 3,000억

── 〈보 기〉 ──

ㄱ. A방식에 따라 계산한 2013년의 세수 감소액은?
ㄴ. B방식에 따라 계산한 2014년까지의 세수 감소 총액은?
ㄷ. A방식, B방식에 따라 각각 계산한 2015년까지의 세수 감소 총액의 차이는?

	ㄱ	ㄴ	ㄷ
①	3,000억 원	1조 1,000억 원	1조 2,000억 원
②	3,000억 원	1조 8,000억 원	1조 8,000억 원
③	7,000억 원	1조 1,000억 원	1조 2,000억 원
④	7,000억 원	1조 8,000억 원	1조 2,000억 원
⑤	7,000억 원	1조 8,000억 원	1조 8,000억 원

문 16. 다음 글을 근거로 판단할 때, 〈보기〉에서 옳은 것만을 모두 고르면?　　13 민간(인) 25번

　전 세계 벼 재배면적의 90%가 아시아에 분포한다. 현재 벼를 재배하는 면적을 나라별로 보면, 인도가 4,300헥타르로 가장 넓고, 중국이 3,300헥타르로 그 다음을 잇고 있으며, 인도네시아, 방글라데시, 베트남, 타이, 미얀마, 일본의 순으로 이어지고 있다. A국은 일본 다음이다.
　반면 쌀을 가장 많이 생산하고 있는 나라는 중국으로 전 세계 생산량의 30%를 차지하고 있으며, 그 다음이 20%를 생산하는 인도이다. 단위면적당 쌀 생산량을 보면 A국이 헥타르당 5.0톤으로 가장 많고 일본이 헥타르당 4.5톤이다. A국의 단위면적당 쌀 생산량은 인도의 3배에 달하는 수치로 현재 A국의 단위면적당 쌀 생산능력은 세계에서 제일 높다.

── 〈보 기〉 ──

ㄱ. 중국의 단위면적당 쌀 생산량은 인도의 약 2배이다.
ㄴ. 일본의 벼 재배면적이 A국보다 400헥타르가 크다면, 일본의 연간 쌀 생산량은 A국보다 많다.
ㄷ. 인도의 연간 쌀 생산량은 11,000톤 이상이다.

① ㄱ
② ㄴ
③ ㄷ
④ ㄱ, ㄴ
⑤ ㄴ, ㄷ

문 17. 다음 글과 〈상황〉을 근거로 판단할 때, 甲주식회사에 대한 부가가치세 과세표준액은? 13 외교(인) 07번

수출하는 재화가 선박에 선적 완료된 날을 공급시기로 한다. 수출대금을 외국통화로 받는 경우에는 아래와 같이 환산한 금액을 부가가치세 과세표준액으로 한다.

• 공급시기 전에 환가한 경우
수출재화의 공급시기 전에 수출대금을 외화로 받아 외국환 은행을 통하여 원화로 환가한 경우에는 환가 당일의 '적용환율'로 계산한 금액

• 공급시기 이후에 환가한 경우
수출재화의 공급시기까지 외화로 받은 수출대금을 원화로 환가하지 않고 공급시기 이후에 외국환 은행을 통하여 원화로 환가한 경우 또는 공급시기 이후에 외화로 받은 수출대금을 외국환 은행을 통하여 원화로 환가한 경우에는 공급시기의 '기준환율'로 계산한 금액

─────── 〈상 황〉 ───────

甲주식회사는 미국의 A법인과 2월 4일 수출계약을 체결하였으며, 甲주식회사의 수출과 관련된 사항은 아래와 같다.
(1) 수출대금 : $50,000
(2) 2.4. : 수출선수금 $20,000를 송금받아 외국환 은행에서 환가
(3) 2.12. : 세관에 수출 신고
(4) 2.16. : 수출물품 선적 완료
(5) 2.20. : 수출대금 잔액 $30,000를 송금받아 외국환 은행에서 환가

〈외환시세〉

(단위 : 원/$)

일자	기준환율	적용환율
2.4.	960	950
2.12.	980	970
2.16.	1,000	990
2.20.	1,020	1,010

① 49,000,000원
② 49,030,000원
③ 49,200,000원
④ 49,300,000원
⑤ 49,600,000원

문 18. 다음 글을 근거로 판단할 때, 〈사례〉에서 발생한 슬기의 손익은? 13 외교(인) 10번

• 甲은행이 A가격(원/달러)에 달러를 사고 싶다는 의사표시를 하고, 乙은행이 B가격(원/달러)에 달러를 팔고 싶다고 의사표시를 하면, 중개인은 달러 고시 가격을 A/B로 고시한다.
• 만약 달러를 즉시 사거나 팔려면 그것을 팔거나 사려는 측이 제시하는 가격을 받아들일 수밖에 없다.
• 환전수수료 등의 금융거래비용은 없다.

─────── 〈사 례〉 ───────

• 현재 달러 고시 가격은 1204.00/1204.10이다. 슬기는 달러를 당장 사고 싶었고, 100달러를 바로 샀다.
• 1시간 후 달러 고시 가격은 1205.10/1205.20으로 움직였다. 슬기는 달러를 당장 팔고 싶었고, 즉시 100달러를 팔았다.

① 100원 이익
② 120원 이익
③ 200원 이익
④ 100원 손실
⑤ 200원 손실

문 19. 다음 글을 근거로 판단할 때, 〈사례〉의 甲국과 乙국의 한 선거구에서 당선에 필요한 최소 득표율은? 14 민간(A) 19번

• 민주주의 국가는 대표를 선출하기 위한 다양한 형태의 선거제도를 운용하고 있다. 이 중 '제한 투표제'는 한 선거구에서 여러 명의 대표를 선출하는 제도이다. 이 제도에서 유권자는 해당 선거구의 의석 수보다 적은 수의 표를 갖게 된다. 예를 들어 한 선거구에서 4명의 대표를 선출한다면, 유권자에게 4표보다 적은 2표 혹은 3표를 부여하여 투표하도록 하는 제도이다.
• 학자 A는 이 같은 선거제도에서 당선에 필요한 최소 득표율을 다음 공식으로 구할 수 있다고 주장한다.

$$\text{최소 득표율(\%)} = \frac{\text{유권자 1인당 투표 수}}{\text{유권자 1인당 투표 수} + \text{선거구당 의석 수}} \times 100$$

─────── 〈사 례〉 ───────

• 甲국 : 한 선거구에서 3명의 의원을 선출하며, 유권자는 2표를 행사한다.
• 乙국 : 한 선거구에서 5명의 의원을 선출하며, 유권자는 3표를 행사한다.

	甲국	乙국
①	20%	32.5%
②	20%	37.5%
③	40%	27.5%
④	40%	32.5%
⑤	40%	37.5%

문 20. 다음 글을 근거로 판단할 때, 신장 180cm, 체중 85kg인 甲의 비만 정도를 옳게 짝지은 것은? 14 민간(A) 21번

과다한 영양소 섭취와 적은 체내 에너지 소비로 인한 에너지 대사의 불균형으로 지방이 체내에 지나치게 축적되어 체중이 과다해지는 것을 비만이라 한다.

비만 정도를 측정하는 방법은 Broca 보정식과 체질량 지수를 이용하는 것이 대표적이다. Broca 보정식은 신장과 체중을 이용하여 비만 정도를 측정하는 간단한 방법이다. 이 방법에 의하면 신장(cm)에서 100을 뺀 수치에 0.9를 곱한 수치가 '표준체중(kg)'이며, 표준체중의 110% 이상 120% 미만의 체중을 '체중과잉', 120% 이상의 체중을 '비만'이라고 한다.

한편 체질량 지수는 체중(kg)을 '신장(m)'의 제곱으로 나눈 값을 의미한다. 체질량 지수에 따른 비만 정도는 다음 〈표〉와 같다.

〈표〉

체질량 지수	비만 정도
18.5 미만	저체중
18.5 이상~23.0 미만	정상
23.0 이상~25.0 미만	과체중
25.0 이상~30.0 미만	경도비만
30.0 이상~35.0 미만	중등도비만
35.0 이상	고도비만

	Broca 보정식	체질량 지수
①	체중과잉	경도비만
②	표준체중	정상
③	비만	과체중
④	체중과잉	정상
⑤	비만	경도비만

문 21. 다음 글과 〈상황〉을 근거로 판단할 때, 甲과 乙의 최대 배상금액으로 모두 옳은 것은? 15 민간(인) 09번

A국의 층간소음 배상에 대한 기준은 아래와 같다.
• 층간소음 수인(受忍)한도
 − 주간 최고소음도 : 55dB(A)
 − 야간 최고소음도 : 50dB(A)
 − 주간 등가소음도 : 40dB(A)
 − 야간 등가소음도 : 35dB(A)
• 층간소음 배상 기준금액 : 수인한도 중 하나라도 초과 시

피해기간	피해자 1인당 배상 기준금액
6개월 이내	500,000원
6개월 초과~1년 이내	650,000원
1년 초과~2년 이내	800,000원

• 배상금액 가산기준
 (1) 주간 혹은 야간에 최고소음도와 등가소음도가 모두 수인한도를 초과한 경우에는 30% 이내에서 가산
 (2) 최고소음도 혹은 등가소음도가 주간과 야간에 모두 수인한도를 초과한 경우에는 30% 이내에서 가산
 (3) 피해자가 환자, 1세 미만 유아, 수험생인 경우에는 해당 피해자 개인에게 20% 이내에서 가산
• 둘 이상의 가산기준에 해당하는 경우 기준금액을 기준으로 각각의 가산금액을 산출한 후 합산
 〔예〕 피해기간은 3개월이고, 주간의 최고소음도와 등가소음도가 수인한도를 모두 초과하였고, 피해자가 1인이며 환자인 경우 최대 배상금액 : 500,000원 + (500,000원 × 0.3) + (500,000원 × 0.2)

※ 등가소음도 : 변동하는 소음의 평균치

〈상 황〉

• 아파트 위층에 사는 甲이 10개월 전부터 지속적으로 소음을 발생시키자, 아래층 부부는 문제를 제기하였다. 소음을 측정한 결과 주간과 야간 모두 최고소음도는 수인한도를 초과하지 않았으나, 주간 등가소음도는 45dB(A)였으며, 야간 등가소음도는 38dB(A)였다. 아래층 피해자 부부는 모두 가산기준 (3)에 해당되지 않는다.
• 아파트 위층에 사는 乙이 1년 6개월 전부터 야간에만 지속적으로 소음을 발생시키자, 아래층에 사는 가족은 문제를 제기하였다. 야간에 소음을 측정한 결과 등가소음도는 42dB(A)였으며, 최고소음도는 52dB(A)이었다. 아래층 피해자 가족은 4명이며, 그중 수험생 1명만 가산기준 (3)에 해당된다.

	甲	乙
①	1,690,000원	4,320,000원
②	1,690,000원	4,160,000원
③	1,690,000원	3,840,000원
④	1,300,000원	4,320,000원
⑤	1,300,000원	4,160,000원

문 22. 다음 글을 근거로 판단할 때 옳지 않은 것은?

16 민간(5) 22번

甲은 〈가격표〉를 참고하여 〈조건〉에 따라 동네 치킨가게(A~D)에서 치킨을 배달시켰다.

───── 〈조 건〉 ─────

조건 1. 프라이드치킨, 양념치킨, 간장치킨을 한 마리씩 주문한다.

조건 2. 동일한 가게에 세 마리를 주문하지 않는다.

조건 3. 주문금액(치킨 가격＋배달료)의 총 합계가 최소가 되도록 한다.

〈가격표〉

(단위 : 원)

동네 치킨 가게	치킨 가격(마리당 가격)			배달료	배달가능 최소금액
	프라이드 치킨	양념치킨	간장치킨		
A	7,000	8,000	9,000	0	10,000
B	7,000	7,000	10,000	2,000	5,000
C	5,000	8,000	8,000	1,000	7,000
D	8,000	8,000	8,000	1,000	5,000

※ 배달료는 가게당 한 번만 지불함

① A가게에는 주문하지 않았다.

② 총 주문금액은 23,000원이다.

③ 주문이 가능한 경우의 조합은 총 네 가지이다.

④ B가게가 휴업했더라도 총 주문금액은 달라지지 않는다.

⑤ '조건 2'를 고려하지 않는다면 총 주문금액은 22,000원이다.

문 23. 다음 글과 〈상황〉을 근거로 판단할 때, A사무관이 3월 출장여비로 받을 수 있는 총액은?

17 민간(나) 09번

• 출장여비 기준
  – 출장여비는 출장수당과 교통비의 합이다.
 1) 세종시 출장
  – 출장수당 : 1만 원
  – 교통비 : 2만 원
 2) 세종시 이외 출장
  – 출장수당 : 2만 원(13시 이후 출장 시작 또는 15시 이전 출장 종료 시 1만 원 차감)
  – 교통비 : 3만 원
• 출장수당의 경우 업무추진비 사용 시 1만 원이 차감되며, 교통비의 경우 관용차량 사용 시 1만 원이 차감된다.

〈상황〉

A사무관 3월 출장내역	출장지	출장 시작 및 종료 시각	비고
출장 1	세종시	14시~16시	관용차량 사용
출장 2	인천시	14시~18시	
출장 3	서울시	09시~16시	업무추진비 사용

① 6만 원

② 7만 원

③ 8만 원

④ 9만 원

⑤ 10만 원

문 24. 다음 〈조건〉과 〈상황〉을 근거로 판단할 때, 甲이 향후 1년간 자동차를 유지하는 데 소요될 총비용은? 17 민간(나) 18번

─〈조 건〉─

1. 자동차 유지비는 연 감가상각비, 연 자동차 보험료, 연 주유비용으로 구성되며 그 외의 비용은 고려하지 않는다.

2. 연 감가상각비 계산 공식
   연 감가상각비=(자동차 구매비용−운행가능기간 종료 시 잔존가치)÷운행가능기간(년)

3. 연 자동차 보험료

(단위 : 만 원)

구분		차종		
		소형차	중형차	대형차
보험가입 시 운전 경력	1년 미만	120	150	200
	1년 이상 2년 미만	110	135	180
	2년 이상 3년 미만	100	120	160
	3년 이상	90	105	140

※ 1) 차량 구매 시 보험 가입은 필수이며 1년 단위로 가입
    2) 보험 가입 시 해당 차량에 블랙박스가 설치되어 있으면 보험료 10% 할인

4. 주유비용
   1리터당 10km를 운행할 수 있으며, 리터당 비용은 연중 내내 1,500원이다.

─〈상 황〉─

• 甲은 1,000만 원에 중형차 1대를 구입하여 바로 운행을 시작하였다.

• 차는 10년 동안 운행가능하며, 운행가능기간 종료 시 잔존가치는 100만 원이다.

• 자동차 보험 가입 시, 甲의 운전 경력은 2년 6개월이며 차에는 블랙박스가 설치되어 있다.

• 甲은 매달 500km씩 차를 운행한다.

① 192만 원
② 288만 원
③ 298만 원
④ 300만 원
⑤ 330만 원

문 25. 다음 글을 근거로 판단할 때, 甲~戊 중 가장 많은 지원금을 받는 신청자는? 18 민간(가) 18번

A국은 신재생에너지 보급 사업 활성화를 위하여 신재생에너지 설비에 대한 지원 내용을 공고하였다. 〈지원 기준〉과 〈지원 신청 현황〉은 아래와 같다.

〈지원 기준〉

구분		용량(성능)	지원금 단가
태양광	단독주택	2kW 이하	kW당 80만 원
		2kW 초과 3kW 이하	kW당 60만 원
	공동주택	30kW 이하	kW당 80만 원
태양열	평판형 · 진공관형	10m² 이하	m²당 50만 원
		10m² 초과 20m² 이하	m²당 30만 원
지열	수직밀폐형	10kW 이하	kW당 60만 원
		10kW 초과	kW당 50만 원
연료전지	인산형 등	1kW 이하	kW당 2,100만 원

• 지원금은 '용량(성능)×지원금 단가'로 산정

• 국가 및 지방자치단체 소유 건물은 지원 대상에서 제외

• 전월 전력사용량이 450kWh 이상인 건물은 태양열 설비 지원 대상에서 제외

• 용량(성능)이 〈지원 기준〉의 범위를 벗어나는 신청은 지원 대상에서 제외

〈지원 신청 현황〉

신청자	설비 종류	용량(성능)	건물 소유자	전월 전력사용량	비고
甲	태양광	8kW	개인	350kWh	공동주택
乙	태양열	15m²	개인	550kWh	진공관형
丙	태양열	5m²	국가	400kWh	평판형
丁	지열	15kW	개인	200kWh	수직밀폐형
戊	연료전지	3kW	개인	500kWh	인산형

① 甲
② 乙
③ 丙
④ 丁
⑤ 戊

문 26. 다음 글과 〈상황〉을 근거로 판단할 때, 甲이 납부해야 할 수수료를 옳게 짝지은 것은?　19 민간(나) 03번

특허에 관한 절차를 밟는 사람은 다음 각 호의 수수료를 내야 한다.

1. 특허출원료
   가. 특허출원을 국어로 작성된 전자문서로 제출하는 경우 : 매건 46,000원. 다만 전자문서를 특허청에서 제공하지 아니한 소프트웨어로 작성하여 제출한 경우에는 매건 56,000원으로 한다.
   나. 특허출원을 국어로 작성된 서면으로 제출하는 경우 : 매건 66,000원에 서면이 20면을 초과하는 경우 초과하는 1면마다 1,000원을 가산한 금액
   다. 특허출원을 외국어로 작성된 전자문서로 제출하는 경우 : 매건 73,000원
   라. 특허출원을 외국어로 작성된 서면으로 제출하는 경우 : 매건 93,000원에 서면이 20면을 초과하는 경우 초과하는 1면마다 1,000원을 가산한 금액
2. 특허심사청구료 : 매건 143,000원에 청구범위의 1항마다 44,000원을 가산한 금액

─── 〈상 황〉 ───

甲은 청구범위가 3개 항으로 구성된 총 27면의 서면을 작성하여 1건의 특허출원을 하면서, 이에 대한 특허심사도 함께 청구한다.

	국어로 작성한 경우	외국어로 작성한 경우
①	66,000원	275,000원
②	73,000원	343,000원
③	348,000원	343,000원
④	348,000원	375,000원
⑤	349,000원	375,000원

문 27. 다음 글을 근거로 판단할 때, 〈보기〉에서 옳은 것만을 모두 고르면?　19 민간(나) 08번

甲은 결혼 준비를 위해 스튜디오 업체(A, B), 드레스 업체(C, D), 메이크업 업체(E, F)의 견적서를 각각 받았는데, 최근 생긴 B업체만 정가에서 10% 할인한 가격을 제시하였다. 아래 〈표〉는 각 업체가 제시한 가격의 총액을 계산한 결과이다(단, A~F 각 업체의 가격은 모두 상이하다).

〈표〉

스튜디오	드레스	메이크업	총액
A	C	E	76만 원
이용 안함	C	F	58만 원
A	D	E	100만 원
이용 안함	D	F	82만 원
B	D	F	127만 원

─── 〈보 기〉 ───

ㄱ. A업체 가격이 26만 원이라면, E업체 가격이 F업체 가격보다 8만 원 비싸다.
ㄴ. B업체의 할인 전 가격은 50만 원이다.
ㄷ. C업체 가격이 30만 원이라면, E업체 가격은 28만 원이다.
ㄹ. D업체 가격이 C업체 가격보다 26만 원 비싸다.

① ㄱ
② ㄴ
③ ㄷ
④ ㄴ, ㄷ
⑤ ㄷ, ㄹ

문 28. 다음 글을 근거로 판단할 때, 〈상황〉의 ㉠과 ㉡을 옳게 짝지은 것은?

19 민간(나) 16번

채용에서 가장 중요한 점은 조직에 적합한 인재의 선발, 즉 필요한 수준의 기본적 직무적성·태도 등 전반적 잠재력을 가진 지원자를 선발하는 것이다. 그러나 채용 과정에서 적합한 사람을 채용하지 않거나, 적합하지 않은 사람을 채용하는 경우도 있다. 적합한 지원자 중 탈락시킨 지원자의 비율을 오탈락률이라 하고, 적합하지 않은 지원자 중 채용한 지원자의 비율을 오채용률이라 한다.

───── 〈상 황〉 ─────

甲회사의 신입사원 채용 공고에 1,200명이 지원하여, 이 중에 360명이 채용되었다. 신입사원 채용 후 조사해보니 1,200명의 지원자 중 회사에 적합한 지원자는 800명이었고, 적합하지 않은 지원자는 400명이었다. 채용된 360명의 신입사원 중 회사에 적합하지 않은 인원은 40명으로 확인되었다. 이에 따르면 오탈락률은 (㉠)%이고, 오채용률은 (㉡)%이다.

	㉠	㉡
①	40	5
②	40	10
③	55	10
④	60	5
⑤	60	10

문 29. 다음 〈상황〉에 근거하여 〈점수표〉의 빈칸을 채울 때, 민경과 혜명의 최종점수가 될 수 있는 것은?

13 5 행시(인) 28번

───── 〈상 황〉 ─────

민경과 혜명은 0점, 3점, 5점이 그려진 과녁에 화살을 쏘아 과녁 맞히기를 하고 있다. 둘은 각각 10개의 화살을 쐈는데, 0점을 맞힌 화살의 개수만 〈점수표〉에 기록을 했다. 최종점수는 각 화살이 맞힌 점수의 합으로 한다. 둘이 쏜 화살 중 과녁 밖으로 날아간 화살은 하나도 없다. 이 때 민경과 혜명이 5점을 맞힌 화살의 개수는 동일하다.

〈점수표〉

점수	민경의 화살 수	혜명의 화살 수
0점	3	2
3점		
5점		

	민경의 최종점수	혜명의 최종점수
①	25	29
②	26	29
③	27	30
④	28	31
⑤	29	31

문 30. K부서는 승진후보자 3인을 대상으로 한 승진시험의 채점 방식에 대해 고민 중이다. 다음 〈자료〉와 〈채점 방식〉에 근거할 때 옳지 <u>않은</u> 것은? 13 행시(인) 32번

─── 〈자 료〉 ───

- K부서에는 甲, 乙, 丙 세 명의 승진후보자가 있으며 상식은 20문제, 영어는 10문제가 출제되었다.
- 채점 방식에 따라 점수를 계산한 후 상식과 영어의 점수를 합산하여 고득점 순으로 전체 등수를 결정한다.
- 각 후보자들이 정답을 맞힌 문항의 개수는 다음과 같고, 그 이외의 문항은 모두 틀린 것이다.

과목 승진후보자	상식	영어
甲	14	7
乙	10	9
丙	18	4

─── 〈채점 방식〉 ───

- A 방식 : 각 과목을 100점 만점으로 하되 상식은 정답을 맞힌 개수 당 5점씩을, 영어는 정답을 맞힌 개수 당 10점씩을 부여함
- B 방식 : 각 과목을 100점 만점으로 하되 상식은 정답을 맞힌 개수 당 5점씩, 틀린 개수 당 −3점씩을 부여하고, 영어의 경우 정답을 맞힌 개수 당 10점씩, 틀린 개수 당 −5점씩을 부여함
- C 방식 : 모든 과목에 정답을 맞힌 개수 당 10점씩을 부여함

① A 방식으로 채점하면, 甲과 乙은 동점이 된다.

② B 방식으로 채점하면, 乙이 1등을 하게 된다.

③ C 방식으로 채점하면, 丙이 1등을 하게 된다.

④ C 방식은 다른 방식에 비해 상식 과목에 더 큰 가중치를 부여하는 방식이다.

⑤ B 방식에서 상식의 틀린 개수당 점수를 −5, 영어의 틀린 개수당 점수를 −10으로 한다면, 甲과 乙의 등수는 A 방식으로 계산한 것과 동일할 것이다.

문 31. 다음 글을 근거로 판단할 때, [㉠]에 해당하는 값은?(단, 소수점 이하 반올림함) 14 행시(A) 04번

한 남자가 도심 거리에서 강도를 당했다. 그는 그 강도가 흑인이라고 주장했다. 그러나 사건을 담당한 재판부가 당시와 유사한 조건을 갖추고 현장을 재연했을 때, 피해자가 강도의 인종을 정확하게 인식한 비율이 80% 정도밖에 되지 않았다. 강도가 정말로 흑인일 확률은 얼마일까?

물론 많은 사람들이 그 확률은 80%라고 말할 것이다. 그러나 실제 확률은 이보다 상당히 낮을 수 있다. 인구가 1,000명인 도시를 예로 들어 생각해보자. 이 도시 인구의 90%는 백인이고 10%만이 흑인이다. 또한 강도짓을 할 가능성은 두 인종 모두 10%로 동일하며, 피해자가 백인을 흑인으로 잘못 보거나 흑인을 백인으로 잘못 볼 가능성은 20%로 똑같다고 가정한다. 이 같은 전제가 주어졌을 때, 실제 흑인강도 10명 가운데 (   )명만 정확히 흑인으로 인식될 수 있으며, 실제 백인강도 90명 중 (   )명은 흑인으로 오인된다. 따라서 흑인으로 인식된 (   )명 가운데 (   )명만이 흑인이므로, 피해자가 범인이 흑인이라는 진술을 했을 때 그가 실제로 흑인에게 강도를 당했을 확률은 겨우 (   )분의 (   ), 즉 약 [㉠]%에 불과하다.

① 18

② 21

③ 26

④ 31

⑤ 36

문 32. 다음 글을 근거로 판단할 때, 〈보기〉에서 옳은 것만을 모두 고르면?

15 행시(인) 35번

甲은 정육면체의 각 면에 점을 새겨 게임 도구를 만들려고 한다. 게임 도구는 다음의 규칙에 따라 만든다.

- 정육면체의 모든 면에는 반드시 점을 1개 이상 새겨야 한다.
- 한 면에 새기는 점의 수가 6개를 넘어서는 안 된다.
- 각 면에 새기는 점의 수가 반드시 달라야 할 필요는 없다.

〈보 기〉

ㄱ. 정육면체에 새긴 점의 총 수가 10개라면 점 6개를 새긴 면은 없다.

ㄴ. 정육면체에 새긴 점의 총 수가 21개인 방법은 1가지밖에 없다.

ㄷ. 정육면체에 새긴 점의 총 수가 24개라면 각 면에 새긴 점의 수는 모두 다르다.

ㄹ. 정육면체에 새긴 점의 총 수가 20개라면 3개 이하의 점을 새긴 면이 4개 이상이어야 한다.

---

① ㄱ

② ㄱ, ㄴ

③ ㄴ, ㄷ

④ ㄷ, ㄹ

⑤ ㄱ, ㄷ, ㄹ

문 33. 다음 글과 〈3년간 인증대학 현황〉을 근거로 판단할 때, 〈보기〉에서 옳은 것만을 모두 고르면?(단, 다른 조건은 고려하지 않음)

16 행시(4) 16번

- 대학의 외국인 유학생 관리 · 지원 체계 및 실적 등을 평가하여 인증을 부여하는 제도가 2013년에 처음 시행되었다.
- 신규 인증을 신청한 대학이 1단계 핵심지표평가 및 2단계 현장평가 결과 일정 기준을 충족할 경우, 신규 인증대학으로 선정되고 인증의 유효기간은 3년이다.
- 매년 2월 인증대학을 선정하며 인증은 당해 연도 3월 1일부터 유효하다.
- 기존 인증대학에 대해서는 매년 2월 핵심지표평가만을 실시하고, 기준을 충족하지 못하는 경우 당해 연도 3월 1일부터 인증이 취소된다.
- 인증이 취소된 대학은 그 다음 해부터 신규 인증을 신청하여 신규 인증대학으로 다시 선정될 수 있다.

〈3년간 인증대학 현황〉

구분	2013년 3월	2014년 3월	2015년 3월
신규 인증대학	12	18	21
기존 인증대학	–	10	25
합계	12	28	46

〈보 기〉

ㄱ. 2013년에 신규 인증대학으로 선정된 A대학이 2016년에 핵심지표평가만을 받는 경우는 없다.

ㄴ. 2015년 3월까지 인증대학으로 1번 이상 선정된 대학은 최대 51개이다.

ㄷ. 2015년 3월까지 인증대학으로 1번 이상 선정된 대학은 최소 46개이다.

ㄹ. 2016년 2월 현재 23개월 이상 인증을 유지하고 있는 대학은 25개이다.

---

① ㄱ, ㄷ

② ㄴ, ㄷ

③ ㄴ, ㄹ

④ ㄱ, ㄴ, ㄹ

⑤ ㄴ, ㄷ, ㄹ

문 34. 다음 〈규칙〉을 근거로 판단할 때, 〈보기〉에서 옳은 것만을 모두 고르면?

16 행시(4) 33번

〈규 칙〉

- 직원이 50명인 A회사는 야유회에서 경품 추첨 행사를 한다.
- 직원들은 1명당 3장의 응모용지를 받고, 1~100 중 원하는 수 하나씩을 응모용지별로 적어서 제출한다. 한 사람당 최대 3장까지 원하는 만큼 응모할 수 있고, 모든 응모용지에 동일한 수를 적을 수 있다.
- 사장이 1~100 중 가장 좋아하는 수 하나를 고르면 해당 수를 응모한 사람이 당첨자로 결정된다. 해당 수를 응모한 사람이 없으면 사장은 당첨자가 나올 때까지 다른 수를 고른다.
- 당첨 선물은 사과 총 100개이고, 당첨된 응모용지가 n장이면 당첨된 응모용지 1장당 사과를 $\frac{100}{n}$개씩 나누어 준다.
- 만약 한 사람이 2장의 응모용지에 똑같은 수를 써서 당첨된다면 2장 몫의 사과를 받고, 3장일 경우는 3장 몫의 사과를 받는다.

〈보 기〉

ㄱ. 직원 甲과 乙이 함께 당첨된다면 甲은 최대 50개의 사과를 받는다.

ㄴ. 직원 중에 甲과 乙 두 명만이 사과를 받는다면 甲은 최소 25개의 사과를 받는다.

ㄷ. 당첨된 수를 응모한 직원이 甲밖에 없다면, 甲이 그 수를 1장 써서 응모하거나 3장 써서 응모하거나 같은 개수의 사과를 받는다.

① ㄱ
② ㄷ
③ ㄱ, ㄴ
④ ㄱ, ㄷ
⑤ ㄴ, ㄷ

문 35. 다음 〈상황〉을 근거로 판단할 때, 36개의 로봇 중 가장 빠른 로봇 1, 2위를 선발하기 위해 필요한 최소 경기 수는?

16 행시(4) 36번

〈상 황〉

- 전국 로봇달리기 대회에 36개의 로봇이 참가한다.
- 경주 레인은 총 6개이고, 경기당 각 레인에 하나의 로봇만 배정할 수 있으나, 한 경기에 모든 레인을 사용할 필요는 없다.
- 배정된 레인 내에서 결승점을 먼저 통과하는 순서대로 순위를 정한다.
- 속력과 시간의 측정은 불가능하고, 오직 경기 결과에 의해서만 순위를 결정한다.
- 로봇별 속력은 모두 다르고 각 로봇의 속력은 항상 일정하다.
- 로봇의 고장과 같은 다른 요인은 경기 결과에 영향을 미치지 않는다.

① 7
② 8
③ 9
④ 10
⑤ 11

문 36. 다음 〈조건〉을 근거로 판단할 때, 〈보기〉에서 옳은 것만을 모두 고르면?　18 행시(나) 10번

─── 〈조 건〉 ───

• 인공지능 컴퓨터와 매번 대결할 때마다, 甲은 A, B, C 전략 중 하나를 선택할 수 있다.
• 인공지능 컴퓨터는 대결을 거듭할수록 학습을 통해 각각의 전략에 대응하므로, 동일한 전략을 사용할수록 甲이 승리할 확률은 하락한다.
• 각각의 전략을 사용한 횟수에 따라 각 대결에서 甲이 승리할 확률은 아래와 같고, 甲도 그 사실을 알고 있다.

〈전략별 사용횟수에 따른 甲의 승률〉

(단위 : %)

전략별 사용 횟수　　전략종류	1회	2회	3회	4회
A전략	60	50	40	0
B전략	70	30	20	0
C전략	90	40	10	0

─── 〈보 기〉 ───

ㄱ. 甲이 총 3번의 대결을 하면서 각 대결에서 승리할 확률이 가장 높은 전략부터 순서대로 선택한다면, 3가지 전략을 각각 1회씩 사용해야 한다.
ㄴ. 甲이 총 5번의 대결을 하면서 각 대결에서 승리할 확률이 가장 높은 전략부터 순서대로 선택한다면, 5번째 대결에서는 B 전략을 사용해야 한다.
ㄷ. 甲이 1개의 전략만을 사용하여 총 3번의 대결을 하면서 3번 모두 승리할 확률을 가장 높이려면, A전략을 선택해야 한다.
ㄹ. 甲이 1개의 전략만을 사용하여 총 2번의 대결을 하면서 2번 모두 패배할 확률을 가장 낮추려면, A전략을 선택해야 한다.

① ㄱ, ㄴ
② ㄱ, ㄷ
③ ㄴ, ㄹ
④ ㄱ, ㄷ, ㄹ
⑤ ㄴ, ㄷ, ㄹ

문 37. 다음 글을 근거로 판단할 때, 길동이가 오늘 아침에 수행한 아침 일과에 포함될 수 없는 것은?　19 행시(가) 30번

길동이는 오늘 아침 7시 20분에 기상하여, 25분 후인 7시 45분에 집을 나섰다. 길동이는 주어진 25분을 모두 아침 일과를 쉼없이 수행하는 데 사용했다.

아침 일과를 수행하는 데 정해진 순서는 없으며, 같은 아침 일과를 두 번 이상 수행하지 않는다.

단, 머리를 감았다면 반드시 말리며, 각 아침 일과 수행 중에 다른 아침 일과를 동시에 수행할 수는 없다. 각 아침 일과를 수행하는 데 소요되는 시간은 아래와 같다.

아침 일과	소요 시간
샤워	10분
세수	4분
머리 감기	3분
머리 말리기	5분
몸치장 하기	7분
구두 닦기	5분
주스 만들기	15분
양말 신기	2분

① 세수
② 머리 감기
③ 구두 닦기
④ 몸치장 하기
⑤ 주스 만들기

문 38. 녹색성장 추진의 일환으로 자전거 타기가 활성화되면서 자전거의 운동효과를 조사하였다. 다음의 〈조건〉을 근거로 판단할 때 〈보기〉에 제시된 5명의 운전자 중 운동량이 많은 순서대로 나열한 것은?

11 행시(발) 14번

〈조 건〉

자전거 종류	바퀴 수	보조바퀴 여부
일반 자전거	2개	없음
연습용 자전거	2개	있음
외발 자전거	1개	없음

• 운동량은 자전거 주행 거리에 비례한다.
• 같은 거리를 주행하여도 자전거에 운전자 외에 한 명이 더 타면 운전자의 운동량은 두 배가 된다.
• 보조바퀴가 달린 자전거를 타면 같은 거리를 주행하여도 운동량이 일반 자전거의 80%밖에 되지 않는다.
• 바퀴가 1개인 자전거를 타면 같은 거리를 주행하여도 운동량이 일반 자전거보다 50% 더 많다.
• 이외의 다른 조건은 모두 같다고 본다.

〈보 기〉

甲 : 1.4km의 거리를 뒷자리에 한 명을 태우고 일반 자전거로 주행하였다.

乙 : 1.2km의 거리를 뒷자리에 한 명을 태우고 연습용 자전거로 주행하였다.

丙 : 2km의 거리를 혼자 외발 자전거로 주행하였다.

丁 : 2km의 거리를 혼자 연습용 자전거로 주행한 후에 이어서 1km의 거리를 혼자 외발 자전거로 주행하였다.

戊 : 0.8km의 거리를 뒷자리에 한 명을 태우고 연습용 자전거로 주행한 후에 이어서 1.2km의 거리를 혼자 일반 자전거로 주행하였다.

① 丙＞丁＞甲＞戊＞乙
② 丙＞丁＞甲＞乙＞戊
③ 丁＞丙＞戊＞甲＞乙
④ 丁＞甲＞丙＞乙＞戊
⑤ 丁＞丙＞甲＞戊＞乙

문 39. 다음 글과 〈사례〉를 근거로 판단할 때, 반납해야 할 경비가 가장 많은 사람부터 가장 적은 사람 순으로 바르게 나열된 것은?

14 행시(A) 29번

제00조 ① 임명권자는 전시ㆍ사변 등의 국가비상시에 군위탁생 중 군에 복귀시킬 필요가 있다고 인정되는 자에 대하여는 교육을 일시중지하거나 군위탁생 임명을 해임하여 원대복귀하게 할 수 있다.

② 각 군 참모총장은 군위탁생으로서 다음 각 호에 해당하는 자에 대하여 지급한 경비(이하 '지급경비')를 아래 〈표〉의 반납액 산정기준에 의하여 본인 또는 그의 연대보증인으로 하여금 반납하게 하여야 한다.

1. 소정의 과정을 마친 후 정당한 사유 없이 복귀하지 아니한 자
2. 수학 중 해임된 자(제1항의 경우를 제외한다)
3. 소정의 과정을 마친 후 의무복무기간 중에 전역 또는 제적 등의 사유가 발생하여 복무의무를 이행하지 아니한 자

〈표〉 반납액 산정기준

구분	반납액
1. 제2항 제1호 해당자	지급경비 전액
2. 제2항 제2호 해당자	지급경비 전액 (다만 질병이나 기타 심신장애로 인하여 수학을 계속할 수 없어 해임된 경우에는 지급경비의 2분의 1)
3. 제2항 제3호 해당자	지급경비 × $\dfrac{\text{의무복무 월수} - \text{복무 월수}}{\text{의무복무 월수}}$

〈사 례〉

A. 수학 중 성적불량으로 군위탁생 임명이 해임된 부사관(지급경비 1,500만 원)

B. 군위탁생으로 박사과정을 마친 후 정당한 사유 없이 복귀하지 아니한 장교(지급경비 2,500만 원)

C. 위탁교육을 마친 후 의무복무년수 6년 중 3년을 마치고 전역하는 장교(지급경비 3,500만 원)

D. 심신장애로 인하여 계속하여 수학할 수 없다고 인정되어 수학 중 군위탁생 임명이 해임된 부사관(지급경비 2,000만 원)

E. 국방부장관이 국가비상시에 군에 복귀시킬 필요가 있다고 인정하여 군위탁생 임명을 해임하여 원대복귀시킨 장교(지급경비 3,000만 원)

① B－C－A－D－E
② B－C－D－A－E
③ C－B－E－A－D
④ C－E－B－D－A
⑤ E－C－B－A－D

문 40. 다음 〈조건〉을 근거로 판단할 때, 〈보기〉에서 옳은 것만을 모두 고르면?

15 행시(인) 10번

〈조 건〉

• A사와 B사는 신제품을 공동개발하여 판매한 총 순이익을 아래와 같은 기준에 의해 분배하기로 약정하였다.

(가) A사와 B사는 총 순이익에서 각 회사 제조원가의 10%에 해당하는 금액을 우선 각자 분배받는다.

(나) 총 순이익에서 위 (가)의 금액을 제외한 나머지 금액에 대한 분배기준은 연구개발비, 판매관리비, 광고홍보비 중 어느 하나로 결정하며, 각 회사가 지출한 비용에 비례하여 분배액을 정하기로 한다.

• 신제품 개발과 판매에 따른 비용과 총 순이익은 다음과 같다.

(단위 : 억 원)

구분	A사	B사
제조원가	200	600
연구개발비	100	300
판매관리비	200	200
광고홍보비	300	150
총 순이익	200	

〈보 기〉

ㄱ. 분배받는 순이익을 극대화하기 위한 분배기준으로, A사는 광고홍보비를, B사는 연구개발비를 선호할 것이다.

ㄴ. 연구개발비가 분배기준이 된다면, 총 순이익에서 B사가 분배받는 금액은 A사의 3배이다.

ㄷ. 판매관리비가 분배기준이 된다면, 총 순이익에서 A사와 B사가 분배받는 금액은 동일하다.

ㄹ. 광고홍보비가 분배기준이 된다면, 총 순이익에서 A사가 분배받는 금액은 B사보다 많다.

① ㄱ, ㄴ
② ㄱ, ㄷ
③ ㄱ, ㄹ
④ ㄴ, ㄹ
⑤ ㄷ, ㄹ

문 41. 〈여성권익사업 보조금 지급 기준〉과 〈여성폭력피해자 보호시설 현황〉을 근거로 판단할 때, 지급받을 수 있는 보조금의 총액이 큰 시설부터 작은 시설 순으로 바르게 나열된 것은?(단, 4개 보호시설의 종사자에는 각 1명의 시설장(長)이 포함되어 있음)

15 행시(인) 12번

〈여성권익사업 보조금 지급 기준〉

1. 여성폭력피해자 보호시설 운영비
   • 종사자 1~2인 시설 : 240백만 원
   • 종사자 3~4인 시설 : 320백만 원
   • 종사자 5인 이상 시설 : 400백만 원
   ※ 단, 평가등급이 1등급인 보호시설에는 해당 지급액의 100%를 지급하지만, 2등급인 보호시설에는 80%, 3등급인 보호시설에는 60%를 지급함

2. 여성폭력피해자 보호시설 사업비
   • 종사자 1~3인 시설 : 60백만 원
   • 종사자 4인 이상 시설 : 80백만 원

3. 여성폭력피해자 보호시설 종사자 장려수당
   • 종사자 1인당 50백만 원
   ※ 단, 종사자가 5인 이상인 보호시설의 경우 시설장에게는 장려수당을 지급하지 않음

4. 여성폭력피해자 보호시설 입소자 간식비
   • 입소자 1인당 1백만 원

〈여성폭력피해자 보호시설 현황〉

보호시설	종사자 수(인)	입소자 수(인)	평가등급
A	4	7	1
B	2	8	1
C	4	10	2
D	5	12	3

① A-C-D-B
② A-D-C-B
③ C-A-B-D
④ D-A-C-B
⑤ D-C-A-B

문 42. 다음 글과 〈A기관 벌점 산정 기초자료〉를 근거로 판단할 때, 두 번째로 높은 벌점을 받게 될 사람은? 15 행시(인) 30번

A기관은 업무처리 시 오류 발생을 줄이기 위해 2015년 1월부터 벌점을 부과하여 인사고과에 반영하려 한다. 이를 위해 매달 직원별로 오류 건수를 조사하여 다음과 같은 〈벌점 산정 방식〉에 따라 벌점을 부과한다. 2015년 1월 한 달 동안 직원들의 업무처리 건수는 1인당 100건으로 동일하다.

〈벌점 산정 방식〉
- 일반 오류는 1건당 10점, 중대 오류는 1건당 20점씩 오류 점수를 부과하여 이를 합산한다.
- 전월 우수사원으로 선정된 경우, 합산한 오류 점수에서 80점을 차감하여 월별 최종 오류 점수를 계산한다.
- 벌점 부과 대상은 월별 최종 오류 점수가 400점 이상인 동시에 월별 오류 발생 비율이 30% 이상인 직원이다.
- 월별 최종 오류 점수 1점당 벌점 10점을 부과한다.

※ 오류발생비율(%) = $\dfrac{\text{오류 건수}}{\text{업무처리 건수}} \times 100$

〈A기관 벌점 산정 기초자료〉

(2015.1.1.~2015.1.31.)

직원	오류 건수(건)		전월 우수사원 선정 여부
	일반 오류	중대 오류	
甲	5	20	미선정
乙	10	20	미선정
丙	15	15	선정
丁	20	10	미선정
戊	30	10	선정

① 甲
② 乙
③ 丙
④ 丁
⑤ 戊

문 43. 재적의원이 210명인 ○○국 의회에서 다음과 같은 〈규칙〉에 따라 안건 통과 여부를 결정한다고 할 때, 〈보기〉에서 옳은 것만을 모두 고르면? 16 행시(4) 13번

──── 〈규 칙〉 ────
- 안건이 상정된 회의에서 기권표가 전체의 3분의 1 이상이면 안건은 부결된다.
- 기권표를 제외하고, 찬성 또는 반대의견을 던진 표 중에서 찬성표가 50%를 초과해야 안건이 가결된다.

※ 재적의원 전원이 참석하여 1인 1표를 행사하였고, 무효표는 없음

──── 〈보 기〉 ────
ㄱ. 70명이 기권하여도 71명이 찬성하면 안건이 가결된다.
ㄴ. 104명이 반대하면 기권표에 관계없이 안건이 부결된다.
ㄷ. 141명이 찬성하면 기권표에 관계없이 안건이 가결된다.
ㄹ. 안건이 가결될 수 있는 최소 찬성표는 71표이다.

① ㄱ, ㄴ
② ㄱ, ㄷ
③ ㄴ, ㄷ
④ ㄴ, ㄹ
⑤ ㄷ, ㄹ

문 44. 다음 글을 근거로 판단할 때, 〈보기〉에서 옳은 것만을 모두 고르면?

16 행시(4) 24번

특정 물질의 치사량은 주로 동물 연구와 실험을 통해서 결정한다. 치사량의 단위는 주로 LD50을 사용하는데, 'LD'는 Lethal Dose의 약어로 치사량을 의미하고, '50'은 물질 투여시 실험 대상 동물의 50%가 죽는 것을 의미한다. 이런 이유로 LD50을 반수(半數) 치사량이라고도 한다. 일반적으로 치사량이란 '즉시' 생명을 앗아갈 수 있는 양을 의미하고 있으므로 '급성' 반수 치사량이 사실 정확한 표현이다. LD50 값을 표기할 때는 보통 실험 대상 동물의 몸무게 1kg을 기준으로 하는 mg/kg 단위를 사용한다.

독성이 강하다는 보톡스의 LD50 값은 1ng/kg으로 복어 독보다 1만 배 이상 강하다. 일상에서 쉽게 접할 수 있는 카페인의 LD50 값은 200mg/kg이며 니코틴의 LD50 값은 1mg/kg이다. 커피 1잔에는 평균적으로 150mg의 카페인이 들어 있으며 담배 한 개비에는 평균적으로 0.1mg의 니코틴이 함유되어 있다.

※ 1ng(나노그램)＝10^{-6}mg＝10^{-9}g

───── 〈보 기〉 ─────

ㄱ. 복어 독의 LD50 값은 0.01mg/kg 이상이다.

ㄴ. 일반적으로 독성이 더 강한 물질일수록 LD50 값이 더 작다.

ㄷ. 몸무게가 7kg인 실험 대상 동물의 50%가 즉시 치사하는 카페인 투여량은 1.4g이다.

ㄹ. 몸무게가 60kg인 실험 대상 동물의 50%가 즉시 치사하는 니코틴 투여량은 1개비당 니코틴 함량이 0.1mg인 담배 60개비에 들어 있는 니코틴의 양에 상응한다.

① ㄱ, ㄴ

② ㄱ, ㄷ

③ ㄱ, ㄴ, ㄷ

④ ㄴ, ㄷ, ㄹ

⑤ ㄱ, ㄴ, ㄷ, ㄹ

문 45. 다음 〈지원계획〉과 〈연구모임 현황 및 평가결과〉를 근거로 판단할 때, 연구모임 A~E 중 두 번째로 많은 총 지원금을 받는 모임은?

17 행시(가) 08번

───── 〈지원계획〉 ─────

• 지원을 받기 위해서는 한 모임당 6명 이상 9명 미만으로 구성되어야 한다.

• 기본지원금
한 모임당 1,500천 원을 기본으로 지원한다. 단, 상품개발을 위한 모임의 경우는 2,000천 원을 지원한다.

• 추가지원금
연구 계획 사전평가결과에 따라, '상' 등급을 받은 모임에는 구성원 1인당 120천 원을, '중' 등급을 받은 모임에는 구성원 1인당 100천 원을, '하' 등급을 받은 모임에는 구성원 1인당 70천 원을 추가로 지원한다.

• 협업 장려를 위해 협업이 인정되는 모임에는 위의 두 지원금을 합한 금액의 30%를 별도로 지원한다.

〈연구모임 현황 및 평가결과〉

모임	상품개발 여부	구성원 수	연구 계획 사전 평가결과	협업 인정 여부
A	○	5	상	○
B	×	6	중	×
C	×	8	상	○
D	○	7	중	×
E	×	9	하	×

① A

② B

③ C

④ D

⑤ E

문 46.   다음 글을 근거로 판단할 때, A팀이 최종적으로 선택하게 될 이동수단의 종류와 그 비용으로 옳게 짝지은 것은?

17 행시(가) 10번

4명으로 구성된 A팀은 해외출장을 계획하고 있다. A팀은 출장지에서의 이동수단 한 가지를 결정하려 한다. 이 때 A팀은 경제성, 용이성, 안전성의 총 3가지 요소를 고려하여 최종점수가 가장 높은 이동수단을 선택한다.

- 각 고려요소의 평가결과 '상' 등급을 받으면 3점을, '중' 등급을 받으면 2점을, '하' 등급을 받으면 1점을 부여한다. 단, 안전성을 중시하여 안전성 점수는 2배로 계산한다(예 안전성 '하' 등급 2점).
- 경제성은 각 이동수단별 최소비용이 적은 것부터 상, 중, 하로 평가한다.
- 각 고려요소의 평가점수를 합하여 최종점수를 구한다.

〈이동수단별 평가표〉

이동수단	경제성	용이성	안전성
렌터카	?	상	하
택시	?	중	중
대중교통	?	하	중

〈이동수단별 비용계산식〉

이동수단	비용계산식
렌터카	(렌트비＋유류비)×이용 일수 • 렌트비=$50/1일(4인승 차량) • 유류비=$10/1일(4인승 차량)
택시	거리 당 가격($1/1마일)×이동거리(마일) • 최대 4명까지 탑승가능
대중교통	대중교통패스 3일권($40/1인)×인원수

〈해외출장 일정〉

출장 일정	이동거리(마일)
11월 1일	100
11월 2일	50
11월 3일	50

	이동수단	비용
①	렌터카	$180
②	택시	$200
③	택시	$400
④	대중교통	$140
⑤	대중교통	$160

문 47.   다음 글과 〈표〉를 근거로 판단할 때, 〈보기〉에서 옳은 것만을 모두 고르면?

17 행시(가) 27번

- 수현과 혜연은 결혼을 준비하는 예비부부이고, 결혼까지 준비해야 할 항목이 7가지 있다.
- 결혼 당사자인 수현과 혜연은 준비해야 할 항목들에 대해 선호를 가지고 있으며, 양가 부모 또한 선호를 가지고 있다. 이 때 '선호도'가 높을수록 우선순위가 높다.
- '선호도'는 '투입 대비 만족도'로 산출한다.
- '종합 선호도'는 각 항목별로 다음과 같이 산출한다.

$$종합 \ 선호도 = \frac{\{(결혼 \ 당사자의 \ 만족도) + (양가 \ 부모의 \ 만족도)\}}{\{(결혼 \ 당사자의 \ 투입) + (양가 \ 부모의 \ 투입)\}}$$

〈표〉

항목	결혼 당사자		양가 부모	
	만족도	투입	만족도	투입
예물	60	40	40	40
예단	60	60	80	40
폐백	40	40	30	20
스튜디오 촬영	90	50	10	10
신혼여행	120	60	20	40
예식장	50	50	100	50
신혼집	300	100	300	100

━ 〈보 기〉 ━

ㄱ. 결혼 당사자와 양가 부모의 종합 선호도에 따른 우선순위 상위 3가지에는 '스튜디오 촬영'과 '신혼집'이 모두 포함된다.

ㄴ. 결혼 당사자의 우선순위 상위 3가지와 양가 부모의 우선순위 상위 3가지 중 일치하는 항목은 '신혼집'이다.

ㄷ. '예물'과 '폐백' 모두 결혼 당사자의 선호도보다 양가 부모의 선호도가 더 높다.

ㄹ. 양가 부모에게 우선순위가 가장 낮은 항목은 '스튜디오 촬영'이다.

① ㄱ, ㄴ
② ㄴ, ㄷ
③ ㄷ, ㄹ
④ ㄱ, ㄴ, ㄹ
⑤ ㄱ, ㄷ, ㄹ

문 48. 다음 글과 〈상황〉을 근거로 판단할 때, 미란이가 지원받을 수 있는 주택보수비용의 최대 액수는? 17 행시(가) 28번

- 주택을 소유하고 해당 주택에 거주하는 가구를 대상으로 주택 노후도 평가를 실시하여 그 결과(경 · 중 · 대보수)에 따라 아래와 같이 주택보수비용을 지원

〈주택보수비용 지원 내용〉

구분	경보수	중보수	대보수
보수항목	도배 혹은 장판	수도시설 혹은 난방시설	지붕 혹은 기둥
주택당 보수비용 지원한도액	350만 원	650만 원	950만 원

- 소득인정액에 따라 위 보수비용 지원한도액의 80～100%를 차등지원

구분	중위소득 25% 미만	중위소득 25% 이상 35% 미만	중위소득 35% 이상 43% 미만
지원율	100%	90%	80%

─── 〈상 황〉 ───

미란이는 현재 거주하고 있는 A주택의 소유자이며, 소득인정액이 중위소득 40%에 해당한다. A주택의 노후도 평가 결과, 지붕의 수선이 필요한 주택보수비용 지원 대상에 선정되었다.

① 520만 원

② 650만 원

③ 760만 원

④ 855만 원

⑤ 950만 원

문 49. 다음 글과 〈상황〉을 근거로 판단할 때, 甲정당과 그 소속 후보자들이 최대로 실시할 수 있는 선거방송 시간의 총합은? 17 행시(가) 29번

- △△국 의회는 지역구의원과 비례대표의원으로 구성된다.
- 의회의원 선거에서 정당과 후보자는 선거방송을 실시할 수 있다. 선거방송은 방송광고와 방송연설로 이루어진다.
- 선거운동을 위한 방송광고는 비례대표의원 후보자를 추천한 정당이 방송매체별로 각 15회 이내에서 실시할 수 있으며, 1회 1분을 초과할 수 없다.
- 후보자는 방송연설을 할 수 있다. 비례대표의원 선거에서는 정당별로 비례대표의원 후보자 중에서 선임된 대표 2인이 각각 1회 10분 이내에서 방송매체별로 각 1회 실시할 수 있다. 지역구의원 선거에서는 각 후보자가 1회 10분 이내, 방송매체별로 각 2회 이내에서 실시할 수 있다.

─── 〈상 황〉 ───

- △△국 방송매체로는 텔레비전 방송사 1개, 라디오 방송사 1개가 있다.
- △△국 甲정당은 의회의원 선거에서 지역구의원 후보 100명을 출마시키고 비례대표의원 후보 10명을 추천하였다.

① 2,070분

② 4,050분

③ 4,070분

④ 4,340분

⑤ 5,225분

문 50. 다음 글을 근거로 판단할 때, 선수 A와 B의 '합계점수'를 더하면?

18 행시(나) 11번

스키점프는 스키를 타고 급경사면을 내려오다가 도약대에서 점프하여 날아가 착지하는 스포츠로, 착지의 기준점을 뜻하는 K점에 따라 경기 종목이 구분된다. 도약대로부터 K점까지의 거리가 75m 이상 99m 이하이면 '노멀힐', 100m 이상이면 '라지힐' 경기이다. 예를 들어 '노멀힐 K-98'의 경우 도약대로부터 K점까지의 거리가 98m인 노멀힐 경기를 뜻한다.

출전선수의 점수는 '거리점수'와 '자세점수'를 합산하여 결정되며, 이를 '합계점수'라 한다. 거리점수는 도약대로부터 K점을 초과한 비행거리 1m당 노멀힐의 경우 2점이, 라지힐의 경우 1.8점이 기본점수 60점에 가산된다. 반면 K점에 미달하는 비행거리 1m당 가산점과 같은 점수가 기본점수에서 차감된다. 자세점수는 날아가는 동안의 자세, 균형 등을 고려하여 5명의 심판이 각각 20점 만점을 기준으로 채점하며, 심판들이 매긴 점수 중 가장 높은 것과 가장 낮은 것을 각각 하나씩 제외한 나머지를 합산한 점수이다.

다음은 선수 A와 B의 경기 결과이다.

〈경기 결과〉

출전 종목	선수	비행거리 (m)	자세점수(점)				
			심판 1	심판 2	심판 3	심판 4	심판 5
노멀힐 K-98	A	100	17	16	17	19	17
라지힐 K-125	B	123	19	17	20	19.5	17.5

① 226.6

② 227

③ 227.4

④ 364

⑤ 364.4

문 51. 다음 〈상황〉을 근거로 판단할 때, 〈대안〉의 월 소요 예산 규모를 비교한 것으로 옳은 것은?

18 행시(나) 32번

─〈상 황〉─

• 甲사무관은 빈곤과 저출산 문제를 해결하기 위한 대안을 분석 중이다.
• 전체 1,500가구는 자녀 수에 따라 네 가지 유형으로 구분할 수 있는데, 그 구성은 무자녀 가구 300가구, 한 자녀 가구 600가구, 두 자녀 가구 500가구, 세 자녀 이상 가구 100가구이다.
• 전체 가구의 월 평균 소득은 200만 원이다.
• 각 가구 유형의 30%는 맞벌이 가구이다.
• 각 가구 유형의 20%는 빈곤 가구이다.

─〈대 안〉─

A안 : 모든 빈곤 가구에게 전체 가구 월 평균 소득의 25%에 해당하는 금액을 가구당 매월 지급한다.
B안 : 한 자녀 가구에는 10만 원, 두 자녀 가구에는 20만 원, 세 자녀 이상 가구에는 30만 원을 가구당 매월 지급한다.
C안 : 자녀가 있는 모든 맞벌이 가구에 자녀 1명당 30만 원을 매월 지급한다. 다만 세 자녀 이상의 맞벌이 가구에는 일률적으로 가구당 100만 원을 매월 지급한다.

① A<B<C

② A<C<B

③ B<A<C

④ B<C<A

⑤ C<A<B

문 52. 다음 〈통역경비 산정기준〉과 〈상황〉을 근거로 판단할 때, A사가 甲시에서 개최한 설명회에 쓴 총 통역경비는?

19 행시(가) 09번

─── 〈통역경비 산정기준〉 ───

통역경비는 통역료와 출장비(교통비, 이동보상비)의 합으로 산정한다.

• 통역료(통역사 1인당)

구분	기본요금 (3시간까지)	추가요금 (3시간 초과시)
영어, 아랍어, 독일어	500,000원	100,000원/시간
베트남어, 인도네시아어	600,000원	150,000원/시간

• 출장비(통역사 1인당)
 − 교통비는 왕복으로 실비 지급
 − 이동보상비는 이동 시간당 10,000원 지급

─── 〈상 황〉 ───

A사는 2019년 3월 9일 甲시에서 설명회를 개최하였다. 통역은 영어와 인도네시아어로 진행되었고, 영어 통역사 2명과 인도네시아어 통역사 2명이 통역하였다. 설명회에서 통역사 1인당 영어 통역은 4시간, 인도네시아어 통역은 2시간 진행되었다. 甲시까지는 편도로 2시간이 소요되며, 개인당 교통비는 왕복으로 100,000원이 들었다.

① 244만 원
② 276만 원
③ 288만 원
④ 296만 원
⑤ 326만 원

문 53. 다음 글을 근거로 판단할 때, 甲이 지불할 관광비용은?

19 행시(가) 28번

• 甲은 경복궁에서 시작하여 서울시립미술관, 서울타워 전망대, 국립중앙박물관까지 관광하려 한다. '경복궁 → 서울시립미술관'은 도보로, '서울시립미술관 → 서울타워 전망대' 및 '서울타워 전망대 → 국립중앙박물관'은 각각 지하철로 이동해야 한다.

• 입장료 및 지하철 요금

	경복궁	서울시립미술관	서울타워 전망대	국립중앙박물관	지하철
	1,000원	5,000원	10,000원	1,000원	1,000원

※ 지하철 요금은 거리에 관계없이 탑승할 때마다 일정하게 지불하며, 도보 이동 시에는 별도 비용 없음

• 관광비용은 입장료, 지하철 요금, 상품가격의 합산액이다.

• 甲은 관광비용을 최소화하고자 하며, 甲이 선택할 수 있는 상품은 다음 세 가지 중 하나이다.

상품	가격	혜택				
		경복궁	서울 시립 미술관	서울 타워 전망대	국립 중앙 박물관	지하철
스마트 교통 카드	1,000 원	–	–	50% 할인	–	당일 무료
시티 투어A	3,000 원	30% 할인	30% 할인	30% 할인	30% 할인	당일 무료
시티 투어B	5,000 원	무료	–	무료	무료	–

① 11,000원
② 12,000원
③ 13,000원
④ 14,900원
⑤ 19,000원

문 54. 다음 글과 〈표〉를 근거로 판단할 때, A사무관이 선택할 4월의 광고수단은?

19 행시(가) 29번

- 주어진 예산은 월 3천만 원이며, A사무관은 월별 광고효과가 가장 큰 광고수단 하나만을 선택한다.
- 광고비용이 예산을 초과하면 해당 광고수단은 선택하지 않는다.
- 광고효과는 아래와 같이 계산한다.

$$광고효과 = \frac{총\ 광고\ 횟수 \times 회당\ 광고\ 노출자\ 수}{광고비용}$$

- 광고수단은 한 달 단위로 선택된다.

〈표〉

광고수단	광고 횟수	회당 광고노출자 수	월 광고비용 (천 원)
TV	월 3회	100만 명	30,000
버스	일 1회	10만 명	20,000
KTX	일 70회	1만 명	35,000
지하철	일 60회	2천 명	25,000
포털사이트	일 50회	5천 명	30,000

① TV

② 버스

③ KTX

④ 지하철

⑤ 포털사이트

문 55. 다음 글을 근거로 판단할 때, 〈보기〉에서 철수가 구매한 과일바구니를 확실히 맞힐 수 있는 사람만을 모두 고르면?

19 행시(가) 13번

- 철수는 아래 과일바구니(A~E) 중 하나를 구매하였다.
- 甲, 乙, 丙, 丁은 각자 철수에게 두 가지 질문을 하여 대답을 듣고 철수가 구매한 과일바구니를 맞히려 한다.
- 모든 사람은 〈과일바구니 종류〉와 〈과일의 무게 및 색깔〉을 정확히 알고 있으며, 철수는 거짓말을 하지 않는다.

〈과일바구니 종류〉

종류	바구니 색깔	바구니 구성
A	빨강	사과 1개, 참외 2개, 메론 1개
B	노랑	사과 1개, 참외 1개, 귤 2개, 오렌지 1개
C	초록	사과 2개, 참외 2개, 귤 1개
D	주황	참외 1개, 귤 2개
E	보라	사과 1개, 참외 1개, 귤 1개, 오렌지 1개

〈과일의 무게 및 색깔〉

구분	사과	참외	메론	귤	오렌지
무게	200g	300g	1,000g	100g	150g
색깔	빨강	노랑	초록	주황	주황

─── 〈보 기〉 ───

甲 : 바구니에 들어 있는 과일이 모두 몇 개니? 바구니에 들어 있는 과일의 무게를 모두 합치면 1kg 이상이니?

乙 : 바구니의 색깔과 같은 색깔의 과일이 포함되어 있니? 바구니에 들어 있는 과일이 모두 몇 개니?

丙 : 바구니에 들어 있는 과일이 모두 몇 개니? 바구니에 들어 있는 과일의 종류가 모두 다르니?

丁 : 바구니에 들어 있는 과일의 종류가 모두 다르니? 바구니에 들어 있는 과일의 무게를 모두 합치면 1kg 이상이니?

① 甲, 乙

② 甲, 丁

③ 乙, 丙

④ 甲, 乙, 丁

⑤ 乙, 丙, 丁

문 56. 다음 글과 〈조건〉을 근거로 판단할 때, 처리공정 1회 가동 후 바로 생산된 물에는 A균과 B균이 리터(L)당 각각 몇 마리인가? (단, 다른 조건은 고려하지 않음)   14 행시(A) 14번

보란이와 예슬이는 주스를 제조하는 공장을 운영하고 있으며, 甲회사의 물과 乙회사의 물을 정화한 후 섞어서 사용한다. 甲회사의 물에는 A균이, 乙회사의 물에는 B균이 리터(L)당 1,000마리씩 균일하게 존재한다. A균은 70℃ 이상에서 10분간 가열하면 90%가 죽지만, B균은 40℃ 이상이 되면 즉시 10% 증식한다. 필터를 이용해 10분간 거르면 A균은 30%, B균은 80%가 걸러진다. 또한 자외선을 이용해 물을 10분간 살균하면 A균은 90%, B균은 80%가 죽는다.

〈물 처리공정〉

공정 (1) 甲회사의 물과 乙회사의 물을 각각 자외선을 이용하여 10분간 살균한다.

공정 (2-1) 甲회사의 물을 100℃ 이상에서 10분간 가열한다.

공정 (2-2) 乙회사의 물을 10분간 필터로 거른다.

공정 (3) 甲회사의 물과 乙회사의 물을 1 : 1의 비율로 배합한다.

───── 〈조 건〉 ─────

• 물 처리공정 1회 가동시 (1)~(3)의 공정이 20분 동안 연속으로 이루어진다.

• 각각의 공정은 독립적이며, 서로 영향을 미치지 않는다.

• 공정 (2-1)과 공정 (2-2)는 동시에 이루어진다.

• 공정 (3)을 거친 물의 온도는 60℃이다.

• 모든 공정에서 물의 양은 줄어들지 않는다.

• 모든 공정에 소요되는 시간은 물의 양과는 상관관계가 없다.

	A균	B균
①	10	44
②	10	40
③	5	44
④	5	22
⑤	5	20

문 57. 다음 글과 〈2014년 아동안전지도 제작 사업 현황〉을 근거로 판단할 때, 〈보기〉에서 옳은 것만을 모두 고르면?   15 행시(인) 32번

가. 아동안전지도 제작은 학교 주변의 위험·안전환경 요인을 초등학생들이 직접 조사하여 지도화하는 체험교육과정이다. 관할행정청은 각 시·도 관내 초등학교의 30% 이상이 아동안전지도를 제작하도록 권장하는 사업을 실시하고 있다.

나. 각 초등학교는 1개의 아동안전지도를 제작하며, 이 지도를 활용하여 학교 주변의 위험환경을 개선한 경우 '환경개선학교'로 등록된다.

다. 1년 동안의 아동안전지도 제작 사업을 평가하기 위한 평가점수 산식은 다음과 같다.

$$평가점수 = 학교참가도 \times 0.6 + 환경개선도 \times 0.4$$

• $학교참가도 = \dfrac{제작학교\ 수}{관내\ 초등학교\ 수 \times 0.3} \times 100$

※ 단, 학교참가도가 100을 초과하는 경우 100으로 간주

• $환경개선도 = \dfrac{환경개선학교\ 수}{제작학교\ 수} \times 100$

〈2014년 아동안전지도 제작 사업 현황〉

(단위 : 개)

시	관내 초등학교 수	제작학교 수	환경개선학교 수
A	50	12	9
B	70	21	21
C	60	20	15

───── 〈보 기〉 ─────

ㄱ. A시와 C시의 환경개선도는 같다.

ㄴ. 아동안전지도 제작 사업 평가점수가 가장 높은 시는 C시이다.

ㄷ. 2014년에 A시 관내 3개 초등학교가 추가로 아동안전지도를 제작했다면, A시와 C시의 학교참가도는 동일했을 것이다.

① ㄱ

② ㄴ

③ ㄷ

④ ㄱ, ㄴ

⑤ ㄱ, ㄷ

문 58. 다음 글을 근거로 판단할 때, 〈보기〉에서 옳은 것만을 모두 고르면?

18 행시(나) 12번

- 甲국의 1일 통관 물량은 1,000건이며, 모조품은 1일 통관 물량 중 1%의 확률로 존재한다.
- 검수율은 전체 통관 물량 중 검수대상을 무작위로 선정해 실제로 조사하는 비율을 뜻하는데, 현재 검수율은 10%로 전문 조사 인력은 매일 10명을 투입한다.
- 검수율을 추가로 10%p 상승시킬 때마다 전문 조사 인력은 1일당 20명이 추가로 필요하다.
- 인건비는 1인당 1일 기준 30만 원이다.
- 모조품 적발시 부과되는 벌금은 건당 1,000만 원이며, 이 중 인건비를 차감한 나머지를 세관의 '수입'으로 한다.

※ 검수대상에 포함된 모조품은 모두 적발되고, 부과된 벌금은 모두 징수됨

〈보 기〉

ㄱ. 1일 평균 수입은 700만 원이다.

ㄴ. 모든 통관 물량에 대해 전수조사를 한다면 수입보다 인건비가 더 클 것이다.

ㄷ. 검수율이 40%면 1일 평균 수입은 현재의 4배 이상일 것이다.

ㄹ. 검수율을 30%로 하는 방안과 검수율을 10%로 유지한 채 벌금을 2배로 인상하는 방안을 비교하면 벌금을 인상하는 방안의 1일 평균 수입이 더 많을 것이다.

① ㄱ, ㄴ

② ㄴ, ㄷ

③ ㄱ, ㄴ, ㄹ

④ ㄱ, ㄷ, ㄹ

⑤ ㄴ, ㄷ, ㄹ

문 59. 다음 글을 근거로 판단할 때, 〈보기〉에서 옳은 것만을 모두 고르면?

18 행시(나) 17번

- 甲회사는 A기차역에 도착한 전체 관객을 B공연장까지 버스로 수송해야 한다.
- 이때 甲회사는 아래 표와 같이 콘서트 시작 4시간 전부터 1시간 단위로 전체 관객 대비 A기차역에 도착하는 관객의 비율을 예측하여 버스를 운행하고자 한다. 단, 콘서트 시작 시간까지 관객을 모두 수송해야 한다.

시각	전체 관객 대비 비율(%)
콘서트 시작 4시간 전	a
콘서트 시작 3시간 전	b
콘서트 시작 2시간 전	c
콘서트 시작 1시간 전	d
계	100

- 전체 관객 수는 40,000명임
- 버스는 한 번에 대당 최대 40명의 관객을 수송함
- 버스가 A기차역과 B공연장 사이를 왕복하는 데 걸리는 시간은 6분임

※ 관객의 버스 승 · 하차 및 공연장 입 · 퇴장에 소요되는 시간은 고려하지 않음

〈보 기〉

ㄱ. a=b=c=d=25라면, 甲회사가 전체 관객을 A기차역에서 B공연장으로 수송하는 데 필요한 버스는 최소 20대이다.

ㄴ. a=10, b=20, c=30, d=40이라면, 甲회사가 전체 관객을 A기차역에서 B공연장으로 수송하는 데 필요한 버스는 최소 40대이다.

ㄷ. 만일 콘서트가 끝난 후 2시간 이내에 전체 관객을 B공연장에서 A기차역까지 버스로 수송해야 한다면, 이때 甲회사에게 필요한 버스는 최소 50대이다.

① ㄱ

② ㄴ

③ ㄱ, ㄴ

④ ㄱ, ㄷ

⑤ ㄴ, ㄷ

문 60. 다음 글을 근거로 판단할 때, 甲이 구매하게 될 차량은?

18 행시(나) 29번

甲은 아내 그리고 자녀 둘과 함께 총 4명이 장거리 이동이 가능하도록 배터리 완전충전시 주행거리가 200km 이상인 전기자동차 1대를 구매하려고 한다. 구매와 동시에 집 주차장에 배터리 충전기를 설치하려고 하는데, 배터리 충전시간(완속 기준)이 6시간을 초과하지 않으면 완속 충전기, 6시간을 초과하면 급속 충전기를 설치하려고 한다.

한편 정부는 전기자동차 활성화를 위하여 전기자동차 구매 보조금을 구매와 동시에 지원하고 있는데, 승용차는 2,000만 원, 승합차는 1,000만 원을 지원하고 있다. 승용차 중 경차는 1,000만 원을 추가로 지원한다. 배터리 충전기에 대해서는 완속 충전기에 한하여 구매 및 설치 비용을 구매와 동시에 전액 지원하며, 2,000만 원이 소요되는 급속 충전기의 구매 및 설치 비용은 지원하지 않는다.

이러한 상황을 감안하여 甲은 차량 A~E 중에서 실구매 비용(충전기 구매 및 설치 비용 포함)이 가장 저렴한 차량을 선택하려고 한다. 단, 실구매 비용이 동일할 경우에는 아래의 '점수 계산 방식'에 따라 점수가 가장 높은 차량을 구매하려고 한다.

차량	A	B	C	D	E
최고속도 (km/h)	130	100	120	140	120
완전충전시 주행거리 (km)	250	200	250	300	300
충전시간 (완속 기준)	7시간	5시간	8시간	4시간	5시간
승차 정원	6명	8명	2명	4명	5명
차종	승용	승합	승용 (경차)	승용	승용
가격(만 원)	5,000	6,000	4,000	8,000	8,000

- 점수 계산 방식
  - 최고속도가 120km/h 미만일 경우에는 120km/h를 기준으로 10km/h가 줄어들 때마다 2점씩 감점
  - 승차 정원이 4명을 초과할 경우에는 초과인원 1명당 1점씩 가점

① A
② B
③ C
④ D
⑤ E

문 61. 다음 글을 근거로 판단할 때, 창렬이가 결제할 최소 금액은?

20 행시(나) 08번

- 창렬이는 이번 달에 인터넷 면세점에서 가방, 영양제, 목베개를 각 1개씩 구매한다. 각 물품의 정가와 이번 달 개별 물품의 할인율은 다음과 같다.

구분	정가(달러)	이번 달 할인율(%)
가방	150	10
영양제	100	30
목베개	50	10

- 이번 달 개별 물품의 할인율은 자동 적용된다.
- 이번 달 구매하는 모든 물품의 결제 금액에 대해 20%를 일괄적으로 할인받는 '이달의 할인 쿠폰'을 사용할 수 있다.
- 이번 달은 쇼핑 행사가 열려, 결제해야 할 금액이 200달러를 초과할 때 '20,000원 추가 할인 쿠폰'을 사용할 수 있다.
- 할인은 '개별 물품 할인 → 이달의 할인 쿠폰 → 20,000원 추가 할인 쿠폰' 순서로 적용된다.
- 환율은 1달러 당 1,000원이다.

① 180,000원
② 189,000원
③ 196,000원
④ 200,000원
⑤ 210,000원

문 62. 다음 글을 근거로 판단할 때, 오늘날을 기준으로 1석(石)은 몇 승(升)인가?

20 행시(나) 09번

옛날 도량에는 두(斗), 구(區), 부(釜), 종(鍾) 등이 있었다. 1두(斗)는 4승(升)인데, 4두(斗)가 1구(區)이고, 4구(區)가 1부(釜)이며, 10부(釜)가 1종(鍾)이었다.

오늘날 도량은 옛날과 다소 달라졌다. 지금의 1승(升)이 옛날 1승(升)에 비해 네 배가 되어 옛날의 1두(斗)와 같아졌다. 오늘날 4구(區)는 1부(釜)로 옛날과 같지만, 4승(升)이 1구(區)가 되며, 1부(釜)는 1두(豆) 6승(升), 1종(鍾)은 16두(豆)가 된다. 오늘날 1석(石)은 1종(鍾)에 비해 1두(豆)가 적다.

① 110승
② 120승
③ 130승
④ 140승
⑤ 150승

문 63. 다음 글을 근거로 판단할 때, 1차 투표와 2차 투표에서 모두 B안에 투표한 주민 수의 최솟값은? 　20 행시(나) 10번

○○마을은 새로운 사업을 추진하기 위해 주민 100명을 대상으로 투표를 실시하였다. 주민들에게 사업안 A, B, C 중 하나를 선택하도록 하였다. 사전 자료를 바탕으로 1차 투표를 한 후, 주민들끼리 토론을 거쳐 2차 투표로 최종안을 결정하였다. 1차와 2차 투표 모두 투표율은 100%였고, 무효표는 없었다. 투표 결과는 다음과 같다.

구분	1차 투표	2차 투표
A안	30명	(　)명
B안	50명	(　)명
C안	20명	35명

1차 투표와 2차 투표에서 모두 A안에 투표한 주민은 20명이었고, 2차 투표에서만 A안에 투표한 주민은 5명이었다.

① 10
② 15
③ 20
④ 25
⑤ 30

문 64. 다음 글을 근거로 판단할 때, 〈보기〉에서 옳은 것만을 모두 고르면? 　20 행시(나) 11번

- 甲과 乙은 총 10장의 카드를 5장씩 나누어 가진 후에 심판의 지시에 따라 게임을 한다.
- 카드는 1부터 9까지의 서로 다른 숫자가 하나씩 적힌 9장의 숫자카드와 1장의 만능카드로 이루어진다.
- 이 중 6 또는 9가 적힌 숫자카드는 9와 6 중에서 원하는 숫자카드 하나로 활용할 수 있다.
- 만능카드는 1부터 9까지의 숫자 중 원하는 숫자가 적힌 카드 하나로 활용할 수 있다.

〈보 기〉

ㄱ. 심판이 가장 큰 다섯 자리의 수를 만들라고 했을 때, 가능한 가장 큰 수는 홀수이다.
ㄴ. 상대방보다 작은 두 자리의 수를 만들면 승리한다고 했을 때, 乙이 '12'를 만들었다면 승리한다.
ㄷ. 상대방보다 큰 두 자리의 수를 만들면 승리한다고 했을 때, 甲이 '98'을 만들었다면 승리한다.
ㄹ. 심판이 10보다 작은 3의 배수를 상대방보다 많이 만들라고 했을 때, 乙이 3개를 만들었다면 승리한다.

① ㄱ, ㄴ
② ㄱ, ㄷ
③ ㄷ, ㄹ
④ ㄱ, ㄴ, ㄹ
⑤ ㄴ, ㄷ, ㄹ

문 65. 다음 글을 근거로 판단할 때, 〈보기〉에서 옳은 것만을 모두 고르면? 　20 행시(나) 13번

甲과 乙은 시계와 주사위를 이용한 게임을 하며, 규칙은 다음과 같다.

- 1~12시까지 적힌 시계 문자판을 말판으로 삼아, 1개의 말을 12시에 놓고 게임을 시작한다.
- 주사위를 던져 짝수가 나오면 말을 시계 방향으로 1시간 이동시키며, 홀수가 나오면 말을 반시계 방향으로 1시간 이동시킨다.
- 甲과 乙이 번갈아 주사위를 각 12번씩 총 24번 던져 말의 최종 위치로 게임의 승자를 결정한다.
- 말의 최종 위치가 1~5시이면 甲이 승리하고, 7~11시이면 乙이 승리한다. 6시 또는 12시이면 무승부가 된다.

〈보 기〉

ㄱ. 말의 최종 위치가 3시일 확률은 $\frac{1}{12}$이다.
ㄴ. 말의 최종 위치가 4시일 확률과 8시일 확률은 같다.
ㄷ. 乙이 마지막 주사위를 던질 때, 홀수가 나오는 것보다 짝수가 나오는 것이 甲에게 항상 유리하다.
ㄹ. 乙이 22번째 주사위를 던져 말을 이동시킨 결과 말의 위치가 12시라면, 甲이 승리할 확률은 무승부가 될 확률보다 낮다.

① ㄱ, ㄷ
② ㄴ, ㄷ
③ ㄴ, ㄹ
④ ㄷ, ㄹ
⑤ ㄱ, ㄴ, ㄹ

문 66. 다음 글을 근거로 판단할 때, 〈보기〉에서 〈A사업의 상황별 대안의 기대이익〉에 대한 설명으로 옳은 것만을 모두 고르면?

20 행시(나) 17번

기준Ⅰ, 기준Ⅱ, 기준Ⅲ을 이용하여 불확실한 상황에서 대안을 비교·평가할 수 있다.

기준Ⅰ은 최상의 상황이 발생할 것이라는 가정에서 최선의 대안을 선택하는 것이다. 〈표 1〉에서 각 대안의 최대 기대이익을 비교하여, 그중 가장 큰 값을 갖는 '대안1'을 선택하는 것이다.

기준Ⅱ는 최악의 상황이 발생할 것이라는 가정에서 최선의 대안을 선택하는 것이다. 〈표 1〉에서 각 대안의 최소 기대이익을 비교하여, 그중 가장 큰 값을 갖는 '대안3'을 선택하는 것이다.

〈표 1〉 ○○사업의 상황별 대안의 기대이익

구분	상황1	상황2	상황3	최대 기대이익	최소 기대이익
대안1	30	10	−10	30	−10
대안2	20	14	5	20	5
대안3	15	15	15	15	15

기준Ⅲ은 최대 '후회'가 가장 작은 대안을 선택하는 것이다. 후회는 일정한 상황에서 특정 대안을 선택함으로써 최선의 대안을 선택하였더라면 얻을 수 있는 기대이익을 얻지 못해 발생하는 손실을 의미한다. 〈표 1〉의 상황별 최대 기대이익에서 각 대안의 기대이익을 차감하여 〈표 2〉와 같이 후회를 구할 수 있다. 이후 각 대안의 최대 후회를 비교하여, 그중 가장 작은 값을 갖는 '대안2'를 선택하는 것이다.

〈표 2〉 ○○사업의 후회

구분	상황1	상황2	상황3	최대 후회
대안1	0	5	25	25
대안2	10	1	10	10
대안3	15	0	0	15

〈A사업의 상황별 대안의 기대이익〉

구분	상황S_1	상황S_2	상황S_3
대안A_1	50	16	−9
대안A_2	30	19	5
대안A_3	20	15	10

─── 〈보 기〉 ───

ㄱ. 기준Ⅰ로 대안을 선택한다면, 대안A_2를 선택하게 된다.

ㄴ. 기준Ⅱ로 대안을 선택한다면, 대안A_3을 선택하게 된다.

ㄷ. 상황S_2에서 대안A_2의 후회는 11이다.

ㄹ. 기준Ⅲ으로 대안을 선택한다면, 대안A_1을 선택하게 된다.

① ㄱ, ㄴ

② ㄱ, ㄷ

③ ㄴ, ㄹ

④ ㄷ, ㄹ

⑤ ㄴ, ㄷ, ㄹ

문 67. 다음 글을 근거로 판단할 때, 우수부서 수와 기념품 구입 개수를 옳게 짝지은 것은?

20 행시(나) 27번

A기관은 탁월한 업무 성과로 포상금 5,000만 원을 지급받았다. 〈포상금 사용기준〉은 다음과 같다.

〈포상금 사용기준〉

• 포상금의 40% 이상은 반드시 각 부서에 현금으로 배분한다.

   − 전체 15개 부서를 우수부서와 보통부서 두 그룹으로 나누어 우수부서에 150만 원, 보통부서에 100만 원을 현금으로 배분한다.

   − 우수부서는 최소한으로 선정한다.

• 포상금 중 2,900만 원은 직원 복지 시설을 확충하는 데 사용한다.

• 직원 복지 시설을 확충하고 부서별로 현금을 배분한 후 남은 금액을 모두 사용하여 개당 1만 원의 기념품을 구입한다.

	우수부서 수	기념품 구입 개수
①	9개	100개
②	9개	150개
③	10개	100개
④	10개	150개
⑤	11개	50개

문 68. 다음 글을 근거로 판단할 때, 서연이가 구매할 가전제품과 구매할 상점을 옳게 연결한 것은? 20 행시(나) 28번

- 서연이는 가전제품 A~E를 1대씩 구매하기 위하여 상점 甲, 乙, 丙의 가전제품 판매가격을 알아보았다.

〈상점별 가전제품 판매가격〉

(단위 : 만 원)

구분	A	B	C	D	E
甲	150	50	50	20	20
乙	130	45	60	20	10
丙	140	40	50	25	15

- 서연이는 각각의 가전제품을 세 상점 중 어느 곳에서나 구매할 수 있으며, 아래의 〈혜택〉을 이용하여 총 구매액을 최소화하고자 한다.

〈혜택〉

- 甲 : 200만 원 이상 구매시 전품목 10% 할인
- 乙 : A를 구매한 고객에게는 C, D를 20% 할인
- 丙 : C, D를 모두 구매한 고객에게는 E를 5만 원에 판매

① A - 甲
② B - 乙
③ C - 丙
④ D - 甲
⑤ E - 乙

문 69. 다음 글을 근거로 판단할 때, ○○공장에서 4월 1일과 4월 2일에 작업한 최소 시간의 합은? 20 행시(나) 30번

○○공장은 작업반 A와 B로 구성되어 있고 제품 X와 제품 Y를 생산한다. 다음 표는 각 작업반이 1시간에 생산할 수 있는 각 제품의 수량을 나타낸다. 각 작업반은 X와 Y를 동시에 생산할 수 없고 작업 속도는 일정하다.

〈작업반별 시간당 생산량〉

(단위 : 개)

구분	X	Y
작업반 A	2	3
작업반 B	1	3

○○공장은 4월 1일 오전 9시에 X 24개와 Y 18개를 주문받았으며, 4월 2일에도 같은 시간에 동일한 주문을 받았다. 당일 주문받은 물량은 당일에 모두 생산하였다.

4월 1일에는 작업 여건상 두 작업반이 같은 시간대에 동일한 종류의 제품만을 생산해야 했지만, 4월 2일에는 그러한 제약이 없었다. 두 작업반은 매일 동시에 작업을 시작하며, 작업 시간은 작업 시작 시점부터 주문받은 물량 생산 완료 시점까지의 시간을 의미한다.

① 19시간
② 20시간
③ 21시간
④ 22시간
⑤ 23시간

문 70. 다음 글과 〈상황〉을 근거로 판단할 때, 〈보기〉에서 옳은 것만을 모두 고르면?　20 행시(나) 38번

여러 가지 성분으로 구성된 물질을 조성물이라고 한다. 조성물을 구성하는 각 성분의 양은 일정한 범위 내에 있고, 이는 각 성분의 '중량%' 범위로 표현할 수 있다. 중량% 범위의 최솟값을 최소성분량, 최댓값을 최대성분량이라고 한다.

다음 중 어느 하나라도 해당되는 조성물을 '불명확'하다고 한다.

• 모든 성분의 최소성분량의 합이 100중량%를 초과하는 경우
• 모든 성분의 최대성분량의 합이 100중량%에 미달하는 경우
• 어느 한 성분의 최소성분량과 나머지 모든 성분의 최대성분량의 합이 100중량%에 미달하는 경우
• 어느 한 성분의 최대성분량과 나머지 모든 성분의 최소성분량의 합이 100중량%를 초과하는 경우

〈상 황〉

조성물 甲은 성분 A, B, C, D, E만으로 구성되어 있고, 각각의 최소성분량과 최대성분량은 다음과 같다.

(단위 : 중량%)

성분	최소성분량	최대성분량
A	5	10
B	25	30
C	10	20
D	20	40
E	x	y

〈보 기〉

ㄱ. x가 4이고 y가 10인 경우, 조성물 甲은 불명확하다.

ㄴ. x가 10이고 y가 20인 경우, 조성물 甲은 불명확하다.

ㄷ. x가 25이고 y가 26인 경우, 조성물 甲은 불명확하다.

ㄹ. x가 20이고 y가 x보다 크고 40보다 작은 경우, 조성물 甲은 불명확하지 않다.

① ㄱ, ㄴ
② ㄱ, ㄷ
③ ㄴ, ㄹ
④ ㄱ, ㄷ, ㄹ
⑤ ㄴ, ㄷ, ㄹ

문 71. 다음 글을 근거로 판단할 때, ㉠과 ㉡을 옳게 짝지은 것은?　21 행시(가) 08번

동물로봇공학에서는 다양한 형태의 동물 로봇을 개발한다. 로봇 연구자들이 가장 본뜨고 싶어 하는 곤충은 미국바퀴벌레이다. 이 바퀴벌레는 초당 150cm의 속력으로 달린다. 이는 1초에 몸길이의 50배가 되는 거리를 간다는 뜻이다. 신장이 180cm인 육상선수가 1초에 신장의 50배가 되는 거리를 가려면 시속 (㉠) km로 달려야 한다. 이 바퀴벌레의 걸음걸이를 관찰한 결과, 모양이 서로 다른 세 쌍의 다리를 달아주면 로봇의 보행 속력을 끌어올릴 수 있는 것으로 밝혀졌다.

한편 동물로봇공학에서는 수중 로봇에 대한 연구도 활발하다. 바닷가재나 칠성장어의 운동 능력을 본뜬 수중 로봇도 연구되고 있다. 미국에서 개발된 바닷가재 로봇은 높이 20cm, 길이 61cm, 무게 2.9kg으로, 물속의 기뢰제거에 사용될 계획이다. 2005년 10월에는 세계 최초의 물고기 로봇이 영국 런던의 수족관에 출현했다. 길이 (㉡)cm, 두께 12cm인 이 물고기 로봇은 미국바퀴벌레의 1/3 속력으로 헤엄칠 수 있다. 수중에서의 속력이라는 점을 감안하면 엄청난 수준이다. 이는 1분에 몸길이의 200배가 되는 거리를 간다는 뜻이다. 이 물고기 로봇은 해저탐사나 기름 유출의 탐지 등에 활용될 것으로 전망되었다.

	㉠	㉡
①	81	5
②	162	10
③	162	15
④	324	10
⑤	324	15

문 72. 다음 글을 근거로 판단할 때, 가장 먼저 교체될 시계와 가장 나중에 교체될 시계를 옳게 짝지은 것은? 21 행시(가) 13번

> 甲부서에는 1~12시 눈금표시가 된 5개의 벽걸이 시계(A~E)가 있다. 그런데 A는 시침과 분침이 모두 멈춰버려서 더 이상 작동하지 않는 상태다. B는 정확한 시계보다 하루에 1분씩 느려지는 시계다. C는 정확한 시계보다 하루에 1시간씩 느려지는 시계다. D는 정확한 시계보다 하루에 2시간씩 느려지는 시계다. E는 정확한 시계보다 하루에 5분씩 빨라지는 시계다.
>
> 甲부서는 5개의 시계를 순차적으로 교체하려고 한다. 앞으로 1년 동안 정확한 시계와 일치하는 횟수가 적을 시계부터 순서대로 교체한다.

※ B~E는 각각 일정한 속도로 작동한다.

	가장 먼저 교체될 시계	가장 나중에 교체될 시계
①	A	C
②	B	A
③	B	D
④	D	A
⑤	D	E

문 73. 다음 글을 근거로 판단할 때, A시 예산성과금을 가장 많이 받는 사람은? 21 행시(가) 16번

> 〈A시 예산성과금 공고문〉
> • 제도의 취지
>   – 예산의 집행방법과 제도 개선 등으로 예산을 절감하거나 수입을 증대시킨 경우 그 일부를 기여자에게 성과금(포상금)으로 지급함으로써 예산의 효율적 사용 장려
> • 지급요건 및 대상
>   – 자발적 노력을 통한 제도 개선 등으로 예산을 절감하거나 세입원을 발굴하는 등 세입을 증대한 경우
>   – 예산절감 및 수입증대 발생시기 : 2020년 1월 1일~2020년 12월 31일
>   – A시 공무원, A시 사무를 위임(위탁) 받아 수행하는 기관의 임직원
>   – 예산낭비를 신고하거나, 지출절약이나 수입증대에 관한 제안을 제출하여 A시의 예산절감 및 수입증대에 기여한 국민
> • 지급기준
>   – 1인당 지급액
>
> | 구분 | 예산절감 | | 수입증대 |
> |---|---|---|---|
> | | 주요사업비 | 경상적 경비 | |
> | 지급액 | 절약액의 20% | 절약액의 50% | 증대액의 10% |
>
>   – 타 부서나 타 사업으로 확산 시 지급액의 30%를 가산하여 지급

① 사업물자 계약방법을 개선하여 2019년 12월 주요사업비 8천만 원을 절약한 A시 사무관 甲

② 제도 개선을 통해 2020년 5월 주요사업비 3천 5백만 원을 절약하여 개선된 제도가 A시청 전 부서에 확대 시행되는 데 기여한 A시 사무관 乙

③ A시 지역축제에 관한 제안을 제출하여 2020년 7월 8천만 원의 수입증대에 기여한 국민 丙

④ A시 위임사무를 수행하면서 제도 개선을 통해 2020년 8월 경상적 경비 1천 8백만 원을 절약한 B기관 이사 丁

⑤ A시장의 지시를 받아 사무용품 조달방법을 개선하여 2020년 9월 경상적 경비 1천만 원을 절약한 A시 사무관 戊

문 74. 다음 글과 〈상황〉을 근거로 판단할 때, 甲관할구역 소방서에 배치되어야 하는 소방자동차의 최소 대수는? 21 행시(가) 17번

〈소방서에 두는 소방자동차 배치기준〉

가. 소방사다리차

1) 관할구역에 층수가 11층 이상인 아파트가 20동 이상 있거나 11층 이상 건축물(아파트 제외)이 20개소 이상 있는 경우에는 고가사다리차를 1대 이상 배치한다.

2) 관할구역에 층수가 5층 이상인 아파트가 50동 이상 있거나 5층 이상 백화점, 복합상영관 등 대형 화재의 우려가 있는 건물이 있는 경우에는 굴절사다리차를 1대 이상 배치한다.

3) 고가사다리차 또는 굴절사다리차가 배치되어 있는 119안전센터와의 거리가 20km 이내인 경우에는 배치하지 않을 수 있다.

나. 화학차(내폭화학차 또는 고성능화학차) : 위험물을 저장·취급하는 제조소·옥내저장소·옥외탱크저장소·옥외저장소·암반탱크저장소 및 일반취급소(이하 '제조소 등'이라 한다)의 수에 따라 화학차를 설치한다. 관할구역 내 제조소 등이 50개소 이상 500개소 미만인 경우는 1대를 배치한다. 500개소 이상인 경우는 2대를 배치하며, 1,000개소 이상인 경우는 다음 계산식에 따라 산출(소수점 이하 첫째자리에서 올림)된 수만큼 추가 배치한다.

화학차 대수=(제조소 등의 수−1,000)÷1,000

다. 지휘차 및 순찰차 : 각각 1대 이상 배치한다.

라. 그 밖의 차량 : 소방활동을 원활하게 추진하기 위하여 소방서장이 필요하다고 판단하는 경우 배연차, 조명차, 화재조사차, 중장비, 견인차, 진단차, 행정업무용 차량 등을 추가로 배치할 수 있다.

── 〈상황〉 ──

甲관할구역 내에는 소방서 한 곳이 설치되어 있으며, 이 소방서와 가장 가까운 119안전센터(乙관할구역)는 소방서로부터 25km 떨어져 있다. 甲관할구역 내에는 층수가 11층 이상인 아파트가 30동 있고, 3층 백화점 건물이 하나 있으며, 위험물을 저장·취급하는 제조소 등이 1,200개소 있다.

① 3
② 4
③ 5
④ 6
⑤ 7

문 75. 다음 글과 〈상황〉을 근거로 판단할 때, 甲이 보고할 내용으로 옳은 것은? 21 행시(가) 18번

대규모 외환거래는 런던, 뉴욕, 도쿄, 프랑크푸르트, 싱가포르 같은 금융중심지에서 이루어진다. 최근 들어 세계 외환거래 규모는 급증하고 있다. 하루 평균 세계 외환거래액은 1989년에 6천억 달러 수준이었는데, 2019년에는 6조 6천억 달러로 크게 늘어났다.

은행 간 외환거래는 대부분 미국 달러를 통해 이루어진다. 달러는 이처럼 외환거래에서 중심적인 역할을 하기 때문에 기축통화라고 불린다. 기축통화는 서로 다른 통화를 사용하는 거래 참여자가 국제거래를 위해 널리 사용하는 통화이다. 1999년 도입된 유럽 유로는 달러와 동등하게 기축통화로 발전할 것으로 예상되었으나, 2020년 세계 외환거래액의 32%를 차지하는 데 그쳤다. 이는 4년 전보다는 2%p 높아진 것이지만 10년 전보다는 오히려 8%p 낮아진 수치이다.

── 〈상황〉 ──

2010년과 2016년의 하루 평균 세계 외환거래액은 각각 3조 9천억 달러와 5조 2천억 달러였다. ○○은행 국제자본이동분석팀장 甲은 2016년 유로로 이루어진 하루 평균 세계 외환거래액을 2010년과 비교(달러 기준)하여 보고하려 한다.

① 10억 달러 감소
② 10억 달러 증가
③ 100억 달러 감소
④ 100억 달러 증가
⑤ 변화 없음

문 76. 다음 글을 근거로 판단할 때, '친구 단위'로 입장한 사람의 수와 '가족 단위'로 입장한 사람의 수를 옳게 짝지은 것은? 21 행시(가) 26번

A놀이공원은 2명의 친구 단위 또는 4명의 가족 단위로만 입장이 가능하다. 발권기계는 2명의 친구 단위 또는 4명의 가족 단위 당 1장의 표를 발권한다. 놀이공원의 입장객은 총 158명이며, 모두 50장의 표가 발권되었다.

	'친구 단위'로 입장한 사람의 수	'가족 단위'로 입장한 사람의 수
①	30	128
②	34	124
③	38	120
④	42	116
⑤	46	112

문 77. 다음 글과 〈상황〉을 근거로 판단할 때 옳은 것은?

21 행시(가) 27번

질병의 확산을 예측하는 데 유용한 수치 중 하나로 '기초 감염재생산지수(R_0)'가 있다. 간단히 말해 이 수치는 질병에 대한 예방조치가 없을 때, 해당 질병에 감염된 사람 한 명이 비감염자 몇 명을 감염시킬 수 있는지를 나타낸다. 다만 이 수치는 질병의 전파 속도를 의미하지는 않는다. 예를 들어 R_0가 4라고 하면 예방조치가 없을 때, 한 사람의 감염자가 질병에서 회복되거나 질병으로 사망하기 전까지 그 질병을 평균적으로 4명의 비감염자에게 옮긴다는 뜻이다. 한편 또 하나의 질병 통계치인 치사율은 어떤 질병에 걸린 환자 중 그 질병으로 사망하는 환자의 비율을 나타내는 것으로 R_0의 크기와 반드시 비례하지는 않는다.

예방조치가 없을 때, R_0가 1보다 큰 질병은 전체 개체군으로 확산될 것이다. 이 수치는 때로 1보다 훨씬 클 수 있다. 스페인독감은 3, 천연두는 6, 홍역은 무려 15였다. 전염성이 강한 질병 중 하나로 꼽히는 말라리아의 R_0는 100이 넘는다.

문제는 특정 전염병이 한 차례 어느 지역을 휩쓸고 지나간 후 관련 통계 자료를 수집·분석할 수 있는 시간이 더 흐르고 난 뒤에야, 그 질병의 R_0에 대해 믿을 만한 추정치가 나온다는 데 있다. 그렇기에 새로운 질병이 발생한 초기에는 얼마 되지 않는 자료를 바탕으로 추정을 할 수밖에 없다. R_0와 마찬가지로 치사율도 확산 초기 단계에서는 정확하게 알 수 없다.

〈상 황〉

다음 표는 甲국의 최근 20년간의 데이터를 토대로 A~F질병의 R_0를 추정한 것이다.

질병	A	B	C	D	E	F
R_0	100	15	6	3	2	0.5

① 예방조치가 없다면, 발병 시 가장 많은 사람이 사망하는 질병은 A일 것이다.
② 예방조치가 없다면, A~F질병 모두가 전 국민을 감염시킬 것이다.
③ 예방조치가 없다면, C질병이 전 국민을 감염시킬 때까지 걸리는 시간은 평균적으로 D질병의 절반일 것이다.
④ R_0와 달리 치사율은 전염병의 확산 초기 단계에서도 정확하게 알 수 있다.
⑤ 예방조치가 없다면, 감염자 1명당 감염시킬 수 있는 사람 수의 평균은 B질병이 D질병의 5배일 것이다.

문 78. 다음 글을 근거로 판단할 때, 〈보기〉에서 옳은 것만을 모두 고르면?

21 행시(가) 30번

아르키메데스는 대장장이가 만든 왕관이 순금인지 알아내기 위해 질량 1kg인 왕관을 물이 가득 찬 용기에 완전히 잠기도록 넣었을 때 넘친 물의 부피를 측정하였다.

이 왕관은 금, 은, 구리, 철 중 1개 이상의 금속으로 만들어졌고, 밀도는 각각 20, 10, 9, 8g/cm³이다.

밀도와 질량, 부피 사이의 관계는 아래 식과 같다.

$$밀도(g/cm^3) = \frac{질량(g)}{부피(cm^3)}$$

※ 각 금속의 밀도, 질량, 부피 변화나 금속 간의 반응은 없고, 둘 이상의 금속을 합해 만든 왕관의 질량(또는 부피)은 각 금속의 질량(또는 부피)의 합과 같다.

〈보 기〉

ㄱ. 대장장이가 왕관을 금으로만 만들었다면, 넘친 물의 부피는 50cm³이다.
ㄴ. 넘친 물의 부피가 80cm³이고 왕관이 금과 은으로만 만들어졌다면, 왕관에 포함된 은의 부피는 왕관에 포함된 금 부피의 3배이다.
ㄷ. 넘친 물의 부피가 80cm³이고 왕관이 금과 구리로만 만들어졌다면, 왕관에 포함된 구리의 부피는 왕관에 포함된 금 부피의 3배 이상이다.
ㄹ. 넘친 물의 부피가 120cm³보다 크다면, 왕관은 철을 포함하고 있다.

① ㄱ, ㄴ
② ㄴ, ㄷ
③ ㄷ, ㄹ
④ ㄱ, ㄴ, ㄹ
⑤ ㄱ, ㄷ, ㄹ

문 79. 다음 글을 근거로 판단할 때, 甲과 乙이 가진 4장의 숫자 카드에 적힌 수의 합으로 가능한 것은?

21 행시(가) 35번

1부터 9까지 서로 다른 자연수가 하나씩 적힌 9장의 숫자 카드 1세트가 있다. 甲과 乙은 여기에서 각각 2장씩 카드를 뽑았다. 카드를 뽑고 보니 甲이 가진 카드에 적힌 숫자의 합과 乙이 가진 카드에 적힌 숫자의 합이 같았다. 또한 甲이 첫 번째 뽑은 카드에 3을 곱한 값과 두 번째 뽑은 카드에 9를 곱한 값의 일의 자리 수가 서로 같았다. 乙도 같은 방식으로 곱하여 얻은 두 값의 일의 자리 수가 서로 같았다.

① 18
② 20
③ 22
④ 24
⑤ 26

문 80. 다음 글을 근거로 판단할 때, 규칙 위반에 해당하는 것은?

21 행시(가) 36번

〈드론 비행 안전 규칙〉

드론을 비행하려면 다음 요건을 갖추어야 한다.

구분		기체 검사	비행 승인	사업 등록	구분		장치 신고	조종 자격
이륙 중량 25kg 초과	사업자	○	○	○	자체 중량 12kg 초과	사업자	○	○
	비사업자	○	○	×		비사업자	○	×
이륙 중량 25kg 이하	사업자	×	△	○	자체 중량 12kg 이하	사업자	○	×
	비사업자	×	△	×		비사업자	×	×

※ ○ : 필요, × : 불필요

△ : 공항 또는 비행장 중심 반경 5km 이내에서는 필요

① 비사업자인 甲은 이륙중량 20kg, 자체중량 10kg인 드론을 공항 중심으로부터 10km 떨어진 지역에서 비행승인 없이 비행하였다.

② 비사업자인 乙은 이륙중량 30kg, 자체중량 10kg인 드론을 기체검사, 비행승인을 받아 비행하였다.

③ 사업자인 丙은 이륙중량 25kg, 자체중량 12kg인 드론을 사업등록, 장치신고를 하고 비행승인 없이 비행장 중심으로부터 4km 떨어진 지역에서 비행하였다.

④ 사업자인 丁은 이륙중량 30kg, 자체중량 20kg인 드론을 기체검사, 사업등록, 장치신고, 조종자격을 갖추고 비행승인을 받아 비행하였다.

⑤ 사업자인 戊는 이륙중량 20kg, 자체중량 13kg인 드론을 사업등록, 장치신고, 조종자격을 갖추고 비행승인 없이 비행장 중심으로부터 20km 떨어진 지역에서 비행하였다.

PSAT

5·7급 PSAT 상황판단 퍼즐 + 계산 유형 뽀개기!

자신의 능력을 믿어야 한다.

그리고 끝까지 굳세게 밀고 나가라.

-로잘린 카터(Rosalynn Carter)-

PART **03**

유형별
필수기출 160제
정답 및 해설

01 퍼즐형 필수기출 80제 정답 및 해설

01	02	03	04	05	06	07	08	09	10
③	③	①	④	②	②	⑤	④	③	②
11	12	13	14	15	16	17	18	19	20
②	④	①	①	③	②	⑤	②	①	②
21	22	23	24	25	26	27	28	29	30
②	③	②	④	③	①	①	③	②	③
31	32	33	34	35	36	37	38	39	40
③	⑤	③	④	②	③	②	⑤	③	④
41	42	43	44	45	46	47	48	49	50
②	⑤	②	⑤	①	③	③	④	③	①
51	52	53	54	55	56	57	58	59	60
①	⑤	②	②	⑤	④	⑤	②	④	⑤
61	62	63	64	65	66	67	68	69	70
②	⑤	⑤	③	④	③	①	①	⑤	②
71	72	73	74	75	76	77	78	79	80
⑤	③	②	③	①	③	⑤	③	②	④

01
답 ③

난도 ★★

정답해설

주어진 조건을 기호화하면 다음과 같다.

- Ao → (B×∨C×)
- (Co∧Do) → B×
- (Ao∨Bo) → Do

③ 〈조건 2〉의 대우명제가 Bo → (C×∨D×)이고, 〈조건 3〉에서 Bo → Do를 도출할 수 있으므로 B안을 채택하면 반드시 C안은 폐기해야 한다. 따라서 옳지 않은 내용이다.

오답해설

① 〈조건 3〉이 참이면 (Ao∧Bo) → Do도 반드시 참이 되므로 옳은 내용이다.

② 〈조건 1〉이 참이라고 해서 Ao → Co이 거짓이 되는 것은 아니므로 옳은 내용이다.

④ 주어진 조건이 모두 참이라고 해도 (A×∧B×) → Do이 거짓이 되는 것은 아니므로 옳은 내용이다.

⑤ 주어진 조건이 모두 참이라고 해도 (B×∧Co) → Ao이 거짓이 되는 것은 아니므로 옳은 내용이다.

02
답 ③

난도 ★★

정답해설

먼저 (가)와 (나)를 반영한 투숙 상황을 정리하면 다음과 같다.

구분	1인실	2인실
	B, E, G, H	A, C, D, F, I
5층		
4층		
3층	×	
2층		×
1층		

다음으로 (다)를 반영하면 아래의 경우만 가능하다는 것을 알 수 있다.

구분	1인실	2인실
	B, E, G, H	A, C, D, F, I
5층	E	
4층		
3층	×	A, C
2층		×
1층		

이제 여기에 (라)를 반영하면 다음의 경우만 가능하다는 것을 알 수 있다.

구분	1인실	2인실
	B, E, G, H	A, C, D, F, I
5층	E	
4층		
3층	×	A, C
2층	H	×
1층	G	I

마지막으로 남은 손님들을 배치하면 다음의 경우가 가능함을 알 수 있다.

구분	1인실	2인실
	B, E, G, H	A, C, D, F, I
5층	E	D/F
4층	B	F/D
3층	×	A, C
2층	H	×
1층	G	I

③ B는 4층 1인실에 투숙 중이고 D는 4층 2인실 또는 5층 2인실에 투숙 중이므로 두 손님이 같은 층에 투숙할 수도 있다. 따라서 옳지 않은 내용이다.

오답해설

① A와 C는 3층 2인실에 투숙 중이고 I는 1층 2인실에 투숙 중이므로 옳은 내용이다.

② H는 2층 1인실에 투숙 중이고 B는 4층 1인실에 투숙 중이므로 옳은 내용이다.

④ B는 4층 1인실에 투숙 중이고 F는 4층 2인실 또는 5층 2인실에 투숙 중이므로 옳은 내용이다.

⑤ A와 C는 3층 2인실에 투숙 중이고 D는 4층 2인실 또는 5층 2인실에 투숙 중이므로 옳은 내용이다.

03
답 ①

난도 ★★

정답해설

① 외부심사위원 1은 s를, 외부심사위원 2는 u를 사무차장보 P에게 보고할 것이다. 다음으로 사무차장보 P는 u를 사무차장 A에게 보고할 것이다. 또한 외부심사위원 3은 y를, 외부심사위원 4는 s를 보고하여 사무차장보 R은 y를 사무차장 A에게 보고하게 되어 사무차장의 최종선택은 지원자 u가 된다.

오답해설

②, ③, ④, ⑤를 위 ①과 같은 풀이과정을 거쳐 판단해보면 지원자 s가 선택된다.

04
답 ④

난도 ★

정답해설

ㄱ. A국이 C국이나 D국 중 하나의 국가의 지지만 받는다면 A국은 상임이사국이 될 수 없으므로 옳지 않은 내용이다.

ㄴ. C국이 A국만 지지하는 경우 A국은 하나의 국가의 지지만 받게 되므로 A국은 상임이사국이 될 수 없다. 따라서 옳지 않은 내용이다.

ㄹ. B국이 D국을 지지하므로 A국은 C국을 지지한다. 따라서 옳지 않은 내용이다.

오답해설

ㄷ. A국은 B국이 지지하는 국가를 지지한다고 하였으므로 B국이 D국을 지지하면 A국도 D국을 지지하게 되어 D국은 최소 2개국의 지지를 받게 된다. 따라서 옳은 내용이다.

05
답 ②

난도 ★

정답해설

먼저 문제에서 E가 참석할 수 없다고 하였고 (조건 2)에서 D 또는 E는 반드시 참석해야 해야 한다고 하였으므로 D는 반드시 참석한다는 것을 알 수 있다.

다음으로 (조건 1)에서 A와 B가 함께 참석할 수는 없지만 둘 중 한 명은 반드시 참석해야 한다고 하였으므로 (A, D)와 (B, D)의 조합이 가능함을 알 수 있다. 그리고 (조건 3)을 대우명제로 바꾸면 'D가 참석한다면 C도 참석한다'가 되므로 (A, D, C)와 (B, D, C)의 조합이 가능함을 알 수 있다.

그런데 마지막 (조건 4)에서 B가 참석하지 않으면 F도 참석하지 못한다고 하였으므로 (A, D, C)의 조합은 가능하지 않다는 것을 알 수 있다(4명의 직원으로 팀을 구성해야 하기 때문). 따라서 가능한 팀의 조합은 (B, D, C, F)의 1개라는 것을 알 수 있다.

06
답 ②

난도 ★★

정답해설

제시된 조건을 기호화하면 다음과 같다.

· A× → Bo
· Bo → C×

따라서 이 둘을 결합하면 'A× → Bo → C×'를 도출할 수 있으며 이의 대우명제는 'Co → B× → Ao'로 나타낼 수 있다. 따라서 C시가 채택되면 B시는 채택되지 않지만 A시는 채택되는 상황이 되어 A와 C가 모두 채택되게 된다. 이를 해결하기 위해서는 A시나 C시 중 하나가 선정된다는 조건이 필요하다. 왜냐하면, A시나 C시 중 하나가 선정된다는 조건이 추가되었을 때 C가 채택된다면 A도 채택되어 모순이 발생하므로 결국은 A만 선정되기 때문이다.

07
답 ⑤

난도 ★★

정답해설

각국을 합병할 수 있는 가능성을 정리하면 다음과 같다.

· B국 : (A국+C국+D국) vs (B국+F국)의 경우가 가능하므로 합병할 수 없다.

· C국 : (A국+B국+D국)이 연합하면 C국은 연합할 수 있는 국가가 없으므로 합병이 가능하다.

· D국 : A국이 F국과 연합하면 D국을 침공할 수 없고, 남은 B국과 C국은 서로 적대관계이므로 (A국+B국+C국)의 연합이 불가능하다. 따라서 합병할 수 없다.

· F국 : (A국+B국+D국)이 연합하면 F국은 연합할 수 있는 국가가 없으므로 합병이 가능하다.

따라서 A국이 합병할 수 있는 나라는 C국과 F국이다.

08
답 ④

난도 ★★★

정답해설

학과장인 C는 한 과목만 가르칠 수 있으며, 일주일에 하루만 가르칠 수 있다고 하였으므로 논리학과 윤리학은 불가능하다. 따라서 C는 과학철학을 가르칠 수 있다. 그런데 윤리학과 논리학 이외에는 동일 과목이 동시에 개설될 수 없으므로 A의 과학철학은 개설될 수 없다. 따라서 A는 논리학과 언어철학을 가르치게 된다. 이제 E를 살펴보면 위와 같은 논리로 언어철학은 개설될 수 없으므로 E는 수리철학과 논리학을 가르치게 된다. 또한 윤리학은 적어도 두 강좌가 개설된다고 하였으므로 B와 G 모두 윤리학을 가르쳐야 함을 알 수 있다. 여기서 지금까지의 내용을 정리하면 다음과 같다.

· A : 논리학, 언어철학
· B : 윤리학, (희랍철학 or 근세철학)
· C : 과학철학
· D : (인식론, 논리학, 형이상학 중 2과목)
· E : 수리철학, 논리학
· F : (인식론, 심리철학, 미학 중 2과목)
· G : 윤리학, (사회철학 or 근세철학)

④ D가 형이상학과 인식론을 강의하고 F가 심리철학과 미학을 강의하는 경우가 가능하므로 옳지 않은 내용이다.

오답해설

① 위에서 학과장 C는 과학철학을 강의한다고 하였으므로 옳은 내용이다.

② D가 논리학을 강의하게 될 경우 논리학은 A, D, E 등 3강좌가 개설될 수 있으므로 옳은 내용이다.

③ F가 인식론과 심리철학을 강의하고, D가 논리학과 형이상학을 강의하는 경우가 가능하므로 옳은 내용이다.

⑤ B가 윤리학과 희랍철학을 강의하고, G가 윤리학과 사회철학을 강의하는 경우가 가능하므로 옳은 내용이다. 이 경우 근세철학은 개설되지 않게 된다.

09 답 ③

난도 ★★

정답해설

주어진 조건을 토대로 가능한 상황을 정리해보면 다음과 같다.

구분	A	B	C	D
첫 해	장미	진달래	튤립	×
둘째 해	진달래	장미	×	나팔꽃 or 백합
셋째 해(1)	장미	×	튤립, (나팔꽃 or 백합)	
셋째 해(2)	×	진달래	튤립, (나팔꽃 or 백합)	

따라서 3년 차에 가능한 것은 ③이다.

10 답 ②

난도 ★★

정답해설

먼저 마지막 조건에서 A정책과 D정책 사이에 다른 정책 하나를 두면 두 정책의 효과가 두 배가 된다고 하였으므로 A( )D 또는 D( )A의 경우가 가능하나, 두 번째 조건에서 D정책이 A정책 전에 실시될 경우 D정책의 효과가 0이 된다고 하였으므로 A( )D의 경우만 가능함을 알 수 있다.

다음으로 세 번째 조건에서 A정책과 B정책을 바로 이어서 실시하면 A정책과 B정책의 비용이 두 배가 된다고 하였으므로 A( )DB가 가능함을 알 수 있으며, 남은 C를 ( )안에 집어넣어 A-C-D-B의 순서를 끌어낼 수 있다.

여기서 중요한 것은 세 번째 조건의 효과는 비용이 두 배가 된다는 것이지만, 네 번째 조건은 효과가 절반으로 줄어든다는 것이어서 세 번째 조건이 더 안좋은 결과를 가져온다는 것이다. 따라서 둘 다 바람직하지 않은 상황이지만 그 중에서 차선인 세 번째 조건을 먼저 배제한 것이다.

11 답 ②

난도 ★★

정답해설

- A : B불가능(민주주의 국가), C가능, D불가능(핵무기 보유), E가능 → 2개 국가 공격가능
- B : A불가능(민주주의 국가), C가능, D불가능(핵무기 보유), E불가능(동맹관계) → 1개 국가 공격가능
- C : A가능(D와 연합하여 공격), B가능(D와 연합하여 공격), D불가능(핵무기 보유), E가능 → 3개 국가 공격가능
- D : A가능, B가능(C와 연합하여 공격), C불가능(동맹관계), E가능 → 3개 국가 공격가능
- E : A불가능(B와 연합은 가능하지만 B는 민주주의 국가인 A를 공격하지 않음), B불가능(동맹관계), C가능(B와 연합하여 공격), D불가능(핵무기 보유) → 1개 국가 공격가능

따라서 두 개 이상의 국가를 공격할 수 있는 국가들은 A, C, D이다.

12 답 ④

난도 ★★★

정답해설

주어진 조건을 살펴보면 명확하게 고정되는 경우는 A 왼편에 앉은 사람이 파란 모자를 쓰고 있다는 것과 C 맞은편에 앉은 사람이 빨간 모자를 쓰고 있다는 것이다. 따라서 이 두 조건을 먼저 표시하면 다음의 두 가지의 경우로 나누어 볼 수 있다.

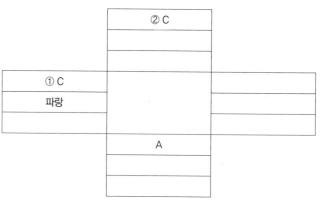

먼저 C가 A의 왼쪽에 앉게 되는 경우를 살펴보면 이는 다시 B와 D가 어디에 앉느냐에 따라 다음의 ⅰ)과 ⅱ) 두 가지로 나누어 볼 수 있으며 각각에 대해 살펴보면 다음과 같다.

ⅰ)

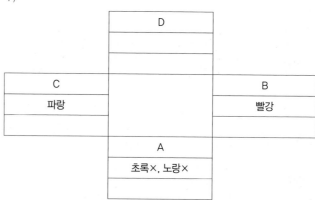

이 경우는 A와 D에 초록, 노랑 모자를 쓴 사람이 앉아야 하지만 A는 이 둘 모두에 해당하지 않는다는 모순된 결과가 나온다. 따라서 성립하지 않는 경우이다.

ⅱ)

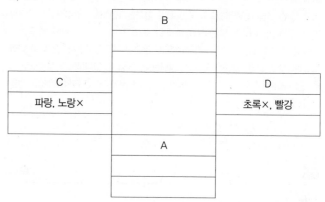

이 경우는 A와 B에 노랑과 초록 모자를 쓴 사람이 앉아야 한다. 그런데 A와 B는 여자라는 조건과 노란 모자와 초록 모자 중 한 명만 여자라는 조건은 서로 모순되는 상황이다. 따라서 이 역시 성립하지 않는다.

다음으로 C가 A의 맞은 편에 앉는 경우를 생각해보면, 역시 ⅲ)과 ⅳ) 두 가지의 경우로 나누어 볼 수 있다.

iii)

C	
초록× → 노랑	
남자	

B		D
파랑, 노랑×		초록
여자		남자

A	
빨강	
여자	

이 경우는 노란 모자와 초록 모자(C와 D) 중 한 명은 남자, 나머지 한 명은 여자라는 조건에 위배되므로 성립하지 않는다.

iv)

C	
노랑	
남자	

D		B
파랑		노랑× → 초록
남자		여자

A	
초록×, 빨강	
여자	

마지막으로 이 경우는 주어진 조건을 모두 만족하고 있는 상황이다. 따라서 초록 모자를 쓰고 있는 사람은 B이고, A의 입장에서 왼편에 앉은 사람은 D이다.

13

답 ①

난도 ★★

정답해설

ㄱ. 甲이 선택할 수 있는 칸의 조합은 ①-②, ②-③, ③-④의 세 가지인데, 乙이 ①을 선택할 경우 승리할 수 있는 경우는 ①-②에 괴물이 위치하는 경우 하나뿐이어서 확률은 1/3이다. 하지만 ②를 선택할 경우 승리할 수 있는 경우는 ①-②, ②-③에 괴물이 위치하는 경우 두 가지이므로 확률은 2/3이다. 따라서 ②를 선택할 경우에 승리할 확률이 더 높다.

오답해설

ㄴ. 甲이 ②-③을 선택했을 경우, 乙이 ① 또는 ④를 선택했을 때에 甲이 승리하고, ② 또는 ③을 선택했을 때에 乙이 승리한다. 따라서 甲이 승리할 확률은 2/4이다. 이는 甲이 ③-④를 선택했을 때도 동일하게 적용되며 따라서, 甲이 ②-③을 선택하든 ③-④를 선택하든 甲이 승리할 확률은 동일하다.

ㄷ. 甲이 ①-②를 선택했다고 가정할 때 乙이 선택할 수 있는 경우는 ①, ②, ③, ④의 총 4개다. 이 중 ① 또는 ②를 선택했다면 乙이 승리하는 것이고 ③ ④를 선택했다면 甲이 승리하는 것이 되어 甲이 승리하는 경우와 乙이 승리하는 경우가 각각 2가지로 동일하다. 이는 甲이 ② ③을 선택하는 경우, ③ ④를 선택하는 경우에도 마찬가지여서 전체적으로 甲과 乙이 승리하는 경우는 6가지로 동일하다.

14

답 ①

난도 ★

정답해설

먼저 청소 횟수가 가장 많은 C구역을 살펴보면, 이틀을 연달아 같은 구역을 청소하지 않는다고 하였으므로 다음의 경우만 가능함을 알 수 있다.

일	월	화	수	목	금	토
C		C	×		C	

다음으로 B구역을 살펴보면, B구역은 청소를 한 후 이틀간은 청소를 할 수 없다고 하였으므로 토요일은 불가능함을 알 수 있다. 만약 토요일에 B구역을 청소하면 남은 1회는 월요일 혹은 목요일에 진행해야 하는데 어떤 경우이든 다음 청소일과의 사이에 이틀을 비우는 것이 불가능하기 때문이다.

일	월	화	수	목	금	토
C	B	C	×	B	C	

그렇다면 남은 A구역은 토요일에 청소하는 것으로 확정되어 다음과 같은 일정표가 만들어지게 된다.

일	월	화	수	목	금	토
C	B	C	×	B	C	A

따라서 B구역 청소를 하는 요일은 월요일과 목요일이다.

15

답 ③

난도 ★★

정답해설

첫 번째 조건을 통해 비밀번호를 구성하고 있는 숫자는 0, 1, 4, 6, 8, 9 중 4개임을 알 수 있으며, 두 번째 조건을 통해 이 숫자들을 0, 1, 4, (6 or 8), 9로 다시 정리할 수 있다. 그런데 세 번째 조건에서 비밀번호는 짝수로 시작한다고 하였고, 네 번째 조건에서 큰 수부터 차례로 나열했다고 하였으므로 9는 포함되지 않는다는 것을 알 수 있다. 따라서 가능한 비밀번호는 8410과 6410이다.

③ 8410과 6410 두 개의 번호가 조건을 만족시킨다고 하였으므로 옳지 않은 내용이다.

오답해설

① 8410과 6410 모두 짝수이므로 옳은 내용이다.

② 두 숫자 모두 두 번째 숫자가 4이므로 옳은 내용이다.

④ 8410과 6410 모두 1은 포함하지만 9는 포함하지 않으므로 옳은 내용이다.

⑤ 8410과 6410중 작은 수는 6410이므로 옳은 내용이다.

16 답 ②

난도 ★★

정답해설

② 직접 구하지 않더라도 A와 B는 좌우의 연결이 서로 상이하므로 근접 중심성이 같을 수는 없을 것이다. 직접 구해보면 A는 1/43, B는 1/33으로 서로 일치하지 않으므로 옳지 않은 내용이다.

오답해설

① 먼저 A와 연결된 (D, E, F, H)의 합은 9이고, B와 연결된 (I, J, K, M)의 합도 9, C와 연결된 (L, N, O, P)의 합은 19이므로 행위자 G의 근접 중심성은 1/37이다. 따라서 옳은 내용이다.

③ · ④ G와 M은 서로 연결된 점의 배치가 대칭구조를 가지고 있으므로 근접 중심성과 연결정도 중심성 모두 동일하다. 따라서 옳은 내용이다.

⑤ 행위자 A의 연결정도 중심성은 5이고, 행위자 K는 1이므로 둘의 합은 6이다. 따라서 옳은 내용이다.

17 답 ⑤

난도 ★★

정답해설

- 1라운드

  (37 82) 12 5 56 : 82>37이므로 교환이 이루어지지 않음

  37 (82 12) 5 56 : 82>12이므로 첫 번째 교환

  37 12 (82 5) 56 : 82>5이므로 두 번째 교환

  37 12 5 (82 56) : 82>56이므로 세 번째 교환

  37 12 5 56 82 : 가장 큰 수 82가 맨 마지막으로 이동

- 2라운드(82는 비교대상에서 제외)

  (37 12) 5 56 82 : 37>12이므로 네 번째 교환

  12 (37 5) 56 82 : 37>5이므로 다섯 번째 교환

  12 5 37 56 82 : 다섯 번째 교환이 이루어진 후의 수열

18 답 ②

난도 ★

정답해설

ㄱ. C가 원하는 범위에서 회비가 정해지면, A와 B가 탈퇴하므로 옳은 내용이다.

ㄷ. 각 회원들의 선호 범위를 수직선에 표시해보면 (A, B)와 (C, D, E)는 두 그룹 사이에 서로 중복되는 부분이 존재하지 않음을 알 수 있다. 즉, 각 회원들의 선호를 최대한 충족시킨다고 하더라도 4명이 만족하는 금액(1명만이 탈퇴하는 금액)은 존재하지 않으므로 옳은 내용이다.

오답해설

ㄴ. D가 원하는 범위에서 회비가 정해지면 A와 B가 탈퇴하므로 옳지 않은 내용이다.

ㄹ. 회비를 20만 원으로 결정하는 경우 A, C, D, E가 탈퇴하며, 30만 원으로 결정하는 경우 A, B가 탈퇴하므로 옳지 않은 내용이다.

19 답 ①

난도 ★

정답해설

만약 A가 B보다 1시간 빠르다면 A에서 B까지의 실제 비행시간은 7시간, 즉 표에 제시된 시간을 토대로 계산한 6시간에 1시간을 더한 것이 되므로 이를 일반화하면 A가 B보다 x시간 빠르다면 실제 비행시간은 6시간+x가 된다. 이를 반대로 생각하면 B에서 A까지의 실제 비행시간은 표에 제시된 14시간에서 x시간을 뺀 시간이라는 것을 추론할 수 있다. 그런데 각주2)에서 비행시간은 A → B 구간과 B → A구간이 동일하다고 하였으므로 $6+x=14-x$의 식을 도출할 수 있으며 이를 통해 x는 4시간임을 알 수 있다. 따라서 A가 B보다 4시간 빠르다는 것과 실제 비행시간은 10시간이라는 것을 알 수 있다.

20 답 ②

난도 ★★

정답해설

(가)의 건물 윗면의 면적을 A라하면 옆면의 면적은 그의 2배인 2A가 됨을 알 수 있다. 이를 이용해서 풀이하면 다음과 같다.

(가)의 페인트칠 면적 : A+(2A×4)=9A, (나)의 페인트칠 면적 : 2A+(2A×3)=8A가 된다. 따라서 (나)건물을 페인트칠 하는 작업에 필요한 페인트 양을 X라고 할 때, 9A : 36통=8A : X통이며, X는 32통이 된다.

합격생 가이드

> 이 문제에서 혼동하지 않아야 할 부분은 '최소 36통'이라는 부분이다. 그 의미는 다른 것이 아니고 허드레로 사용된 페인트가 전혀 없다면 36통으로 전체 면적을 다 칠할 수 있다는 의미이며 이는 뒤집어 말하면 36통이 해당 면적을 칠하는 데 필요한 최소한의 페인트라는 것을 의미한다. 문제를 푸는 데에는 영향이 없으나 이 부분에 어떤 다른 의미가 숨어있지 않을까 고민할 수 있어 부연해둔다.

21 답 ②

난도 ★

정답해설

ㄹ. A팀이 종목 마에서 1위를 하더라도 D가 2위를 한다면 둘은 총점이 15점으로 같게 된다. 하지만 1위 종목은 2개로 동일하더라도 2위 종목에서 D가 2개로 A의 1개보다 더 많으므로 D가 종합 순위 1위가 된다.

오답해설

ㄱ. 위의 ㄹ의 해설에서 알 수 있듯이 D팀이 종목 마에서 2위를 한다면 D가 종합 순위 1위가 확정되므로 옳지 않은 내용이다.

ㄴ. 만약 C팀이 1위를 차지하고 B팀이 2위를 차지한다면 둘은 총점이 12점으로 같게 된다. 하지만 1위 종목은 1개로 동일하더라도 2위 종목이 B가 2개로 C의 1개보다 더 많으므로 B가 C보다 순위가 더 높게 된다.

ㄷ. ㄴ과 달리 C가 종목 마에서 1위를 차지하고 B팀이 3위를 차지한다면 C의 총점은 12점인 데 반해 B는 11점에 그치게 되므로 C의 순위가 더 높게 된다.

22

답 ③

난도 ★★

정답해설

③ 乙이 오전 7시 30분에 일어난다면 4개의 숫자의 합은 10이 되며, 甲이 오전 6시 29분에 일어난다면 숫자의 합이 17이 되어 乙이 이기게 된다. 따라서 반드시 甲이 이기는 것은 아니다.

오답해설

① 甲이 오전 6시 정각에 일어난다면 4개의 숫자의 합은 6이 되며, 乙은 7시 이후에 일어나므로 6보다 작은 수가 나올 수 없다. 따라서 반드시 甲이 이기게 된다.

② 乙이 오전 7시 59분에 일어난다면 4개의 숫자의 합은 21이 되며, 갑이 아무리 늦게 일어난다고 하여도 6시 59분이어서 숫자의 합이 20을 넘을 수 없다. 따라서 반드시 乙이 지게 된다.

④ 甲과 乙이 정확히 1시간 간격으로 일어난다면 둘이 일어나는 분단위 숫자가 동일하다는 것을 의미한다. 따라서 일어나는 시간이 1시간 빠른 甲이 항상 이기게 된다.

⑤ 甲과 乙이 정확히 50분 간격으로 일어난다는 것은 분단위만 놓고 봤을 때 甲이 乙보다 항상 10분씩 늦는다는 것을 의미한다. 즉, 분단위 숫자 2개의 숫자의 합은 甲이 1만큼 크다는 것인데 시간은 甲이 乙보다 1시간 빠르게 되어 시간단위 숫자 2개의 숫자의 합은 乙이 1만큼 크게 된다. 따라서 甲과 乙의 4개의 숫자의 합은 항상 같을 수밖에 없으며 규칙에 따라 이들은 비기게 된다.

23

답 ②

난도 ★★★

정답해설

먼저 전체 유권자 수가 210명이므로 3개의 선거구는 각각 70명의 유권자로 이루어지게끔 구성되어야 함을 알 수 있다. 이를 유형별로 분류된 구역을 근거로 배정하면 9개의 선거구는 (10명−60명), (10명−60명), (30명−10명−10명−10명−10명)의 세 그룹으로 나누어지는 경우만 가능하므로 이를 토대로 가능한 경우의 수를 살펴보도록 하자.

편의상 (10명−60명)으로 묶인 그룹들은 전자를 Ⅰ, 후자를 Ⅱ라 표시하면, 다음의 4가지의 경우가 가능하다. 아무 표시가 되어 있지 않은 곳은 10명으로 구성된 구역이다.

ⅰ)

Ⅰ	Ⅰ	
	▨	
	Ⅱ	Ⅱ

ⅱ)

Ⅰ	Ⅰ	
	▨	Ⅱ
		Ⅱ

ⅲ)

Ⅰ		
Ⅰ	▨	
	Ⅱ	Ⅱ

ⅳ)

Ⅰ		
Ⅰ	▨	Ⅱ
		Ⅱ

여기서 ⅱ)와 ⅲ)의 경우 같은 선거구에 속하는 구역들은 사각형의 한 변이 그 선거구에 속하는 다른 구역의 사각형의 한 변과 맞닿아 있어야 한다는 조건을 충족하지 못한다. 따라서 가능한 경우는 ⅰ)과 ⅳ)의 두 가지뿐이다.

24

답 ④

난도 ★★

정답해설

ㄱ. 공휴일의 경우 A시간대가 총 360분이므로 이는 40분×9로 나타낼 수 있다. 따라서 A시간대의 막차는 12:00에 출발하게 되며, B시간대의 배차간격이 60분이므로 다음 버스는 13:00에 출발하게 된다.

ㄴ. 요일에 관계없이 막차는 24:00 이전에 종착지에 도착해야 하므로 2시간의 총 운행 소요시간을 감안할 때 막차가 출발지에서 출발하는 시간은 22:00 이전이어야 한다.

ㄹ. 06:00부터 09:30까지의 시간간격이 3시간 30분이고 이를 분단위로 환산하면 210분이다. 그리고 각각의 배차간격인 20, 30, 40분 중 210의 약수가 되는 것은 토요일의 배차간격인 30분 하나뿐이기 때문에 출발지에서 9시 30분에 버스가 출발한다면 이 날은 토요일일 것이다.

오답해설

ㄷ. 일요일의 경우 A시간대는 ㄱ과 동일한 논리가 적용되어 A시간대의 막차는 12:00에 출발하게 되며, B시간대는 총 120분인데 배차간격이 60분이므로 B시간대의 막차는 14:00에 출발하게 된다. 이제 C시간대를 살펴보면, 배차간격이 75분이므로 6번째 출발하는 버스가 450분 후, 즉 21시 30분에 출발하게 되며 이 차량이 종착지에 들어오는 시간은 23시 30분이 된다. 그런데 남은 시간과 배차 간격을 감안한다면 이 버스가 막차가 될 수밖에 없다.

합격생 가이드

이와 같이 시간단위와 분단위가 같이 등장하는 경우는 모든 데이터를 분단위로 변환하여 판단하는 것이 효율적이다. 시간을 따질 때 소수점이 나타나는 경우 혼동이 올 수 있기 때문이다. 따라서 A시간대는 360분, B시간대는 120분, C시간대는 600분으로 변환한 이후에 문제를 푸는 것이 좋다.

25

답 ③

난도 ★

정답해설

A~E 각각에 배정된 숫자가 게임이 진행됨에 따라 어떻게 변화하는지를 정리하면 다음과 같다.

구분	A	B	C	D	E
1st	3	4	5	1	2
2nd	2	3	4	5	1
3rd	4	5	1	2	3
4th			3		

따라서 규칙에 의해 게임이 진행되었을 때 네 번째 술래는 C임을 알 수 있다.

26　답 ①

난도 ★★

정답해설

甲의 합계점수는 1,590점인 반면, 乙의 합계점수는 1,560점(＝1,250＋10＋50＋50＋200)이므로 승리자는 甲이다.

여기서 甲의 합계점수를 세부적으로 살펴보면, 이동거리에 따른 점수 1,400점과 사냥으로 인한 점수 190점으로 이루어졌음을 확인할 수 있는데, 선택지에서 이를 충족하는 것은 토끼 3마리와 사슴 1마리로 구성된 ①만이 가능하다. ②는 사냥으로 인한 점수가 160점에 불과하여 가능하지 않다.

◆ 합격생 가이드

'가능한' 경우를 묻는 문제의 경우 굳이 백지에서 문제를 풀어내려 하지 말고 선택지를 직접 적용해 풀이하는 것이 더 효율적이다. 수험생들 중에는 평소 복습을 할 때에는 선택지 없이 백지상태에서 풀어보고 실전에서는 선택지를 이용하려는 경우가 종종 있는데 이는 바람직하지 못하다.

27　답 ①

난도 ★★★

정답해설

주어진 자료를 표로 정리하면 다음과 같다. 단, 편의상 간격은 년 혹은 년, 개월로 표기한다.

구분	태어난 때	간격 1	들어간 때	간격 2	해동된 때	간격 3
甲	2086	19년	2105	8년	2113	7년
乙	2075	26년	2101	18년 4개월	2119.4	1년 5개월
丙	2083.5.17	20년 10개월	2104.3.17	16년 5개월	2120.8.31	1주일

ㄱ. 위의 표에서 냉동되어 있던 기간은 간격 2에 해당하며 이에 따르면 세 사람이 냉동되어 있던 기간은 모두 다르다.

오답해설

ㄴ. 조건에서 냉동되어 있던 기간은 나이에 산입되지 않는다고 하였으므로 대화 시점의 나이는 간격 1과 간격 3을 더한 것이 된다. 따라서 甲은 26살임에 반해, 丙은 21살이 되지 않은 상태이므로 甲이 丙보다 나이가 많다.

ㄷ. 위의 표에 따르면 가장 먼저 냉동캡슐에 들어간 사람은 乙(2101년)이다.

◆ 합격생 가이드

이 문제의 경우는 대화에서 주어진 수치들이 같은 형식으로 주어져 있었기 때문에 풀이가 간단했지만 만약 '태어난 해－들어갈 때의 나이－해동된 기간'의 형태가 아니었다면 꽤나 애를 먹었을 법한 문제이다. 오히려 실전에서는 이런 문제를 더 자주 접하게 되는데, 그럴 때에는 가장 많이 겹치는 기준으로 정리해보고 그것이 여의치 않다면 첫 번째 조건에 맞추어 표를 만드는 것이 가장 효율적이다.

28　답 ③

난도 ★

정답해설

A팀의 최종성적이 5승 7패이고, 나머지 팀들 간의 경기는 모두 무승부였다고 하였으므로 이를 토대로 팀들의 최종전적을 정리한 후 승점을 계산하면 다음과 같다.

구분	최종전적	기존 승점	새로운 승점
A팀	5승 0무 7패	10	15
7팀	1승 11무 0패	13	14
5팀	0승 11무 1패	11	11

따라서 A팀은 기존의 승점제에 의하면 최하위인 13위이며, 새로운 승점제에 의하면 1위를 차지한다.

29　답 ②

난도 ★★

정답해설

A~E 중 ⑫를 3회 이하로 이동해서 위치할 수 있는 곳은 B와 D뿐이며 그 경로를 그림에 표시하면 다음과 같다. 나머지 A, C, E는 주어진 조건을 따를 경우 3회 이하로 이동하여 위치할 수 없다.

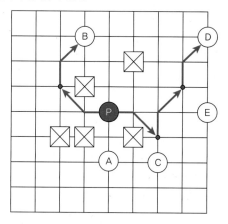

30　답 ③

난도 ★★

정답해설

고속버스터미널에서 각자의 일정을 마치는 데 얼마의 시간이 걸리는지를 파악하여 구할 수 있다.

- 가은 : 은행(30분)
- 나중 : 편의점(10분)
- 다동 : 화장실(20분), 패스트푸드점(25분)
- 라민 : 서점(20분), 화장실(20분)

마란과 바솜은 별도의 일정이 없으므로 위 네 명 중 가장 시간이 많이 소요되는 다동(45분)에 도착할 때까지 기다려야 버스에 탑승할 수 있다. 따라서 11시 50분에서 45분이 경과한 12시 35분 이후에 출발할 수 있다. 그런데 〈표〉에 의하면 12시 45분에 출발하는 버스는 잔여좌석 수가 5석에 불과해 여섯 사람이 모두 탑승할 수 없다. 따라서 이들이 가장 이른 시간에 탑승할 수 있는 버스는 13시 정각에 출발하는 버스이므로 대전에 도착할 수 있는 가장 이른 시간은 15시 정각이다.

31

답 ③

난도 ★★

정답해설

편의상 표의 순서대로 단계를 구분한다고 하면 1단계부터 4단계까지는 필수적으로 진행해야 하는 것이고, 4단계까지의 매력 지수는 30점, 총 10.5분이 소요된다. 그리고 전체 8단계 중 7단계만을 선택한다고 하였으므로 순차적으로 하나씩 제거하며 판단해보면 다음과 같다.

생략 단계	감점 전 점수	소요 시간	감점	매력 지수
눈썹 그리기	125	36	−64	61
눈화장 하기	112	29	−36	76
립스틱 바르기	127	38.5	−72	55
속눈썹 붙이기	77	24	−16	61

따라서 甲의 최대 매력 지수는 눈화장 하기를 생략한 상황에서 얻은 76점이다.

◆ 합격생 가이드

간혹, 립스틱 바르기의 감점 점수가 74점이 아니냐는 질문을 받는다. 물론 비례관계를 이용한다면 0.5분 지연에 따른 2점 감점이 타당할 수 있으나 이 문제에서는 매력 지수가 비례적으로 차감된다는 언급이 주어져 있지 않다. 모든 문제는 주어진 자료 내에서 해결해야 함을 잊지 말기 바란다.

32

답 ⑤

난도 ★★

정답해설

제시된 방법 1과 방법 2에 따라 짐들을 분류하면 다음과 같다.

• 방법 1 : (6), (5,5), (4,2,3), (6), (5,4), (5), (7), (8)

• 방법 2

먼저, 무게 순으로 재배열하면 8, 7, 6, 6, 5, 5, 5, 4, 4, 3, 2이며, 이를 방법 2에 따라 분류하면 (8), (7), (6), (6), (5,5), (5,5), (4,4), (3,2)가 된다.

ㄴ. 방법 1에서 10kg까지 채워지지 않은 상자는 (6), (4,2,3), (6), (5,4), (5), (7), (8)의 6개이며 이들에 들어간 짐의 무게의 합은 총 50kg이므로 옳은 내용이다.

ㄷ. 방법 2에서 10kg이 채워진 상자는 (5,5), (5,5)의 두 개이므로 옳은 내용이다.

오답해설

ㄱ. 위에서 분류한 것과 같이 방법 1과 방법 2 모두 8개의 상자에 넣을 수 있으므로 옳지 않다.

33

답 ③

난도 ★★

정답해설

ㄷ. 총 4번의 경기를 치러야 우승할 수 있는 자리는 E~J까지의 6개이고, 총 3번의 경기를 치르고 우승할 수 있는 자리는 A~D, K의 5개이므로 전자에 배정될 확률이 더 높다.

오답해설

ㄱ. 대진표상에서 우승을 하기 위해 최소한으로 치러야 하는 경기는 3경기이며, 이에 해당하는 자리는 A~D, K이다. 그러나 K는 8경기를 승리한 이후 다음 날 곧바로 9경기를 치르게 되므로 조건에 부합하지 않는다. 따라서 총 4개만 해당한다.

ㄴ. 첫 번째 경기에 승리한 경우 두 번째 경기 전까지 3일 이상을 경기 없이 쉴 수 있는 자리는 A~F까지의 6개로 전체 11개의 50%를 넘는다. 따라서 옳지 않다.

34

답 ④

난도 ★★

정답해설

ㄱ. 카르다노는 x^3을 cub[9], +를 p:로 나타내고 x는 reb[9], =는 aeqlis로 표시한다. 따라서 $x^3+4x+2=0$은 'cub[9] p: 4reb[9] p: 2 aeqlis 0'으로 나타낼 수 있다.

ㄴ. 스테빈은 x의 제곱수를 동그라미 속에 넣어서 표현하고 =은 egales á로 표시한다. 따라서 $x^3+4x+2=0$은 '1③+4①+2 egales á 0'으로 나타낼 수 있다.

ㄹ. 헤리옷은 x^3을 xxx로 표시하며 $4x$를 $4 \cdot x$로 나타낸다. 따라서 $x^3+4x+2=0$은 '$xxx+4 \cdot x+2=0$'으로 나타낼 수 있다.

오답해설

ㄷ. 기랄드는 x^3을 (3)로 표시한다. 따라서 $x^3+4x+2=0$은 '1(3)+4(1)+2=0'으로 나타낼 수 있으므로 옳지 않다.

35

답 ②

난도 ★★

정답해설

각각의 주택에 도달하는 빛의 조도를 계산하면 다음과 같다.

A	(36/2)+(24/8)+(48/12)=18+3+4=25
B	(36/2)+(24/4)+(48/8)=18+6+6=30
C	(36/4)+(24/2)+(48/6)=9+12+8=29
D	(36/8)+(24/2)+(48/2)=4.5+12+24=40.5
E	(36/12)+(24/6)+(48/2)=3+4+24=31

주택에서 예측된 빛의 조도가 30을 초과하는 곳은 D, E의 두 곳이므로 관리대상주택은 총 2채이다.

36

답 ③

난도 ★★★

정답해설

ㄱ. 제시문에 언급된 정확도에 대한 정의를 구체적인 수치로 나타낸 것뿐이다. 따라서 진술이 총 100건이라면 80건은 옳은 판단을 내리고, 20건에 대해서는 옳지 않은 판단을 내릴 것으로 예측할 수 있다.

ㄴ. 거짓말 탐지기의 정확도가 80%이므로, 참인 진술 20건을 참으로 판정하는 것이 16건, 거짓으로 판정하는 것이 4건이다. 그리고 거짓인 진술 80건을 거짓으로 판정하는 것이 64건, 참으로 판정하는 것이 16건이다. 따라서 참으로 판정하는 것은 16건+16건=32건임을 알 수 있다.

ㄹ. 아래의 ㄷ과 같이 정확도가 90%라면, 참인 진술 10건 중 참으로 판단하는 것이 9건, 거짓인 진술 90건 중 참으로 판단하는 것이 9건이 되어 총 18건을 참으로 판단할 것으로 예측할 수 있다.

ㄷ. 참인 진술이 10건인 경우 거짓말 탐지기의 정확도가 낮은 경우라면 실제 참인 진술을 참으로 판정하는 건수가 작아진다. 그러나 실제 거짓을 참으로 판정하는 건수도 많아지므로 전체적으로는 참으로 판정하는 건수가 많아진다. 정확도가 높아진다면 실제 참인 진술을 참으로 판정하는 건수는 늘어나지만, 실제 거짓인 진술을 참으로 판정하는 건수가 훨씬 더 적어지므로 전체적으로는 참으로 판정하는 건수가 적어지게 되며 10건에 수렴하게 된다.

37

답 ③

난도 ★★

정답해설

③ 각 경기장에서 열리는 경기의 횟수는 모두 동일하다고 하였으므로 각 경기장의 한 경기당 관중 수를 모두 합한 수치로 판단해도 결과는 동일하다. 이에 따르면 올 시즌 관중 수는 대도시 9만 명(=3만 명×60%×5곳), 중소도시 7만 명(=2만 명×70%×5곳), 총 16만 명으로 계산된다. 그런데 만약 내년 시즌부터 경기가 열리는 장소가 대도시 4곳, 중소도시 6곳으로 변화된다면 대도시의 관중 수는 7.2만 명(=3만 명×60%×4곳), 중소도시의 관중 수는 8.4만 명(=2만 명×70%×6곳), 총 15.6만 명이 되어 올해에 비해 4천 명이 줄어들게 된다. 이를 올시즌 대비 감소율로 나타내면 2.5%가 되므로 옳은 내용이 된다.

오답해설

① 1일 최대 관중 수를 기록하기 위해서는 5경기 모두 대도시에서 열려야 한다. 따라서 이때의 최대 관중 수는 (3만 명×60%)×5곳=9만 명이 된다.
② 중소도시 경기장의 좌석 점유율이 10%p 높아진다면 관중 수는 2만 명×80%=1.6만 명이지만 대도시 경기장의 관중 수는 ①에서 살펴본 것처럼 3만 명×60%=1.8만 명이므로 여전히 대도시 경기장의 관중 수가 더 많다.
④ 1일 평균 관중 수는 대도시 경기장에서 5경기 모두가 진행되는 경우와 중소도시 경기장에서 5경기가 진행되는 경우의 평균으로 구할 수 있다. 만약 대도시에서 5경기 모두가 진행된다면 1일 관중 수는 (3만 명×0.7)×5=10.5만 명이며, 중소도시에서 모두 열리는 경우는 이보다 작을 수밖에 없다. 따라서 둘의 평균은 11만 명에 미칠 수 없다.
⑤ ④와 같은 논리로 계산해보면, 대도시 경기장에서 5경기 모두가 진행되는 경우 1일 관중 수는 9만 명이고 중소도시에서 진행되는 경우도 10.5만 명에 그친다. 따라서 11만 명에는 미칠 수 없다.

🔷 합격생 가이드

③의 경우 전체 누적관중 수를 구하기 위해서는 각 경기장별로 시즌 중 1경기만 진행된다고 가정하고 계산하면 편리하다. 조건에서 각 경기장에서 열리는 횟수가 모두 동일하다고 하였기 때문인데, 구체적인 수치를 구하더라도 그 수치 간의 비율은 변하지 않는다. 이러한 접근법을 이용한 문제들이 다수 출제되고 있으므로 꼭 정리해두기 바란다.

38

답 ⑤

난도 ★★

정답해설

이 문제는 마지막 월요일과 마지막 금요일이 같은 주인지 여부로 경우의 수를 나누어 볼 수 있다. 먼저 월요일과 금요일이 같은 주에 있는 경우를 살펴보면 다음과 같다.

일	월	화	수	목	금	토
						1
−	−	−	−	−	−	−
−	−	−	−	−	−	−
−	○				○	−
30						

위의 경우가 주어진 조건을 만족하는 상황의 달력이다. 그러나 7월은 31일까지 있는 것에 반해 이 경우는 30일까지만 가능하므로 결국 두 요일은 다른 주에 있다고 판단할 수 있다.

일	월	화	수	목	금	토
×	×				−	−
−	−	−	−	−	−	−
−	−	−	−	−	○	−
−	○				×	×

두 번째 표는 두 요일이 다른 주에 있는 상황이며 현재는 25일만 채워져 있는 상태이기 때문에 6일이 더 필요하다. 그런데 조건을 만족할 수 있는 빈칸이 6개이므로 이 칸들이 모두 채워져야 7월 한 달이 완성됨을 알 수 있다. 결국 7월 1일은 화요일이고 31일은 목요일임을 알 수 있다. 따라서 8월 1일은 금요일이다.

39

답 ③

난도 ★★

정답해설

ㄱ. 5원까지는 펼친 손가락의 개수와 실제 가격이 동일하지만 6원부터는 둘이 일치하지 않는다. 따라서 옳은 진술이다.
ㄴ. 펼친 손가락의 개수가 3개라면 숫자는 3 혹은 7이므로 물건의 가격은 최대 7원임을 알 수 있다.
ㄷ. 물건의 가격이 최대 10원이라고 하였으므로, 물건의 가격과 甲이 지불하려는 금액이 8원만큼 차이가 나는 경우는 상인이 손가락 2개를 펼쳤을 때 지불해야 하는 금액이 10원인 경우와 손가락 1개를 펼쳤을 때 지불해야 하는 금액이 9원인 경우뿐이다.

오답해설

ㄹ. 5원까지는 실제 가격과 지불하려는 금액이 일치하므로 문제가 되지 않으며, 그 이후인 6원부터는 펼친 손가락의 개수가 6개 이상일 경우는 없으므로 역시 물건의 가격을 초과하는 금액을 지불하는 경우는 생기지 않는다.

40

답 ④

난도 ★★★

정답해설

사자바둑기사단은 각 라운드별로 이길 수 있는 확률이 0.6 이상이 되도록 3명을 선발한다고 하였으므로 이를 기준으로 판단해보도록 하자.

ⅰ) 1라운드 : 甲을 상대로 승률이 0.6 이상인 선수는 C와 E뿐이므로 2가지의 경우가 존재한다. 따라서 이후의 라운드는 이 2가지의 경우의 수로 나누어 판단한다.
ⅱ) 1라운드에서 C가 출전하는 경우 : 2라운드에서 가능한 경우는 A와 B가 출전하는 것이며, 이 경우 각각에 대해 3라운드에서 D, F, G가 출전할 수 있으므로 6가지 경우의 수가 존재한다.

ⅲ) 1라운드에서 E가 출전하는 경우 : 2라운드에서 가능한 경우는 A, B, C가 출전하는 것이며, 이 경우 각각에 대해 3라운드에서 D, F, G가 출전할 수 있으므로 9가지의 경우의 수가 존재한다.

따라서 ⅱ)와 ⅲ)의 경우의 수를 합하면 총 15가지의 경우의 수가 존재함을 알 수 있다.

41
답 ②

난도 ★★★

정답해설

〈상황〉에서 제시된 甲의 유언을 그림으로 나타내면 다음과 같다.

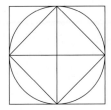

여기서 甲의 땅은 가장 바깥의 정사각형으로 나타낼 수 있는데 이 정사각형은 가로와 세로가 각각 100m이므로 甲소유의 땅의 면적은 10,000㎡임을 알 수 있다. 그런데 이 정사각형은 밑변 50m, 높이 50m인 삼각형 8개로 나눌 수 있으며, 안쪽의 사각형은 이 삼각형 4개로 이루어졌다는 사실을 확인할 수 있다. 따라서 안쪽의 사각형의 면적은 전체 면적의 절반인 5,000㎡가 되며 이 부분을 첫째 딸에게 나누어준다고 하였으므로, 나머지 절반인 5,000㎡가 둘째 딸의 몫임을 알 수 있다.

42
답 ⑤

난도 ★★

정답해설

선택지에서 이미 5개의 경우의 수가 주어졌으므로 이를 통해 판단해보도록 하자. 먼저, 3단계를 거친 후에 각각 5-5-5-1의 묶음으로 구슬이 나누어졌고 그 직전 단계인 2단계를 통한 결과가 두 묶음으로 나누어졌다고 하였다. 따라서 2단계를 거친 결과는 10-6 이외의 다른 경우가 존재하지 않는다는 것을 알 수 있다. 그런데 이 10-6의 조합은 1단계를 거친 묶음을 5개 이상의 구슬이 있던 한 묶음에서 다른 묶음으로 5개의 구슬을 옮긴 것이다. 따라서 선택지 중 이것이 가능한 경우는 15개가 있던 묶음에서 5개를 다른 묶음으로 보내 10-6의 조합이 만들어지는 ⑤뿐이다. 이를 그림으로 나타내면 다음과 같다.

43
답 ②

난도 ★★★

정답해설

ㄱ. 주어진 블록에서 A와 B로 미리 할당되지 않은 칸이 총 20개이고 각 칸은 흰색이나 검정색으로 채울 수 있으므로 가능한 코드의 수는 2^{20}=$(1,024)^2$이다. 이는 100만 개를 초과하는 수치이므로 옳은 내용이다.

ㄷ. ㄱ과 같은 논리로 가능한 코드의 수는 $4^{20}(=2^{40})$으로 나타낼 수 있는데 이는 $(2^{20})^2$로 변형할 수 있다. ㄱ에서 기존에 가능한 코드의 수가 2^{20}, 즉 100만 이상이라고 하였으므로 $(2^{20})^2$는 (백만 이상)×(백만 이상)으로 나타낼 수 있다. 따라서 만들 수 있는 코드의 개수는 기존보다 백만 배 이상 증가하므로 옳은 내용이다.

오답해설

ㄴ. A와 B로 지정되지 않은 20칸은 다른 지역에서 만든 것과 동일할 수 있으며, A의 3칸 역시 코드가 같다면 같게 나타날 수 있다. 또한 B도 (검정색-흰색), (흰색-검정색)의 지역코드를 가지는 지역이 존재하며 이 경우 1칸이 역시 흰색으로 같을 수 있으므로 최대 24칸이 동일할 수 있게 된다.

ㄹ. 오른쪽 3칸이 코드를 위해 개방된다면 추가되는 경우의 수는 8가지이다. 즉, 기존의 코드 각각에 대해 8가지의 코드가 추가되는 것이므로 새로운 경우의 수는 2^{20}×8로 나타낼 수 있다. 따라서 만들 수 있는 코드 개수는 기존의 8배로 증가하므로 옳지 않은 내용이다.

❖ 합격생 가이드

ㄱ의 경우 2²⁰을 구하면 1,048,5760이지만 현실적으로 이를 실전에서 직접 구할 수는 없다. 물론 2¹⁰이 1,024라는 것을 미리 알고 있었다면 이를 이용하여 100만을 넘는다는 것을 알아낼 수 있기는 하다. 출제자도 ㄴ과 ㄷ이 아님을 확정하면 곧바로 정답을 고를 수 있게 출제했던 것으로 보이지만 매끄럽지 못했던 문제라고 생각된다. 그러나 자료해석영역을 위해서 이 기회에 2¹⁰이 1,024라는 것과 2²⁰이 100만을 넘는다는 것은 정리해두도록 하자.

44
답 ⑤

난도 ★★★

정답해설

여러 가지 조건 중 가장 확정적인 단서를 제공하는 세 번째 조건을 먼저 확인해보자. 2는 모든 홀수와 인접한다고 하였으므로 이미 고정되어 있는 7을 포함해 총 5개의 칸과 접하고 있는 칸을 찾아야 한다. 이를 찾으면 아래 그림과 같다.

다음으로 마지막 조건을 확인해보면 10은 어느 짝수와도 인접하지 않는다고 하였으므로 가능한 칸은 좌측 상단에 위치한 빈칸뿐이다. 이에 따라 2를 둘러싼 빈칸이 7을 제외하고는 모두 홀수임을 알 수 있으며, 아직 할당이 되지 않은 4와 8이 6에 접한 칸에 배치되는 것 또한 확인할 수 있다.

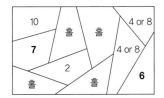

이제 두 번째 조건을 확인해보면 홀수인 1은 소수와만 인접한다고 하였으므로 2를 둘러싸고 있는 칸 중에서 1이 들어갈 수 있는 곳은 좌측 모서리의 빈칸뿐임을 알 수 있다.

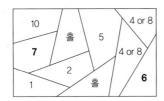

다음으로 다섯 번째 조건을 확인해보면 홀수인 5는 가장 많은 짝수와 인접한다고 하였다. 그런데 홀수가 들어갈 수 있는 세 개의 칸 중에서 아래 그림에서 5가 표시된 부분은 3개의 짝수와 접하지만 나머지 두 칸은 2개의 짝수와 접하는 것을 확인할 수 있다.

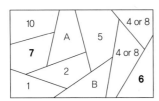

남은 네 번째 조건을 확인해보면 홀수인 3에 인접한 숫자를 모두 더하면 16이라고 하였다. 그런데 아래 그림에서 A칸에 3이 들어갈 경우 인접한 숫자들의 합이 24가 되어 조건을 만족하지 못한다. 따라서 3이 들어갈 곳은 B가 되며, A는 9가 들어가게 된다.

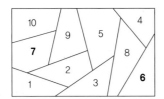

또한 B에 3이 들어갈 경우 3에 인접한 숫자들의 합이 16이라는 조건에 의해 아직 확정되지 못한 4와 8 역시 아래의 자리에 각각 위치하게 된다.

따라서 5에 인접한 숫자를 모두 더한 값은 2+3+9+4+8=26이 된다.

45

답 ①

난도 ★

정답해설

먼저 편도 총비행시간이 8시간 이내이면서 직항 노선이 있는 곳을 살펴보면 두바이, 모스크바, 홍콩으로 후보군을 압축할 수 있다.

다음으로 연가가 하루밖에 남지 않은 상황에서 최대한 길게 휴가를 다녀오기 위해서는 화요일 혹은 목요일 중 하루를 연가로 사용해야 하는데 어떤 경우이든 5일의 연가가 가능하게 된다. 따라서 세훈은 두바이(4박 5일), 모스크바(6박 8일), 홍콩(3박 4일) 중 모스크바는 연휴 기간을 넘어서므로 제외하고 두바이와 홍콩 중 여행 기간이 더 긴 두바이로 여행을 다녀올 것이다.

46

답 ③

난도 ★★

정답해설

먼저, 각 테이블의 메뉴구성을 살펴보면 전체 메뉴는 5가지이며 각 2그릇씩 주문이 되었다는 것을 알 수 있다. 즉, 1번부터 5번까지의 주문 총액을 2로 나누어주면 전체 메뉴의 총합을 알 수 있다는 것이다. 실제로 구해보면 테이블 1~5까지의 총합은 90,000원이며 이것을 2로 나눈 45,000원이 전체 메뉴의 총합이 됨을 알 수 있다.

여기서 테이블 1부터 3까지만 따로 떼어놓고 본다면 다른 것은 모두 1그릇씩이지만 짜장면만 2그릇이 됨을 알 수 있다. 이를 돌려 생각하면 테이블 1~3까지의 총합(=51,000원)과 45,000원의 차이가 바로 짜장면 1그릇의 가격이 된다는 것이다. 따라서 짜장면 1그릇의 가격은 6,000원임을 알 수 있다.

합격생 가이드

이러한 문제를 보고 가장 먼저 떠오르는 것은 연립방정식을 이용하여 푸는 것이다. 하지만 PSAT의 상황판단에서 단순히 연립방정식을 이용해 특정 변수의 값을 구하라는 문제를 출제할 리는 없다는 것을 생각해본다면 반드시 다른 방법이 있을 것이라는 의문을 가져야 한다. 물론 실전에서 이러한 접근법이 떠오르는 것은 하루아침에 이루어지지 않는다. 평소 문제를 풀 때 단순히 산수만으로 풀이해야 하는 것은 없다는 생각을 의식적으로 가지고 접근하는 습관이 필요하다.

47

답 ③

난도 ★★

정답해설

먼저 두 번째 조건을 통해 D~F가 모두 20대임을 알 수 있으며 따라서 A~G 중 나이가 가장 많은 사람은 G라는 것을 확인할 수 있다. 따라서 세 번째 조건에 의해 G는 왕자의 부하가 아니다.

다음으로 네 번째 조건을 살펴보면, 이미 C, D, G의 3명이 여자인 상황에서 남자가 여자보다 많다고 하였으므로 A, B, E, F의 4명이 모두 남자임을 알 수 있다. 여기까지의 내용을 정리하면 다음과 같다.

친구	나이	성별	국적
A	37살	남자	한국
B	28살	남자	한국
C	22살	여자	중국
D	20대	여자	일본
E	20대	남자	중국
F	20대	남자	한국
G	38살	여자	중국

마지막 조건을 살펴보면, 일단은 국적이 동일한 2명이 왕자의 부하이므로 단 한 명인 일본인 D는 부하가 될 수 없으며, 왕자의 두 부하는 성별이 서로 다르다고 하였는데 한국인 A, B, F는 모두 남자이므로 역시 부하가 될 수 없다. 마지막으로 남은 C와 E가 중국 국적이면서 성별이 다른 상황이므로 이들이 왕자의 부하임을 알 수 있다.

합격생 가이드

조건들을 판단할 때 이른바 스캐닝 작업(전체를 눈으로 훑어보는 작업)을 하지 않는 수험생이라면 첫 줄부터 하나씩 체크하며 진행하는 것이 일반적이다. 하지만 거의 대부분의 문제들은 중반 이후에 확정적인 조건이 반드시 주어진다. 이 문제의 경우는 네 번째 조건 즉, 여자보다 남자가 많다는 조건이 바로 그것이다. 물론 이 문제는 난도가 높지 않기에 큰 차이가 없었지만 난도가 조금이라도 올라간다면 그 차이는 상당히 크게 나타난다. 반드시 스캐닝 작업을 하는 습관을 들이자.

48

답 ④

난도 ★★★

정답해설

궁궐의 가이드투어 시작 시간이 10시와 14시이므로 이 두 가지의 경우를 나누어 살펴보자.

- **10시에 궁궐 관광을 시작하는 경우 – 불가능**
  분수공원과 박물관의 운영 시작 시간이 각각 8시 30분과 8시 45분이어서 해당 시설의 관광을 마치고 나면 10시를 넘어선다. 따라서 이들 어느 곳도 궁궐보다 먼저 일정을 시작할 수 없다. 그렇다면 남은 경우는 사찰을 가장 먼저 방문하고 10시에 궁궐 관광을 시작하여 12시에 마치는 것인데, 이 경우 박물관과 분수공원 중 어느 곳을 먼저 방문하더라도 총 이동시간(63분 혹은 67분)을 감안하면 마지막 방문지의 관광을 17시 이전에 마치는 것이 불가능하다. 따라서 10시에 궁궐 관광을 시작하는 경우는 가능하지 않다.
- **14시에 궁궐 관광을 시작하는 경우 – 가능**
  이 경우는 16시에 궁궐 관광을 마치게 되어 이동시간을 감안하면 이 이후에는 다른 관광을 할 수 없다. 따라서 궁궐 관광 이전에 나머지 3곳의 관광을 마쳐야 하는데 분수공원 혹은 박물관을 첫 일정으로 잡는 경우는 이동시간과 소요시간을 고려할 때 14시까지 궁궐에 도착하는 것이 불가능하게 된다. 따라서 첫 일정은 사찰이 되어야 하며 마지막 일정은 궁궐 관광이 되어야 한다. 이 경우 두 번째와 세 번째 일정에 포함되는 분수공원과 박물관 관광은 어느 곳을 먼저 방문해도 무방하다.

ㄱ. 위에서 살펴본 것과 같이 사찰을 가장 첫 방문지로 선택해야 시간 내에 모든 일정을 소화할 수 있으므로 옳은 내용이다.

ㄷ. 박물관과 분수공원은 두 번째와 세 번째 일정에 포함되나 방문 순서가 바뀌어도 14시에 궁궐 관광을 시작하는 데 무리가 없으므로 관광 순서는 바뀌어도 무방하다.

오답해설

ㄴ. 마지막 관광은 궁궐 관광이 되어야 하므로 16시 정각에 모든 일정이 마무리된다.

49

답 ③

난도 ★★

정답해설

블록 6개를 붙인 경우에는 검은 블록이 어디에 위치하고 있든지 위아래의 숫자의 합이 7이 될 수밖에 없다. 따라서 하얀 블록만으로 이루어진 막대기 6개를 제외한 30개의 막대기의 위아래의 숫자의 합은 210이 되어야 한다. 그런데 윗면에 쓰인 숫자의 합이 109라고 하였으므로 아랫면에 쓰인 숫자의 합은 101이 됨을 알 수 있다.

50

답 ①

난도 ★★★

정답해설

먼저, 제시문의 첫 번째 인원변동 후 각 부처의 인원 구성을 살펴보면 다음과 같다.

A부처	B부처
109명	91명
A소속 : 100명	A소속 : 0명
B소속 : 9명	B소속 : 91명

ㄱ. 첫 번째의 인원변동 후 A부처의 인원은 109명(A부처 소속 100명, B부처 소속 9명)이며, B부처의 인원은 91명(A부처 소속 0명, B부처 소속 91명)이 된다. 이 상태에서 두 번째 인원변동이 진행되면 두 부처의 인원은 모두 100명으로 동일해지는데, 보기 ㄱ에서 A부처에 B부처 소속 공무원이 3명 남아있다고 하였으므로 A부처는 A부처 소속 97명, B부처 소속 3명으로 구성되어 있음을 알 수 있으며, 이는 A부처에서 B부처로 보낸 9명 중 3명은 A부처 소속이었다는 것을 알 수 있다. 따라서 B부처의 인원구성은 A부처 소속 3명, B부처 소속 97명임을 알 수 있다.

A부처	B부처
100명	100명
A소속 : 97명	A소속 : 3명
B소속 : 3명	B소속 : 97명

ㄴ. 첫 번째의 인원변동 후 A부처의 인원은 109명(A부처 소속 100명, B부처 소속 9명)이며, B부처의 인원은 91명(A부처 소속 0명, B부처 소속 91명)이 된다. 이 상태에서 두 번째 인원변동이 진행되면 두 부처의 인원은 모두 100명으로 동일해지는데, 보기 ㄴ에서 B부처에 A부처 인원이 2명이라고 하였으므로 B부처는 A부처 소속 2명, B부처 소속 98명으로 구성되어 있음을 알 수 있으며, 이는 A부처에서 B부처로 보낸 9명 중 2명은 A부처 소속이었다는 것을 의미한다. 따라서 A부처의 인원구성은 A부처 소속 98명, B부처 소속 2명임을 알 수 있다.

A부처	B부처
100명	100명
A소속 : 98명	A소속 : 2명
B소속 : 2명	B소속 : 98명

따라서 괄호 안에 들어갈 숫자의 합은 50이다.

51

답 ①

난도 ★★★

정답해설

게임 결과 총 14점을 획득하였고 두더지를 맞힌 횟수를 모두 더하면 12번이므로 대장 두더지 2번, 부하 두더지 10번을 맞혔음을 알 수 있다.

먼저 A는 대장이든 부하든 상관없이 2번 맞았다고밖에 볼 수 없다. 왜냐하면, 대장 두더지가 2번 맞은 것이 확정된 상황에서 만약 A가 2번이 아닌 다른 짝수 횟수만큼(예 4번) 맞았다고 한다면 A는 맞은 두더지 중에 가장 적게 맞은 것이 아니기 때문이다. A는 '맞은 두더지 중'에 가장 적게 '맞았다'는 부분을 통해 0이 될 수도 없다.

또한 한 번도 맞지 않은 두더지가 1마리라는 점에서 B와 C는 모두 0이 아님을 알 수 있으며 D 역시 자신의 발언을 통해 0이 아님을 확정할 수 있다. 따라서 한 번도 맞지 않은 두더지는 E이다.

다음으로 A, C, D가 맞은 횟수의 합이 9이므로 이를 만족하는 경우를 따져보면 다음과 같다.

A	B	C	D	E	합
2		2	5	0	
2		3	4	0	
2		4	3	0	
2		5	2	0	

또한, B와 C가 같다는 조건과 전체 맞은 횟수의 합이 12라는 점을 고려하면 아래의 표와 같이 정리할 수 있다.

A	B	C	D	E	합
2	2	2	5	0	11(×)
2	3	3	4	0	12
2	4	4	3	0	13(×)
2	5	5	2	0	14(×)

위의 표에서 두 번째 경우만 모든 조건을 충족하며 이 중 2번 맞은 것은 A뿐이므로 A가 대장 두더지임을 알 수 있다.

52

정답 ⑤

난도 ★★

정답해설

먼저 12명의 위원이 1인당 2표씩 투표하므로 총 투표 수는 24표가 되며, 위원 1인이 얻을 수 있는 최대 득표 수는 11표라는 것을 확정하고 선택지를 분석해 보자.

ㄴ. 득표자가 총 3명이고 그 중 1명이 7표를 얻었다면, 잔여 투표 수는 17표(= 24표−7표)가 되는데, 17표는 홀수이므로 동일한 수의 합으로 구할 수 없다. 따라서 나머지 2명은 다른 득표 수를 가질 수밖에 없으므로 누가 몇 표로 최다 득표자가 되느냐에 상관없이 추첨은 이루어지지 않는다. 만약 7표를 가진 사람이 2명이라고 하더라도 나머지 한 사람이 10표를 얻은 것이 되므로 이들을 위한 투표가 이루어지지 않는다.

ㄷ. 최다 득표자가 8표를 얻었다면, 잔여 투표 수는 16표가 되는데, 추첨이 없으면서 8표 득표자가 최다 득표자가 되기 위해서는 나머지 위원들이 7표 이하를 얻어야 한다. 그런데 7표 이하의 득표만으로 16표를 만들기 위해서는 최소 3명이 필요하게 되어 전체 득표자는 4명 이상이 된다.

위원1	위원2	위원3	위원4
8표	7표	7표	2표
위원장	최소 3명 이상 필요		

오답해설

ㄱ. 득표자가 4명 이상인 경우를 찾으면 옳지 않은 것이 된다. 먼저 한 명의 위원이 5표를 얻었다고 하였으므로 잔여 투표 수는 19표(= 24표−5표)인데, 두 명의 위원이 9표씩 얻고 남은 1명이 1표를 얻는 경우가 이에 해당된다.

위원1	위원2	위원3	위원4
9표	9표	5표	1표
이들 중 추첨을 통해 결정			

◆ 합격생 가이드

이러한 유형의 문제는 철저하게 반례를 찾는 식으로 풀이해야 한다. 시간이 많이 걸리는 원칙적인 풀이를 통해 정답을 찾을 수도 있겠지만 굳이 빠른 길을 놔두고 돌아갈 필요는 없다. 따라서 문제를 보고 어떻게 접근해야 빠르게 답을 찾을 수 있는지 판단하는 연습도 필요하다.

53

정답 ②

난도 ★★

정답해설

먼저 계산의 편의를 위해 각 업체의 시간당 작업면적을 계산하면 A업체는 2m², B업체는 1m², C업체는 1.5m²로 계산된다.

ㄴ. 위에서 계산한 것과 같이 B는 시간당 1m², C는 시간당 1.5m²를 완료할 수 있으므로 B와 C가 같이 작업을 진행할 경우 시간당 2.5m²를 완료할 수 있다. 이 속도로 전체 면적인 60m²을 진행한다면 24시간이 소요되므로 옳은 내용이다.

오답해설

ㄱ. 작업이 순차적으로 이루어지지 않고 동시에 작업하는 상황에서는 가용가능한 모든 업체를 모두 동원하는 경우에 가장 빠르게 작업을 마무리 할 수 있다. 이 경우 A, B, C 모든 업체가 작업을 진행할 경우 시간당 4.5m²의 속도로 작업을 진행하며 다른 어떤 조합을 통해서도 이보다 더 큰 수치는 나올 수 없다.

ㄷ. ㄱ에서 살펴본 바와 같이 A, B, C가 동시에 작업을 진행하면 시간당 4.5m²를 진행할 수 있어 소요되는 비용은 (60/4.5)×27이며, ㄴ에서 살펴본 것처럼 B와 C가 동시에 진행하면 시간당 2.5m²를 진행할 수 있어 소요되는 비용은 (60/2.5)×17로 나타낼 수 있다. 이를 분수비교하기 위해 양변을 60으로 나누고 분모에 10을 곱해주면 27/45와 17/25의 비교로 변환할 수 있다. 이를 비교하면 분모는 25에서 45로 20이, 분자는 17에서 27로 10이 증가하였는데 이는 직접 계산을 해보지 않아도 분모의 증가율이 더 클 것이라는 것은 충분히 어림할 수 있다. 따라서 27/45가 17/25보다 작다는 것을 확인할 수 있으며 따라서 B, C가 동시에 진행하는 경우의 비용이 더 크므로 옳지 않은 내용이다.

54

정답 ②

난도 ★★★

정답해설

ㄴ. 너무 강한 상대여서 이길 확률이 0%인 경우, 그 경기를 이긴다면 얻게 되는 엘로 점수는 32×1.0=32이며 이길 확률이 조금이라도 있는 경우라면 이 수치가 32보다 작아지게 되므로 맞는 지문이다.

ㄹ. 먼저, 승리할 확률이 0.76인 경우, 0.5일 때보다 엘로 점수가 200점 높다는 점에서 엘로 점수의 차이와 승리확률이 비례관계에 있음을 알 수 있다. 따라서 A가 B에게 승리할 확률이 0.80이라면 둘의 차이는 200점보다 크다는 것을 알 수 있고, 같은 논리로 B와 C의 엘로 점수 차이도 200점보다 크다고 판단할 수 있다. 이를 토대로 A와 C의 엘로 점수 차이는 400점 이상임을 알 수 있으며 이는 ㄷ과 같이 A가 C에게 승리할 확률이 0.9 이상이 됨을 의미한다.

오답해설

ㄱ. 경기에서 승리한 선수가 얻게 되는 점수는 그 경기에서 패배할 확률에 K를 곱한 수치인데 그 경기에서 패배할 확률이라는 것은 결국 상대선수가 승리할 확률과 동일하므로 둘은 항상 같을 수밖에 없다.

ㄷ. A가 B에게 패배할 확률이 0.1이라는 것은 A가 B에게 승리할 확률이 0.9임을 의미한다. 이를 첫 번째 산식을 통해 살펴보면, 만약 둘 사이의 엘로 점수 차이가 400점일 때 A가 B에게 승리할 확률은 0.9x임을 알 수 있으며 차이가 400점보다 더 커진다면 A가 B에게 승리할 확률은 1에 가까워지게 된다(뒤집어 말하면 A가 B에게 패배할 확률이 0에 가까워진다). 따라서 A가 B에게 패배할 확률이 0.0x에서 0.1로 커지기 위해서는 엘로 점수 차이가 400점보다 작아져야 한다.

상황판단의 문제들 중에는 본 문제와 같이 복잡한 수식이 제시된 것들이 종종 등장하는 편이다. 여기서 확실히 알아두어야 할 것은 출제자는 그 수식을 직접 계산하여 구체적인 수치를 도출하게끔 문제 구성을 하지 않는다는 것이다. 본 문제의 경우도 제시문에 언급된 수치들과 선택지를 잘 활용하면 실상 계산할 것은 별로 없었다. 여러분들이 준비하는 시험은 공학수학이 아니라 PSAT임을 명심하자.

55

답 ⑤

난도 ★★

정답해설

먼저 대상 기관이 5개이므로 정성평가의 선정비율에 이를 반영하면 '상'에는 1개, '중'에는 3개, '하'에는 1개 기관이 할당됨을 알 수 있다. 이제 주어진 〈상황〉 중 훼손된 부분인 정성평가 부분만을 따로 떼어내어 살펴보자.

A가 20점을 얻었다는 것은 각 분야별로 B와 C가 1개 기관씩만 할당되어 있는 '상'을 모두 A가 가져갔다는 것을 의미한다. 그리고 B와 C가 11점을 얻었다는 것은 배점의 분포상 각 분야별로 모두 '중'을 가져갔다는 것을 의미한다. 따라서 남은 자리는 각 분야별로 '중' 1개, '하' 1개라는 것을 알 수 있다.

그렇다면 D와 E가 얻을 수 있는 경우의 수는 '중중(11)/하하(4)', '중하(7)/하중(8)', '하중(8)/중하(7)', '하하(4)/중중(11)'의 4가지로 정리할 수 있으며 이를 반영하면 다음과 같은 평가표를 작성할 수 있다.

평가 기관	정량평가	정성평가				최종점수			
A	71	21				91			
B	80	11				91			
C	69	11				80			
D	74	11	7	8	4	85	81	82	78
E	66	4	8	7	11	70	74	73	77

⑤ 위의 표에서 보듯, E기관은 어떤 경우든 모두 5위를 차지하므로 옳은 내용이다.

오답해설

① · ② A와 B가 91점으로 같지만, 최종점수가 동점일 경우에는 정성평가 점수가 높은 순서대로 순위를 결정하므로 A는 어떤 경우이든 1위를 차지하며, B는 2위를 차지한다.

③ · ④ 위의 표에서 보듯, D기관이 80점 이상을 얻는 경우가 3가지나 존재하므로 이 경우에 해당한다면 D가 3위, C는 4위를 차지하게 된다. 따라서 옳지 않다.

56

답 ④

난도 ★★

정답해설

주어진 〈상황〉을 토대로 가능한 상황을 정리하면 다음과 같다.

• 甲 : 12일을 포함하여 총 4일을 운행하기 위해서는 홀짝제가 적용되는 3일 중 하루를 운행하지 않아야 한다. 따라서 甲은 13일을 제외한 운행했음을 알 수 있다. 그렇다면 甲의 차량은 짝수차량이라는 것을 알 수 있으며 15일과 16일에도 운행을 하였으므로 끝자리 숫자가 8, 0은 아니라는 것을 끌어낼 수 있다. 따라서 甲의 차량은 2, 4, 6 중 하나의 숫자로 끝나는 차량임을 알 수 있다.

• 乙 : 운행이 가능한 날은 모두 자신의 자동차로 출근했다고 하였으므로 12~14일 중 하루는 반드시 운행을 했을 것이다. 모든 숫자는 홀수와 짝수 둘 중 하나에 포함되기 때문이다. 결국 乙은 13일에 운행했을 것이다. 나머지 하루는 15일 혹은 16일인데 15일에 운행을 하고 16일에 하지 않았다면 끝자리 숫자는 9일 것이며, 15일에 운행을 하지 않고 16일에 운행을 했다면 끝자리 숫자는 7이 될 것이다.

• 丙 : 13일에 운행을 했다는 부분에서 홀수차량임을 알 수 있으며 15, 16일에 운행했다는 부분에서 끝자리가 7, 9가 아님을 알 수 있다. 따라서 丙의 차량은 1, 3, 5 중 하나의 숫자로 끝나는 차량임을 알 수 있다.

구분	12	13	14	15	16	끝자리
甲	○	×	○	○	○	2, 4, 6
乙	×	○	×	둘 중 하루		7, 9
丙	×	○	×	○	○	1, 3, 5

따라서 끝자리 숫자의 합의 최댓값은 6+9+5=20이다.

57

답 ⑤

난도 ★★★

정답해설

〈구간별 혼잡도 정보〉는 결국 해당 정류장의 승하차가 완료된 인원을 통해 알 수 있는 정보이다. 따라서 이를 반영하여 표를 정리하면 다음과 같다. 계산과정에서 일시적으로 40명을 초과하는 탑승인원이 산출될 수 있으나 승하차가 동시에 이루어진다는 전제에 따라 곧바로 조정되므로 이 부분은 무시하도록 한다.

정류장	승차(명)	하차(명)	승하차 후(명)
A	20	0	20
B	(㉠)	10	36~40
C	5	( )	36~40
D	( )	10	( )
E	15	( )	16~25
F	0	( )	( )

이제 정류장별로 차례로 빈칸을 채워보자.

ⅰ) B정류장 : A정류장 출발 시 20명이었던 인원에서 10명이 하차하였고 승차가 완료된 인원이 36~40명이 되어야 하므로 승차인원은 26~30명의 범위 안에 있어야 한다.

ⅱ) C정류장 : B정류장 출발 시 36~40명이 탑승하고 있었고 C정류장에서 5명이 승차하였다. 따라서 하차인원을 감안하지 않으면 탑승자는 41~45명인데, 하차인원을 감안한 인원수가 36~40명이므로 하차인원은 1~9명의 범위 안에 있어야 한다.

ⅲ) D정류장 : C정류장 출발 시 36~40명이 탑승하고 있었고 D정류장에서 10명이 하차하였다. 따라서 승차인원을 감안하지 않으면 탑승자는 26~30명인데, 이 버스의 승차정원이 40명이므로 승차인원은 0~14명의 범위 안에 있어야 한다. 따라서 승하차인원을 모두 감안한 탑승인원은 26~40명이다.

ⅳ) E정류장 : D정류장 출발 시 26~40명이 탑승하고 있었고 E정류장에서 15명이 탑승하였다. 따라서 하차인원을 감안하지 않으면 탑승자는 41~55명인데, 하차인원을 감안한 인원수가 16~25명이므로 하차인원은 16~39명의 범위 안에 있어야 한다.

⑤ ⅲ)에서 D정류장의 승하차인원을 모두 감안한 탑승인원은 26~40명이라고 하였으므로 제시문의 기준에 의해 '혼잡' 또는 '매우 혼잡'으로 표시된다.

오답해설

① ⅱ)에서 하차인원은 1~9명의 범위 안에 있어야 한다고 하였으므로 옳지 않다.

② ⅳ)에서 하차인원은 16~39명의 범위 안에 있어야 한다고 하였으므로 옳지 않다.

③ ⅰ)에서 승차인원은 26~30명의 범위 안에 있어야 한다고 하였으므로 최솟값과 최댓값의 합은 56이다.

④ A정류장 승하차 후 탑승인원이 20명이므로 제시문의 기준에 의해 '보통'으로 표시된다.

58

달 ②

난도 ★★★

정답해설

② 곶감이 소쿠리에 있다면 甲과 戊는 거짓말을 한 것이므로 나쁜 호랑이고, 丙은 참말을 하였으므로 착한 호랑이가 된다. 그런데 乙과 丁의 경우는 둘 중 하나는 참말, 하나는 거짓말의 관계만 성립하면 되므로 가능한 조합이다.

오답해설

① 곶감이 꿀단지에 있다면 甲은 거짓말을 한 것이므로 나쁜 호랑이가 되고, 丙과 戊는 참말을 하였으므로 착한 호랑이가 된다. 착한 호랑이는 2마리라고 하였으므로, 乙과 丁은 나쁜 호랑이가 된다. 丙을 나쁜 호랑이라고 하였으므로 가능하지 않다.

③ ②에서 언급한 것과 같이 곶감이 소쿠리에 있다면 乙은 丁과 반대이기만 하면 되지만, 丙은 참말을 하였으므로 착한 호랑이가 된다. 따라서 가능하지 않다.

④ 곶감이 아궁이에 있다면 甲은 참말을 한 것이므로 착한 호랑이이고, 丙과 戊는 거짓말을 하였으므로 나쁜 호랑이가 된다. 따라서 가능하지 않다.

⑤ ④에서 언급한 것과 같이 곶감이 아궁이에 있다면 甲은 착한 호랑이인데, 乙은 자신만 곶감의 위치를 안다고 하였으므로 乙은 거짓말을 하고 있는 것이어서 나쁜 호랑이가 되며, 반대로 丁은 乙과 반대가 되어야 하므로 착한 호랑이가 된다. 따라서 가능하지 않다.

59

달 ④

난도 ★★

정답해설

제시문을 근거로 점수를 계산하는 공식을 도출해보면 임을 알 수 있다(단 x는 승 수, y는 무승부 수, z는 패 수, $x+y+z=30$, x와 y와 z는 모두 0 이상 30 이하의 정수). 따라서 이 산식을 통해 가능한 경우의 수를 따져보면 다음과 같다.

x(승 수)	y(무승부 수)	z(패 수)	합산 점수
29	1	0	146점
29	0	1	144점
28	2	0	142점
28	1	1	140점
28	0	2	138점

30승인 경우(150점)와 27승 이하(138점 이하)인 경우는 합산점수가 5명이 진술한 점수의 범위를 벗어나므로 생략하였다. 위 표에 의하면 빛나가 진술한 140점만 가능한 상황임을 알 수 있다.

60

달 ⑤

난도 ★★

정답해설

ㄴ. 甲과 乙이 펼치는 쪽 번호는 (1,2,0)과 (1,2,1)으로 동일하여 무승부가 되므로 옳은 내용이다.

ㄹ. 乙이 100쪽을 펼쳤다면 나오는 쪽은 100쪽과 101쪽이 되므로 乙의 점수는 2점(1+1)이 된다. 만약 이 상황에서 乙이 승리하기 위해서는 甲이 1점을 얻어야 하는데 각 자리의 숫자를 더하거나 곱한 것이 1점이 되는 경우는 1쪽뿐이다. 그런데 시작 면이 나오게 책을 펼치지는 않는다고 하였으므로 옳은 내용이다.

오답해설

ㄱ. 甲의 경우 98쪽은 각 자리 숫자의 합이 17이고, 곱이 72인 반면, 99쪽은 합이 18이고, 곱이 81이므로 81을 본인의 점수로 할 것이다. 乙의 경우 198쪽은 각 자리의 숫자의 합이 18이고, 곱이 72인 반면, 199쪽은 합이 19, 곱이 81이므로 역시 81을 본인의 점수로 할 것이다. 따라서 무승부가 되어 옳지 않은 내용이다.

ㄷ. 甲이 369쪽을 펼치면 나오는 쪽은 368쪽과 369쪽인데, 이 경우 甲의 점수는 369의 각 자리 숫자의 곱인 162가 된다. 그런데 예를 들어 乙이 378쪽과 379쪽을 펼친다면 乙의 점수는 189점이 되어 甲보다 크다. 따라서 옳지 않은 내용이다.

61

달 ②

난도 ★★★

정답해설

ㄱ. 사무관30이 남성이라면 성별에 따라 사무관30이 배정받는 내선번호는 30이다. 사무관30이 여성이라도 사무관3보다 어린 사무관이 없고, 소속 팀명도 가장 뒤에 있으므로 사무관30이 배정받는 내선번호는 30이다.

ㄷ. 주어지지 않은 조건과 상관없이 과장과 사무1~3의 내선번호는 모두 확정되므로 주무관1~6의 내선번호가 확정되는지 확인한다. 주무관30이 남성이므로 주무관1이 내선번호 4, 주무관4가 내선번호 5를 각각 배정받는다. 주무관3의 나이가 31세 이상 39세 이하이므로 가장 나이가 많은 주무관5는 내선번호 6을 배정받는다. 주무관3의 나이는 주무관2의 나이보다 같거나 작지만 소속 팀명이 후순위에 있다. 또한 주무관3의 나이는 주무관6의 나이보다 같거나 크지만 소속 팀명이 선순위에 있다. 따라서 주무관2, 주무관3, 주무관6이 각각 내선번호 7, 8, 9를 배정받는다. 결국 모든 과원의 내선번호를 확정할 수 있다.

오답해설

ㄴ. 여성이 총 5명이라면 성별이 확정되지 않은 사무관3과 주무관3은 모두 남성이어야 한다. 이때 과장과 사무관1~3은 모두 내선번호가 확정되므로 내선번호가 확정되는 주무관이 있는지 확인해야 한다. 여성 주무관들은 나이와 성별이 모두 밝혀져 있어 주무관1이 내선번호 4, 주무관4가 내선번호 5를 확정적으로 부여받는다. 남성 주무관들은 주무관3의 나이에 따라 배정받는 내선번호가 달라지므로 내선번호가 확정되는 사람은 6명이다.

ㄹ. 주무관3의 나이와 성별을 알게 되더라도 조건이 모두 일치하는 주무관이 존재할 경우 내선번호를 확정할 수 없다. 직급, 성별, 나이, 소속 팀명이 모두 일치하는 과원이 존재하면 된다. 주무관3의 나이가 27세, 성별이 여성이라면 주무관4와 모든 조건이 일치하므로 내선번호를 확정할 수 없다.

62

답 ⑤

난도 ★★

정답해설

첫 번째 사건의 가해차량 번호와 甲, 乙, 丙의 진술을 대조해 보면 다음과 같다.

구분	甲	乙	丙
99★2703	불일치	불일치	일치
81★3325	일치	일치	일치
32★8624	일치	일치	불일치

이때, 두 명의 진술은 첫 번째 사건의 가해차량 번호에 대한 것이고, 나머지 한 명의 진술은 두 번째 사건의 가해차량 번호에 대한 것이므로 두 목격자의 진술은 일치하지만 한 목격자의 진술은 불일치하는 32★8624가 첫 번째 사건의 가해차량 번호에 해당한다. 또한 甲, 乙은 첫 번째 사건의 목격자이고 丙은 두 번째 사건의 목격자가 된다.

◆ 합격생 가이드

첫 번째 사건의 가해차량 번호는 두 번째 사건의 목격자 진술에 부합하지 않으므로, 결국은 참 거짓을 판단하는 문제이다. 그러므로 각 목격자 중 어느 사람이 두 번째 사건의 목격자일지 경우의 수를 나눌 필요 없이 바로 참 거짓의 판단을 통해 문제를 풀면 된다.

63

답 ⑤

난도 ★★

정답해설

甲은 아무 정보도 없는 상태에서 본인이 가장 높은 점수를 받았음을 확신하고 있다. 乙, 丙은 모두 1 이상의 점수를 받았으므로, 甲의 점수가 50점 이상이라는 것을 알 수 있다. 그런데 乙은 甲이 50점 이상이라는 정보를 통해 바로 丙의 점수까지 추론해냈다. 사전적으로 주어진 정보는 丙의 점수가 1 이상이라는 것이므로 乙의 점수를 통해 바로 甲은 50점, 丙은 1점이 확정되어야 한다. 따라서 乙의 점수는 49점이다.

◆ 합격생 가이드

주어진 조건들을 순서에 따라 적용해야 한다. 대화 이전에 주어진 조건을 우선 정리한 후, 甲, 乙, 丙의 말을 통해 도출되는 조건을 순차적으로 적용한다. 이때 乙은 甲의 말만 듣고 바로 세 사람의 점수를 도출할 수 있다는 점이 풀이의 핵심이 된다.

64

답 ③

난도 ★★

정답해설

ㄱ. 문제인식 평가항목의 최종점수는 乙이 18, 丙이 21이다. 甲의 점수는 ⓐ가 24보다 작을 때 27, ⓐ가 54보다 클 때 $\frac{30+ⓐ}{2}$이므로 가장 높다.

ㄴ. ⓑ=ⓒ>16이라면 ⓑ와 ⓒ는 24, 32, 혹은 40이다.
　ⓑ=ⓒ=24일 때 성장전략 평가항목의 최종점수는 乙이 28, 丙이 24이다.
　ⓑ=ⓒ=32일 때 성장전략 평가항목의 최종점수는 乙이 32, 丙이 28이다.
　ⓑ=ⓒ=40일 때 성장전략 평가항목의 최종점수는 乙이 32, 丙이 32이다.
　따라서 성장전략 평가항목의 최종점수는 乙이 丙보다 낮지 않다.

오답해설

ㄷ. ⓐ=18, ⓑ=24, ⓒ=24일 때 甲의 최종점수 합계는 27+21+28=76이고, 乙의 최종점수 합계는 18+21+28=67, 丙의 최종점수 합계는 21+18+24=63이다. 따라서 포상을 받게 되는 부서는 甲과 乙이다.

◆ 합격생 가이드

평가항목별 최종점수 식이 복잡하게 주어져 있지만 결국 평가항목별로 중간에 있는 두 점수를 더한 값만 비교하면 된다. 특히 분모로 주어진 '평가위원 수−2'는 모든 평가항목에 대해 동일한 값을 가지므로 무시하고 풀어도 된다.

65

답 ④

난도 ★★

정답해설

만족도 점수의 합을 최대로 하기 위해서는 외식에 4만 원, 전시회 관람에 5만 원, 쇼핑에 1만 원을 지출해야 한다. 이때의 만족도는 13+12+1=26점이다.

◆ 합격생 가이드

1만 원을 추가해서 증가하는 만족도 점수의 폭에 주목한다. 이때, 증가하는 만족도 점수가 가장 큰 외식 4만 원, 전시회 관람 3만 원, 쇼핑 3만 원 조합에서 판단을 시작한다. 이제 항목별로 1만 원을 줄여 다른 항목을 추가했을 때 만족도 점수가 증가할 여지가 있는지 살펴본다. 마찬가지로 2만 원을 줄여 다른 항목에 추가했을 때 만족도 점수가 증가할 여지가 있는지 살펴본다. 전시회 관람에 2만 원을 추가하고 쇼핑에 2만 원을 뺄 경우 만족도 점수가 증가한다는 점을 알 수 있다.

66

답 ②

난도 ★★★

정답해설

• 1회: 1760g의 콩에 돌멩이 2개를 추가하여 1800g을 만든 후 양팔저울을 이용하여 900g과 860g의 콩으로 나눈다. 이때, 한쪽의 접시에는 콩만 올리고 다른 쪽의 접시에는 돌멩이 40g과 콩을 올린 것이다.

• 2회: 900g의 콩에 돌멩이 2개를 추가하여 940g을 만든 후 양팔저울을 이용하여 470g과 430g의 콩으로 나눈다. 이때, 한쪽의 접시에는 콩만 올리고 다른 쪽의 접시에는 돌멩이 40g과 콩을 올린 것이다.

• 3회: 양팔저울의 한쪽 접시에는 5g짜리 돌멩이를, 다른 쪽 접시에는 35g짜리 돌멩이를 올린 후 430g의 콩에서 30g을 빼서 평형을 이루게 만든다. 이렇게 나온 30g의 콩을 430g의 콩에서 제외하면 400g의 콩이 도출된다.

67

답 ①

난도 ★★

정답해설

동일 매체에 2일 연속 출연하지 않으므로 TV와 라디오에 번갈아가며 출연한다. 또한, 동일 시간대에도 2일 연속 출연하지 않으므로 오전과 오후에 번갈아가며 출연한다. 만약 월, 수, 금에 TV에 출연한다면 월, 수, 금 모두 동일 시간대에 출연하는 것이 불가능하므로 월, 수, 금은 라디오에 출연해야 한다. 또한, 월, 수, 금은 동일 시간대에 출연해야 하므로 오전에 출연해야 한다. 따라서 화, 목에는 오후에 TV에 출연하게 된다.

이제 요일별로 출연하는 프로그램을 맞춰보면 펭귄파워, 펭귄극장, 지금은 남극시대, 남극의 법칙, 굿모닝 남극대행진 순서로 출연하게 된다.

합격생 가이드

월, 수, 금과 화, 목으로 나누어 동일 매체, 동일 시간대에 출연해야 한다는 점이 핵심이다. 또한, 요일별 매체와 시간대까지만 도출한 후 이에 부합하지 않는 선지들을 소거하고 출연하는 프로그램을 맞춰본다면 실수할 여지를 줄일 수 있다.

68

답 ①

난도 ★★

정답해설

소요되는 최소 시간을 구하는 문제이다. 이를 위해서는 중간에 비는 시간을 최소로 하면서 이용시간이 가장 긴 사람부터 이용하게 해야 한다. 따라서 전반적으로 이용시간이 긴 샤워실을 기준으로 살펴보아야 하는데, 샤워실을 20분 이용하는 甲이 먼저 이용하도록 하고, 다음으로 丁, 乙, 丙 순서로 이용하도록 한다. 주의해야 할 점은 샤워실은 2개가 있다는 점이다. 이를 바탕으로 인물별 상세 이용시간을 구해보면 다음과 같다.

甲	가장 먼저 사용하여 대기하는 시간이 존재하지 않으므로, 이용시간은 다음과 같다. 5분＋3분＋20분＝28분
丁	화장실을 이용하기 위해서는 甲이 화장실 이용을 마쳐야 하므로, 甲의 화장실 이용시간인 5분을 대기한 후 이용이 가능하다. 샤워실이 2개 있으므로, 이후로는 대기하는 시간 없이 이용할 수 있으므로, 이용시간은 다음과 같다. 5분(대기)＋10분＋3분＋15분＝33분
乙	화장실을 이용하기 위해서는 甲과 丁이 화장실 이용을 마쳐야 하므로, 두 사람의 화장실 이용시간인 15분을 대기한 후 이용이 가능하다. 15분 대기 후 화장실과 세면대는 대기 없이 이용할 수 있으나 대기시간을 포함하더라도 25분이 소요되므로, 샤워실 이용을 위해서는 대기시간이 존재한다. 甲이 샤워실까지 이용하는 데 소요되는 시간이 28분이므로, 乙이 샤워실을 이용하려면 추가로 3분을 더 대기해야 한다. 따라서 이용시간은 다음과 같다. 15분(대기)＋5분＋5분＋3분(대기)＋10분＝38분

丙	丙은 가장 마지막에 이용하게 되므로, 丙이 화장실을 이용하기 위해서는 甲, 丁, 乙이 화장실 이용을 마쳐야 하므로, 세 사람의 화장실 이용시간인 20분을 대기한 후 이용이 가능하다. 20분 대기 후에는 추가 대기시간 없이 이용할 수 있으므로, 이용시간은 다음과 같다. 20분(대기)＋10분＋5분＋5분＝40분

따라서 甲~丁 4명이 모두 외출 준비를 끝내는 데 소요되는 최소 시간은 40분이다.

합격생 가이드

샤워실이 2개이므로 화장실과 세면대 이용시간이 짧은 사람과 긴 사람으로 나누어 풀이를 시작한다. 이때, 샤워실 이용시간이 상대적으로 긴 丁이 최대한 빨리 샤워를 시작할 수 있도록 만드는 것이 핵심이다.

69

답 ⑤

난도 ★★

정답해설

〈상황〉의 조건을 정리해 보면 다음과 같다. 의사와 간호사는 성별이 같은데, 라디오 작가와 요리사는 성별이 반대이므로 의사와 간호사는 남성이고 TV드라마감독은 여성이다. 남성과 여성의 평균 나이가 같으므로 여성은 34세와 26세 혹은 32세와 28세이다.

〈자기소개〉의 조건까지 더해 보면 다음과 같은 결론이 나온다.

- 甲은 의사 혹은 간호사이므로 남성이다. 또한 갑은 32세이므로 여성들의 나이는 34세와 26세이다.
- 乙은 남성이므로 라디오작가이다.
- 丙은 간호사 혹은 의사이고, 20대이므로 28세이다. 따라서 乙은 30세라는 점도 알 수 있다.
- 丁은 TV드라마감독이다.
- 戊는 요리사이고 26세이다. 따라서 丁은 34세라는 점도 알 수 있다.

이때, 甲~丙은 남성이고 丁, 戊는 여성이다.

⑤ 丁은 34세이고, 의료계에 일하는 甲과 丙 중 나이가 적은 丙은 28세이므로 6살 많다.

오답해설

① TV드라마감독은 丁이므로 30세인 乙보다 네 살이 많다.
② 의사와 간호사는 甲과 丙 혹은 丙과 甲이고, 두 사람은 각각 32세와 28세이므로 의사와 간호사 나이의 평균은 30세이다.
③ 요리사인 戊는 26세이고 라디오작가인 乙은 30세이므로 두 사람은 네 살 차이이다.
④ 甲은 32세이고, 방송업계에서 일하는 乙과 丁은 각각 30세, 34세이므로 두 사람의 나이의 평균과 같다.

합격생 가이드

상황을 다음과 같이 정리해 두고 문제를 풀면 실수의 여지를 줄일 수 있다.

구분	직업	나이
甲	의사/간호사	32세
乙	라디오작가	30세
丙	간호사/의사	28세
丁	TV드라마감독	34세
戊	요리사	26세

70

답 ②

난도 ★★★

정답해설

乙은 丙보다 10개 적게 조립했다고 말했고, 丙은 乙보다 10개 적게 조립했다고 말했으므로 두 사람의 말은 상충된다. 따라서 甲은 모두 진실만을 말하였다.

甲이 乙보다 1분당 3개 더 조립했음에도 乙과 조립한 상자 개수는 같으므로 乙이 甲보다 더 오랜 시간 조립했다. 또한 甲은 丙보다 10분 적게 일했다.

丙은 자신이 乙보다 10개 적게 조립했다고 말했다. 甲과 乙이 조립한 상자 개수가 같으므로 丙의 말이 사실이라면 丙은 甲보다 10개 적게 조립했어야 한다. 그런데 丙은 甲보다 1분당 1개 더 조립했고, 甲보다 10분 많이 일했다. 그러므로 丙은 甲보다 조립한 상자 개수가 더 많아야 한다. 따라서 丙은 진실을 말하고 있는 것이 아니다.

이제 甲과 乙의 말이 모두 진실임을 확인하였으므로, 1분당 조립한 상자 개수와 조립한 시간을 통해 조립한 상자 개수를 구하면 다음과 같다.

구분	1분당 조립한 상자 개수	조립한 시간	조립한 상자 개수
甲	x+3	y	(x+3)y
乙	x	y+40	x(y+40)
丙	x+2	y+10	(x+2)(y+10)

이때, 甲은 乙과 조립한 상자 개수가 같으므로 $(x+3)y=x(y+40)$이 성립하고, 乙은 丙보다 10개 적게 조립했으므로 $x(y+40)=(x+2)(y+10)-10$이 성립한다. 이를 풀면, $x=3$, $y=400$이고, 甲이 조립한 상자의 개수는 $6\times400=240$개이다.

◆ **합격생 가이드**

두 사람은 참을 말하고, 다른 한 사람은 거짓을 말하고 있는 상황에서 두 사람의 진술이 상충된다면 다른 한 사람은 반드시 참을 말하고 있다는 점을 활용한다.

이 문제는 참 거짓을 판별한 후 방정식까지 풀기를 요구하고 있으므로 풀지 않는 것이 좋다.

71

답 ⑤

난도 ★★

정답해설

⑤ C의 I 안에서의 부담 비용은 전체 건설 비용의 1/30이다. C는 모든 도로 구간을 이용하는 바 C의 III 안에서의 부담비용은 $\overline{OA}$ 건설 비용의 1/3, $\overline{AB}$ 건설 비용의 1/2, $\overline{BC}$ 건설비용의 전부이다. 2문단에 따라 도로 1km당 건설비용이 동일하고 각 구간의 길이가 동일하기 때문에 C의 부담비용은 전체 건설비의 11/180이다. 그러므로 C의 부담 비용은 III 안이 I 안의 2배 미만이다.

오답해설

① A는 도로 구간 중 $\overline{OA}$, 즉 30km만 이용한다. A의 III 안에서의 부담비용은 $\overline{OA}$ 건설 비용의 1/30이다. 즉 전체 건설비의 1/90이다. I 안의 경우 전체 건설비의 1/3, II 안의 경우 전체 건설비의 1/6보다 낮다.

② B는 도로 구간 중 $\overline{OA}$, $\overline{AB}$, 즉 60km를 이용한다. B의 I 안에서의 부담비용은 전체 건설비의 1/30이다. B의 II 안에서의 부담비용은 2/6, 즉 전체 건설비의 1/30이다.

③ A는 도로 구간 중 $\overline{OA}$, 즉 30km만 이용한다. B는 도로 구간 중 $\overline{OA}$, $\overline{AB}$, 즉 60km만 이용한다. C는 모든 도로 구간을 이용해 90km를 이용한다. 따라서 각자의 부담 비율은 A:B:C=1:2:3 이다. 그러므로 A와 B의 부담비용의 합은 C의 부담비용과 같다.

④ 각 도시의 분배안 별 전체공사비용 대비 부담비용의 비는 다음과 같다.

A(I , II , III) : (1/3, 1/6, 1/9)

B(I , II , III) : (1/3, 1/3, 5/18)

C(I , II , III) : (1/3, 1/2, 11/18)

그러므로 I 안에 비해 II 안에서 부담 비용이 낮아지는 도시 수는 1이다. I 안에 비해 III 안에서 부담 비용이 낮아지는 도시 수는 2이다.

◆ **합격생 가이드**

구체적인 비용이 주어지지 않기 때문에 전체 공사비 대비 분수로서 각 비용 분담안별 비용을 비교해야 한다. II 안과 III 안의 경우 각 구간별 거리가 동일해서 두 분담안이 동일하다고 착각할 수 있으나 명확히 다르다는 것을 확인할 수 있도록 각 방법을 대략적으로라도 적용해보는 방법이 정확한 문제 풀이에 도움이 된다.

72

답 ③

난도 ★

정답해설

③ 길이가 하나인 단어-코드의 수는 26개이다. 길이가 두 개인 단어-코드의 수는 26의 제곱인 676개이다. 길이가 세 개인 단어-코드의 수는 26의 세제곱인 17,546개이다. 코드 중 가장 긴 것의 길이를 최소화한다는 가정하에 3을 가장 긴 코드의 길이로 하면서 표현할 수 있는 단어의 수는 18,278개로 18,000보다 크다.

◆ **합격생 가이드**

코드나 암호를 통해 단어를 나타낼 수 있는 개수를 도출해야 하는 빈출 유형이라고 할 수 있다. 기존 기출에 비해 훨씬 쉬운 형태로 출제돼 풀이에 큰 어려움이 없을 것으로 예상된다. 실수를 방지하기 위해 원칙을 철저히 파악할 필요가 있다.

73

답 ②

난도 ★★

정답해설

② 처음 점등된 이후 2분 30초 내에 새로운 인원이 도착한다면 보행신호가 끝난 이후 3분 30초가 지나 다시 보행신호가 점등된다. 2분 30초 내에 도착 인원이 없다면 다음 도착 시각으로부터 1분 30초 후 새롭게 점등된다. 이에 따라 횡단보도는 다음의 시각에 보행신호가 점등된다. (18:26:30~18:27:00), (18:30:30~18:31:00), (18:34:30~18:35:00), (18:44:30~18:45:00), (19:00:30~19:01:00), (19:04:30~19:05:00), (19:49:30~19:50:00). 총 7회

◆ **합격생 가이드**

보행신호 점등의 기준이 보행자가 도착한 시점에 따라 다르다는 점이 문제 해결에 핵심이다. 중요한 것은 보행신호인 만큼 점등 대기 시간과 차량통행 보장 시간을 최대한 간단하게 처리할 방법이 필요하다. 최초 점등 시간을 구한 이후 2분 30초씩 더해 보면서 해당 시간 동안 보행자가 도착하는지 여부를 확인한다면 일일이 다 시간을 구하지 않고도 점등 횟수를 도출할 수 있다.

74 정답 ③

난도 ★★

[도서 분배 상황의 도해]

구분	甲	乙	丙	丁	戊	발행 수량
법령집	×	○	○	×	○	3
백서	×	○	○	×	○	3
판례집	×	○	×	×	×	1
민원~	○	○	×	×	×	2
교환 수	1	4	2	0	2	

乙의 발언에 따라 乙은 모든 책을 받았다. 丁은 丁의 발언에 따라 책을 받지 못했다. 丙과 戊는 丙과 戊의 발언에 따라 법령집을 받았다. 발행된 도서 수를 고려할 때 갑이 받은 도서는 법령집과 판례집이 아니다. 戊의 발언에 따라 丙과 戊는 민원 사례집을 받을 수 없다. 그러므로 甲이 받은 책은 민원 사례집이다. 甲의 발언에 따라 甲은 백서를 받지 않았고 발행 수량을 고려할 때 丙과 戊 모두 백서를 받았다.

정답해설

③ 甲은 甲의 발언에 따라 1권만 받았다. 戊는 丙과 戊의 발언에 따라 적어도 법령집을 받았다. 나아가 〈대화〉와 제시문상 새로 발행된 도서 수에 따라 백서 역시 받았다. 그러므로 戊가 甲보다 많은 도서를 받았다.

오답해설

① 丙과 戊는 丙과 戊의 발언에 따라 법령집을 받았다. 乙의 발언에 따라 乙은 법령집을 받았다. 나아가 〈대화〉와 제시문상 새로 발행된 도서 수에 따라 세 명 모두 백서 역시 받았다.

② 민원 사례집의 분배 기준은 민원업무가 많은 순이다. 甲은 민원 사례집을 받았지만, 丙은 민원 사례집을 받지 못했다. 그러므로 甲은 丙보다 민원업무가 많다.

④ 백서의 분배 기준은 근속연수가 짧은 순이다. 乙은 백서를 받았지만, 丁은 백서를 받지 못했다. 그러므로 乙은 丁보다 근속연수가 짧다.

⑤ 법령집의 분배 기준은 보유하고 있던 법령집의 발행연도가 빠른 순이다. 乙은 법령집을 받았지만 甲은 법령집을 받지 못했다. 그러므로 乙이 보유하고 있던 법령집은 甲이 보유하고 있던 법령집보다 발행연도가 빠르다.

合격생 가이드

모든 선지가 확정적 상태에 대한 내용을 담고 있는 만큼 분배 상태가 하나의 경우로 확정될 확률이 높다. 그러므로 〈대화〉와 신규 발행 도서 수를 바탕으로 분배상태를 확정짓는다면 정확한 문제 풀이가 가능하다.

75 정답 ①

난도 ★

정답해설

ㄱ. '사과와 배 상자'에서 과일 하나를 꺼내어 확인한 결과 사과라면 원4 조건에 따라 사과만 담겨 있을 것이다. 그러므로 남아 있는 '사과 상자'에는 배만, '배 상자'에는 사과와 배가 섞여 담겨 있을 것이다.

오답해설

ㄴ. '배 상자'에서 과일 하나를 꺼내어 확인한 결과 배라면 원4 조건에 따라 사과와 배가 섞여 담겨 있을 것이어 그러므로 남아있는 '사과 상자'에는 배만, '사과와 배 상자'에는 사과만 담겨 있을 것이다.

ㄷ. '사과 상자'에서 과일 하나를 꺼내어 확인한 결과 배라면 원4 조건을 고려하더라도 배만 담겨 있을지 아니면 사과와 배가 섞여 담겨 있을지 확정할 수 없다. 그러므로 '사과 상자'에 배만 담겨 있는 경우, '배 상자'에는 사과와 배가 섞여 담겨 있어야 한다.

合격생 가이드

제시문을 읽고 세 상자 내 배치가 확정되지 않은 '사과 상자'에서 배가 나온 경우와 '배 상자'에서 사과가 나온 경우가 선지로 활용될 수 있겠다는 예측을 할 수 있다. 이외의 경우는 한 가지 조합으로 내용물이 확정되는 만큼 두 경우가 활용될 수 있는 ㄷ과 같은 선지에 주의해야 한다.

76 정답 ③

난도 ★

정답해설

③ 甲이 출발했을 때 정오에 맞춰진 시계X가 귀가 이후 2시간이 지난 14시 정각을 가리키고 있다. 그러므로 乙의 집까지 가는 시간, 이야기 한 1시간, 돌아온 시간 모두 합쳐 2시간이라는 것을 알 수 있다. 또한 제시문에 따라 돌아온 시간이 乙의 집까지 가는 시간의 절반이라는 것을 알 수 있는바, 甲이 乙의 집에서 귀가하는 데 20분이 걸렸다는 것을 알 수 있다. 乙의 집에 도착했을 때 Y의 부정확성 고려하면 당시 정확한 시간은 10시 40분이었다. 그러므로 이후 1시간의 이야기 시간 20분의 이동시간이 지났다는 것을 고려할 때 甲이 귀가했을 때의 정확한 시각은 12시 00분이다.

合격생 가이드

고장난 시계, 시차 등과 관련된 이런 유형의 문제들을 해결할 때는 시계에 나타난 시간보다 걸린 시간을 활용하는 것이 좀 더 쉬운 접근이라고 할 수 있다. 나아가 발문에서 귀가했을 때의 시각을 묻고 있는 만큼 그에 맞춰서 10시 40분 이후의 시간만을 계산하는 것이 신속한 문제 풀이에 도움이 된다.

77 정답 ⑤

난도 ★★

정답해설

㉠ 제시문에 따르면 하나의 창고 안에 있는 재고인 150개만이 그을렸고 나머지 재고인 ㉠는 불에 그을리지 않았다. 그러므로 모든 입고기록과 출고기록 및 기존 재고를 고려했을 때의 수량은 150+㉠개일 것이다. 도출과정은 다음과 같다. ㉠은 300이다.

㉡ 불에 그을린 개수에 대한 정보를 바탕으로 적어도 한 창고에는 모든 기록을 처리한 후 150개가 남아야 한다는 것을 알 수 있다. 입고 기록과 1월 1일자 재고를 고려한 각 창고별 재고는 다음과 같다. (A, B, C)=(230, 205, 210). 각 창고별 출고기록의 합은 다음과 같다. (A, B, C)=(60, 50, 85). 이때 주어진 조건하에서 150개 재고가 남아 있는 재고를 만들 수 있는 경우는 C의 입고기록 및 1월1일자 재고에서 A창고 출고기록을 제외하는 경우뿐이다(210－60＝150). 그러므로 맞바꾼 창고는 A와 C이다.

합격생 가이드

⊙을 도출하는 과정에서 전체 개수를 더해서 구할 수 있다는 발상이 중요하다. 계산과정에서는 출고기록과 입고기록 사이 적절히 대응시켜 소거를 하는 것이 계산을 정확하고 간편하게 하는 데 도움이 된다. ⓒ의 해결 과정은 주어진 정보를 바탕으로 출고기록을 검증할 수 있는 방법을 찾아 이루어진다. 이처럼 주어진 정보를 최대한 활용할 방법을 찾는 것이 문제가 유도하고 있는 풀이를 찾는 방법이라고 생각한다.

78

답 ③

난도 ★★

정답해설

③ 소수점 첫째 자리까지 고려할 때, 甲의 체중은 65.5~66.4kg 범위에 있다. 이 범위의 길이는 0.9kg라고 할 수 있는데 A물건을 2개 들어도 66으로 유지됐다는 점에서 A물건 2개의 무게가 900g 이하, 즉 A물건 1개의 무게가 450g 이하여야 한다는 사실을 알 수 있다. 또한 A물건 5개 들고 체중계에 올라갔을 때 총 무게의 범위는 67.5~68.4kg 범위에 있을 것이다. 따라서 A물건을 2개 들었을 때와 비교를 통해 A물건 3개의 무게는 적어도 1.1kg(=67.5-66.4) 이상이라는 것을 알 수 있다. 즉 A 물건 1개의 무게는 약 367g 이상이어야 한다. 그러므로 A물건 1개의 무게범위는 $367 \le A \le 450$이다. 이를 만족하는 선지는 400g이다.

합격생 가이드

반올림이 제공하는 정보는 추정하는 값이 속하는 범위이다. 각 범위 내 최댓값과 최솟값을 활용해서 구하려는 무게의 범위를 도출할 수 있다. 조금 더 신속한 풀이를 위해서는 직관적으로 너무 무겁거나 가벼운 경우 답이 될 수 없을 것이라는 전제하에 가운데 값인 ②, ③, ④를 조건에 대입해 보는 것을 제시해 볼 수 있다.

79

답 ②

난도 ★★

정답해설

② 〈잃어버리기 전〉 조건1에 따라 여성 인물카드 장 수를 n이라고 할 때, 甲은 총 2n+2장을 가지고 있을 것이다. 〈잃어버리기 전〉 조건2와 3에 따라 가능한 보유 장수는 5~9장이다. 그러므로 기존 인물카드 수로 가능한 것은 6장 혹은 8장이다. 〈잃어버린 후〉 조건1과 3에 따라 모든 소방관 카드를 잃어버렸다는 것을 알 수 있고 그 장수가 2장이라는 것 역시 알 수 있다. 이때 기존 인물카드 수가 6장이라면 소방관 카드를 잃어버린 것만으로 잔여 카드 수가 4장이어야 하지만 〈잃어버린 후〉 조건 3에 따라 이는 조건에 위배된다. 그러므로 기존 인물카드 수는 8장이며 잃어버린 후 카드 수는 5장인 바, 잃어버리는 인물카드의 수는 3장이다.

합격생 가이드

조건이 잃어버리기 전 후의 상황으로 나누어져 제시된 만큼, 각 상황별 조건만을 조합해서 얻을 수 있는 정보를 찾아보는 것이 문제 해결의 핵심이다. 적어도 〈잃어버리기 전〉 조건1을 통해 기존 인물카드의 수가 짝수이고 〈잃어버린 후〉 조건3에 따라 홀수 장수가 됐다는 점에서 ② 혹은 ④로 선지를 줄일 수 있어야 한다고 생각한다.

80

답 ④

난도 ★★

정답해설

④ 두 번째 운반에서 I, J를 포함한 3개의 박스를 운반하면서 운반 횟수를 최소로 하는 조합은 순서에 상관없이 다음의 조합이다. (FIJ) (B) (C) (D) (E) (GH). 이는 각각 4kg과 2kg인 I와 J가 한 번에 운반됨에 따라 10kg 이상 상자와 결합하여 같이 옮겨질 수 있는 상자가 6kg인 H밖에 안 남기 때문이다.

오답해설

① D의 무게는 14kg이다. 다른 상자와 같이 운반되기 위해서는 3kg 이하인 상자가 필요하다. 그러나 유일한 3kg 이하 상자인 J는 두 번째 운반에 I와 이미 결합하여 총 6kg의 무게를 가진다. 그러므로 어떠한 경우에도 D는 따로 운반된다.

② 두 번째 운반 후에 B, C, D, E 는 무게로 인해 단독으로 운반된다. 그 과정에서 모두 ⊙이 적용된다.

③ 단 하나의 상자만이 남더라도 ⓒ을 적용해 운반할 수 있다.

⑤ 두 번째 운반에 ⓒ을 적용하더라도 전체 운반 횟수를 최소로 할 수 있다. 예컨대 (A) (FIJ) (B) (C) (D) (E) (GH)－총 7회는 ⊙을 적용한 최소 이동 경우 (A) (B) (C) (DJ) (EI) (FH) (G)－총 7회와 횟수가 같다. 이는 17kg이라는 무게 제한으로 인해 어차피 16kg 이상인 A, B, C가 다른 상자와 같이 옮겨지는 것이 가능하지 않고, ⓒ 적용으로 3개가 동시에 옮겨지고 1개를 따로 운반하는 것과 ⊙ 적용으로 2개가 동시에 옮겨지는 사건이 2번 발생한 것이 운반횟수 측면에서는 동등하기 때문이다.

합격생 가이드

⑤에 대해 직접 나열해보지 않았을 때 해결하기 어렵다는 인상을 받을 수 있다. ⊙, ⓒ 의 규칙을 통해 옮길 수 있는 조합을 몇 가지 고려해 본다면 모든 횟수를 나열하지 않고도 최소 전체 운반 횟수가 7회라는 것을 찾을 수 있다.

02 계산형 필수기출 80제 정답 및 해설

01	02	03	04	05	06	07	08	09	10
①	②	⑤	②	②	②	④	③	⑤	③
11	12	13	14	15	16	17	18	19	20
④	①	③	③	⑤	④	①	①	⑤	①
21	22	23	24	25	26	27	28	29	30
①	③	⑤	②	④	④	②	⑤	③	②
31	32	33	34	35	36	37	38	39	40
④	①	③	⑤	②	②	①	⑤	①	①
41	42	43	44	45	46	47	48	49	50
①	⑤	⑤	③	④	⑤	①	③	③	③
51	52	53	54	55	56	57	58	59	60
②	④	②	⑤	①	④	⑤	③	⑤	①
61	62	63	64	65	66	67	68	69	70
④	⑤	①	④	③	④	③	③	③	④
71	72	73	74	75	76	77	78	79	80
⑤	②	②	④	⑤	④	⑤	④	④	③

01

답 ①

난도 ★★

정답해설

ㄱ. (10억 원×0.6)+(17억 원×0.4)=12.8억 원이므로 옳은 내용이다.

ㄴ. B회사 제품의 반환과 신규구입의 지체에 따른 추가비용 3억 원+A회사의 제품 가격 14억 원=17억 원이므로 옳은 내용이다.

오답해설

ㄷ. 시뮬레이션 검사를 하지 않는다면 기대비용의 크기에 따라 구입을 결정하게 되는데 A회사 제품의 기대비용은 14억 원이고, B회사 제품의 기대비용은 12.8억 원이므로 기대비용이 작은 B회사와 계약을 체결할 것이다. 따라서 옳지 않은 내용이다.

ㄹ. 시뮬레이션을 하는 이유는 B회사 제품이 가진 불확실성 때문인데 만약 시뮬레이션에 드는 비용과 B회사 제품의 가격을 합한 금액이 확실한 A회사의 제품을 구입하는 비용보다 크다면 굳이 시뮬레이션을 하지 않고 A회사의 제품을 구입하게 될 것이다. 따라서 시뮬레이션 검사비용의 최댓값은 14억 원과 12.8억 원의 차이인 1.2억 원이므로 옳지 않은 내용이다.

02

답 ②

난도 ★★

정답해설

ㄴ. D의 일시불연금지급액 : (200만 원×10×2)+{200만 원×(10-5)×0.1}=4,100만 원

A의 일시불연금지급액은 아래 ㄱ에서 구한 것과 같이 4,150만 원이므로 옳은 내용이다.

ㄹ. 현재 D의 일시불연금지급액은 ㄴ에서 구하였으므로 10년 더 근무하는 경우의 지급액을 구해보면 (200만 원×20×2)+{200만 원×(10-5)×0.1}이다. 그런데 { }안의 산식을 살펴보면 현재는 (10-5)가 곱해지는 데 반해, 10년 더 근무할 경우에는 (20-5)가 곱해지므로 전체값은 2배 이상이 될 것이라는 것을 추론할 수 있다. 따라서 옳은 내용이다.

오답해설

ㄱ. A의 월별연금지급액 : 100만 원×{0.5+0.02×(20-20)}=50만 원. 따라서 100개월 동안 5,000만 원을 받게 된다.

A의 일시불연금지급액 : (100만 원×20×2)+{100만 원×(20-5)×0.1}=4,150만 원

따라서 월별연금을 선택하는 것이 유리하므로 옳지 않은 내용이다.

ㄷ. B의 월별연금지급액 : 100만 원×{0.5+0.02×(35-20)}=80만 원

C의 근무연수가 B보다 2년 더 많으므로 80만 원보다는 많을 것이라는 것을 알 수 있다. 그러나 월별연금지급액은 최종평균보수월액의 80%를 초과할 수 없다고 하였으므로 B와 동일한 80만 원을 받게 되어 옳지 않은 내용이다.

03

답 ⑤

난도 ★

정답해설

각 서기관의 성취행동 경향성의 강도를 구하면 다음과 같다.

• A서기관 : (3×0.7×0.2)-(1×0.3×0.8)=0.18
• B서기관 : (2×0.3×0.7)-(1×0.7×0.3)=0.21
• C서기관 : (3×0.4×0.7)-(2×0.6×0.3)=0.48

따라서 업무추진력이 높은 사람부터 순서대로 나열하면 C, B, A이다.

04

답 ②

난도 ★

정답해설

각 분기별 성과평가 점수를 계산하면 다음과 같다.

• 1/4분기 : (8×0.4)+(8×0.4)+(6×0.2)=7.6
• 2/4분기 : (8×0.4)+(6×0.4)+(8×0.2)=7.2
• 3/4분기 : (10×0.4)+(8×0.4)+(10×0.2)=9.2
• 4/4분기 : (8×0.4)+(8×0.4)+(8×0.2)=8.0

이를 통해 각 분기별 성과급을 계산해보면, 1/4분기에 지급되는 성과급은 80만 원, 2/4분기는 80만 원, 4/4분기는 90만 원이며, 3/4분기는 100만 원에 직전분기 차감액(20만 원)의 50%를 가산한 110만 원이다. 따라서 지급되는 성과급의 1년 총액은 360만 원이다.

05

답 ②

난도 ★★

정답해설

ㄱ. P는 다른 배에게 피해를 줄 확률이고, L은 다른 배에게 줄 피해의 정도이므로 PL은 예상되는 기대손실액을 의미한다. 따라서 B가 주의의무를 이행하는 데 드는 비용이라면, PL은 주의의무를 이행할 경우 방지할 수 있는 기대손실액으로 볼 수 있으므로 옳은 내용이다.

ㄷ. 사고확률이 0.1%이고 사고피해금액이 25,000원이라면 기대손실액(PL)은 25원이 되는데, 사고방지비용(B)이 50원이라면 PL<B의 관계가 되어 배 소유자의 과실로 인한 책임을 물을 수 없다. 따라서 옳은 내용이다.

오답해설

ㄴ. 사고방지비용(B)이 기대손실액(PL)보다 작은 상황에서 사고방지노력을 하지 않았다면 과실로 인한 책임을 물을 수 있다고 하였으므로 옳지 않은 내용이다.

ㄹ. 갑은 과실유무를 판단하기 위해 기대손실액(PL)과 본인의 사고방지비용을 비교해야 한다고 하였으므로 옳지 않은 내용이다.

06

답 ②

난도 ★★

정답해설

각 투자대안에 따른 기대수익금을 계산해보면 다음과 같다.

구분	경기에 따른 예상수익금			합계
	상승(0.2)	안정(0.7)	침체(0.1)	
국채	140만 원	770만 원	120만 원	1,030만 원
지방채	160만 원	700만 원	130만 원	990만 원
부동산 펀드	160만 원	700만 원	140만 원	1,000만 원
주식	500만 원	630만 원	20만 원	1,150만 원

ㄱ. 기대수익률이 가장 높은 것은 주식(11.5%)이므로 옳지 않은 내용이다.

ㅁ. 기대수익금이 가장 높은 대안(주식, 1,150만 원)과 가장 낮은 대안(지방채, 990만 원)의 차이는 160만 원이므로 옳지 않은 내용이다.

오답해설

ㄴ. 국채의 기대수익금은 1,030만 원이므로 옳은 내용이다.

ㄷ. 주식의 수익률은 11.5%이며, 부동산 펀드의 수익률은 10%이므로 옳은 내용이다.

ㄹ. 국채(1,030만 원)와 지방채(990만 원)간의 기대수익금의 차이는 40만 원이므로 옳은 내용이다.

07

답 ④

난도 ★

정답해설

ㄱ · ㄴ. 기존의 선정방식에서는 1순위 선호도가 제일 낮은 A가 탈락하게 되는데, A는 2순위에서는 가장 선호하는 가수이다. 따라서 ㄱ과 ㄴ 모두 옳은 내용이다.

ㄷ. 4순위 표가 가장 많은 가수는 C이므로 C가 탈락하게 된다.

오답해설

ㄹ. 가장 선호하는 가수 두 명을 우선순위 없이 제출하는 방식이라면 1순위와 2순위의 인원수를 더한 값을 비교하면 되므로 이 값이 가장 적은 가수는 C(40)가 된다.

08

답 ③

난도 ★★

정답해설

• 취득가액은 신고가액과 공시지가 중 큰 금액으로 하므로 5억 원이 된다.

• 취득세 : 甲은 자경농민이고 농지를 상속으로 취득하는 경우에는 취득세가 비과세된다고 하였으므로 납부할 취득세액은 없다. 또한 농어촌특별세 역시 납부할 금액이 없다.

• 등록세 : 자경농민이 농지를 상속으로 취득하는 경우에는 취득가액의 0.3%를 등록세액으로 하므로 납부할 등록세액은 150만 원이다. 또한 지방교육세는 등록세액의 20%이므로 30만 원이 된다.

따라서 甲이 납부하여야 할 세금은 총 180만 원이다.

09

답 ⑤

난도 ★★

정답해설

• 운임 : 철도운임은 일반실 기준으로 실비로 지급하므로 총 40,000원이 지급된다.

• 일비 : 출장지에서 소요되는 교통비 등을 일비로 지급하나 일비는 실비가 아닌 1일당 20,000원을 지급하므로 총 60,000원이 지급된다.

• 식비 : 식비는 1일당 20,000원을 일수에 따라 지급하므로 총 60,000원이 지급된다.

• 숙박비 : 2박 이상이므로 출장기간 전체의 총액한도(80,000원)내에서 실비로 지급한다. 따라서 75,000원이 지급되며 결과적으로 甲은 총 235,000원을 정산받는다.

◈ 합격생 가이드

> 숙박비의 경우 '출장기간 전체의 총액한도 내 실비'를 지급한다고 하였으므로 1일당 40,000원이 넘는다고 하더라도 총액기준(이 문제의 경우 80,000원)을 충족하면 해당 실비를 모두 지급한다.

10

답 ③

난도 ★

정답해설

• 면세여부 확인

– 과세표준 : ($120×1,100원)+10,000원=142,000원

– 15만 원 미만이고 개인 甲이 사용할 목적으로 수입하는 것이므로 면세이다.

• 나머지 지출액

– 전자기기 가격 : $120×1,200원=144,000원

– 운송비 : $30×1,200원=36,000원

따라서 甲이 전자기기 구입으로 지불한 총 금액은 180,000원이다.

11

답 ④

난도 ★★

정답해설

먼저 가장 많은 소득을 얻을 수 있는 A와 B를 재배할 경우 총 1,800만 원을 얻을 수 있다. 이제 다른 조합을 통해 1,800만 원 이상의 소득을 얻을 수 있는지의 여부를 확인해보자.

먼저 A, B, C를 재배하는 것은 전체 재배기간이 12개월이어서 불가능하다. 재배 가능 시기가 2월부터여서 실제 가능한 재배기간이 11개월이기 때문이다. 이와 같은 논리로 A, B, D를 재배하는 것도 불가능하며 A, C, D의 경우는 전체 소득이 1,650만 원이므로 A, B를 재배하는 것보다 못한 결과를 가져온다.

이제 남은 것은 B, C, D이며 2~6월에 B를 재배하고, 7~9월에 C를, 10~12월에 D를 재배하는 것이 가능하며 이때의 전체 소득은 1,850만 원이어서 A와 B를 재배하는 경우의 소득인 1,800만 원을 넘어선다. 따라서 최대로 얻을 수 있는 소득은 1,850만 원이 된다.

12

답 ①

난도 ★

정답해설

각각의 컴퓨터에 대해 〈기준〉에 따라 점수를 부여하면 다음과 같다.

컴퓨터 \ 항목	램 메모리 용량	하드 디스크 용량	가격	총점
A	0	50	200	250
B	100	0	100	200
C	0	100	0	100
D	100	50	0	150
E	50	0	100	150

각 항목별 점수의 합이 가장 큰 컴퓨터를 구입한다고 하였으므로 甲은 A컴퓨터를 구입하게 된다.

13

답 ③

난도 ★★

정답해설

걸었던 시간이 10분으로 모두 동일하고, 평균속력의 구체적인 수치를 구하는 것이 아니라 4명의 대소비교만 하면 되는 것이므로 걸었던 거리만 구한 후 비교하면 된다. 또한 원주의 길이는 (지름×π)이나, π 역시 모든 항목에 곱해지는 것이므로 결국 이 문제는 지름×바퀴수의 대소비교로 정리할 수 있다.

이에 따르면 甲은 10×7=70, 乙은 30×5=150, 丙은 50×3=150, 丁은 70×1=700이므로 이들을 대소관계에 따라 순서대로 나열하면 乙=丙, 甲=丁이 된다.

14

답 ③

난도 ★★

정답해설

총 주차 시간이 3시간을 초과하므로 2단계로 나누어 계산하면 다음과 같다.

• 주차 시작~3시간 : 첫 1시간을 제외한 나머지 2시간(30분×4)에 해당하는 주차비 2,000원(500원×4)이 발생한다.

• 3시간~주차 종료 : 잔여시간이 30분 미만일 경우 30분으로 간주한다고 하였으므로 요금부과 기준시간은 1시간 45분이 아니라 2시간으로 산정된다. 따라서 주차비 8,000원(2,000원×4)이 발생한다. 결과적으로 총 주차 요금은 10,000원이다.

15

답 ⑤

난도 ★★

정답해설

ㄱ. A방식에 따르면 2012년과 비교했을 때 2013년의 세수액의 감소분을 계산하면 되므로 42조 5,000억-41조 8,000억=7,000억 원이 된다.

ㄴ. B방식에 따르면 2012년이 기준년도가 되며, 2013년의 감소액은 7,000억 원, 2012년의 감소액은 11,000억 원이 되어 이의 누적액은 1조 8천억 원이 된다.

ㄷ. A방식에 따른 2015년까지의 세수 감소액은 7,000억 원(2013년분)+4,000억 원(2014년분)+1,000억 원(2015년분)=1조 2천억 원이며, B방식에 따른 2015년까지의 세수 감소액은 7,000억 원(2013년분)+11,000억 원(2014년분)+12,000억 원(2015년분)=3조 원이다. 따라서 이 둘의 차이는 1조 8천억 원이 된다.

16

답 ④

난도 ★★★

정답해설

ㄱ. 계산의 편의를 위해 중국의 생산량을 30으로, 인도의 생산량을 20으로 놓으면, 중국의 단위면적당 쌀 생산량은 30/3,300, 인도는 20/4,300으로 나타낼 수 있다. 이를 비교하기 위해 양변에 100을 곱한 후 비교하면 중국은 10/11, 인도는 약 10/22로 나타낼 수 있으며, 따라서 중국이 인도보다 2배 정도 크다는 것을 확인할 수 있다.

ㄴ. A국과 일본의 단위면적당 쌀 생산량을 수식으로 나타내면 아래와 같다.

A국의 단위면적당 쌀 생산량=(A국의 연간 쌀 생산량/A)=5.0

일본의 단위면적당 쌀 생산량={일본의 연간 쌀 생산량/(A+400)}=4.5

이를 정리하면 다음과 같이 나타낼 수 있다.

A국의 연간 쌀 생산량=5A

일본의 연간 쌀 생산량=4.5A+1,800

이 둘의 대소를 비교하기 위해 일본의 연간 쌀 생산량에서 A국의 연간 쌀 생산량을 빼면 -0.5A+1,800을 구할 수 있다.

여기서 일본의 벼 재배면적이 중국의 벼 재배면적보다 적으므로 A+400헥타르는 3,300헥타르보다 적을 것이고 A는 2,900헥타르보다 적다는 것을 알 수 있다. 따라서 -0.5A+1,800은 양수가 될 수밖에 없으며 이를 통해 일본의 쌀 생산량은 A국에 비해 많다는 것을 알 수 있다.

오답해설

ㄷ. A국의 단위면적당 쌀 생산량이 5.0톤이고 인도가 이의 1/3인 약 1.7톤이므로 이는 (인도의 연간 쌀 생산량/4,300≒1.7)으로 나타낼 수 있다. 이를 통해 인도의 연간 쌀 생산량을 계산하면 약 7,300톤으로 11,000톤에 한참 미치지 못한다.

합격생 가이드

ㄴ과 같이 미지수가 포함된 두 수치의 대소비교가 필요한 경우 두 산식을 차감하여 이의 부호를 확인하는 것이 가장 정확한 방법이다. 물론, 임의의 수를 대입하여 계산하는 방법도 있을 수 있으나 분기점을 기준으로 대소관계가 바뀌는 경우도 존재할 수 있으므로 가급적 위와 같이 판단하는 것을 추천한다.

17

답 ①

난도 ★★

정답해설

제시된 거래의 공급시기는 선적일인 2.16.이므로 선적일 전과 후로 나누어 판단해보자.

• 2.4. 송금분 : 20,000달러×950(환가 당일의 적용환율)＝19,000,000원
• 2.16. 송금분 : 30,000달러×1,000(공급 시기의 기준환율)＝30,000,000원

따라서 甲주식회사에 대한 부가가치세 과세표준액은 49,000,000원이다.

18

답 ①

난도 ★

정답해설

첫 번째 사례에서 슬기가 달러를 사기 위해 지불한 금액은 100달러×1204.10＝120,410원이고 두 번째 사례에서 달러를 팔고 받은 금액은 100달러×1205.10＝120,510원이므로 100원의 이익을 얻었다.

19

답 ⑤

난도 ★★★

정답해설

주어진 산식에 따라 두 나라의 최소 득표율을 계산하면 다음과 같다.

• 甲국 : 2/(2＋3)×100＝40%
• 乙국 : 3/(3＋5)×100＝37.5%

20

답 ①

난도 ★

정답해설

甲의 신장이 180cm이고, 체중이 85kg이라는 정보를 활용하여 두 방법을 적용하면 다음과 같다.

• Broca 보정식에 의한 표준체중(kg)이 (180－100)×0.9＝72kg이다. 그런데 甲의 체중(85kg)은 표준체중의 약 118%이므로 '체중과잉'에 해당한다.
• 체질량 지수를 구하면 $85/(1.8)^2$으로 계산되며 이는 약 26 정도이다. 따라서 '경도비만'에 해당한다.

21

답 ①

난도 ★★

정답해설

• 甲의 최대 배상금액
 – 피해기간기준 : 650,000원
 – 가산기준 (2) : 650,000원×30%
 – 피해자가 아래층 부부(2명)이므로 甲의 최대 배상금액은 {650,000원＋(650,000원×30%)}×2＝1,690,000원이다.

• 乙의 최대 배상금액
 – 피해기간기준 : 800,000원
 – 가산기준 (1) : 800,000원×30%
 – 가산기준 (3) : 800,000원×20%
 – 피해자는 4인이며 이 중 1명이 수험생이므로 乙의 최대 배상금액은 [{800,000원＋(800,000원×30%)}×4]＋(800,000원×20%)＝4,320,000원이다.

22

답 ③

난도 ★★★

정답해설

③ 조건을 모두 만족하고 주문이 가능한 경우는 총 세 가지이므로 옳지 않은 내용이다[하단의 ⅱ)참조].

오답해설

① A가게는 배달가능 최소금액이 10,000원이고 조건 2에서 동일한 가게에 세 마리를 주문하지 않는다고 하였다. 따라서 甲이 A가게에서 치킨을 주문한다면 2종류의 치킨을 한 마리씩 주문하는 경우이어야 한다. 그런데 A가게에서 금액이 낮은 2종류의 치킨(프라이드, 양념)을 주문한다면 비용은 15,000원이 되는데 이를 C가게에서 주문할 경우에는 14,000원(배달료 포함)으로도 가능하다. 따라서 두 경우 모두 남은 간장치킨을 D가게에서 주문한다고 할 때 A가게에서 주문하는 경우의 비용이 더 많게 되어 A가게에서 주문할 이유가 없어진다. 따라서 옳은 내용이다.

위의 ①에서 A가게에서 주문하지 않는 것이 확정되었으므로 B, C, D가게에서 주문하는 경우를 살펴보자. 그런데 C가게의 경우 배달가능 최소금액이 7,000원이어서 한 마리만 사는 것이 불가능하다. 따라서 B, C, D가게 각각에서 한 마리씩 사는 경우는 배제한다. 그렇다면 어느 가게에서든 2마리를 사는 경우가 존재하게 되는데, 이를 경우의 수로 나누어 생각해보면 다음과 같다.

ⅰ) B에서 2마리를 사는 경우(25,000원)
 • B : 프라이드치킨(7,000원)＋양념치킨(7,000원)＋2,000원＝16,000원
 • C(또는 D) : 간장치킨(8,000원)＋1,000원＝9,000원

ⅱ) C에서 2마리를 사는 경우(23,000원)

프라이드	양념	간장	배달료	주문금액
C	C	D	2,000	
C	B	C	3,000	23,000
C	D	C	2,000	

ⅲ) D에서 2마리를 사는 경우(26,000원)
 • B : 간장치킨을 제외한 나머지 중 한 마리 7,000원＋배달료 2,000원＝9,000원
 • C : 1마리만 사는 것이 불가능하므로 배제
 • D : 간장치킨을 포함하여 16,000원＋배달료 1,000원＝17,000원

② 위에서 살펴본 것처럼 조건을 모두 만족하는 경우는 ⅱ)뿐이며 이때의 총 주문금액은 23,000원이므로 옳은 내용이다.

④ 위 ⅱ)의 표에서 볼 수 있듯이 B가 휴업을 했다면 C-C-D, C-D-C의 조합으로 주문하면 되므로 총 주문금액은 달라지지 않는다.

⑤ 동일한 가게에서 세 마리를 주문하지 않는다는 조건 2를 고려하지 않는다면 C가게에서 세 마리 모두를 주문하는 것이 주문금액을 최소화시키는 것이며 그때의 주문금액은 22,000원이므로 옳은 내용이다.

23

답 ⑤

난도 ★★

정답해설

각각의 출장별로 나누어 출장여비를 계산하면 다음과 같다.

구분	출장수당	교통비	차감	출장여비
출장 1	1만 원	2만 원	1만 원(관용차량 사용)	2만 원
출장 2	2만 원	3만 원	1만 원(13시 이후 시작)	4만 원
출장 3	2만 원	3만 원	1만 원(업무추진비 사용)	4만 원

따라서 A사무관이 출장여비로 받을 수 있는 총액은 10만 원이다.

합격생 가이드

'출장비, 여행경비' 등을 계산하는 문제는 상황판단영역에서 매년 적어도 한 문제 이상 출제되는데, 비슷한 유형으로 '놀이공원이나 박물관 입장료 계산, 식당이나 카페의 메뉴 가격 계산' 등이 출제되고 있다. 이러한 유형은 계산하는 데 시간이 오래 걸릴 뿐만 아니라 장소, 시간, 추가비용, 예외 조건 등이 항목별로 모두 다르고 복잡해서 조금만 방심해도 실수하기 쉽다. 따라서 효율적인 시간 관리를 위해 이러한 유형의 문제는 일단 패스하고 시간이 남는다면 마지막에 풀이하는 것이 좋다.

24

답 ②

난도 ★★

정답해설

甲이 향후 1년간 자동차를 유지하는 데 소요될 총비용을 세분화하면 다음과 같다.

• 감가상각비 : (1,000만 원－100만 원)÷10년＝90만 원

• 자동차보험료 : 120만 원×90%＝108만 원(블랙박스 설치로 인한 10% 할인 반영)

• 주유비용 : 매달 500km를 운행하므로 매월 50리터의 기름이 소모된다. 따라서 주유비용은 50리터×1,500원×12개월＝90만 원으로 계산된다.

• 1년간 총 유지비용 : 90만 원＋108만 원＋90만 원＝288만 원

합격생 가이드

언어논리영역과 달리 상황판단이나 자료해석영역에서 모든 문제를 시간 내에 정확하게 풀 수 있는 이른바 'PSAT형 인간'은 극소수에 불과하다. 애초에 PSAT이 그러한 능력을 요구하는 시험도 아니므로 답을 정확하게 맞힌다거나 고득점을 받는 것을 목표로 하기보다는, 주어진 시간 안에 내가 이 문제를 풀 수 있는지 혹은 풀지 못하는지를 빠르게 판단하는 것이 차선의 전략이다. 이 문제를 굳이 분류하자면 단순한 계산문제에 해당한다. 그러나 사칙연산에 약한 수험생에게는 시간을 잡아먹는 문제가 될 수 있고, 평소에 조건이나 단서를 놓치는 등의 실수가 잦은 수험생에게는 오답을 체크할 확률이 높은 문제이다. 따라서 평소 기출문제를 최대한 많이 풀어 자신의 강점과 약점을 파악한 후, 풀 수 없는 문제는 패스하고 풀 수 있는 문제에 집중하여 정답률을 높이는 것이 핵심 전략이라고 할 수 있다.

25

답 ④

난도 ★

정답해설

먼저 국가 및 지방자치단체 소유 건물은 지원 대상에서 제외한다고 하였으므로 丙은 지원대상에서 제외되며, 전월 전력사용량이 450kWh 이상인 건물은 태양열 설비 지원 대상에서 제외되므로 乙 역시 제외된다. 마지막으로 용량(성능)이 〈지원 기준〉의 범위를 벗어나는 신청은 지원 대상에서 제외된다고 하였으므로 戊도 제외된다. 따라서 지원금을 받을 수 있는 것은 甲과 丁이며 이들의 지원금을 계산하면 다음과 같다.

• 甲 : 8kW×80만 원＝640만 원

• 丁 : 15kW×50만 원＝750만 원

26

답 ④

난도 ★★

정답해설

제시된 〈상황〉에서는 전자문서가 아닌 서면으로 제출하였으므로 특허출원료 산정시 '나'와 '라' 조항이 적용된다.

• 국어로 작성한 경우

－ 특허출원료 : 66,000원＋(7×1,000원)＝73,000원

－ 특허심사청구료 : 143,000원＋(44,000×3)＝275,000원

－ 수수료 총액 : 348,000원

• 외국어로 작성한 경우

－ 특허출원료 : 93,000원＋(7×1,000원)＝100,000원

－ 특허심사청구료 : 275,000원

－ 수수료 총액 : 375,000원

27

답 ②

난도 ★★

정답해설

ㄴ. 네 번째와 다섯 번째의 조합에서, D＋F＝82만 원, B＋D＋F＝127만 원임을 알 수 있으며 두 식을 차감하면 B＝45만 원임을 알 수 있다. B업체는 정가에서 10% 할인한 가격이므로 원래의 가격은 50만 원이었음을 알 수 있다.

오답해설

ㄱ. 첫 번째와 두 번째의 조합에서, A업체의 가격이 26만 원이라면 C＋E＝76만 원, C＋F＝58만 원임을 알 수 있으며 두 식을 차감하면 E－F＝18만 원임을 알 수 있다. 즉, E업체의 가격이 F업체의 가격보다 18만 원 비싸므로 옳지 않다.

ㄷ. 두 번째의 조합에서, C업체의 가격이 30만 원이라면 F업체의 가격은 28만 원임을 알 수 있다. 그런데 문제의 단서에서 각 업체의 가격이 모두 상이하다고 하였으므로 E업체의 가격은 28만 원은 아니라는 것을 알 수 있다. 따라서 옳지 않다.

ㄹ. 첫 번째와 세 번째의 조합에서, A＋C＋E＝76만 원, A＋D＋E＝100만 원임을 알 수 있으며 두 식을 차감하면 C－D＝－24만 원임을 알 수 있다. 즉, D업체의 가격이 C업체의 가격보다 24만 원이 비싸므로 옳지 않다.

🔷 **합격생 가이드**

연립방정식을 응용한 문제로써, 두 식을 서로 차감하여 변수의 값을 찾아내는 유형이다. 최근에는 연립방정식 자체를 풀이하게 하는 경우보다 이와 같이 식과 식의 관계를 통해 문제를 풀어야 하는 경우가 종종 출제된다. 가장 중요한 것은 변수의 수를 최소화시키는 것이며 이 문제가 가장 전형적인 형태라고 할 수 있다. 유형 자체를 익혀두도록 하자.

28

답 ⑤

난도 ★★

정답해설

주어진 〈상황〉을 벤다이어그램으로 나타낸 후 계산하면 다음과 같다.

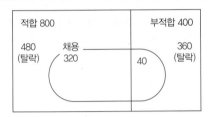

ⓐ 오탈락률 : 480/800＝60%

ⓑ 오채용률 : 40/400＝10%

🔷 **합격생 가이드**

항목의 수가 3개 이하로 주어진 경우에는 벤다이어그램으로 정리하는 것이 바람직하며, 그 이상으로 늘어나는 경우는 논리식을 구성하는 방법을 통해 접근해야 한다. 그러나 일부 조건의 경우는 벤다이어그램 혹은 논리식 그 어느 것으로도 표현할 수 없는 것이 등장할 수 있다. 간혹 일부 수험서에서는 이런 것들을 복잡한 논리식으로 표현하게끔 하고 있으나 바람직하지 못한 형태이다. 일단, 그 조건을 제외한 나머지를 통해 조건을 간결하게 정리한 후 해당 조건을 언어적으로 풀이하는 것이 가장 효율적이다.

29

답 ③

난도 ★★

정답해설

민경과 혜명이 5점을 맞힌 화살의 개수를 A라 하면, 다음과 같은 점수표를 만들 수 있다.

점수	민경의 화살 수	혜명의 화살 수
0점	3	2
3점	7－A	8－A
5점	A	A

따라서 민경의 최종점수는 21＋2A가 되어 홀수임을 알 수 있고, 혜명의 최종점수는 24＋2A가 되어 짝수임을 알 수 있다. 또한 둘의 최종점수의 차이는 3점임을 알 수 있다. 따라서 이를 만족하는 경우는 ③뿐이다.

30

답 ②

난도 ★★

정답해설

각 방식별로 甲～丙이 얻게 되는 점수를 정리하면 다음과 같다.

구분	A 방식	B 방식	C 방식
甲	140점	107점	210점
乙	140점	105점	190점
丙	130점	94점	220점

② B 방식으로 채점하면 甲이 107점으로 1등을 하게 되므로 옳지 않은 내용이다.

오답해설

① A 방식으로 채점하면 甲과 乙 모두 140점을 얻게 되므로 옳은 내용이다.

③ C 방식으로 채점하면 丙이 220점으로 1등을 하게 되므로 옳은 내용이다.

④ A 방식과 B 방식은 상식 1문제에 5점, 영어 1문제에 10점을 부과하나 C 방식은 두 과목 모두 10점씩 부과하여 앞서의 두 방식에 비해 상식에 더 많은 가중치가 주어지게 된다. 따라서 옳은 내용이다.

⑤ B 방식에서 상식의 틀린 개수당 점수를 －5, 영어의 틀린 개수당 점수를 －10으로 할 경우 甲과 乙은 80점, 丙은 60점을 얻게 되므로 甲과 乙 모두 공동 1위가 되어 A 방식으로 계산한 것과 동일하게 된다. 따라서 옳은 내용이다.

31

답 ④

난도 ★

정답해설

흑인을 백인으로 잘못 볼 가능성이 20%이므로, 실제 흑인강도 10명 가운데 (8)명만 정확히 흑인으로 인식될 수 있으며, 실제 백인강도 90명 중 (18)명은 흑인으로 오인된다. 따라서 흑인으로 인식된 (26)명 가운데 (8)명만이 흑인이므로, 피해자가 범인이 흑인이라는 진술을 했을 때 그가 실제로 흑인에게 강도를 당했을 확률은 겨우 (26)분의 (8), 약 (31)%에 불과하다.

32

답 ①

난도 ★

정답해설

ㄱ. 만약 점 6개를 새긴 면이 존재한다면 나머지 5개의 면에 점 4개가 새겨져야 하는데, 이는 모든 면에 반드시 점을 1개 이상 새겨야 한다는 조건에 위배된다. 따라서 옳은 내용이다.

오답해설

ㄴ. (3, 3, 3, 3, 4, 5), (4, 4, 4, 4, 4, 1) 등의 경우가 존재하므로 옳지 않은 내용이다.

ㄷ. (4, 4, 4, 4, 4, 4) 등의 경우가 존재하므로 옳지 않은 내용이다.

ㄹ. (6, 6, 5, 1, 1, 1) 등의 경우가 존재하므로 옳지 않은 내용이다.

33

답 ③

난도 ★★

정답해설

ㄴ. 연도별로 인증대학을 구분해보면, 2013년에 12개 대학이 인증을 받았으며, 2014년에는 기존의 대학 중 2개 대학의 인증이 취소되었고, 신규로 18개 대학이 인증을 받았다. 그리고 2015년에는 기존의 대학 중 3개 대학의 인증이 취소되었고, 신규로 21개 대학이 인증을 받았다. 이때 인증대학으로 1번 이상 선정된 대학의 수가 최대가 되기 위해서는 신규로 인증된 대학들 중 이전에 인증을 받았다가 취소된 적이 없는 경우여야 한다. 따라서 최댓값은 51개(=12+18+21)이므로 옳은 내용이다.

ㄹ. 2016년 2월 현재 23개월 이상 인증을 유지하고 있는 대학들은 2015년 3월의 기존 인증대학인데 이 대학이 총 25개이므로 옳은 내용이다.

오답해설

ㄱ. A대학이 2014년에 인증이 취소된 후 2015년에 다시 인증을 신청하여 신규 인증대학으로 선정되었다면 2016년 2월에는 기존 인증대학에 해당하여 핵심지표평가만을 받게 된다. 따라서 옳지 않은 내용이다.

ㄷ. 2015년에 인증을 받은 21개 대학 중 2014년에 인증이 취소되었다가 2015년에 다시 인증을 받은 대학이 존재한다면 그만큼 1번 이상 선정된 대학의 수는 줄어들게 된다. 따라서 2014년에 인증이 취소된 2개 대학이 모두 2015년에 인증을 받았다고 가정한다면 최솟값은 49개가 된다.

34

답 ⑤

난도 ★★

정답해설

ㄴ. 甲이 1장만 당첨되고, 乙이 응모한 3장 모두가 당첨되는 경우에 甲이 받는 사과의 개수가 최소가 된다. 이 경우에 甲은 25개(=100/4×1)의 사과를 받게 되므로 옳은 내용이다.

ㄷ. 당첨된 직원이 한 명 뿐이라면 그 직원이 모든 사과(100개)를 받게 되므로 옳은 내용이다.

오답해설

ㄱ. 甲이 응모한 3장 모두가 당첨되고 乙이 1장만 당첨된 경우에 甲이 받는 사과의 개수가 최대가 된다. 이 경우에 甲은 75개(=100/4×3)의 사과를 받게 되므로 옳지 않은 내용이다.

35

답 ②

난도 ★

정답해설

먼저 36개의 로봇을 6개조로 나누어 경기를 진행하면 총 6경기(1~6경기)가 진행되는데, 각 조별로 3위 이하를 차지한 로봇들은 전체 로봇의 순위에서도 3위 이하를 차지할 수밖에 없다. 따라서 이들은 이후에도 고려할 필요가 없다. 다음으로 각 조별로 1위를 차지한 6개의 로봇이 참여하는 경기(7경기)를 진행하여 1위와 2위를 결정한다. 마지막으로 7경기의 1위를 차지한 로봇이 원래 속해있던 조의 2위와 7경기의 2위와의 경기(8경기)를 진행하게 되면 가장 빠른 로봇 1위와 2위를 결정할 수 있게 된다.

36

답 ②

난도 ★★

정답해설

ㄱ. 첫 번째 대결에서는 C전략의 승률이 가장 높으므로(60-70-90, A-B-C순, 이하 동일) C전략을 선택하며 두 번째 대결에서는 B전략의 승률이 가장 높으므로(60-70-40) B전략을 선택한다. 마지막으로 세 번째 대결에서는 A전략의 승률이 가장 높으므로(60-30-40) A전략을 선택한다. 따라서 3가지 전략을 각각 1회씩 사용해야 하므로 옳은 내용이다.

ㄷ. 1개의 전략만을 사용하는 경우의 승률을 계산해보면 다음과 같다.
- A전략 : 0.6×0.5×0.4=0.12
- B전략 : 0.7×0.3×0.2=0.042
- C전략 : 0.9×0.4×0.1=0.036

따라서 A전략을 선택해야 하므로 옳은 내용이다.

오답해설

ㄴ. 위 ㄱ과 같은 논리로 판단해보면 네 번째 대결에서는 A, 다섯 번째 대결에서는 A 또는 C전략을 사용하게 된다. 따라서 옳지 않은 내용이다.

ㄹ. 2번 모두 패배할 확률을 계산해보면 다음과 같다.
- A전략 : 0.4×0.5=0.2
- B전략 : 0.3×0.7=0.21
- C전략 : 0.1×0.6=0.06

따라서 C전략을 선택해야 하므로 옳지 않은 내용이다.

37

답 ①

난도 ★

정답해설

이 문제는 각각의 일과를 수행할 수 있는지를 살펴보는 것보다 해당 일과가 포함될 경우 남은 시간으로 다른 일과들을 수행할 수 있는지를 살펴보는 것이 편리하다. 이에 따르면 '세수'(4분)를 포함시킬 경우 남은 시간은 21분인데 다른 일과에 소요되는 시간들(10, 8, 7, 5, 15, 2)의 조합으로는 21을 만들어낼 수 없다. 여기서 머리 감기(3분)와 머리 말리기(5분)는 항상 같이 진행해야 하므로 둘의 합인 8분으로 판단해야 함에 주의하자.

38

답 ⑤

난도 ★

정답해설

각 운전자의 운동량을 계산해보면 다음과 같다.
- 甲 : 1.4×2=2.8
- 乙 : 1.2×2×0.8=1.92
- 丙 : 2×1.5=3
- 丁 : (2×0.8)+(1×1.5)=3.1
- 戊 : (0.8×2×0.8)+1.2=2.48

따라서 5명의 운전자를 운동량이 많은 순서대로 나열하면 丁>丙>甲>戊>乙이다.

39

답 ①

난도 ★★

정답해설

- A : 제2항 제2호의 '수학 중 해임된 자'에 해당하므로 지급경비 1,500만 원을 모두 반납해야 한다.
- B : 제2항 제1호의 '소정의 과정을 마친 후 정당한 사유 없이 복귀하지 아니한 자'에 해당하므로 지급경비 2,500만 원을 모두 반납해야 한다.
- C : 제2항 제3호의 '소정의 과정을 마친 후 의무복무기간 중에 전역 또는 제적 등의 사유가 발생하여 복무의무를 이행하지 아니한 자'에 해당하므로 지급경비 중 1,750만 원{=3,500×(6-3)/6}을 반납해야 한다.
- D : 2항 2호의 '수학 중 해임된 자'에 해당하나 심신장애로 인하여 해임된 경우에는 지급경비의 2분의 1을 반납해야 한다고 하였으므로 1,000만 원을 반납해야 한다.
- E : 제2항 제2호에서 국가비상시에 군에 복귀시킬 필요가 있다고 인정하여 군위탁생 임명을 해임한 경우는 지급경비를 반납하지 않는다고 하였으므로 반납해야 할 경비는 0원이다.

따라서 반납해야 할 경비가 가장 많은 사람부터 가장 적은 사람 순으로 나열하면 B-C-A-D-E이다.

40

답 ①

난도 ★★

정답해설

A사와 B사의 각 비용의 분배비율은 다음과 같다.

구분	A사	B사
연구개발비	1/4	3/4
판매관리비	1/2	1/2
광고홍보비	2/3	1/3

ㄱ. 분배받는 순이익을 극대화하기 위해서는 각 회사별로 분배비율이 가장 높은 것을 선택하면 되므로 A사는 광고홍보비, B사는 연구개발비를 선호할 것이다. 따라서 옳은 내용이다.

ㄴ. 연구개발비가 분배기준이 된다면 B사가 분배받는 금액은 150억 원{=60억 원+(120억 원×3/4)}이고 A사가 분배받는 금액은 50억 원이므로 옳은 내용이다.

오답해설

ㄷ. 판매관리비의 분배비율은 두 회사가 동일하지만 (가)에서 규정하고 있는 '제조원가의 10%'는 두 회사가 다르므로 옳지 않은 내용이다.

ㄹ. 광고홍보비가 분배기준이 된다면 A사가 분배받는 금액은 100억 원{=20억 원+(2/3)}이고 B회사 역시 100억 원을 분배받으므로 둘은 동일하다. 따라서 옳지 않은 내용이다.

41

답 ①

난도 ★

정답해설

각 시설별 보조금의 총액을 계산하면 다음과 같다.

(단위 : 백만 원)

구분	운영비	사업비	장려수당	간식비	총액
A	320	80	200	7	607
B	240	60	100	8	408
C	256	80	200	10	546
D	240	80	200	12	532

따라서 지급받을 수 있는 보조금의 총액이 큰 시설부터 나열하면 A-C-D-B 이다.

42

답 ⑤

난도 ★★

정답해설

주어진 자료를 토대로 직원들의 오류 점수와 벌점을 정리하면 다음과 같다.

구분	오류 점수	벌점
甲	450점{=(10×5)+(20×20)}	없음(오류발생비율 25%)
乙	500점{=(10×10)+(20×20)}	5,000점
丙	370점{=(10×15)+(20×15)-80}	없음(오류점수 400점 미만)
丁	400점{=(10×20)+(20×10)}	4,000점
戊	420점{=(10×30)+(20×10)-80}	4,200점

따라서 두 번째로 높은 벌점을 받게 될 사람은 戊이다.

43

답 ⑤

난도 ★★

정답해설

ㄷ. 141명이 찬성하고 남은 69명이 모두 기권을 하여도 기권표가 전체의 3분의 1인 70명 이상이 되지 않고, 모두 반대를 한다고 해도 찬성표가 50%를 초과하는 상황이므로 안건은 가결된다. 따라서 옳은 내용이다.

ㄹ. 기권표가 전체의 3분의 1 이상이면 안건이 부결되므로 기권표는 최대 69명까지만 가능하며, 이 상황에서 찬성표가 71표가 나올 경우 반대 70표보다 많아 안건이 가결된다. 따라서 최소 찬성표는 71표이므로 옳은 내용이다.

오답해설

ㄱ. 70명이 기권하였다면 전체 210명 중 3분의 1 이상이 기권한 것이어서 안건이 부결되므로 옳지 않은 내용이다.

ㄴ. 104명이 반대하고 기권을 한 사람도 하지 않은 상태에서 나머지 106명이 모두 찬성했다면 안건이 가결되므로 옳지 않은 내용이다.

44 답 ③

난도 ★★

정답해설

ㄱ. LD50값이 높을수록 독성이 낮아진다는 것에 유의하여 계산해보자. 보톡스의 LD50값이 1ng/kg($=10^{-6}$mg/kg)이므로 이보다 1만 배($=10^{-4}$) 큰 값은 10^{-2}($=0.01$)mg/kg임을 알 수 있다. 따라서 옳은 내용이다.

ㄴ. ㄱ에서 언급한 것처럼 LD50값이 높다는 것은 치사량에 이르기 위해서는 그만큼 더 많은 양을 투입해야 한다는 의미이므로 독성이 약하다는 것을 의미한다. 따라서 옳은 내용이다.

ㄷ. 카페인의 LD50값은 200mg/kg인데, 이를 몸무게가 7kg인 대상에 대입하면 1,400mg($=1.4$g)가 됨을 알 수 있으므로 옳은 내용이다.

오답해설

ㄹ. 몸무게 60kg인 실험 대상 동물에 대한 니코틴의 LD50값은 60($=1 \times 60$)mg이며 이와 같은 양의 니코틴을 얻기 위해서는 담배 600개비가 필요하다(담배 1개비당 니코틴 함량이 0.1mg임에 주의하자). 따라서 옳지 않은 내용이다.

45 답 ④

난도 ★★

정답해설

모임당 구성원 수가 6명 이상 9명 미만인 경우에 해당되지 않는 A모임과 E모임을 제외하고 나머지 모임을 판단해보자.

- B모임 : 1,500천 원+(100천 원×6)=2,100천 원
- C모임 : {1,500천 원+(120천 원×8)}×1.3=3,198천 원
- D모임 : 2,000천 원+(100천 원×7)=2,700천 원

따라서 두 번째로 많은 총지원금을 받는 모임은 D모임이다.

46 답 ⑤

난도 ★★

정답해설

경제성 점수를 부여하기 위해 각 이동수단별 최소비용을 계산하면 다음과 같다.

- 렌터카 : (50달러+10달러)×3일=180달러(하)
- 택시 : 1달러×200마일=200달러(중)
- 대중교통 : 40달러×4명=160달러(상)

이를 반영하여 〈이동수단별 평가점수표〉를 작성하면 다음과 같다.

구분	경제성	용이성	안전성	총점
렌터카	2	3	2	7
택시	1	2	4	7
대중교통	3	1	4	8

따라서 총점이 가장 높은 대중교통을 이용하게 되며, 이때의 비용은 160달러이다.

47 답 ①

난도 ★★

정답해설

제시된 자료를 통해 종합 선호도를 구하면 다음과 같다.

구분	결혼 당사자	양가 부모	종합 선호도
예물	1.5	1	1.25
예단	1	2	1.4
폐백	1	1.5	1.17
스튜디오 촬영	1.8	1	1.67
신혼여행	2	0.5	1.4
예식장	1	2	1.5
신혼집	3	3	3

ㄱ. 종합 선호도에 따른 우선순위 상위 3가지는 '신혼집', '스튜디오 촬영', '예식장'이므로 옳은 내용이다.

ㄴ. 결혼 당사자의 우선순위 상위 3가지는 '신혼집', '신혼여행', '스튜디오 촬영'이며, 양가 부모의 우선순위 상위 3가지는 '신혼집', '예식장', '예단'이므로 옳은 내용이다.

오답해설

ㄷ. 예물은 결혼 당사자의 선호도(1.5)가 양가 부모의 선호도(1)보다 높지만, 폐백은 결혼 당사자의 선호도(1)보다 양가 부모의 선호도(1.5)가 높으므로 옳지 않은 내용이다.

ㄹ. 양가 부모에게 우선순위가 가장 낮은 항목은 '신혼여행'(0.5)이므로 옳지 않은 내용이다.

48 답 ③

난도 ★

정답해설

A주택의 지붕의 수선이 필요하다고 하였으므로 대보수에 해당하여 주택당 보수비용 지원한도액은 950만 원인데, 미란의 소득인정액은 중위소득 40%에 해당하여 지원율을 감안한 지원액은 760만 원(=950만 원×80%)이다.

49 답 ③

난도 ★

정답해설

- 방송광고 : 15회×1분×2매체=30분
- 방송연설(비례대표의원) : 10분×2매체×2명=40분
- 방송연설(지역구의원) : 10분×2매체×2회×100명=4,000분

따라서 甲정당과 그 소속 후보자들이 최대로 실시할 수 있는 선거방송 시간의 총합은 4,070분이다.

50

답 ③

난도 ★

정답해설

③ A, B 각각의 점수를 계산해보면 다음과 같다.

- A : 거리점수 : $60+(2×2)=64$

  자세점수 : $17+17+17=51$, 따라서 합산점수는 115점이다.

- B : 거리점수 : $60+(-1.8×2)=56.4$

  자세점수 : $19+19.5+17.5=56$, 따라서 합산점수는 112.4점이다.

따라서 A와 B의 합계점수는 227.4점이다.

51

답 ②

난도 ★★

정답해설

먼저 각 가구 유형별로 맞벌이 가구와 빈곤 가구의 수를 정리하면 다음과 같다.

구분	맞벌이 가구	빈곤 가구	합계
무자녀 가구	90	60	300
한 자녀 가구	180	120	600
두 자녀 가구	150	100	500
세 자녀 가구	30	20	100
합계	450	300	1,500

- A안 : $(200만 원×25\%)×300가구=15,000만 원$
- B안 : $(10만 원×600가구)+(20만 원×500가구)+(30만 원×100가구)=19,000만 원$
- C안 : $(30만 원×180가구)+(30만 원×2명×150가구)+(100만 원×30가구)=17,400만 원$

따라서 월 소요 예산 규모는 A<C<B이다.

52

답 ④

난도 ★★

정답해설

④ 통역사 1인당 통역경비를 계산하면 다음과 같다.

- 영어 통역사 : 500,000원(기본요금)+100,000원(추가요금)+100,000원(교통비)+40,000원(이동보상비)=740,000원
- 인도네시아어 통역사 : 600,000원(기본요금)+100,000원(교통비)+40,000원(이동보상비)=740,000원

각 언어별 통역사는 2명씩이므로 총 통역경비는 2,960,000원이다.

53

답 ②

난도 ★★

정답해설

② 각각의 경우에 지출해야 하는 관광비용을 정리하면 다음과 같다.

- 스마트 교통카드를 구입한 경우 : 1,000원(카드가격)+1,000원(경복궁)+5,000원(미술관)+5,000원(전망대)+1,000원(박물관)=13,000원
- 시티투어 A를 구입한 경우 : 3,000원(시티투어A)+700원(경복궁)+3,500원(미술관)+7,000원(전망대)+700원(박물관)=14,900원

- 시티투어 B를 구입한 경우 : 5,000원(시티투어B)+0원(경복궁)+5,000원(미술관)+0원(전망대)+0원(박물관)+2,000원(지하철)=12,000원

따라서 甲이 관광비용을 최소화하기 위해서는 시티투어 B를 구입해야 하며 그때의 관광비용은 12,000원이다.

54

답 ⑤

난도 ★★

정답해설

⑤ KTX는 광고비용이 월 3천만 원을 초과하므로 제외하고 나머지 광고수단들의 광고효과를 계산하면 다음과 같다.

- TV : $(3회×100만 명)/30,000천 원=0.1$
- 버스 : $(1×30×10만 명)/20,000천 원=0.15$
- 지하철 : $(60×30×2,000명)/25,000천 원=0.144$
- 포털사이트 : $(50×30×5,000명)/30,000천 원=0.25$

따라서 A사무관은 광고효과가 가장 큰 포털사이트를 광고수단으로 선택한다.

55

답 ①

난도 ★★★

정답해설

먼저, 제시된 자료를 정리하면 다음과 같다.

구분	바구니 색깔	과일의 개수	무게	바구니와 같은 색 과일	같은 종류의 과일
A	빨강	4	1.8kg	사과	참외(2)
B	노랑	5	0.85kg	참외	귤(2)
C	초록	5	1.1kg	없음	사과(2), 참외(2)
D	주황	3	0.5kg	귤	귤(2)
E	보라	4	0.75kg	없음	없음

- 甲 : 첫 번째 질문에서 과일이 3개라면 D이고, 4개라면 (A, E), 5개라면 (B, C)로 판별할 수 있다. 그리고 두 번째 질문을 통해 (A, E), (B, C)를 판별할 수 있다.
- 乙 : 첫 번째 질문에서 (A, B, D)와 (C, E)를 판별할 수 있으며, 두 번째 질문을 통해 (A, B, D)는 (4개, 5개, 3개)로, (C, E)는 (5개, 4개)로 판별할 수 있다.

오답해설

- 丙 : 첫 번째 질문에서 과일이 3개라면 D이고, 4개라면 (A, E), 5개라면 (B, C)로 판별할 수 있다. 그러나 두 번째 질문을 통해서는 (A, E)와 (B, C)가 각각 판별되지 않는다.
- 丁 : 첫 번째 질문에서 (A, B, C, D)와 E를 판별할 수 있으며 두 번째 질문을 통해 (A, C)와 (B, D)로 분류할 수는 있으나 이들 각각을 판별할 수 없다.

56

🅐 ④

난도 ★★★

정답해설

각 공정후 잔존 세균량을 정리하면 다음과 같다.

구분	A균	B균
공정 진행 전	1,000마리	1,000마리
공정 (1) 후	100마리	200마리
공정 (2-1) 후	10마리	-
공정 (2-2) 후	-	40마리
공정 (3) 후	10마리	44마리(10% 증식)

공정 (3)을 거친 물의 양은 2L이므로, 1L당 A균은 5마리, B균은 22마리가 존재하고 있음을 알 수 있다.

57

🅐 ⑤

난도 ★★

정답해설

ㄱ. A시의 환경개선도는 75(=9/12×100)이고, C시의 환경개선도도 75(=15/20×100)이므로 옳은 내용이다.

ㄷ. A의 제작학교 수가 12개에서 15로 늘어나면 학교참가도는 100{=15/(50×0.3)×100}이 되고, C의 학교참가도도 100(산식을 그대로 적용한 수치는 100을 넘지만{=20/(60×0.3)×100}, 100을 초과하는 경우 100으로 간주한다는 조건에 의해 100으로 간주)이므로 옳은 내용이다.

오답해설

ㄴ. 각 시별 아동안전지도 제작 사업 평가점수를 계산하면 다음과 같다.

구분	학교참가도	환경개선도	평가점수
A	80{=12/(50×0.3)×100}	75(=9/12×100)	78{=(80×0.6)+(75×0.4)}
B	100{=21/(70×0.3)×100}	100(=21/21×100)	100
C	111{≒20/(60×0.3)×100} • 조건에 의해 100으로 간주	75(=15/20×100)	90{=(100×0.6)+(75×0.4)}

따라서 평가점수가 가장 높은 도시는 B이므로 옳지 않은 내용이다.

58

🅐 ③

난도 ★★

정답해설

ㄱ. 甲국의 1일 통관 물량은 1,000건이며, 모조품은 이 중 1%의 확률로 존재한다고 하였고, 현재 검수율은 10%인 상태이다. 따라서 현재 적발될 수 있는 모조품은 1건(=1,000×0.1×0.01)이므로 하루에 벌금으로 얻는 금액은 1,000만 원이다. 그리고 현재 전문 조사 인력 10명에 대한 인건비가 300만 원(=30만 원×10명)이므로 1일 평균 수입은 700만 원(=1,000만 원-300만 원)이다. 따라서 옳은 내용이다.

ㄴ. 모든 통관 물량에 대해 전수조사를 한다는 것은 검수율이 100%가 된다는 것인데, 이 경우 모조품은 1%의 확률인 10건이 존재하게 되어 하루에 벌금으로 얻는 금액은 1억 원(=1,000만 원×10건)이 된다. 그리고 전문 조사 인

력은 180명이 충원되어 총 190명이 되어야 하는데 이 경우 인건비는 5,700만 원(=30만 원×190명)이 되어 1일 평균 수입은 4,300만 원(=1억 원-5,700만 원)이 된다. 따라서 수입(4,300만 원)보다 인건비(5,700만 원)가 더 크므로 옳은 내용이다.

ㄹ. 검수율을 30%로 올릴 경우 하루에 벌금으로 얻는 금액은 3,000만 원이고, 인건비는 1,500만 원이 되어 총 수입은 1,500만 원이 된다. 한편 검수율을 10%로 유지한 채 벌금을 2배로 인상하는 경우 벌금으로 얻는 금액은 2,000만 원이고, 인건비는 300만 원 그대로이므로 총 수입은 1,700만 원이 되어 후자가 더 크다. 따라서 옳은 내용이다.

오답해설

ㄷ. 검수율을 40%로 올릴 경우 하루에 벌금으로 얻는 금액은 4,000만 원이고, 인건비는 2,100만 원(=70명×30만 원)이 되어 수입은 1,900만 원이 된다. 하지만 이는 현재(700만 원)의 3배에는 미치지 못하므로 옳지 않은 내용이다.

59

🅐 ⑤

난도 ★★

정답해설

ㄴ. 이 상황에서는 가장 많은 인원을 수송해야 하는 시간대에 필요한 버스의 수를 구해야 한다. 그런데 d=400이라고 하였으므로 콘서트 시작 1시간 전에 가장 많은 인원을 수송해야 함을 알 수 있으며 구체적으로는 이 시간대에 16,000명(=40,000×40%)를 수송해야 한다. 따라서 이 시간대에 필요한 버스의 수는 최소 40대(=16,000/400)이므로 옳은 내용이다.

ㄷ. 2시간 이내에 40,000명을 수송하기 위해서는 시간당 20,000명을 수송해야 함을 알 수 있으며 이를 위해서는 최소 50대(=20,000/400)의 버스가 필요하므로 옳은 내용이다.

오답해설

ㄱ. a=b=c=d=25인 경우, 1시간마다 10,000명(=40,000×25%)의 관객을 수송해야 하는데 버스 한 대가 한 시간에 수송할 수 있는 인원은 400명(=40명×10번)이므로 1시간 동안 10,000명의 관객을 수송하려면 최소 25대(=10,000/400)가 필요하므로 옳지 않은 내용이다.

60

🅐 ①

난도 ★★

정답해설

먼저, 승차 정원이 2명인 C를 제외하고 각 차량별 실구매 비용을 정리하면 다음과 같다.

구분	차량 가격	구매 보조금	충전기 순비용	실구매 비용
A	5,000만원	2,000만원	2,000만원	5,000만원
B	6,000만원	1,000만원	0원	5,000만원
D	8,000만원	2,000만원	0원	6,000만원
E	8,000만원	2,000만원	0원	6,000만원

실구매 비용이 가장 저렴한 차량이 A와 B이므로 이들의 점수를 '점수 계산 방식'에 의해 계산해보면 다음과 같다

구분	최고속도 기준	승차 정원 기준	총점
A	0	+2	+2
B	-4	+4	0

따라서 총점이 높은 A자동차를 구매하게 된다.

61
정답 ④

난도 ★★

정답해설

개별 물품 할인은 자동 적용되므로 개별 물품 할인이 이루어진 이후의 모든 물품 결제 금액은 $150 \times 0.9 + 100 \times 0.7 + 50 \times 0.9 = 250$달러이다. 이달의 할인 쿠폰을 적용한다면 모든 물품의 결제 금액은 $250 \times 0.8 = 200$달러가 되므로 추가 할인 쿠폰을 사용할 수 없다. 이달의 할인 쿠폰을 사용하지 않고 추가 할인 쿠폰을 사용한다면 20,000원은 20달러이므로 모든 물품의 결제 금액은 $250 - 20 = 230$달러이다. 따라서 창렬이가 결제할 최소 금액은 200달러, 즉 200,000원이다.

합격생 가이드

필수적으로 적용해야 하는 조건을 모두 적용한 이후 경우의 수를 따진다. 적용에 선택의 여지가 있는 조건은 두 가지뿐이므로, 두 가지를 각각 적용한 후에 더 낮은 금액을 고르면 된다.

62
정답 ⑤

난도 ★★★

정답해설

오늘날 4구(區)는 1부(釜)이고 4승(升)은 1구(區)이므로, 1부(釜) = 4구(區) = 16승(升)이다. 또한, 1부(釜)는 1두(豆) 6승(升)이므로, 1두(豆) 6승(升) = 16승(升)이다. 이를 정리하면 1두(豆) = 10승(升)이다.
이제, 1종(鐘)은 16두(豆)이고 1석(石)은 1종(鐘)에 비해 1두(豆)가 적으므로 1석(石)은 15두(豆)이다. 그러므로 1석(石) = 15두(豆) = 150승(升)이 된다.

합격생 가이드

글의 전반부에 나오는 조건들은 문제의 풀이에 필요한 조건이 아니다. '오늘날을 기준으로' 1석(石)의 크기를 구하라는 문제이므로 오늘날의 도량형과 관련된 조건들을 우선 정리한 뒤, 필요한 경우에만 옛날 도량에 관한 조건도 고려한다.

63
정답 ①

난도 ★★

정답해설

주어진 조건을 정리하면 다음과 같다.

투표결과	인원	투표결과	인원	투표결과	인원
A → A	20	B → A		C → A	
A → B		B → B		C → B	
A → C		B → C		C → C	

이때, B → A와 C → A의 합은 5명, A → B와 A → C의 합은 10명이다. 또한, B → A, B → B, B → C의 합은 50명, C → A, C → B, C → C의 합은 20명이며 A → C, B → C, C → C의 합은 35명이다.
주어진 조건 하에서 B → B를 최소로 만들기 위해서는 B → A와 B → C에 최대한 많은 인원이 들어가야 한다. 따라서 B→A와 C → A의 합은 5명이므로 B → A에 5명, A → C, B → C, C → C의 합은 35명이므로 B → C에 35명을 각각 넣으면 다음과 같이 결정된다.

투표결과	인원	투표결과	인원	투표결과	인원
A → A	20	B → A	5	C → A	0
A → B	10	B → B	10	C → B	20
A → C	0	B → C	35	C → C	0

따라서 1차 투표와 2차 투표에서 모두 B안에 투표한 주민 수의 최솟값은 10이다.

합격생 가이드

주어진 조건들이 많을 때는 결론적으로 구하고자 하는 값과 직접 관련된 조건부터 풀이를 시작한다. 찾고자 하는 B → B와 관련된 조건은 하나뿐이다. 따라서 해당 조건인 'B → A, B → B, B → C의 합은 50명'에서 풀이를 시작한다. 이제 B → A와 B → C를 확정하는 것이 문제되므로, 각 투표결과와 관련된 조건 둘을 모두 고려해서 최대의 수를 배정하면 된다.

64
정답 ④

난도 ★★

정답해설

ㄱ. 다섯 자리의 수를 만들 때 가능한 가장 큰 수는 카드 중 가장 큰 숫자들을 골라야 만들어진다. 따라서 9, 9(만능카드), 9(6을 9로 활용), 8, 7을 고른 후 가장 높은 숫자부터 순서대로 카드를 배열한다. 따라서 가능한 가장 큰 수는 99987로, 홀수이다.

ㄴ. 두 자리의 수를 만들 때 가능한 가장 작은 수는 만능카드를 사용한 110이다. 그런데 乙이 '12'를 만들었다면 이미 1은 사용되었으므로 甲은 11도, 12도 만들 수 없다. 甲이 만들 수 있는 가장 작은 수는 13이므로 乙이 승리한다.

ㄹ. 만들 수 있는 10보다 작은 3의 배수는 3, 6, 9뿐이다. 3, 6, 9를 만들 수 있는 카드는 만능카드, 3, 6, 9로 총 4장뿐이다. 따라서 乙이 3개를 만들었다면 甲은 1개만 만들 수 있어 乙이 승리한다.

오답해설

ㄷ. 두 자리의 수를 만들 때 가능한 가장 큰 수는 9, 만능카드, 6 중 두 장을 사용한 990이다. 甲이 98을 만들었다면 9를 한 장만 가지고 있는 것이다. 乙은 나머지 9 두 장을 활용하여 99를 만들 수 있으므로 乙이 승리한다.

합격생 가이드

6과 만능카드의 활용이 핵심이다. 가능한 가장 큰 숫자나 가장 작은 숫자를 만들지 못했다면 최선의 수를 만드는 데 필요한 카드를 가지고 있지 않다는 것을 의미한다. 따라서 해당 카드는 모두 상대방이 가지고 있을 것이라는 추론이 가능하다.

65
정답 ③

난도 ★★★

정답해설

ㄴ. 말의 최종 위치가 4시라면 주사위를 던져 짝수가 4번 더 나온 것이고, 말의 최종 위치가 8시라면 주사위를 던져 홀수가 4번 더 나온 것이다. 즉, 확률은 $_{24}C_{10} \times \left(\frac{1}{2}\right)^{24} = _{24}C_{14} \times \left(\frac{1}{2}\right)^{24}$로 같다.

ㄹ. 말의 위치가 12시일 때, 주사위를 2번 더 던질 경우 말이 2나 10에 위치하게 될 확률이 각각 $\frac{1}{4}$이고 12에 위치하게 될 확률이 $\frac{1}{2}$이다. 따라서 甲이 승리할 확률은 $\frac{1}{4}$로, 무승부가 될 확률인 $\frac{1}{2}$보다 낮다.

오답해설

ㄱ. 짝수 번 주사위를 던질 경우 말의 최종 위치는 짝수 시만 가능하다. 따라서 말의 최종 위치가 3시일 확률은 0이다.

ㄷ. 乙이 마지막 주사위를 던지기 전에 말의 위치가 10이나 11에 있었을 경우 짝수가 나오는 것이 甲에게 유리하다. 그러나 말의 위치가 5나 7에 있었을 경우 짝수가 나오는 것이 甲에게 불리하며, 30이나 9에 있었을 경우 무차별하다.

합격생 가이드

주사위를 홀수 번 던질 경우 최종 위치는 홀수 시가 되고, 주사위를 짝수 번 던질 경우 최종 위치는 짝수 시가 된다는 점을 활용한다. 이때 ㄱ과 ㄴ은 계산 없이도 정오 판단이 가능하므로 우선적으로 판단하면 ㄷ과 ㄹ 중 하나만 풀어보아도 답을 도출할 수 있다.

66
답 ③

난도 ★

정답해설

ㄴ. 기준 Ⅱ로 대안을 선택한다면 각 대안의 최소 기대이익은 대안 A_1이 −9, 대안 A_2가 5, 대안 A_3가 100이므로 가장 큰 값을 갖는 대안 A_3를 선택하게 된다.

ㄹ. 기준 Ⅲ으로 대안을 선택한다면 각 대안의 최대 후회는 대안 A_1이 19, 대안 A_2가 20, 대안 A_3가 300이므로 대안 A_1을 선택하게 된다.

오답해설

ㄱ. 기준 Ⅰ로 대안을 선택한다면 각 대안의 최대 기대이익은 대안 A_1이 50, 대안 A_2가 30, 대안 A_3가 200이므로 가장 큰 값을 갖는 대안 A_1을 선택하게 된다.

ㄷ. 상황 S_2에서 대안 A_2의 기대이익이 가장 크므로 대안 A_2의 후회는 0이다.

합격생 가이드

가장 계산이 복잡한 것은 최대 후회를 구해야 하는 ㄹ이다. 그런데 ㄱ~ㄷ만 판단해도 답을 도출할 수 있으므로 ㄹ은 계산하지 않고 넘기는 것이 최선이다.

67
답 ③

난도 ★★

정답해설

포상금 5,000만 원 중 40%인 2,000만 원 이상은 반드시 현금으로 배분되어야 한다. 그런데 우수부서는 최소한으로 선정해야 하므로 2,000만 원에 맞춰 우수부서를 선정한다. 이때 우수부서를 10개, 보통부서를 5개 선정하면 150×10+100×5=2,000만 원이 된다.

현금으로 2,000만 원을 배분하고, 2,900만 원은 직원 복지 시설을 확충하는 데 사용하므로 5,000−2,000−2,900=100만 원이 남는다. 따라서 개당 1만 원의 기념품을 100개 구입할 수 있다.

합격생 가이드

우수부서의 수를 구하는 것이 관건이다. 이때, 우수부서와 보통부서에 배분되는 포상금의 차이는 50만 원이다. 따라서 모든 부서가 보통부서일 경우 1500만 원이 배분된다는 점에서 시작한다. 2,000−1,500=500만 원이 부족하므로 우수부서를 10개 선정해야 2,000만 원을 채울 수 있다.

68
답 ⑤

난도 ★★

정답해설

각 가전제품별 최소 가격은 130만 원, 40만 원, 50만 원, 20만 원, 10만 원이다. 甲 상점의 혜택을 최대로 받을 경우 29만 원을 절약할 수 있지만, 반드시 A를 甲 상점에서 구매해야 혜택을 받을 수 있다. 이때 상점별 최저가로 가전제품을 구매할 경우의 가격이 甲 상점의 혜택을 받는 경우의 가격보다 낮으므로 甲 상점의 혜택은 고려하지 않는다.

이제 甲 상점의 혜택을 고려하지 않으므로 A는 乙에서 구입한다. C, D, E를 묶어 乙 상점에서의 가격과 丙 상점에서의 가격을 비교해 보면 乙 상점에서의 가격이 74만 원, 丙 상점에서의 가격이 80만 원이므로 C, D는 乙 상점에서 구입하는 것으로 한다.

받는 혜택과 관련이 없는 B와 E는 가장 저렴하게 판매하는 상점에서 구입한다. 따라서 상점 乙에서 A, C, D, E를 구입하고 상점 丙에서 B를 구입할 때 총 구매액이 244만 원으로 최소화된다.

합격생 가이드

각 가전제품을 단순히 최저가에 구입하는 경우와, 상점별 혜택을 받는 경우를 비교하여 계산하는 것이 핵심이다.

69
답 ③

난도 ★

정답해설

4월 1일에는 두 작업반이 같은 시간대에 동일한 종류의 제품만을 생산해야 하므로, 두 작업반 모두 제품 X를 8시간씩, 제품 Y를 3시간씩 생산한다. 따라서 4월 1일의 작업 시간은 11시간이다.

4월 2일에는 그러한 제약이 없으므로 작업반 A가 제품 X를, 작업반 B가 제품 Y를 생산한다. 6시간 동안 작업하면 제품 X는 12개, 제품 Y는 18개가 생산된다. 그 이후에는 작업반 A와 B가 동시에 제품 X를 생산한다. 이제 4시간의 추가 작업을 통해 제품 X가 12개 마저 생산된다. 따라서 4월 2일의 작업 시간은 10시간이다.

이를 통해 작업한 최소 시간의 합은 21시간임을 알 수 있다.

합격생 가이드

제약 조건이 주어진 4월 1일의 작업 시간을 기준으로 삼는다. 4월 1일의 작업 시간이 11시간이므로 작업한 최소 시간의 합은 22를 넘을 수 없다. 따라서 ⑤는 소거된다.

4월 2일은 생산의 비교우위를 따져서 각 작업반이 어떤 제품을 우선적으로 생산하게 할 것인지 결정하는 것이 핵심이다. 작업반 A는 제품 X 생산에, 작업반 B는 제품 Y 생산에 각각 비교우위가 있으므로 해당 제품을 우선 생산하게 해야 한다.

70

답 ④

난도 ★★

정답해설

첫 번째 조건을 적용해 보면, A~E의 최소성분량의 합은 60+x이므로 x>40일 때 조성물 甲을 불명확하다고 할 수 있다.

두 번째 조건을 적용해 보면, A~E의 최대성분량의 합은 100+y이므로 이 조건에 따라 조성물 甲을 불명확하다고 할 수는 없다.

세 번째 조건을 적용해 보면, 100+x<100 혹은 80+y<100이 성립해야 조성물 甲을 불명확하다고 할 수 있다. 전자는 성립할 수 없으므로, y<20이면 조성물 甲을 불명확하다고 할 수 있다.

네 번째 조건을 적용해 보면, 60+y>100 혹은 80+x>100이 성립해야 조성물 甲을 불명확하다고 할 수 있다. 따라서 y>40이거나 x>20이면 조성물 甲을 불명확하다고 할 수 있다.

ㄱ. y가 10인 경우 세 번째 조건에 따라 조성물 甲은 불명확하다.

ㄷ. x가 25이면 네 번째 조건에 따라 조성물 甲은 불명확하다.

ㄹ. x가 20이고 y가 20보다 크고 40보다 작으면 조성물 甲은 불명확하다고 할 수 없다.

오답해설

ㄴ. x가 20이고 y가 20이면 조성물 甲은 불명확하다고 할 수 없다.

합격생 가이드

첫 번째 조건은 〈보기〉와 관련이 없으므로 결국 세 번째 조건과 네 번째 조건을 정확하게 판단하는 것이 중요하다. 따라서 x>20이거나 y<20 혹은 y>40이면 조성물 甲을 불명확하다고 할 수 있다. 그러나 조건을 정리하기가 어렵다면 주어진 값을 대입해가며 풀어도 좋다.

세 번째 조건과 네 번째 조건을 적용함에 있어서는 어느 성분만 최소성분량 혹은 최대성분량을 적용해야할지 판단하는 것이다. 이때, 성분별 최소성분량과 최대성분량의 차이가 가장 큰 것은 D 혹은 E이므로 D만 최소성분량 혹은 최대성분량을 적용하는 경우와 E만 최소성분량 혹은 최대성분량을 적용하는 경우로 나눠서 풀면 된다.

71

답 ⑤

난도 ★

정답해설

㉠ 1km=1,000m=100,000cm이다. 1시간=60분=3600초이다. 그러므로 ㉠의 값은 다음과 같이 도출된다. ㉠=180×50×60×60÷100,000=324

㉡ 1문단에 따라 바퀴벌레의 속력은 초당 150cm이다. 2문단에 따라 물고기 로봇의 속력은 미국바퀴벌레의 1/3 속력인 초당 50cm이다. 이는 분당 3000cm의 속력과 같다. 물고기 로봇의 분당 이동 거리는 몸길이인 ㉡의 200배이다. 그러므로 몸길이는 15cm이다.

합격생 가이드

단위 환산에 주의만 한다면 매우 쉬운 문제이다. 지문의 km, m, cm 표기에 주의해 정확히 환산해야 한다.

72

답 ②

난도 ★★

정답해설

고장난 시계가 정확한 시계와 일치하기 위해서는 정확히 12시간의 오차가 발생하는 경우뿐이다. 이를 바탕으로 각 시계가 1년 동안 각 정확한 시계와 일치하게 되는 횟수는 다음과 같다. A(하루 2회) : 730회, B(720일에 1회) : 0회, C(12일에 1회) : 30회, D(6일에 1회) : 60회, E(144일에 1회) : 2회. 따라서 가장 먼저 교체될 시계는 B이고, 가장 나중에 교체될 시계는 A이다.

합격생 가이드

고장난 시계도 하루에 두 번은 맞는다. 가장 나중에 교체될 시계를 바로 도출한다면 규칙성을 찾지 못하더라도 단순 비교를 통해 답을 도출할 수 있다. 느려지거나 빨라지는 기준이 모두 하루라는 점에 주목해서 규칙성을 찾아 문제를 해결한다면 더욱 정확하게 해결하는 것 역시 가능하다.

73

답 ②

난도 ★★

정답해설

② 乙에 의해 절약된 금액은 3,500만 원이다. 乙의 사례는 주요사업비 예산절감 항목이다. 乙의 기여는 전 부처로 확산되어 가산 지급 대상이다. 그러므로 乙의 예산성과금은 다음과 같이 도출된다. 3,500×20%×1.3=910만 원

오답해설

① 지급요건에 따르면 발생시기가 2020년 1월 1일부터 2020년 12월 31일까지인 예산절감 및 수입증대가 예산성과금 지급 대상이다. 甲의 예산절감은 2019년 이루어졌다.

③ 丙에 의해 절약된 금액은 8,000만 원이다. 丙의 사례는 수입증대 항목이다. 그러므로 丙의 예산성과금은 다음과 같이 도출된다. 8,000×10%=800만 원

④ 丁에 의해 절약된 금액은 1,800만 원이다. 丁의 사례는 경상적 경비 예산절감 항목이다. 그러므로 丁의 예산성과금은 다음과 같이 도출된다. 1,800×50%=900만 원

⑤ 戊에 의해 절약된 금액은 1,000만 원이다. 戊의 사례는 경상적 경비 예산절감 항목이다. 그러므로 戊의 예산성과금은 다음과 같이 도출된다. 1,000×50%=500만 원

합격생 가이드

①과 같이 계산 이외의 조건을 적용해서 제외하는 대상이 없는지 먼저 파악하자. 계산을 하나 더 하는 것이 조건을 찾아보는 시간보다 오래 걸린다. 확산 시 가산 조건과 같이 다른 선지와 구별되는 예외적 계산 사항에 대해 주의를 기울이자. 조건을 놓쳐서 오답을 선택하도록 유도한 기출 문제가 상당수 있다.

74

답 ④

난도 ★

정답해설

④ 〈배치기준〉 가목 1)에 따르면 관할구역에 층수가 11층 이상인 아파트가 20동 이상 있는 경우에는 고가사다리차를 1대 이상 배치한다. 甲관할구역 내 층수가 11층 이상인 아파트가 30동 있고, 가장 가까운 119안전센터(乙관할구역)는 소방서로부터 25km 떨어져 있다. 그러므로 甲관할구역 소방소에 고가사다리차를 최소 1대 배치해야 한다. 〈배치기준〉 나목에 따라 1,000개소 이상 제조소 등이 존재하는 경우 최소 2대에 더해 계산식에 따라 산출되는 수만큼의 화학차를 배치해야 한다. 甲관할구역 내에 제조소 등은 1,200개소 존재한다. 계산식에 따라 추가되는 화학차 대수는 1대이므로 최소 3대의 화학차를 배치한다((1,200-1,000)÷1,000=0.2, 2+1(추가, 올림)=3). 〈배치기준〉 다 목에 따라 최소 지휘차 1대, 순찰차 1대를 배치한다. 그러므로 배치되어야 하는 소방자동차의 최소 대수는 고가사다리차 1대, 화학차 3대, 지휘차 1대, 순찰차 1대 총 6대이다.

합격생 가이드

가목 3)과 같은 예외조건에 해당하지 않는 경우이지만 차근차근 〈배치기준〉에 맞춰 〈상황〉에 적용하는 것이 필요하다. '배치한다.'와 '배치할 수 있다.'의 의미상 구분 역시 중요하다. 전반적인 조건 적용이 매우 쉽게 구성되어 있어 잘못 읽지 않는 이상 문제 해결에 어려움이 있지 않을 것이라고 생각한다.

75

답 ⑤

난도 ★

정답해설

⑤ 2문단에 따르면 세계 외환거래액 중 유로 거래액의 비중은 2020년 32%, 2016년 30%, 2010년 40%이다. 그러므로 2010년 달러 기준으로 측정된 유로로 이루어진 하루 평균 외환거래액은 1조 5,600억 달러이다(3.9×40%=1.56). 2016년 달러 기준으로 측정된 유로로 이루어진 하루 평균 외환거래액은 1조 5,600억 달러로 2010년과 2016년 액수가 동일하다(5.2×30%=1.56).

합격생 가이드

%p와 %의 구별이 조금 필요한 문제이나 너무 쉽게 구성되어 문제 해결에 큰 어려움이 없을 것이라 생각한다.

76

답 ④

난도 ★

정답해설

④ 50장의 표가 발권된 만큼 50개의 조가 존재한다고 생각하자. '친구 단위'로 입장한 사람의 수는 '친구 단위' 조의 수의 2배이며 '가족 단위'로 입장한 사람의 수는 '가족 단위' 조의 수의 4배이다. 총 입장객 수는 종류별 입장한 사람의 수의 합이다. 그러므로 놀이공원 총 입장객 수 158명은 '친구 단위' 조의 수의 2배와 '가족 단위' 조의 수의 4배의 합이다. 따라서 158명을 2로 나누고 50을 뺀다면 '가족 단위' 조의 수를 구할 수 있다. 29개 조가 '가족 단위' 조이고 나머지 21개 조가 '친구 단위' 조인만큼 '가족 단위'로 입장한 사람의 수는 116명(29×4=116), '친구 단위'로 입장한 사람의 수는 42명(21×2=42)이다.

합격생 가이드

가족 단위 또는 친구 단위로 입장객을 묶을 수 있는 만큼 2명 혹은 4명이라는 장치를 활용하는 것이 신속한 문제 해결의 핵심이다. 총 50장의 표가 발권되었고 2, 4 모두 값을 깔끔하게 도출할 수 있는 수인만큼 신속하게 해결할 수 있는 방법을 찾기 용이하다.

77

답 ⑤

난도 ★★

정답해설

⑤ 1문단에 따르면 R_0는 예방조치가 없을 때, 해당 질병에 감염된 사람 한 명이 비감염자 몇 명을 감염시키는지에 대한 수치이다. B질병의 R_0는 15이고, D질병의 R_0는 3이다. 그러므로 예방조치가 없다면, 감염자 1명당 감염시킬 수 있는 사람 수의 평균은 B질병이 D질병의 5배일 것이다.

오답해설

① 1문단에 따르면 치사율은 어떤 질병에 걸린 환자 중 그 질병으로 사망하는 환자의 비율을 나타내는 것으로 R_0의 크기와 반드시 비례하지는 않는다. 그러므로 가장 많은 사람이 사망하는 질병은 주어진 자료만으로 알 수 없다.

② 2문단에 따르면 예방조치가 없을 때, R_0가 1보다 큰 질병은 전체 개체군으로 확산될 것이다. 그러나 F질병의 경우 R_0가 0.5에 불과하다. 그러므로 F질병은 예방조치가 없어도 전국민을 감염시키지는 않을 것이다.

③ 〈상황〉에 따르면 C질병의 R_0는 6, D질병의 R_0는 3이다. 임의의 시간 단위 n이 지났을 때 각 질병이 감염시켰을 것이라고 예상하는 인원은 C질병의 경우 $\frac{6n-1}{5}$명이고, D질병의 경우 $\frac{3n-1}{2}$명이다. 인구 수가 충분해서 n의 크기가 3이상이 될 수 있다면 C질병이 전 국민을 감염시킬 때까지 걸리는 시간은 D질병의 절반보다 훨씬 짧을 것이다.

④ 3문단에 따르면 R_0와 마찬가지로 치사율도 확산 초기 단계에서는 정확하게 알 수 없다.

합격생 가이드

③을 옳다고 판단하지 않도록 주의가 필요하다. 기초 감염재생산지수는 신규 감염자 수가 일종의 등비수열을 취하고 있다는 모형이다. 따라서 총 감염자 수는 신규 감염자 수보다 훨씬 빠른 양상으로 증가한다. 변화율과 총량을 혼용해서 오답 선지를 구성하는 장치들은 기존 기출 문제에도 다수 등장한 만큼 주의가 필요하다.

78

답 ④

난도 ★★

정답해설

ㄱ. 밀도와 질량이 주어져 있을 때, 부피는 질량을 밀도로 나눈 값과 같다. 제시문에 따라 왕관의 질량이 1kg(1000g), 금의 밀도가 20g/cm³이기 때문에 부피는 50cm³이다.

ㄴ. 왕관의 부피가 80cm³이고 왕관에 포함된 은의 부피가 금의 부피의 3배라고 가정하자. 그러한 경우 왕관에 포함된 은의 부피는 60cm³이고, 금의 부피는 20cm³이다. 밀도와 부피를 곱한 값은 질량과 같은 바, 선지의 내용이 맞다면 각 은과 금의 질량 합은 1kg일 것이다. 은의 질량은 600g(60×10=600g), 금의 질량은 400g(20×20=400g)이다.

ㄹ. 왕관에 철을 전혀 사용하지 않았다고 가정해보자. 부피는 질량을 밀도로 나눈 값과 같다. 따라서 같은 질량 하에서 부피를 극대화하기 위해서는 구리를 사용했을 것이다. 이때 가능한 부피는 약 111.11cm³이다. 그러나 이는 넘친 물의 부피보다 작다. 그러므로 왕관에는 구리보다 밀도가 낮은 철이 사용됐다.

오답해설

ㄷ. 왕관에 사용된 금의 부피를 a, 구리의 부피를 b라고 가정하자. 이때 주어진 조건 하에서는 다음의 두 식이 성립한다 : $a+b=80, 20a+9b=1000$. 그러므로 금의 부피는 약 25.45cm³$\left(=\frac{280}{11}\right)$이고 구리의 부피는 약 54.55cm³$\left(=\frac{600}{11}\right)$이다.

◆ 합격생 가이드

가중평균을 이용해서 각 부피의 정확한 값을 구할 수도 있겠지만 ㄴ의 해설과 같이 선지의 내용이 참인 경우를 가정하고 내용을 검증하는 것이 더 빠른 경우도 있다. 이 문제와 같이 각 값이 깔끔하게 나누어지는 경우라면 후자의 방식을 통해 신속한 선지의 해결을 도모하는 것을 추천한다.

79

답 ④

난도 ★

정답해설

④ 3과 9를 1~9까지 곱했을 때 일의 자리 수를 정리하면 다음과 같다. 서로 다른 두 카드 간 합이 같은 쌍이 나올 수 있는 숫자 합의 최솟값인 5부터 15까지 모두 확인해본다면 가능한 경우는 두 카드에 적힌 숫자의 합이 12가 되는 (4,8) (3,9)만이 가능하다. 그러므로 4장의 숫자 카드에 적힌 수의 합은 24이다.

구분	1	2	3	4	5	6	7	8	9
x3	3	6	9	2	5	8	1	4	7
x9	9	8	7	6	5	4	3	2	1

◆ 합격생 가이드

문제에는 카드에 적힌 숫자 합이 같다는 조건과 각 숫자에 3과 9를 곱한 값의 일의 자리 수가 같다는 조건, 총 2가지 조건이 제시되어 있다. 보다 특수한 조건인 두 번째 조건을 만족시키는 경우의 수가 더 적을 것이라는 판단 하에 문제를 접근한다면 더 쉽고 신속하게 문제를 해결할 수 있다.

80

답 ③

난도 ★

정답해설

③ 丙의 경우는 (이륙중량 25kg 이하)−(사업자)/(자체중량 12kg 이하)−(사업자)이다. 또한 비행장 중심으로부터 반경 5km 이내에서 비행하므로 비행승인이 필요하다. 그러나 비행승인 없이 비행하였으므로 규칙 위반이다.

오답해설

① 甲의 경우는 (이륙중량 25kg 이하)−(비사업자)/(자체중량 12kg 이하)−(비사업자)이다. 모든 규칙을 준수했다.

② 乙의 경우는 (이륙중량 25kg 초과)−(비사업자)/(자체중량 12kg 이하)−(비사업자)이다. 모든 규칙을 준수했다.

④ 丁의 경우는 (이륙중량 25kg 이하)−(사업자)/(자체중량 12kg 초과)−(사업자)이다. 모든 규칙을 준수했다.

⑤ 戊의 경우는 (이륙중량 25kg 이하)−(사업자)/(자체중량 12kg 초과)−(사업자)이다. 모든 규칙을 준수했다.

◆ 합격생 가이드

문제상 특수한 조건이라고 할 수 있는 것은 '△:공항 또는 비행장 중심 반경 5km 이내에서는 필요'뿐이다. 그러므로 해당 조건을 활용한 정답 내지 오답 선지의 구성을 예상할 수 있다.

5·7급 PSAT 상황판단 퍼즐+계산 유형 뽀개기!

나는 내가 더 노력할수록

운이 더 좋아진다는 걸 발견했다.

-토마스 제퍼슨(Thomas Jefferson)-

부록

5·7급 PSAT
상황판단
최신기출문제

01 2022년 5급 PSAT 상황판단 기출문제

문 1. 다음 글을 근거로 판단할 때 옳은 것은?

제00조 ① 자신의 생명 또는 신체상의 위험을 무릅쓰고 급박한 위해에 처한 다른 사람의 생명·신체 또는 재산을 구하기 위한 구조행위로서 다음 각 호의 어느 하나의 경우에 대해서는 이 법을 적용한다. 다만 자신의 행위로 인하여 위해에 처한 사람에 대하여 구조행위를 하다가 사망하거나 부상을 입은 행위는 제외한다.

1. 범죄행위를 제지하거나 그 범인을 체포하다가 사망하거나 부상을 입은 경우

2. 운송수단의 사고로 위해에 처한 다른 사람의 생명·신체 또는 재산을 구하다가 사망하거나 부상을 입은 경우

3. 천재지변, 수난(水難), 화재 등으로 위해에 처한 다른 사람의 생명·신체 또는 재산을 구하다가 사망하거나 부상을 입은 경우

4. 물놀이 등을 하다가 위해에 처한 다른 사람의 생명 또는 신체를 구하다가 사망하거나 부상을 입은 경우

② 의사자(義死者)란 직무 외의 행위로서 구조행위를 하다가 사망하여 ㅁㅁ부장관이 의사자로 인정한 사람을 말한다.

③ 의상자(義傷者)란 직무 외의 행위로서 구조행위를 하다가 신체상의 부상을 입어 ㅁㅁ부장관이 의상자로 인정한 사람을 말한다.

제00조 ① 국가는 의사자·의상자가 보여준 살신성인의 숭고한 희생정신과 용기가 항구적으로 존중될 수 있도록 서훈(敍勳)을 수여하는 등 필요한 조치를 할 수 있다.

② 국가와 지방자치단체는 의사자를 추모하고 숭고한 뜻을 기리기 위한 동상 및 비석 등의 기념물을 설치하는 기념사업을 수행할 수 있다.

③ 국가는 다음 각 호의 기준에 따라 의상자 및 의사자 유족에게 보상금을 지급한다.

1. 의상자의 경우에는 그 본인에게 지급한다.

2. 의사자의 경우에는 그 배우자, 자녀, 부모, 조부모, 형제자매의 순으로 지급한다. 이 경우 같은 순위의 유족이 2인 이상인 때에는 보상금을 같은 금액으로 나누어 지급한다.

※ 서훈 : 공적의 등급에 따라 훈장을 내림

① 의사자 甲에게 배우자와 자녀가 있는 경우, 보상금은 전액 배우자에게 지급된다.

② 지방자치단체는 의상자 乙에게 서훈을 수여하거나 동상을 설치하는 기념사업을 수행할 수 있다.

③ 소방관 丙이 화재 현장에 출동하여 화재를 진압하던 중 부상을 입은 경우, 丙은 의상자로 인정될 수 있다.

④ 물놀이를 하던 丁이 물에 빠진 애완동물을 구조하던 중 부상을 입은 경우, 丁은 의상자로 인정될 수 있다.

⑤ 운전자 戊가 자신이 일으킨 교통사고의 피해자를 구조하던 중 다른 차량에 치여 부상당한 경우, 戊는 의상자로 인정될 수 있다.

문 2. 다음 글을 근거로 판단할 때 옳은 것은?

제00조 ① 본인 또는 배우자, 직계혈족(이하 '본인 등'이라 한다)은 가족관계등록부의 기록사항에 관하여 발급할 수 있는 증명서(가족관계증명서, 기본증명서, 혼인관계증명서, 입양관계증명서, 친양자입양관계증명서 등)의 교부를 청구할 수 있고, 본인 등의 대리인이 청구하는 경우에는 본인 등의 위임을 받아야 한다. 다만 다음 각 호의 어느 하나에 해당하는 경우에는 본인 등이 아닌 경우에도 교부를 신청할 수 있다.

1. 국가 또는 지방자치단체가 직무상 필요에 따라 문서로 신청하는 경우

2. 소송·민사집행의 각 절차에서 필요한 경우

3. 다른 법령에서 본인 등에 관한 증명서를 제출하도록 요구하는 경우

② 제1항에도 불구하고 친양자입양관계증명서는 다음 각 호의 어느 하나에 해당하는 경우에 한하여 교부를 청구할 수 있다.

1. 친양자가 성년이 되어 신청하는 경우

2. 법원의 사실조회촉탁이 있거나 수사기관이 수사상 필요에 따라 문서로 신청하는 경우

③ 제1항 및 제2항에 따라 증명서의 교부를 청구하는 사람은 수수료를 납부하여야 하며, 증명서의 송부를 신청하는 경우에는 우송료를 따로 납부하여야 한다.

④ 본인 또는 배우자, 부모, 자녀는 가족관계등록부의 기록사항 전부 또는 일부에 대하여 전자적 방법에 의한 열람을 청구할 수 있다. 다만 친양자입양관계증명서의 기록사항에 대하여는 친양자가 성년이 된 이후에만 청구할 수 있다.

① A의 직계혈족인 B가 A의 기본증명서 교부를 청구할 때에는 A의 위임을 받아야 한다.

② 본인의 입양관계증명서 교부를 청구한 C는 수수료와 우송료를 일괄 납부하여야 한다.

③ 지방자치단체는 직무상 필요에 따라 구두로 지역주민 D의 가족관계증명서 교부를 신청할 수 있다.

④ E의 자녀 F는 E의 혼인관계증명서의 기록사항에 대해 전자적 방법에 의한 열람을 청구할 수 있다.

⑤ 미성년자 G는 본인의 친양자입양관계증명서의 기록사항에 대해 전자적 방법에 의한 열람을 청구할 수 있다.

문 3. 다음 글과 〈상황〉을 근거로 판단할 때 옳은 것은?

제○○조 ① 소비자는 물품 등의 사용으로 인한 피해의 구제를 한국소비자원에 신청할 수 있다.

② 국가·지방자치단체 또는 소비자단체는 소비자로부터 피해구제의 신청을 받은 때에는 한국소비자원에 그 처리를 의뢰할 수 있다.

③ 사업자는 소비자로부터 피해구제의 신청을 받은 때에는 다음 각 호의 어느 하나에 해당하는 경우에 한하여 한국소비자원에 그 처리를 의뢰할 수 있다.

1. 소비자로부터 피해구제의 신청을 받은 날부터 30일이 경과하여도 합의에 이르지 못하는 경우
2. 한국소비자원에 피해구제의 처리를 의뢰하기로 소비자와 합의한 경우

제□□조 ① 한국소비자원장은 피해구제신청사건을 처리함에 있어서 당사자 또는 관계인이 법령을 위반한 것으로 판단되는 때에는 관계 기관에 이를 통보하고 적절한 조치를 의뢰하여야 한다. 다만 다음 각 호의 경우에는 그러하지 아니하다.

1. 피해구제신청사건의 당사자가 피해보상에 관한 합의를 하고 법령위반행위를 시정한 경우
2. 관계 기관에서 위법사실을 이미 인지·조사하고 있는 경우

② 한국소비자원장은 피해구제신청의 당사자에 대하여 피해보상에 관한 합의를 권고할 수 있다.

제△△조 한국소비자원장은 제○○조의 규정에 따라 피해구제의 신청을 받은 날부터 30일 이내에 제□□조 제2항의 규정에 따른 합의가 이루어지지 아니하는 때에는 지체 없이 소비자분쟁조정위원회에 분쟁조정을 신청하여야 한다.

제◇◇조 한국소비자원의 피해구제 처리절차 중에 법원에 소를 제기한 당사자는 그 사실을 한국소비자원에 통보하여야 한다.

──── 〈상 황〉 ────

소비자 甲은 사업자 乙이 생산한 물품을 사용하다가 피해를 입었다. 이에 甲은 乙에게 피해구제를 신청하였다.

① 乙이 신청을 받은 날부터 30일이 지나도록 甲과 합의에 이르지 못한 경우, 乙은 한국소비자원에 그 처리를 의뢰할 수 있다.

② 甲과 乙이 한국소비자원에 피해구제의 처리를 의뢰하기로 합의한 경우, 乙은 30일 이내에 소비자분쟁조정위원회에 분쟁조정을 신청하여야 한다.

③ 한국소비자원이 甲의 피해구제 처리절차를 진행하는 중에는 甲은 해당 사건에 대해 법원에 소를 제기할 수 없다.

④ 한국소비자원장이 권고한 피해보상에 관한 합의가 甲과 乙 사이에 이루어지지 않은 경우, 한국소비자원장은 30일 이내에 소비자분쟁조정위원회에 분쟁조정을 신청하여야 한다.

⑤ 한국소비자원장은 피해구제신청사건을 처리함에 있어서 乙이 법령을 위반한 것으로 판단되면, 관계 기관에서 위법사실을 이미 인지·조사하고 있는 경우라도 관계 기관에 이를 통보하고 적절한 조치를 의뢰하여야 한다.

문 4. 다음 글과 〈상황〉을 근거로 판단할 때 옳은 것은?

제○○조 ① 박물관에는 임원으로서 관장 1명, 상임이사 1명, 비상임이사 5명 이내, 감사 1명을 둔다.

② 감사는 비상임으로 한다.

③ 관장은 정관으로 정하는 바에 따라 □□부장관이 임면하고, 상임이사와 비상임이사 및 감사의 임면은 정관으로 정하는 바에 따른다.

제○○조 ① 관장의 임기는 3년으로 하며, 1년 단위로 연임할 수 있다.

② 이사와 감사의 임기는 2년으로 하며, 1년 단위로 연임할 수 있다.

③ 임원의 사임 등으로 인하여 선임되는 임원의 임기는 새로 시작된다.

④ 관장은 박물관을 대표하고 그 업무를 총괄하며, 소속 직원을 지휘·감독한다.

⑤ 관장이 부득이한 사유로 직무를 수행할 수 없을 때에는 상임이사가 그 직무를 대행하고, 상임이사도 직무를 수행할 수 없을 때에는 정관으로 정하는 임원이 그 직무를 대행한다.

제○○조 ① 박물관의 중요 사항을 심의·의결하기 위하여 박물관에 이사회를 둔다.

② 이사회는 의장을 포함한 이사로 구성하고 관장이 의장이 된다.

③ 이사회는 재적이사 과반수의 출석으로 개의하고, 재적이사 과반수의 찬성으로 의결한다.

④ 감사는 직무와 관련하여 필요한 경우 이사회에 출석하여 발언할 수 있다.

제○○조 ① 박물관의 임직원이나 임직원으로 재직하였던 사람은 그 직무상 알게 된 비밀을 누설하거나 도용하여서는 아니 된다.

② 제1항을 위반하여 직무상 알게 된 비밀을 누설하거나 도용한 사람은 2년 이하의 징역 또는 2천만 원 이하의 벌금에 처한다.

──── 〈상 황〉 ────

○○박물관에는 임원으로 이사인 관장 A, 상임이사 B, 비상임이사 C, D, E, F와 감사 G가 있다.

① A가 2년간 재직하다가 퇴직한 경우, 새로 임명된 관장의 임기는 1년이다.

② 이사회에 A, B, C, D, E가 출석한 경우, 그 중 2명이 반대하면 안건은 부결된다.

③ A가 부득이한 사유로 직무를 수행할 수 없을 때에는 G가 소속 직원을 지휘·감독한다.

④ B가 직무상 알게 된 비밀을 누설한 경우, 1년의 징역과 500만 원의 벌금에 처해질 수 있다.

⑤ ○○박물관 정관에 "관장은 이사, 감사를 임면한다."라고 규정되어 있는 경우, A는 G의 임기가 만료되면 H를 상임감사로 임명할 수 있다.

문 5. 다음 글과 〈상황〉을 근거로 판단할 때 옳은 것은?

19세 이상 주민(이하 '주민'이라 한다)은 지방자치단체에 조례의 제정·개정 및 폐지를 청구할 수 있다. 시·도와 인구 50만 이상 대도시에서는 주민 총수의 100분의 1 이상, 시·군 및 자치구에서는 주민 총수의 50분의 1 이상의 연서로 해당 지방자치단체의 장에게 조례를 제정하거나 개정 또는 폐지할 것을 청구할 수 있다. 이때 청구인 대표자는 조례의 제정안·개정안 및 폐지안(이하 '주민청구조례안'이라 한다)을 작성하여 제출해야 한다. 지방자치단체의 장은 청구를 받은 날부터 5일 이내에 그 내용을 공표하여야 하며, 공표한 날을 포함하여 10일간 청구인명부나 그 사본을 공개된 장소에서 누구나 열람할 수 있도록 해야 한다. 청구인명부의 서명에 관하여 이의가 있는 주민은 열람기간 동안 해당 지방자치단체의 장에게 이의를 신청할 수 있다. 지방자치단체의 장은 이의신청을 받으면 열람기간이 끝난 날의 다음 날부터 14일 이내에 그에 대해 심사·결정하고 그 결과를 당사자에게 알려야 한다.

지방자치단체의 장은 이의신청이 없는 경우 또는 이의신청에 대해 그 결정이 끝난 경우 청구를 수리하고, 요건을 갖추지 못하였다면 청구를 각하한다. 지방자치단체의 장은 청구를 수리한 날을 포함하여 60일 이내에 주민청구조례안을 지방의회에 부의하여야 하며, 그 결과를 청구인 대표자에게 알려야 한다.

지방의회는 재적의원 3분의 1 이상의 출석으로 개의한다. 의결 사항은 재적의원 과반수의 출석과 출석의원 과반수의 찬성으로 의결한다.

─〈상 황〉─

- ㅁㅁ도 A시의 인구는 30만 명이며, 19세 이상 주민은 총 20만 명이다.
- A시 주민 甲은 청구인 대표자로 2022. 1. 3. ○○조례에 대한 개정을 청구했고, 이에 A시 시장 B는 같은 해 1. 5. 이를 공표하였다.
- A시 의회 재적의원은 12명이다.

① A시에서 주민이 조례 개정을 청구하기 위해서는 최소 6,000명 이상의 연서가 필요하다.
② A시 주민이 甲의 조례 개정 청구인명부의 서명에 대해 이의를 신청할 수 있는 기간은 2022. 1. 14.까지이다.
③ A시 주민 乙이 2022. 1. 6. 청구인명부의 서명에 대해 이의를 신청했다면, B는 같은 해 1. 31.까지 그에 대한 심사·결정 결과를 당사자에게 통보해야 한다.
④ 甲의 조례 개정 청구가 2022. 2. 1. 수리되었다면, B는 같은 해 4. 2.까지 ○○조례 개정안을 A시 의회에 부의해야 한다.
⑤ A시 의회는 의원 3명의 참석으로 ○○조례 개정안에 대해 개의할 수 있다.

문 6. 다음 글을 근거로 판단할 때, 〈보기〉에서 옳은 것만을 모두 고르면?

사람들은 관리자의 업무지시 능력이 뛰어난 작업장일수록 '업무실수 기록건수'가 적을 것이라고 생각한다. 이런 통념을 검증하기 위해 ○○공장의 8개 작업장을 대상으로 연구가 진행되었다. 각 작업장의 인력 구성과 업무량 등은 모두 동일했다. 업무실수 기록건수를 종속변수로 설정하고 6개월 동안 관련 자료를 꼼꼼히 조사하여 업무실수 기록건수 실태를 파악하였다. 또한 공장 구성원에 대한 설문조사와 인터뷰를 통해 관리자의 업무지시 능력, 근로자의 직무만족도, 직장문화 등을 조사했다.

분석 결과 관리자의 업무지시 능력이 우수할수록, 근로자의 직무만족도가 높을수록 업무실수 기록건수가 많았다. 또한 근로자가 상급자의 실수 지적을 두려워하지 않고 자신의 실수를 인정하며 그것을 통해 학습하려는 직장문화에서는 업무실수 기록건수가 많았다. 반면 업무실수 기록건수가 적은 작업장에서는 근로자가 자신의 실수를 보고하면 상급자로부터 질타나 징계를 받을 것이라는 우려 때문에 가급적 실수를 감추었다.

─〈보 기〉─

ㄱ. 업무실수 기록건수가 많은 작업장에서는 실수를 통해 학습하려는 직장문화가 약할 것이다.
ㄴ. 업무실수 기록건수가 많다고 해서 근로자의 직무만족도가 낮은 것은 아닐 것이다.
ㄷ. 관리자의 업무지시 능력이 우수한 작업장일수록 업무실수 기록건수가 적을 것이다.
ㄹ. 징계에 대한 우려가 약한 작업장보다 강한 작업장에서 업무실수 기록건수가 적을 것이다.

① ㄱ, ㄴ
② ㄱ, ㄷ
③ ㄴ, ㄷ
④ ㄴ, ㄹ
⑤ ㄷ, ㄹ

문 7. 다음 글과 〈상황〉을 근거로 판단할 때 옳은 것은?

한 지리학자는 임의의 국가에 분포하는 도시를 인구규모 순으로 배열할 때, 도시 순위와 인구규모 사이에 일정한 법칙이 존재한다는 것을 발견했다. 이를 도시의 순위규모법칙이라고 부르며, 이에 따른 분포를 '순위규모분포'라고 한다. 순위규모분포가 나타나는 경우 인구규모 두 번째 도시의 인구는 인구규모가 가장 큰 도시인 수위도시 인구의 1/2이고, 세 번째 도시의 인구는 수위도시 인구의 1/3이 된다. 그 이하의 도시에도 동일한 규칙이 적용된다.

이와 달리 한 국가의 인구규모 1위 도시에 인구가 집중되는 양상이 나타나면 이를 '종주분포'라고 한다. 도시화가 전국적으로 진행되지 않은 나라에서는 인구규모 2위 이하의 도시에 비해 1위 도시의 인구규모가 훨씬 큰 종주분포 형태를 보인다. 이때 인구규모가 첫 번째인 도시를 종주도시라고 부른다. 종주분포의 정도를 측정하는 척도로 종주도시지수가 사용된다. 종주도시지수는 '1위 도시의 인구÷2위 도시의 인구'로 나타낸다. 대체로 개발도상국의 경우 급속한 산업화로 종주도시로의 인구집중이 현저하게 나타나기 때문에 종주도시지수가 높다.

〈상 황〉

• 순위규모분포를 보이는 A국에서 인구규모 세 번째 도시의 인구는 200만 명이다.
• 종주분포를 보이는 B국에서 인구규모 두 번째 도시의 인구는 200만 명이고 종주도시지수는 3.3이다.

① A국의 수위도시와 인구규모 두 번째 도시 간 인구의 차이는 300만 명이다.
② B국의 인구규모 세 번째 도시의 인구는 종주도시의 1/3이다.
③ B국의 종주도시 인구는 A국의 수위도시에 비해 40만 명 적다.
④ 인구규모 첫 번째 도시와 두 번째 도시의 인구 합은 A국이 B국보다 60만 명 더 많다.
⑤ A국과 B국의 인구규모 두 번째 도시 인구는 동일하다.

문 8. 다음 글을 근거로 판단할 때, 乙이 계산할 금액은?

甲~丁은 회전 초밥을 먹으러 갔다. 식사를 마친 후, 각자 먹은 접시는 각자 계산하기로 했다. 초밥의 접시당 가격은 다음과 같다.

〈초밥의 접시당 가격〉

(단위 : 원)

빨간색 접시	1,500
파란색 접시	1,200
노란색 접시	2,000
검정색 접시	4,000

이들은 각각 3가지 색의 접시만 먹었으며, 각자 먹지 않은 접시의 색은 서로 달랐다. 이들이 먹은 접시 개수를 모두 세어 보니 빨간색 접시 7개, 파란색 접시 4개, 노란색 접시 8개, 검정색 접시 3개였다. 이들이 먹은 접시에 대한 정보는 다음과 같다.

• 甲은 빨간색 접시 4개, 파란색 접시 1개, 노란색 접시 2개를 먹었다.
• 丙은 乙보다 파란색 접시를 1개 더 먹었으며, 노란색 접시는 먹지 않았다.
• 丁은 모두 6개의 접시를 먹었으며, 이 중 빨간색 접시는 2개였고 파란색 접시는 먹지 않았다.

① 7,200원
② 7,900원
③ 9,400원
④ 11,200원
⑤ 13,000원

문 9. 다음 글과 〈상황〉을 근거로 판단할 때, 〈보기〉에서 옳은 것만을 모두 고르면?

> 甲 : 수면무호흡증으로 고생하고 있는데 양압기를 사용하면 많이 개선된다고 들었어요. 건강보험 급여 적용을 받으면 양압기 대여료가 많이 저렴해진다던데 설명 좀 들을 수 있을까요?
>
> 乙 : 급여 대상이 되려면 수면다원검사를 받으시고, 검사 결과 무호흡·저호흡 지수가 15 이상이면 돼요. 무호흡·저호흡 지수가 10 이상 15 미만이면 불면증·주간졸음·인지기능 저하·기분장애 중 적어도 하나에 해당하면 돼요.
>
> 甲 : 그러면 제가 부담하는 대여료는 얼마인가요?
>
> 乙 : 일단 수면다원검사 결과 급여 대상에 해당하면 양압기 처방을 받으실 수 있어요. 양압기는 자동형과 수동형이 있는데 둘 중 하나를 선택해야 하고 중간에 바꿀 수는 없어요. 자동형의 기준금액은 하루에 3,000원이고 수동형은 하루에 2,000원이에요. 대여기간 중에는 사용 여부와 관계없이 대여료가 부과돼요. 처방일부터 최대 90일간 순응기간이 주어져요. 순응기간에는 기준금액 중 50%만 고객님이 부담하시면 되고, 나머지는 건강보험공단에서 저희 회사로 지급해요. 90일 기간 내에 연이은 30일 중 하루 4시간 이상 사용한 일수가 21일이 되면 그날로 순응기간이 종료돼요. 그러면 바로 그다음 날부터 정식사용기간이 시작되어 기준금액의 20%만 고객님이 부담하시면 됩니다.

─────────── 〈상 황〉 ───────────

수면다원검사 결과 甲의 무호흡·저호흡 지수는 16이었다. 甲은 2021년 4월 1일 양압기 처방을 받고 그날 양압기를 대여받았다.

─────────── 〈보 기〉 ───────────

ㄱ. 甲은 불면증·주간졸음·인지기능저하·기분장애 증상이 없었더라도 양압기 처방을 받았을 것이다.

ㄴ. 甲이 2021년 4월 한 달 동안 부담한 양압기 대여료가 30,000원이라면, 甲은 수동형 양압기를 대여받았을 것이다.

ㄷ. 甲의 순응기간이 2021년 5월 21일에 종료되었다면, 甲은 해당 월에 양압기를 최소한 48시간 이상 사용하였을 것이다.

ㄹ. 甲이 자동형 양압기를 대여받았고 2021년 6월에 부담한 대여료가 36,000원이라면, 甲이 처방일부터 3개월간 부담한 총 대여료는 126,000원일 것이다.

① ㄱ, ㄷ
② ㄴ, ㄹ
③ ㄷ, ㄹ
④ ㄱ, ㄴ, ㄷ
⑤ ㄱ, ㄴ, ㄹ

문 10. 다음 글과 〈상황〉을 근거로 판단할 때, ㅁㅁ시가 A동물보호센터에 10월 지급할 경비의 총액은?

> ㅁㅁ시는 관할구역 내 동물보호센터에 다음과 같은 기준으로 경비를 지급하고 있다.
>
> • 사료비
>
> | 구분 | 무게 | 1일 사료 급여량 | 사료가격 |
> |---|---|---|---|
> | 개 | 10kg 미만 | 300g/마리 | 5,000원/kg |
> | | 10kg 이상 | 600g/마리 | 5,000원/kg |
> | 고양이 | – | 400g/마리 | 5,000원/kg |
>
> • 인건비
> – 포획활동비(1일 1인당) : 안전관리사 노임액(115,000원)
> – 관리비(1일 1마리당) : 안전관리사 노임액(115,000원)의 100분의 20
>
> • 주인이 유실동물을 찾아간 경우 동물보호센터가 주인에게 보호비를 징수한다. 보호비는 보호일수와 관계없이 1마리당 100,000원이다. 단, 3일 미만 보호 시 징수하지 않으며, 7일 이상 보호 시 50%를 가산한다.
>
> • ㅁㅁ시는 사료비와 인건비를 합한 금액에서 보호비를 공제한 금액을 다음 달에 경비로 지급한다.

─────────── 〈상 황〉 ───────────

• ㅁㅁ시 소재 A동물보호센터가 9월 한 달간 관리한 동물의 일 평균 마릿수는 다음과 같다.

개	10kg 미만	10
	10kg 이상	5
고양이	–	5

• A동물보호센터는 9월 한 달간 1인을 8일 동안 포획활동에 투입하였다.

• A동물보호센터에서 9월 한 달간 주인에게 반환된 유실동물의 마릿수는 다음과 같다.

보호일수	1일	2일	3일	4일	5일	6일	7일 이상
마릿수	2	3	1	1	2	0	2

① 1,462만 원
② 1,512만 원
③ 1,522만 원
④ 1,532만 원
⑤ 1,572만 원

문 11. 다음 글과 〈상황〉을 근거로 판단할 때, A가 새로 읽기 시작한 350쪽의 책을 다 읽은 때는?

- A는 특별한 일이 없는 경우 월~금요일까지 매일 시외버스를 타고 30분씩 각각 출근과 퇴근을 하며 밤 9시 이전에 집에 도착한다.
- A는 대중교통을 이용할 때 책을 읽는다. 단, 시내버스에서는 책을 읽지 않고, 또 밤 9시가 넘으면 어떤 대중교통을 이용해도 책을 읽지 않는다.
- A는 10분에 20쪽의 속도로 책을 읽는다. 다만 책의 1쪽부터 30쪽까지는 10분에 15쪽의 속도로 읽는다.

〈상 황〉

A는 이번 주 월~금요일까지 출퇴근을 했는데, 화요일에는 회사 앞에서 회식이 있어 밤 8시 30분에 시외버스를 타고 30분 후에 집 근처 정류장에 내려 퇴근했다. 수요일에는 오전 근무를 마치고 회의를 위해서 지하철로 20분 이동한 후 다시 시내버스를 30분 타고 회의 장소로 갔다. 회의가 끝난 직후 밤 9시 10분에 지하철을 40분 타고 퇴근했다. A는 200쪽까지 읽은 280쪽의 책을 월요일 아침 출근부터 이어서 읽었고, 그 책을 다 읽은 직후 곧바로 350쪽의 새로운 책을 읽기 시작했다.

---

① 수요일 회의 장소 이동 중
② 수요일 퇴근 중
③ 목요일 출근 중
④ 목요일 퇴근 중
⑤ 금요일 출근 중

문 12. 다음 글을 근거로 판단할 때, '사무관'을 옳게 암호화한 것은?

A암호화 방식은 단어를 〈자모변환표〉와 〈난수표〉를 이용하여 암호로 변환한다.

〈자모변환표〉

ㄱ	ㄲ	ㄴ	ㄷ	ㄸ	ㄹ	ㅁ	ㅂ	ㅃ	ㅅ
120	342	623	711	349	035	537	385	362	479
ㅆ	ㅇ	ㅈ	ㅉ	ㅊ	ㅋ	ㅌ	ㅍ	ㅎ	ㅏ
421	374	794	734	486	325	842	248	915	775
ㅐ	ㅑ	ㅒ	ㅓ	ㅔ	ㅕ	ㅖ	ㅗ	ㅘ	ㅙ
612	118	843	451	869	917	615	846	189	137
ㅚ	ㅛ	ㅜ	ㅝ	ㅞ	ㅟ	ㅠ	ㅡ	ㅢ	ㅣ
789	714	456	198	275	548	674	716	496	788

〈난수표〉

48444961121353486410560951374586251538644189131⋯

- 우선 암호화하고자 하는 단어의 자모를 초성(첫 자음자)−중성(모음자)−종성(받침) 순으로 나열하되, 종성이 없는 경우 초성−중성으로만 나열한다. 예를 들어 '행복'은 'ㅎㅐㅇㅂㅗㄱ'이 된다.
- 그 다음 각각의 자모를 〈자모변환표〉에 따라 대응하는 세 개의 숫자로 변환한다. 예를 들어 '행복'은 '915612374385846120'으로 변환된다.
- 변환된 숫자와 〈난수표〉의 숫자를 가장 앞의 숫자부터 순서대로 하나씩 대응시켜 암호 숫자로 바꾼다. 이때 암호 숫자는 그 암호 숫자와 변환된 숫자를 더했을 때 그 결과값의 일의 자리가 〈난수표〉의 대응 숫자와 일치하도록 하는 0~9까지의 숫자이다. 따라서 '행복'에 대한 암호문은 '579884848850502521'이다.

① 015721685634228562433
② 015721685789228562433
③ 905721575679228452433
④ 015721685789228805381472
⑤ 905721575679228795281472

문 13. 다음 글을 근거로 판단할 때, ㉠에 해당하는 것은?

> 甲 : 혹시 담임 선생님 생신이 몇 월 며칠인지 기억나?
>
> 乙 : 응, 기억하지. 근데 그건 왜?
>
> 甲 : 내가 그날(월일)로 네 자리 일련번호를 설정했는데, 맨 앞자리가 0이 아니었다는 것 말고는 도저히 기억이 나질 않아서 말이야.
>
> 乙 : 그럼 내가 몇 가지 힌트를 줄게. 맞혀볼래?
>
> 甲 : 좋아.
>
> 乙 : 선생님 생신은 31일까지 있는 달에 있어.
>
> 甲 : 고마워. 그다음 힌트는 뭐야?
>
> 乙 : 선생님 생신의 일은 8의 배수야.
>
> 甲 : 그래도 기억이 나질 않네. 힌트 하나만 더 줄 수 있어?
>
> 乙 : 알았어. [＿＿＿＿㉠＿＿＿＿]
>
> 甲 : 아! 이제 알았다. 고마워.

① 선생님 생신은 15일 이전이야.

② 선생님 생신의 일은 월의 배수야.

③ 선생님 생신의 일은 월보다 큰 수야.

④ 선생님 생신은 네 자리 모두 다른 수야.

⑤ 선생님 생신의 네 자리 수를 모두 더하면 9야.

문 14. 다음 글을 근거로 판단할 때, 다음 주 수요일과 목요일의 청소당번을 옳게 짝지은 것은?

> A~D는 다음 주 월요일부터 금요일까지 하루에 한 명씩 청소당번을 정하려고 한다. 청소당번을 정하는 규칙은 다음과 같다.
> • A~D는 최소 한 번씩 청소당번을 한다.
> • 시험 전날에는 청소당번을 하지 않는다.
> • 발표 수업이 있는 날에는 청소당번을 하지 않는다.
> • 한 사람이 이틀 연속으로는 청소당번을 하지 않는다.
>   다음은 청소당번을 정한 후 A~D가 나눈 대화이다.
> A : 나만 두 번이나 청소당번을 하잖아. 월요일부터 청소당번이라니!
> B : 미안. 내가 월요일에 발표 수업이 있어서 그날 너밖에 할 사람이 없었어.
> C : 나는 다음 주에 시험이 이틀 있는데, 발표 수업이 매번 시험 보는 날과 겹쳐서 청소할 수 있는 요일이 하루밖에 없었어.
> D : 그래도 금요일에 청소하고 가야 하는 나보다는 나을걸.

	수요일	목요일
①	A	B
②	A	C
③	B	A
④	C	A
⑤	C	B

문 15. 다음 글과 〈상황〉을 근거로 판단할 때, 〈보기〉에서 옳은 것만을 모두 고르면?

퍼스널컬러(personal color)란 개인의 머리카락, 눈동자, 피부색 등을 종합하여 본인에게 가장 어울리는 색상을 말한다. 퍼스널컬러는 크게 웜(warm)톤과 쿨(cool)톤으로 나눠지는데, 웜톤은 따스하고 부드러운 느낌의 색인 반면에 쿨톤은 차갑고 시원한 느낌의 색이다. 웜톤은 봄타입과 가을타입으로, 쿨톤은 여름타입과 겨울타입으로 세분화된다.

퍼스널컬러는 각 타입의 색상 천을 얼굴에 대봄으로써 찾을 수 있다. 가장 잘 어울리는 타입의 천을 얼굴에 댔을 때 얼굴빛이 화사해지고 이목구비가 또렷해 보인다. 이를 '형광등이 켜졌다'라고 표현한다.

〈상 황〉

네 명(甲~丁)이 퍼스널컬러를 알아보러 갔다. 각 타입(봄, 여름, 가을, 겨울)마다 색상 천은 밝은 색과 어두운 색이 있어서 총 8장이 있다. 하나의 색상 천을 네 명에게 동시에 대보고 형광등이 켜지는지 확인하였다. 얼굴에 대보는 색상 천의 순서는 다음과 같다.

1. 첫 번째에서 네 번째까지 밝은 색 천을 대보고 다섯 번째부터 여덟 번째까지 어두운 색 천을 대본다.
2. 웜톤 천과 쿨톤 천을 교대로 대보지만, 첫 번째로 대보는 천의 톤은 알 수 없다.

진단 결과, 甲, 乙, 丙, 丁은 서로 다른 타입의 퍼스널컬러를 진단받았으며, 본인 타입의 천을 대보았을 때는 밝은 색과 어두운 색의 천 모두에서 형광등이 켜졌고, 그 외의 천을 대보았을 때는 형광등이 켜지지 않았다.

다음은 진단 후 네 명이 나눈 대화이다.

甲 : 나는 가을타입이었어. 마지막 색상 천에서는 형광등이 켜지지 않았어.

乙 : 나는 짝수 번째 천에서는 형광등이 켜진 적이 없어.

丙 : 나는 乙이랑 타입은 다르지만 톤은 같아. 그리고 나한테 형광등이 켜진 색상 천 순서에 해당하는 숫자를 합해보니까 6이야.

丁 : 나는 밝은 색 천을 대보았을 때, 乙보다 먼저 형광등이 켜졌어.

〈보 기〉

ㄱ. 네 명의 타입을 모두 알 수 있다.
ㄴ. 丙은 첫 번째 색상 천에서 형광등이 켜졌다.
ㄷ. 색상 천을 대본 순서별로 형광등이 켜진 사람이 누구인지 알 수 있다.
ㄹ. 형광등이 켜진 색상 천 순서에 해당하는 숫자의 합은 丙을 제외한 세 명이 같다.

① ㄱ, ㄴ
② ㄱ, ㄷ
③ ㄴ, ㄹ
④ ㄱ, ㄷ, ㄹ
⑤ ㄴ, ㄷ, ㄹ

문 16. 다음 글과 〈상황〉을 근거로 판단할 때, 청년미래공제에 참여 가능한 기업을 모두 고르면?

〈2022년 청년미래공제 참여기업 모집 공고문〉

• 목적
  - 미취업 청년의 중소기업 유입을 촉진하고, 청년 근로자의 장기 근속과 자산 형성을 지원
• 참여 자격
  - 고용보험 피보험자 수 5인 이상 중소기업
  - 고용보험 피보험자 수 1인 이상 5인 미만의 기업이라도 청년기업은 참여 가능
    ※ 청년기업 : 14세 이상 39세 이하인 청년이 현재 대표이면서 사업을 개시한 날부터 7년이 지나지 않은 기업
• 참여 제한
  - 청년수당 가입유지율이 30% 미만인 기업은 참여 불가. 단, 청년수당 가입 인원이 2인 이하인 경우는 참여 가능

$$ \frac{\text{청년수당}}{\text{가입유지율(\%)}} = \frac{\text{청년수당 6개월 이상 가입 유지 인원(ⓒ)}}{\text{청년수당 가입 인원(⑦)}} \times 100 $$

〈상 황〉

2022년 현재 중소기업(A~E)에 관한 정보는 다음과 같다.

기업	고용보험 피보험자 수	대표자 나이	사업 개시 경과연수	(⑦)	(ⓒ)
A	45	39	8	25	7
B	30	40	8	25	23
C	4	40	6	2	2
D	2	39	6	2	0
E	2	38	8	2	2

① A, C
② A, D
③ B, D
④ B, E
⑤ C, E

문 17. 다음 글을 근거로 판단할 때, 〈보기〉에서 옳은 것만을 모두 고르면?

국민은 A, B 두 집단으로 구분되며, 현행 정책과 개편안에 따라 각 집단에 속한 개인이 얻는 혜택은 다음과 같다.

집단	현행 정책	개편안
A	100	90
B	50	80

정부는 다음 (가), (나), (다) 중 하나를 판단기준으로 하여 정책을 채택하려고 한다.

(가) 국민 전체 혜택의 합이 더 큰 정책을 채택한다.

(나) 개인이 얻는 혜택이 적은 집단에 더 유리한 정책을 채택한다.

(다) A, B 두 집단 간 개인 혜택의 차이가 더 작은 정책을 채택한다.

〈보 기〉

ㄱ. (가)를 판단기준으로 할 경우, A인구가 B인구의 4배라면 현행 정책이 유지된다.

ㄴ. (가)를 판단기준으로 할 경우, B인구가 전체 인구의 30%라면 개편안이 채택된다.

ㄷ. (나)를 판단기준으로 할 경우, A와 B의 인구와 관계없이 개편안이 채택된다.

ㄹ. (다)를 판단기준으로 할 경우, A인구가 B인구의 5배라면 현행 정책이 유지된다.

① ㄱ, ㄴ

② ㄱ, ㄹ

③ ㄴ, ㄷ

④ ㄷ, ㄹ

⑤ ㄱ, ㄴ, ㄷ

문 18. 다음 글과 〈상황〉을 근거로 판단할 때, 2022년에 건강검진을 받을 직원이 가장 많은 검진항목은?

A기관은 직원들을 대상으로 건강검진 프로그램을 운영하고 있다. 직원들은 각 검진항목의 대상에 해당하는 경우 주기에 맞춰 반드시 검진을 받는다. 다만 검진주기가 2년인 검진항목은 최초 검진대상이 되는 해 또는 그다음 해에 검진을 받아야 한다. 예를 들어 2021년에 45세가 된 직원은 2021년 또는 2022년 중 한 번 심장 검진을 받고, 이후 2년마다 심장 검진을 받아야 한다.

〈A기관 건강검진 프로그램〉

검진항목	대상	주기
위	40세 이상	2년
대장	50세 이상	1년
심장	45세 이상	2년
자궁경부	30세 이상 45세 미만 여성	2년
간	40세 이상 간암 발생 고위험군	1년

〈상 황〉

A기관 직원 甲~戊의 2020년 건강검진 기록은 다음과 같다. 2020년 검진 이후 A기관 직원 현황과 간암 발생 고위험군 직원은 변동이 없다.

〈2020년 A기관 직원 건강검진 기록〉

이름	나이(세)	성별	검진항목
甲	28	여	없음
乙	45	남	위
丙	40	여	간
丁	48	남	심장
戊	54	여	대장

① 위

② 대장

③ 심장

④ 자궁경부

⑤ 간

※ 다음 글을 읽고 물음에 답하시오. [19~20]

'탄소중립'이란 인간 활동을 통한 온실가스 배출을 최대한 줄이고, 남은 온실가스는 산림 흡수 및 제거활동을 통해 실질적인 배출량을 0으로 만드는 것을 의미한다. 즉 배출되는 탄소량과 흡수·제거되는 탄소량을 동일하게 만든다는 개념으로, 이에 탄소중립을 '넷제로(Net-Zero)'라 부르기도 한다. 탄소중립에 동참하기로 한 A은행은 업무를 수행하면서 발생하는 이산화탄소 배출량을 줄이기 위해 2가지 사항에 주목하였다. 첫 번째는 항공 출장이고, 두 번째는 컴퓨터의 전력 낭비이다.

한 사람이 비행기로 출장 시 발생하는 이산화탄소 평균 배출량은 400kg으로, 이는 같은 거리를 4명이 자동차 한 대로 출장 시 발생하는 이산화탄소 평균 배출량의 2배에 해당한다. 항공 출장으로 인하여 현재 A은행이 배출하는 연간 이산화탄소의 양은 A은행의 연간 전체 이산화탄소 배출량의 1/5에 달하는 수준이다.

항공 출장을 줄이기 위해서 A은행은 화상회의시스템을 도입하기로 하였다. 화상회의시스템을 활용할 경우에 한 사람의 이산화탄소 평균 배출량은 항공 출장의 1/10 수준에 불과하다. A은행에서는 매년 연인원 1,000명이 항공 출장을 가고 있는데, 항공 출장인원의 30%에게 항공 출장 대신 화상회의시스템을 활용하도록 할 계획이다.

한편 은행과 같이 정보 처리가 업무의 핵심인 업계에서는 컴퓨터 시스템의 전력 소비가 전체 전력 소비의 큰 비중을 차지한다. A은행은 컴퓨터의 전력 낭비 요소를 파악하기 위하여 컴퓨터 전력 사용 현황을 조사하였다. 그 결과 컴퓨터의 전력 소비량이 밤 시간대에 놀라울 정도로 많다는 것을 발견하게 되었다. 그 이유는 직원들이 자신의 컴퓨터를 끄지 않고 퇴근하여 많은 컴퓨터가 밤에 계속 켜져 있었기 때문이다.

이에 A은행은 전력차단프로젝트를 수행하기로 하였다. 22,000대의 컴퓨터에 전력관리 소프트웨어를 설치하여, 컴퓨터가 일정시간 사용되지 않으면 언제라도 컴퓨터와 모니터의 전원이 자동으로 꺼지도록 하는 것이다. 이 프로젝트를 통하여 A은행은 연간 35만kWh의 전력 소비를 절감할 수 있을 것으로 예상되며, 이는 652톤의 이산화탄소 배출에 해당하는 양이다.

문 19. 윗글을 근거로 판단할 때, 〈보기〉에서 옳은 것만을 모두 고르면?

〈보 기〉

ㄱ. A은행이 전력차단프로젝트를 시행하더라도 주간에 전력 절감은 없을 것이다.
ㄴ. A은행의 전력차단프로젝트로 절감되는 컴퓨터 1대당 전력량은 연간 15kWh 이상이다.
ㄷ. A은행이 화상회의시스템과 전력차단프로젝트를 도입하면 넷제로가 실현된다.
ㄹ. 1인당 이산화탄소 평균 배출량은 4명이 자동차 한 대로 출장을 가는 경우가 같은 거리를 1명이 비행기로 출장을 가는 경우의 1/8에 해당한다.

① ㄱ, ㄴ
② ㄱ, ㄷ
③ ㄴ, ㄹ
④ ㄱ, ㄷ, ㄹ
⑤ ㄴ, ㄷ, ㄹ

문 20. 윗글을 근거로 판단할 때, ㉠에 해당하는 것은?

A은행은 화상회의시스템과 전력차단프로젝트의 도입효과를 검토해 보았다. 검토 결과 둘을 도입하면, A은행 이산화탄소 배출량은 도입 전에 비해 연간 (㉠)% 감소할 것으로 예상되었다.

① 30
② 32
③ 34
④ 36
⑤ 38

문 21. 다음 글과 〈상황〉을 근거로 판단할 때, A시장이 잘못 부과한 과태료 초과분의 합은?

제00조 ① ☆☆영업을 하려는 자는 시·도지사에게 기간 내에 일정한 사항을 신고하여야 한다.

② 신고의무자가 부실하게 신고한 경우에는 신고하지 아니한 것으로 본다.

③ 시·도지사는 신고의무자가 기간 내에 신고하지 아니한 경우, 일정한 기간(이하 '사실조사기간'이라 한다)을 정하여 그 사실을 조사하고, 신고의무자에게 사실대로 신고할 것을 촉구하여야 한다.

④ 시·도지사는 신고의무자가 기간 내에 신고하지 아니한 경우에는 다음 각 호의 기준에 따라 과태료를 부과한다. 단, 제3항의 촉구를 받은 신고의무자가 신고하지 아니한 경우에는 다음 각 호 기준 금액의 2배를 부과한다.

1. 신고기간이 지난 후 1개월 이내 : 1만 원

2. 신고기간이 지난 후 1개월 초과 6개월 이내 : 3만 원

3. 신고기간이 지난 후 6개월 초과 : 5만 원

제00조 시·도지사는 과태료 처분대상자가 다음 각 호의 어느 하나에 해당하는 경우에는 과태료를 경감하여 부과한다. 단, 둘 이상에 해당하는 경우에는 그 중 높은 경감비율만을 한 차례 적용한다.

1. 사실조사기간 중 자진신고한 자 : 2분의 1 경감

2. 「장애인복지법」상 장애인 : 10분의 2 경감

─── 〈상 황〉 ───

A시장은 신고기간 내에 신고를 하지 않은 甲, 乙, 丙을 대상으로 사실조사를 실시하였고, 사실조사기간 중 자진신고를 한 丙을 제외한 모든 자에게 신고를 촉구하였다. 촉구를 받은 甲은 사실대로 신고하였지만 乙은 부실하게 신고하였다. 그 후 A시장은 甲, 乙, 丙에게 아래의 금액을 과태료로 부과하였다.

〈과태료 부과현황〉

대상자	신고기간 후 경과일수	특이사항	부과액
甲	200일	국가유공자	10만 원
乙	71일		6만 원
丙	9일	「장애인복지법」상 장애인	1만 5천 원

① 57,000원

② 60,000원

③ 72,000원

④ 85,000원

⑤ 90,000원

문 22. 다음 글과 〈상황〉을 근거로 판단할 때 옳은 것은?

제○○조 ① 사업주는 다음 각 호의 어느 하나에 해당하는 작업을 도급하여 자신의 사업장에서 수급인의 근로자가 그 작업을 하도록 해서는 아니 된다.

1. 도금작업

2. 수은, 납 또는 카드뮴을 가공·처리하는 작업

② 사업주는 제1항에도 불구하고 다음 각 호의 어느 하나에 해당하는 경우에는 제1항 각 호에 따른 작업을 도급하여 자신의 사업장에서 수급인의 근로자가 그 작업을 하도록 할 수 있다.

1. 일시적·간헐적으로 하는 작업을 도급하는 경우

2. 수급인이 보유한 기술이 전문적이고 해당 사업주의 사업 운영에 필수불가결한 경우로서 고용노동부장관의 승인을 받은 경우

③ 제2항 제2호에 따른 승인을 받은 작업을 도급받은 수급인은 그 작업을 하도급할 수 없다.

제□□조 도급인은 수급인의 근로자가 자신의 사업장에서 작업을 하는 경우, 자신의 근로자와 수급인의 근로자의 산업재해를 예방하기 위하여 필요한 안전조치 및 보건조치를 하여야 한다.

제△△조 고용노동부장관은 사업주가 다음 각 호의 어느 하나에 해당하는 경우에는 10억 원 이하의 과징금을 부과·징수할 수 있다.

1. 제○○조 제1항을 위반하여 도급한 경우

2. 제○○조 제2항 제2호를 위반하여 승인을 받지 아니하고 도급한 경우

3. 제○○조 제3항을 위반하여 재하도급한 경우

제◇◇조 제□□조를 위반한 자는 3년 이하의 징역 또는 3천만 원 이하의 벌금에 처한다.

※ 도급(都給) : 공사 등을 타인(수급인)에게 맡기는 일

─── 〈상 황〉 ───

장신구 제조업체 甲(도급인)은 도금작업을 위해 도금 전문업체 乙(수급인)과 도급계약을 체결하였다.

① 도금작업이 일시적인 경우, 甲은 고용노동부장관의 승인 없이 乙의 근로자를 자신의 사업장에서 작업하도록 할 수 있다.

② 도금작업이 상시적인 경우, 甲이 乙의 근로자를 자신의 사업장에서 작업하도록 하였다면 3년 이하의 징역에 처한다.

③ 乙은 자신의 기술이 甲의 사업 운영에 필수불가결한 경우가 아니라면 그 작업을 하도급할 수 없다.

④ 乙의 근로자가 甲의 사업장에서 작업을 하는 경우, 안전조치 및 보건조치를 할 의무는 乙이 진다.

⑤ 甲이 자신의 사업장에서 작업을 하는 乙의 근로자에 대해 필요한 안전조치 및 보건조치를 하지 않을 경우, 고용노동부장관은 3억 원의 과징금을 부과할 수 있다.

문 23. 다음 글과 〈상황〉을 근거로 판단할 때 옳은 것은?

민사소송에서 법원은 원고가 청구한 금액의 한도 내에서만 판결을 해야 하고, 그 상한을 넘는 금액을 인정하는 판결을 해서는 안 된다. 예컨대 임대인(원고)이 임차인(피고)을 상대로 밀린 월세를 이유로 2천 4백만 원의 지급을 청구하는 소를 제기하였다. 이 경우 법원은 심리 결과 임차인의 밀린 월세를 2천만 원으로 판단하면 2천만 원을 지급하라고 판결해야 하지만, 3천만 원으로 판단하더라도 3천만 원을 지급하라고 판결할 수는 없다. 다만 임대인이 소송 도중 청구금액을 3천만 원으로 변경하면 비로소 법원은 3천만 원을 지급하라고 판결할 수 있다.

그런데 교통사고 등으로 신체상 손해를 입은 경우, 피해자인 원고는 적극적 손해(치료비), 소극적 손해(일실수익), 위자료 등 3가지 손해항목으로 금액을 나누어 손해배상을 청구하는 것이 일반적이다. 예컨대 교통사고 피해자가 적극적 손해 3백만 원, 소극적 손해 4백만 원, 위자료 2백만 원으로 손해항목을 나누고 그 총액인 9백만 원의 지급을 청구하는 소를 제기하는 것이다. 이와 관련하여 손해배상 총액을 초과하지 않으면, 법원이 손해항목별 상한을 넘는 금액을 인정하는 판결을 할 수 있는지가 문제된다. 위 사례에서 법원이 심리 결과 적극적 손해 2백만 원, 소극적 손해 5백만 원, 위자료 2백만 원이 타당하다고 판단한 경우, 피고가 원고에게 합계 9백만 원의 손해배상을 지급하라고 판결할 수 있는지에 대해 3가지 견해가 있다. A견해는 각 손해항목별로 금액의 상한을 초과하는 판결을 할 수 없다고 한다. B견해는 손해배상 총액의 상한만 넘지 않으면 손해항목별 상한 금액을 넘더라도 무방하다고 한다. C견해는 적극적 손해와 소극적 손해는 동일한 '재산상 손해'이지만 '위자료'는 정신적 고통에 대한 배상으로 그 성질이 다르다는 점을 중시하여, 적극적 손해와 소극적 손해를 합산한 '재산상 손해' 그리고 '위자료' 두 개의 손해항목으로 나누고 그 항목별 상한 금액을 넘지 않으면 된다고 한다.

※ 일실수익 : 교통사고 등으로 사망하거나 신체상의 상해를 입은 사람이 장래 얻을 수 있는 수입액의 상실분

─── 〈상 황〉 ───

甲은 乙 소유의 주택에 화재를 일으켰다. 이로 인해 乙은 주택 소실에 따른 재산상 손해를 입었고 주택의 임차인 丙이 화상을 입었다. 이에 乙은 재산상 손해 6천만 원의 지급을 청구하는 소를, 丙은 치료비 1천만 원, 일실수익 1억 원, 위자료 5천만 원, 합계 1억 6천만 원의 지급을 청구하는 소를 甲을 상대로 각각 제기하였다.

법원은 심리 결과 乙의 재산상 손해는 5천만 원이고, 丙의 손해는 치료비 5백만 원, 일실수익 1억 2천만 원, 위자료 3천 5백만 원이 타당하다고 판단하였다.

① 법원은 甲이 乙에게 6천만 원을 지급하라고 판결해야 한다.

② 소송 도중 乙이 청구금액을 8천만 원으로 변경한 경우, 법원은 심리 결과 손해액을 5천만 원으로 판단하더라도 甲이 乙에게 8천만 원을 지급하라고 판결해야 한다.

③ A견해에 따르면, 법원은 甲이 丙에게 1억 6천만 원을 지급하라고 판결해야 한다.

④ B견해에 따르면, 법원은 甲이 丙에게 1억 4천만 원을 지급하라고 판결해야 한다.

⑤ C견해에 따르면, 법원은 甲이 丙에게 1억 4천 5백만 원을 지급하라고 판결해야 한다.

문 24. 다음 글을 근거로 판단할 때, 입찰공고 기간을 준수한 것은?

제00조 ① 입찰공고(이하 '공고'라 한다)는 입찰서 제출마감일의 전일부터 기산(起算)하여 7일 전에 이를 행하여야 한다.

② 공사를 입찰하는 경우로서 현장설명을 실시하는 경우에는 현장설명일의 전일부터 기산하여 7일 전에 공고하여야 한다. 다만 입찰참가자격을 사전에 심사하려는 공사에 관한 입찰의 경우에는 현장설명일의 전일부터 기산하여 30일 전에 공고하여야 한다.

③ 공사를 입찰하는 경우로서 현장설명을 실시하지 아니하는 경우에는 입찰서 제출마감일의 전일부터 기산하여 다음 각 호에서 정한 기간 전에 공고하여야 한다.

1. 입찰가격이 10억 원 미만인 경우 : 7일
2. 입찰가격이 10억 원 이상 50억 원 미만인 경우 : 15일
3. 입찰가격이 50억 원 이상인 경우 : 40일

④ 제1항부터 제3항까지의 규정에도 불구하고 다음 각 호의 어느 하나에 해당하는 경우에는 입찰서 제출마감일의 전일부터 기산하여 5일 전까지 공고할 수 있다.

1. 재공고입찰의 경우
2. 다른 국가사업과 연계되어 일정조정이 불가피한 경우
3. 긴급한 행사 또는 긴급한 재해예방·복구 등을 위하여 필요한 경우

⑤ 협상에 의해 계약을 체결하는 경우에는 제1항 및 제4항에도 불구하고 제안서 제출마감일의 전일부터 기산하여 40일 전에 공고하여야 한다. 다만 다음 각 호의 어느 하나에 해당하는 경우에는 제안서 제출마감일의 전일부터 기산하여 10일 전까지 공고할 수 있다.

1. 제4항 각 호의 어느 하나에 해당하는 경우
2. 입찰가격이 고시금액 미만인 경우

① A부서는 건물 청소 용역업체 교체를 위해 제출마감일을 2021. 4. 1.로 정하고 2021. 3. 26. 공고를 하였다.

② B부서는 입찰참가자격을 사전에 심사하고 현장설명을 실시하는 신청사 건설공사 입찰가격을 30억 원에 진행하고자, 현장설명일을 2021. 4. 1.로 정하고 2021. 3. 15. 공고를 하였다.

③ C부서는 협상에 의해 헬기도입에 관한 계약을 체결하려고 하였는데, 다른 국가사업과 연계되어 일정조정이 불가피하게 되자 제출마감일을 2021. 4. 1.로 정하고 2021. 3. 19. 공고를 하였다.

④ D부서는 협상에 의해 다른 국가사업과 관계없는 계약을 체결하고자, 제출마감일을 2021. 4. 1.로 정하고 2021. 3. 26. 공고를 하였다.

⑤ E부서는 현장설명 없이 5억 원에 주차장 공사를 입찰하고자 2021. 4. 1.을 제출마감일로 하여 공고하였으나, 입찰자가 1개 회사밖에 없어 제출마감일을 2021. 4. 9.로 다시 정하고 2021. 4. 5. 재공고하였다.

문 25. 다음 글을 근거로 판단할 때, 〈상황〉의 ㉠~㉢을 옳게 짝지은 것은?

1957년 제정 「저작권법」은 저작물의 저작재산권을 저작자가 생존하는 동안과 사망한 후 30년간 존속하는 것으로 규정하고 있었다.

이후 1987년 개정 「저작권법」은 저작재산권을 저작자가 생존하는 동안과 사망 후 50년간 존속하도록 개정하여 저작재산권의 보호기간(이하 '보호기간'이라 한다)을 연장하였다. 다만 1987년 「저작권법」이 시행된 1987. 7. 1. 이전에 1957년 「저작권법」에 따른 보호기간이 이미 경과한 저작물은 더 이상 보호하지 않는 것으로 규정하였다.

또한 2011년 개정 「저작권법」은 보호기간을 저작자 생존 기간 동안과 사망 후 70년간으로 개정하였으며, 다만 2011년 「저작권법」이 시행된 2013. 7. 1. 이전에 1987년 「저작권법」에 따른 보호기간이 이미 경과한 저작물은 더 이상 보호하지 않는 것으로 규정하였다.

한편 보호기간을 산정할 때는 저작자가 사망한 다음 해의 1월 1일을 기산일(起算日)로 한다. 예컨대 '저작물 X'를 창작한 저작자 甲이 1957. 4. 1. 사망하였다면 저작물 X의 보호기간은 1958. 1. 1.부터 기산하여 1987년 「저작권법」에 의해 2007. 12. 31.까지 연장되지만, 2011년 「저작권법」에 따르면 보호기간이 이미 만료된 상태이다.

─── 〈상 황〉 ───

'저작물 Y'를 창작한 저작자 乙은 1963. 1. 1. 사망하였다. 저작물 Y의 보호기간은 1957년 제정 「저작권법」에 따르면 (㉠)이고, 1987년 개정 「저작권법」에 따르면 (㉡)이며, 2011년 개정 「저작권법」에 따르면 (㉢)이다.

	㉠	㉡	㉢
①	1992. 1. 1.까지	2012. 1. 1.까지	이미 만료된 상태
②	1992. 12. 31.까지	2012. 12. 31.까지	이미 만료된 상태
③	1992. 12. 31.까지	2012. 12. 31.까지	2032. 12. 31.까지
④	1993. 12. 31.까지	2013. 12. 31.까지	이미 만료된 상태
⑤	1993. 12. 31.까지	2013. 12. 31.까지	2033. 12. 31.까지

문 26. 다음 글을 근거로 판단할 때, 〈보기〉에서 옳은 것만을 모두 고르면?

석유에서 얻을 수 있는 연료를 대체하는 물질 중 하나는 식물성 기름이다. 식물성 기름의 지방산을 처리하면 자동차 연료로 쓸 수 있는 바이오디젤을 만들 수 있다. 바이오디젤은 석유에서 얻는 일반디젤에 비해 몇 가지 장점이 있다. 바이오디젤은 분진이나 일산화탄소, 불완전연소 유기물과 같은 오염 물질을 적게 배출한다. 또한 석유에서 얻는 연료와 달리 식물성 기름에는 황이 거의 들어 있지 않아 바이오디젤을 연소했을 때 이산화황이 거의 배출되지 않는다. 바이오디젤은 기존 디젤 엔진에서도 사용될 수 있고 석유 연료에 비해 쉽게 생분해되기 때문에 외부로 유출되더라도 환경에 미치는 영향이 작다.

물론 바이오디젤도 단점이 있다. 우선 바이오디젤은 일반디젤보다 생산원가가 훨씬 높다. 또한 바이오디젤은 생분해되기 때문에 장기간 저장이 어렵고, 질소산화물을 더 많이 배출한다. 그뿐 아니라 엔진에 접착성 찌꺼기가 남을 수 있고, 일반디젤보다 응고점이 높다. 이 때문에 바이오디젤을 일반디젤의 첨가물로 사용하고 있다. 바이오디젤과 일반디젤은 쉽게 혼합되며, 그 혼합물은 바이오디젤보다 응고점이 낮다. 바이오디젤은 영어 약자 BD로 나타내는데, BD20은 바이오디젤 20%와 일반디젤 80%의 혼합연료를 뜻한다.

〈상 황〉

ㄱ. 같은 양이라면 BD20의 생산원가가 일반디젤보다 낮을 것이다.
ㄴ. 석유에서 얻은 연료에는 황 성분이 포함되어 있을 것이다.
ㄷ. 같은 온도에서 바이오디젤이 액체일 때 일반디젤은 고체일 수 있다.
ㄹ. 바이오디젤만 연료로 사용하면 일반디젤만 사용했을 때와 비교해서 질소산화물 배출은 늘지만 이산화황 배출은 줄어들 것이다.

① ㄱ
② ㄴ, ㄷ
③ ㄴ, ㄹ
④ ㄷ, ㄹ
⑤ ㄱ, ㄴ, ㄷ

문 27. 다음 글을 근거로 판단할 때 옳은 것은?

커피에 함유된 카페인의 각성효과는 사람에 따라 다르다. 커피를 한 잔만 마셔도 각성효과가 큰 사람이 있고, 몇 잔을 연거푸 마셔도 거의 영향을 받지 않는 사람도 있다. 甲국 정부는 하루 카페인 섭취량으로 성인은 400mg 이하, 임신부는 300mg 이하, 어린이·청소년은 체중 1kg당 2.5mg 이하를 권고하고 있다.

카페인은 식물에서 추출한 알칼로이드 화학물질로 각성효과, 기억력, 집중력을 일시적으로 향상시킨다. 카페인의 효과는 '아데노신'과 밀접한 관련이 있다. 사람의 몸에서 생성되는 화학물질인 아데노신은 뇌의 각성상태를 완화시켜 잠들게 하는 신경전달물질이다. 이 아데노신이 뇌 수용체와 결합하기 전에 카페인이 먼저 뇌 수용체와 결합하면 각성효과가 나타나게 된다. 즉 커피 속의 카페인은 아데노신의 역할을 방해하는 셈이다.

몸에 들어온 카페인은 간에서 분해된다. 카페인의 분해가 잘 될수록 각성효과가 빨리 사라진다. 카페인이 간에서 분해되는 과정에는 카페인 분해 효소가 필요하다. 카페인 분해 효소의 효율이 유전적·환경적 요인에 따라 어떻게 달라지는지 확인하기 위해 조사를 진행하였다. 그 결과 흡연 또는 여성의 경구 피임약 복용 등도 카페인 분해 효율에 영향을 주지만 유전적 요인이 가장 큰 영향을 준다는 결론에 도달했다. 카페인 분해 효소의 효율을 결정하는 유전자는 15번 염색체에 있다. 이 유전자 염기서열 특정 부분의 변이가 A형인 사람을 '빠른 대사자', C형인 사람을 '느린 대사자'로 나누기도 한다. C형인 사람은 카페인 분해가 느려서 카페인이 일으키는 각성효과를 길게 받는다. "나는 낮에 커피 한 잔만 마셔도 밤에 잠이 안 와!"라고 말하는 사람은 느린 대사자일 가능성이 높다. 반면에 커피를 마셔도 잘 자는 사람은 빠른 대사자일 가능성이 높다.

① 甲국 정부가 권고하는 하루 카페인 섭취량 이하를 섭취하면 각성효과가 나타나지 않는다.
② 카페인은 각성효과를 돕는 아데노신 분비를 촉진시킨다.
③ 유전자 염기서열 특정 부분의 변이가 A형인 사람은 C형인 사람보다 카페인의 각성효과가 더 오래 유지된다.
④ 몸무게가 60kg인 성인 남성에 대해 甲국 정부가 권고하는 하루 카페인 섭취량은 최대 150mg이다.
⑤ 사람에 따라 커피의 각성효과가 달라지는 데 가장 큰 영향을 주는 것은 유전적 요인이다.

문 28. 다음 글을 근거로 판단할 때, 〈상황〉의 ㉠과 ㉡을 옳게 짝지은 것은?

> 수액을 주입할 때 사용하는 단위 gtt는 방울이라는 뜻의 라틴어 gutta에서 유래한 것으로, 수액 용기에서 떨어지는 수액의 방울 수를 나타낸다. 일반적으로 20gtt/ml가 '기준규격'이며, 이는 용기에서 20방울이 떨어졌을 때 수액 1ml가 주입되는 것을 말한다.

〈상 황〉

- 기준규격에 따라 수액 360ml를 2시간 동안 모두 주입하려면, 1초당 (㉠)gtt씩 주입하여야 한다.
- 기준규격에 따라 3초당 1gtt로 수액을 주입하면, 24시간 동안 최대 (㉡)ml를 주입할 수 있다.

	㉠	㉡
①	0.5	720
②	1	720
③	1	1,440
④	2	1,440
⑤	2	2,880

문 29. 다음 글을 근거로 판단할 때, 진로의 순위를 옳게 짝지은 것은?

- 甲은 A, B, C 3가지 진로에 대해 비용편익분석(편익－비용)을 통하여 최종 결과값이 큰 순서대로 순위를 정하려고 한다.
- 각 진로별 예상되는 편익은 다음과 같다.
  - 편익＝근속연수×평균연봉
  - 연금이 있는 경우 편익에 1.2를 곱한다.

구분	A	B	C
근속연수	25	35	30
평균연봉	1억 원	7천만 원	5천만 원
연금 여부	없음	없음	있음

- 각 진로별 예상되는 비용은 다음과 같다.
  - 비용＝준비연수×연간 준비비용×준비난이도 계수
  - 준비난이도 계수는 상 2.0, 중 1.5, 하 1.0으로 한다.
  - 연고지가 아닌 경우 비용에 2억 원을 더한다.

구분	A	B	C
준비연수	3	1	4
연간 준비비용	6천만 원	1천만 원	3천만 원
준비난이도	중	하	상
연고지 여부	연고지	비연고지	비연고지

- 평판도가 1위인 경우, 비용편익분석 결과값에 2를 곱한다.

구분	A	B	C
평판도	2위	3위	1위

	1순위	2순위	3순위
①	A	B	C
②	B	A	C
③	B	C	A
④	C	A	B
⑤	C	B	A

문 30. 다음 글과 〈상황〉을 근거로 판단할 때, X의 범위는?

A국은 다음과 같은 원칙에 따라 소득에 대해 과세한다.
- 근로소득자나 사업자 모두 원칙적으로 과세대상소득의 20%를 세금으로 납부한다.
- 근로소득자의 과세대상소득은 근로소득이고, 사업자의 과세대상소득은 매출액에서 생산비용을 공제한 값이다.
- 근로소득자의 경우 신용카드 지출금액의 5%는 과세대상소득에서 공제한다. 예를 들어 원래 과세대상소득이 1천만 원인 사람이 10만 원을 신용카드로 지출하면 이 사람의 실제 과세대상소득은 5천 원 감소하여 999만 5천 원이 된다.
- 사업자는 신용카드로 취득한 매출액의 1%를 수수료로 카드회사에 지불한다. 수수료는 생산비용에 포함되지 않는다.
- 지역상권 활성화를 위해 2021년 한시적으로 지역상권부흥상품권을 통한 거래는 사업자의 과세대상에서 제외하기로 했다.

─── 〈상 황〉 ───

2021년 A국의 근로소득자 甲은 가구를 제작·판매하는 사업자 乙로부터 100만 원에 판매되는 식탁을 신용카드로 구입하려고 하였다. 乙이 이 식탁을 제작하는 데 드는 생산비용은 80만 원이다. 그런데 乙은 지역상권부흥상품권으로 자신이 판매하는 가구를 구매하는 고객에게 (X)만 원을 할인하는 행사를 진행하였고, 甲은 이 사실을 알게 되었다. 이에 甲은 지역상권부흥상품권으로 이 식탁을 구매하였으며, 결과적으로 신용카드로 거래하는 것보다 甲과 乙 모두 금전적으로 이득을 보았다.

① 0<X<5
② 1<X<5
③ 1<X<6
④ 3<X<6
⑤ 3<X<10

문 31. 다음 글을 근거로 판단할 때, 5세트가 시작한 시점에 경기장에 남아 있는 관람객 수의 최댓값은?

- 총 5세트의 배구경기에서 각 세트를 이길 때마다 세트 점수 1점을 획득하여 누적 세트 점수 3점을 먼저 획득하는 팀이 승리한다.
- 경기 시작 전, 경기장에는 홈팀을 응원하는 관람객 5,000명과 원정팀을 응원하는 관람객 3,000명이 있었다.
- 각 세트가 끝날 때마다 누적 세트 점수가 낮은 팀을 응원하는 관람객이 경기장을 나가는데, 홈팀은 1,000명, 원정팀은 500명이 나간다.
- 경기장을 나간 관람객은 다시 들어오지 못하며, 경기 중간에 들어온 관람객은 없다.
- 경기는 원정팀이 승리했으나 홈팀이 두 세트를 이기며 분전했다.

① 6,000명
② 6,500명
③ 7,000명
④ 7,500명
⑤ 8,000명

문 32. 다음 글을 근거로 판단할 때, 〈보기〉에서 옳은 것만을 모두 고르면?

1에서 9까지 아홉 개의 숫자버튼이 있고, 단계별로 숫자버튼을 한 번 누르면 〈규칙〉에 따라 값이 출력되는 장치가 있다.

〈규칙〉
1단계 : 숫자버튼을 누르면 그 수가 그대로 출력된다.
2단계 : '1단계 출력값'에 '2단계에서 누른 수에 11을 곱한 값'을 더한 값이 출력된다.
3단계 : '2단계 출력값'에 '3단계에서 누른 수에 111을 곱한 값'을 더한 값이 출력된다. 다만 그 값이 1,000 이상인 경우 0이 출력된다.

─── 〈보 기〉 ───

ㄱ. 100부터 999까지의 정수는 모두 출력 가능하다.
ㄴ. 250이 출력되도록 숫자버튼을 누르는 방법은 한 가지이다.
ㄷ. 100의 배수(0 제외)가 출력되었다면 처음 누른 숫자버튼은 반드시 1이다.

① ㄱ
② ㄴ
③ ㄱ, ㄴ
④ ㄱ, ㄷ
⑤ ㄴ, ㄷ

문 33. 다음 〈대화〉를 근거로 판단할 때 옳은 것은?(단, 토끼는 옹달샘이 아닌 다른 곳에서도 물을 마실 수 있다)

〈대화〉

토끼 A : 우리 중 나를 포함해서 셋만 옹달샘에 다녀왔어.
토끼 B : D가 물을 마셨다면 나도 물을 마셨어.
토끼 C : 나는 계속 D만 졸졸 따라다녔어.
토끼 D : B가 옹달샘에 가지 않았다면, 나도 옹달샘에 가지 않았어.
토끼 E : 너희 중 둘은 물을 마셨지. 나를 포함해서 셋은 물을 한 모금도 마시지 않아서 목이 타.

① A와 D는 둘 다 물을 마셨다.
② C와 D는 둘 다 물을 마셨다.
③ E는 옹달샘에 다녀가지 않았다.
④ A가 물을 마시지 않았으면 B가 물을 마셨다.
⑤ 물을 마시지 않은 토끼는 모두 옹달샘에 다녀갔다.

문 34. 다음 글을 근거로 판단할 때, 사무소 B의 전화번호를 구성하는 6개 숫자를 모두 합한 값의 최댓값은?

사무소 A와 사무소 B 각각의 전화번호는 1부터 9까지의 숫자 중 6개로 구성되어 있다.
• A와 B전화번호에서 공통된 숫자의 종류는 5를 포함하여 세 가지이다.
• A전화번호는 세 가지의 홀수만으로 구성되어 있다.
• A전화번호의 첫 번째와 마지막 숫자는 서로 다르며, 합이 10이다.
• B전화번호를 구성하는 숫자 중 가장 큰 숫자는 세 번 나타난다.
• B전화번호를 구성하는 숫자 중 두 번째로 작은 숫자는 짝수다.

① 33
② 35
③ 37
④ 39
⑤ 42

문 35. 다음 글을 근거로 판단할 때, 〈보기〉에서 옳은 것만을 모두 고르면?

A마을에서는 다음과 같이 양의 이름을 짓는다.
• '물', '불', '돌', '눈' 중 한 개 이상의 글자를 사용하여 이름을 짓는다.
• 봄에 태어난 양의 이름에는 '물', 여름에 태어난 양의 이름에는 '불', 가을에 태어난 양의 이름에는 '돌', 겨울에 태어난 양의 이름에는 '눈'이 반드시 포함되어야 한다.
• 수컷 양의 이름에는 '물', 암컷 양의 이름에는 '불'이 반드시 포함되어야 한다.
• 같은 글자가 두 번 이상 사용되어서는 안 된다.

〈보기〉

ㄱ. 겨울에 태어난 A마을 양이 암컷이라면, 그 양에게 붙일 수 있는 두 글자 이름은 두 가지이다.
ㄴ. A마을 양 '물불'은 여름에 태어났다면 수컷이고 봄에 태어났다면 암컷이다.
ㄷ. A마을 양의 이름은 모두 두 글자 이상 네 글자 이하이다.

① ㄱ
② ㄴ
③ ㄷ
④ ㄱ, ㄴ
⑤ ㄴ, ㄷ

문 36. 다음 글과 〈상황〉을 근거로 판단할 때, 일반하역사업 등록이 가능한 사업자만을 모두 고르면?

〈일반하역사업의 최소 등록기준〉

구분	1급지 (부산항, 인천항, 포항항, 광양항)	2급지 (여수항, 마산항, 동해·묵호항)	3급지 (1급지와 2급지를 제외한 항)
총시설 평가액	10억 원	5억 원	1억 원
자본금	3억 원	1억 원	5천만 원

- 사업자의 시설 중 본인 소유 시설평가액 총액이 등록기준에서 정한 급지별 '총시설평가액'의 3분의 2 이상이어야 한다.
- 사업자의 하역시설 평가액 총액은 해당 사업자의 시설평가액 총액의 3분의 2 이상이어야 한다.
- 3급지 항에 대해서는 자본금이 1억 원 이상이면 등록기준에서 정한 급지별 '총시설평가액'을 2분의 1로 완화한다.

─〈상 황〉─

- 시설 A~F 중 하역시설은 A, B, C이다.
- 사업자 甲~丁 현황은 다음과 같다.

사업자	항만	자본금	시설	시설 평가액	본인 소유여부
甲	부산항	2억 원	B	4억 원	○
			C	2억 원	○
			D	1억 원	×
			E	3억 원	×
乙	광양항	3억 원	C	8억 원	○
			E	1억 원	×
			F	2억 원	○
丙	동해· 묵호항	4억 원	A	1억 원	○
			C	4억 원	○
			D	3억 원	×
丁	대산항	1억 원	A	6천만 원	○
			B	1천만 원	×
			C	1천만 원	×
			D	1천만 원	○

① 甲, 乙
② 甲, 丙
③ 乙, 丙
④ 乙, 丁
⑤ 丙, 丁

문 37. 다음 글과 〈상황〉을 근거로 판단할 때, 甲소방서에서 폐기대상을 제외하고 가장 먼저 교체대상이 될 장비는?

- 〈소방장비 내용연수 기준〉에 따라 소방장비 구비목록의 소방장비를 교체해야 한다. 사용연수가 내용연수 기준을 초과한 소방장비는 폐기하고, 초과하지 않은 소방장비는 내용연수가 적게 남은 것부터 교체해야 한다.

〈소방장비 내용연수 기준〉

구분		내용연수
소방자동차		10
소방용로봇		7
구조장비	산악용 들것	5
	구조용 안전벨트	3
방호복	특수방호복	5
	폭발물방호복	10

※ 내용연수 : 소방장비의 내구성을 고려할 때, 최대 사용연수로 적절한 기준 연수

- 내용연수 기준을 초과한 소방장비의 기한을 연장하여 사용할 필요가 있는 경우에는 다음 기준에 따라 1회에 한해 연장 사용할 수 있으며, 이 경우 내용연수 기준을 초과하지 않은 것으로 본다.
  - 소방자동차 : 1년(단, 특수정비를 받은 경우에는 3년까지 가능)
  - 그 밖의 소방장비 : 1년
- 위의 내용연수 기준과 연장 사용 기준에도 불구하고 다음 어느 하나에 해당하는 경우에는 내용연수 기준을 초과한 것으로 본다.
  - 소방자동차의 운행거리가 12만km를 초과한 경우
  - 실사용량이 경제적 사용량을 초과한 경우

─〈상 황〉─

- 甲소방서의 현재 소방장비 구비목록은 다음과 같다.

구분	사용연수	연장사용여부	비고
소방 자동차1	12	2년 연장	운행거리 15만km 특수정비 받음
소방 자동차2	9	없음	운행거리 8만km 특수정비 불가
소방용로봇	4	없음	
구조용 안전벨트	5	1년 연장	경제적 사용량 1,000회 실사용량 500회
폭발물 방호복	9	없음	경제적 사용량 500회 실사용량 600회

① 소방자동차1
② 소방자동차2
③ 소방용로봇
④ 구조용 안전벨트
⑤ 폭발물방호복

문 38. 다음 글을 근거로 판단할 때, 甲과 乙이 선택할 스포츠 종목은?

- 甲과 乙은 함께 스포츠 데이트를 하려 한다. 이들이 고려하고 있는 종목은 등산, 스키, 암벽등반, 수영, 볼링이다.
- 甲과 乙은 비용, 만족도, 위험도, 활동량을 기준으로 종목별 점수를 부여하고, 종목별로 두 사람의 점수를 더하여 합이 가장 높은 종목을 선택한다. 단, 동점일 때는 乙이 부여한 점수의 합이 가장 높은 종목을 선택한다.
- 甲과 乙이 점수를 부여하는 방식은 다음과 같다.
  - 甲과 乙은 비용이 적게 드는 종목부터, 만족도가 높은 종목부터 순서대로 5점에서 1점까지 1점씩 차이를 두고 부여한다.
  - 甲은 위험도가 높은 종목부터, 활동량이 많은 종목부터 순서대로 5점에서 1점까지 1점씩 차이를 두고 부여하며, 乙은 그 반대로 점수를 부여한다.

구분	등산	스키	암벽등반	수영	볼링
비용(원)	8,000	60,000	32,000	20,000	18,000
만족도	30	80	100	20	70
위험도	40	100	80	50	60
활동량	50	100	70	90	30

① 등산

② 스키

③ 암벽등반

④ 수영

⑤ 볼링

※ 다음 글을 읽고 물음에 답하시오. [39~40]

하드디스크는 플래터와 헤드 등으로 구성되어 있다. '플래터'는 원반 모양이고 같은 크기의 플래터가 위아래로 여러 개 나란히 정렬되어 있다. 플래터의 양면은 각각 '표면'이라 불리는데, 데이터를 저장하기 위해 자기물질로 덮여 있다. '헤드'는 데이터를 표면에 저장하거나 저장된 데이터를 인식한다. 이를 위해 헤드는 회전하는 플래터의 중심부와 바깥 사이를 플래터 반지름 선을 따라 일정한 속도로 이동한다.

플래터의 표면은 폭이 일정한 여러 개의 '트랙'이 동심원을 이룬다. 플래터마다 트랙 수는 같으며, 트랙은 여러 개의 '섹터'로 나누어진다. 이 구분은 하드디스크상의 위치를 나타내고 파일(데이터)을 디스크 공간에 할당하기 위해 사용된다. 예를 들어 어떤 특정한 데이터는 '표면 3, 트랙 5, 섹터 7'에 위치하게 된다. 이때 표면은 위에서부터 차례로 번호가 부여된다. 트랙은 바깥쪽에서 안쪽으로 순서대로 번호가 부여되며, 섹터는 반시계방향으로 번호가 부여된다.

섹터는 하드디스크의 최소 저장 단위로 하나의 섹터에는 파일을 1개만 저장한다. 한 섹터는 512바이트까지 저장할 수 있지만, 10바이트 파일을 저장해도 섹터 한 개를 전부 차지한다. 초기 하드디스크는 모든 트랙마다 동일한 섹터 수를 가졌지만, 현재의 하드디스크에는 바깥쪽 트랙에 좀 더 많은 섹터가 있다. 섹터의 크기가 클수록 섹터의 저장 공간이 커지기 때문에 크기를 똑같이 하여 섹터당 저장 공간을 일정하게 유지하고 있다.

플래터 표면 중심에서 거리가 같은 모든 트랙을 수직으로 묶어 하나의 '실린더'라 한다. 표면마다 하나씩 있는 여러 개의 헤드가 동시에 이동하는데, 헤드가 한 트랙(실린더)에서 다른 트랙(실린더)으로 움직이는 데는 시간이 걸린다. 따라서 동시에 호출되는 데이터를 동일한 실린더 안에 있게 하면, 헤드의 추가 이동이 필요 없어져서 탐색 시간을 단축시킬 수 있다. 하지만 이런 저장 방식이 항상 가능한 것은 아니며, 하드디스크의 여러 곳(트랙과 섹터)에 분산되어 파일이 저장되기도 한다.

데이터 탐색 속도는 플래터 바깥쪽에 있던 헤드가 데이터를 읽고 쓴 후 다시 플래터 바깥쪽에 정확히 정렬하는 데까지 걸리는 시간을 가리킨다. 하드디스크가 성능이 좋을수록 플래터는 빠른 속도로 회전하는데, 일반적으로 회전속도는 5,400rpm(분당 5,400회전) 혹은 7,200rpm이다. 플래터 위를 이동하는 헤드의 속도는 1번 트랙의 바깥쪽 끝과 마지막 트랙의 안쪽 끝 사이를 초당 몇 번 왕복하는지를 나타내며, Hz로 표현된다. 예를 들어 1Hz는 1초에 헤드가 1번 왕복하는 것을 의미한다.

문 39. 윗글을 근거로 판단할 때 옳은 것은?

① 플래터가 5개라면 표면의 개수는 최대 5개이다.

② 플래터가 5개, 플래터당 트랙이 10개, 트랙당 섹터가 20개라면, 실린더의 개수는 10개이다.

③ 플래터 안의 모든 섹터의 크기가 같다면, 각 트랙의 섹터 수는 같다.

④ 10바이트 파일 10개 저장에 필요한 최소 섹터 수와 100바이트 파일 1개 저장에 필요한 최소 섹터 수는 같다.

⑤ 파일 크기가 트랙 1개의 저장용량보다 작다면, 해당 파일은 항상 하나의 트랙에 저장된다.

문 40. 윗글을 근거로 판단할 때, 〈상황〉의 ㉠과 ㉡을 옳게 짝지은 것은?

〈상 황〉

A하드디스크는 표면 10개, 표면당 트랙 20개, 트랙당 섹터 20~50개로 이루어져 있다. 현재 헤드의 위치는 1번 트랙의 바깥쪽 끝이며 헤드 이동경로에 처음 위치한 섹터는 1번이다. 플래터의 회전속도는 7,200rpm, 헤드의 이동속도는 5Hz이다. 플래터 1회전에 걸리는 시간은 (㉠)초이고, 헤드가 트랙 하나를 이동하는 데 걸리는 시간은 평균 (㉡)초이다.

	㉠	㉡
①	$\frac{1}{12}$	$\frac{1}{10}$
②	$\frac{1}{12}$	$\frac{1}{100}$
③	$\frac{1}{120}$	$\frac{1}{100}$
④	$\frac{1}{120}$	$\frac{1}{200}$
⑤	$\frac{1}{720}$	$\frac{1}{200}$

02 2022년 7급 PSAT 상황판단 기출문제

문 1. 다음 글을 근거로 판단할 때 옳은 것은?

제00조 재해경감 우수기업(이하 '우수기업'이라 한다)이란 재난으로부터 피해를 최소화하기 위한 재해경감활동으로 우수기업 인증을 받은 기업을 말한다.

제00조 ① 우수기업으로 인증받고자 하는 기업은 A부 장관에게 신청하여야 한다.

② A부 장관은 제1항에 따라 신청한 기업의 재해경감활동에 대하여 다음 각 호의 기준에 따라 평가를 실시하고 우수기업으로 인증할 수 있다.

　1. 재난관리 전담조직을 갖출 것

　2. 매년 1회 이상 종사자에게 재난관리 교육을 실시할 것

　3. 재해경감활동 비용으로 총 예산의 5 % 이상 할애할 것

　4. 방재관련 인력을 총 인원의 2 % 이상 갖출 것

③ 제2항 각 호의 충족 여부는 매년 1월 말을 기준으로 평가하며, 모든 요건을 갖춘 경우 우수기업으로 인증한다. 다만 제3호의 경우 최초 평가에 한하여 해당 기준을 3개월 내에 충족할 것을 조건으로 인증할 수 있다.

④ 제3항에서 정하는 평가 및 인증에 소요되는 비용은 신청하는 자가 부담한다.

제00조 A부 장관은 인증받은 우수기업을 6개월마다 재평가하여 다음 각 호의 어느 하나에 해당하는 때에는 인증을 취소할 수 있다. 다만 제1호의 경우에는 인증을 취소하여야 한다.

　1. 거짓이나 그 밖의 부정한 방법으로 인증을 받은 경우

　2. 인증 평가기준에 미달되는 경우

　3. 양도 · 양수 · 합병 등에 의하여 인증받은 요건이 변경된 경우

① 처음 우수기업 인증을 받고자 하는 甲기업이 총 예산의 4 %를 재해경감활동 비용으로 할애하였다면, 다른 모든 기준을 충족하였더라도 우수기업으로 인증받을 여지가 없다.

② A부 장관이 乙기업을 평가하여 2022. 2. 25. 우수기업으로 인증한 경우, A부 장관은 2022. 6. 25.까지 재평가를 해야 한다.

③ 丙기업이 우수기업 인증을 신청하는 경우, 인증에 소요되는 비용은 A부 장관이 부담한다.

④ 丁기업이 재난관리 전담조직을 갖춘 것처럼 거짓으로 신청서를 작성하여 우수기업으로 인증을 받은 경우라도, A부 장관은 인증을 취소하지 않을 수 있다.

⑤ 우수기업인 戊기업이 己기업을 흡수합병하면서 재평가 당시 일시적으로 방재관련 인력이 총 인원의 1.5 %가 되었더라도, A부 장관은 戊기업의 인증을 취소하지 않을 수 있다.

문 2. 다음 글과 〈상황〉을 근거로 판단할 때, 김가을의 가족관계등록부에 기록해야 하는 내용이 아닌 것은?

제○○조 ① 가족관계등록부는 전산정보처리조직에 의하여 입력 · 처리된 가족관계 등록사항에 관한 전산정보자료를 제ㅁㅁ조의 등록기준지에 따라 개인별로 구분하여 작성한다.

② 가족관계등록부에는 다음 사항을 기록하여야 한다.

　1. 등록기준지

　2. 성명 · 본 · 성별 · 출생연월일 및 주민등록번호

　3. 출생 · 혼인 · 사망 등 가족관계의 발생 및 변동에 관한 사항

제ㅁㅁ조 출생을 사유로 처음 등록을 하는 경우에는 등록기준지를 자녀가 따르는 성과 본을 가진 부 또는 모의 등록기준지로 한다.

――――〈상 황〉――――

경기도 과천시 ☆☆로 1−11에 거주하는 김여름(金海 김씨)과 박겨울(密陽 박씨) 부부 사이에 2021년 10월 10일 경기도 수원시 영통구 소재 병원에서 남자아이가 태어났다. 이 부부는 태어난 아이의 이름을 김가을로 하고 과천시 ▽▽주민센터에 출생신고를 하였다. 김여름의 등록기준지는 부산광역시 남구 ◇◇로 2−22이며, 박겨울은 서울특별시 마포구 △△로 3−33이다.

① 서울특별시 마포구 △△로 3−33

② 부산광역시 남구 ◇◇로 2−22

③ 2021년 10월 10일

④ 金海

⑤ 남

문 3. 다음 글을 근거로 판단할 때 옳은 것은?

제00조 정비사업이란 도시기능을 회복하기 위하여 정비구역에서 정비사업시설을 정비하거나 주택 등 건축물을 개량 또는 건설하는 주거환경개선사업, 재개발사업, 재건축사업 등을 말한다.

제00조 특별자치시장·특별자치도지사·시장·군수·구청장(이하 '시장 등'이라 한다)은 노후불량건축물이 밀집하는 구역에 대하여 정비계획에 따라 정비구역을 지정할 수 있다.

제00조 시장 등이 아닌 자가 정비사업을 시행하려는 경우에는 토지 등 소유자로 구성된 조합을 설립해야 한다.

제00조 ① 시장 등이 아닌 사업시행자가 정비사업 공사를 완료한 때에는 시장 등의 준공인가를 받아야 한다.

② 제1항에 따라 준공인가신청을 받은 시장 등은 지체 없이 준공검사를 실시해야 한다.

③ 시장 등은 제2항에 따른 준공검사를 실시한 결과 정비사업이 인가받은 사업시행 계획대로 완료되었다고 인정되는 때에는 준공인가를 하고 공사의 완료를 해당 지방자치단체의 공보에 고시해야 한다.

④ 시장 등은 직접 시행하는 정비사업에 관한 공사가 완료된 때에는 그 완료를 해당 지방자치단체의 공보에 고시해야 한다.

제00조 ① 정비구역의 지정은 공사완료의 고시가 있는 날의 다음 날에 해제된 것으로 본다.

② 제1항에 따른 정비구역의 해제는 조합의 존속에 영향을 주지 않는다.

① 甲특별자치시장이 직접 정비사업을 시행하려는 경우에는 토지 등 소유자로 구성된 조합을 설립해야 한다.

② A도 乙군수가 직접 시행하는 정비사업에 관한 공사가 완료된 때에는 A도지사에게 준공인가신청을 해야 한다.

③ 丙시장이 사업시행자 B의 정비사업에 관해 준공인가를 하면, 토지 등 소유자로 구성된 조합은 해산된다.

④ 丁시장이 사업시행자 C의 정비사업에 관해 공사완료를 고시하면, 정비구역의 지정은 고시한 날 해제된다.

⑤ 戊시장이 직접 시행하는 정비사업에 관한 공사가 완료된 때에는 그 완료를 戊시의 공보에 고시해야 한다.

문 4. 다음 글을 근거로 판단할 때 옳은 것은?

제00조 ① 선박이란 수상 또는 수중에서 항행용으로 사용하거나 사용할 수 있는 배 종류를 말하며 그 구분은 다음 각 호와 같다.

1. 기선: 기관(機關)을 사용하여 추진하는 선박과 수면비행선박(표면효과 작용을 이용하여 수면에 근접하여 비행하는 선박)

2. 범선: 돛을 사용하여 추진하는 선박

3. 부선: 자력(自力) 항행능력이 없어 다른 선박에 의하여 끌리거나 밀려서 항행되는 선박

② 소형선박이란 다음 각 호의 어느 하나에 해당하는 선박을 말한다.

1. 총톤수 20톤 미만인 기선 및 범선

2. 총톤수 100톤 미만인 부선

제00조 ① 매매계약에 의한 선박 소유권의 이전은 계약당사자 사이의 양도합의만으로 효력이 생긴다. 다만 소형선박 소유권의 이전은 계약당사자 사이의 양도합의와 선박의 등록으로 효력이 생긴다.

② 선박의 소유자(제1항 단서의 경우에는 선박의 매수인)는 선박을 취득(제1항 단서의 경우에는 매수)한 날부터 60일 이내에 선적항을 관할하는 지방해양수산청장에게 선박의 등록을 신청하여야 한다. 이 경우 총톤수 20톤 이상인 기선과 범선 및 총톤수 100톤 이상인 부선은 선박의 등기를 한 후에 선박의 등록을 신청하여야 한다.

③ 지방해양수산청장은 제2항의 등록신청을 받으면 이를 선박원부(船舶原簿)에 등록하고 신청인에게 선박국적증서를 발급하여야 한다.

제00조 선박의 등기는 등기할 선박의 선적항을 관할하는 지방법원, 그 지원 또는 등기소를 관할 등기소로 한다.

① 총톤수 80톤인 부선의 매수인 甲이 선박의 소유권을 취득하기 위해서는 매도인과 양도합의를 하고 선박을 등록해야 한다.

② 총톤수 100톤인 기선의 소유자 乙이 선박의 등기를 하기 위해서는 먼저 관할 지방해양수산청장에게 선박의 등록을 신청해야 한다.

③ 총톤수 60톤인 기선의 소유자 丙은 선박을 매수한 날부터 60일 이내에 해양수산부장관에게 선박의 등록을 신청해야 한다.

④ 총톤수 200톤인 부선의 소유자 丁이 선적항을 관할하는 등기소에 선박의 등기를 신청하면, 등기소는 丁에게 선박국적증서를 발급해야 한다.

⑤ 총톤수 20톤 미만인 범선의 매수인 戊가 선박의 등록을 신청하면, 관할 법원은 이를 선박원부에 등록하고 戊에게 선박국적증서를 발급해야 한다.

문 5.   다음 글을 근거로 판단할 때 옳은 것은?

조선 시대 쌀의 종류에는 가을철 논에서 수확한 벼를 가공한 흰색 쌀 외에 밭에서 자란 곡식을 가공함으로써 얻게 되는 회색 쌀과 노란색 쌀이 있었다. 회색 쌀은 보리의 껍질을 벗긴 보리쌀이었고, 노란색 쌀은 조의 껍질을 벗긴 좁쌀이었다.

남부 지역에서는 보리가 특히 중요시되었다. 가을 곡식이 바닥을 보이기 시작하는 봄철, 농민들의 희망은 들판에 넘실거리는 보리뿐이었다. 보리가 익을 때까지는 주린 배를 움켜쥐고 생활할 수밖에 없었고, 이를 보릿고개라 하였다. 그것은 보리를 수확하는 하지, 즉 낮이 가장 길고 밤이 가장 짧은 시기까지 지속되다가 사라지는 고개였다. 보리 수확기는 여름이었지만 파종 시기는 보리 종류에 따라 달랐다. 가을철에 파종하여 이듬해 수확하는 보리는 가을보리, 봄에 파종하여 그해 수확하는 보리는 봄보리라고 불렀다.

적지 않은 농부들은 보리를 수확하고 그 자리에 다시 콩을 심기도 했다. 이처럼 같은 밭에서 1년 동안 보리와 콩을 교대로 경작하는 방식을 그루갈이라고 한다. 그렇지만 모든 콩이 그루갈이로 재배된 것은 아니었다. 콩 수확기는 가을이었으나, 어떤 콩은 봄철에 파종해야만 제대로 자랄 수 있었고 어떤 콩은 여름에 심을 수도 있었다. 한편 조는 보리, 콩과 달리 모두 봄에 심었다. 그래서 봄철 밭에서는 보리, 콩, 조가 함께 자라는 것을 볼 수 있었다.

① 흰색 쌀과 여름에 심는 콩은 서로 다른 계절에 수확했다.

② 봄보리의 재배 기간은 가을보리의 재배 기간보다 짧았다.

③ 흰색 쌀과 회색 쌀은 논에서 수확된 곡식을 가공한 것이었다.

④ 남부 지역의 보릿고개는 가을 곡식이 바닥을 보이는 하지가 지나면서 더 심해졌다.

⑤ 보리와 콩이 함께 자라는 것은 볼 수 있었지만, 조가 이들과 함께 자라는 것은 볼 수 없었다.

문 6.   다음 글을 근거로 판단할 때, 〈보기〉에서 옳은 것만을 모두 고르면?

甲의 자동차에 장착된 내비게이션 시스템은 목적지까지 운행하는 도중 대안경로를 제안하는 경우가 있다. 이때 이 시스템은 기존경로와 비교하여 남은 거리와 시간이 어떻게 달라지는지 알려준다. 즉 목적지까지의 잔여거리(A)가 몇 km 증가·감소하는지, 잔여시간(B)이 몇 분 증가·감소하는지 알려준다. 甲은 기존경로와 대안경로 중 출발지부터 목적지까지의 평균속력이 더 높을 것으로 예상되는 경로를 항상 선택한다.

〈보 기〉

ㄱ. A가 증가하고 B가 감소하면 甲은 항상 대안경로를 선택한다.

ㄴ. A와 B가 모두 증가하면 甲은 항상 대안경로를 선택한다.

ㄷ. A와 B가 모두 감소할 때 甲이 대안경로를 선택하는 경우가 있다.

ㄹ. A가 감소하고 B가 증가할 때 甲이 대안경로를 선택하는 경우가 있다.

① ㄱ, ㄴ

② ㄱ, ㄷ

③ ㄴ, ㄷ

④ ㄴ, ㄹ

⑤ ㄷ, ㄹ

문 7.   다음 글을 근거로 판단할 때 옳은 것은?

甲은 정기모임의 간식을 준비하기 위해 과일 가게에 들렀다. 甲이 산 과일의 가격과 수량은 아래 표와 같다. 과일 가게 사장이 준 영수증을 보니, 총 228,000원이어야 할 결제 금액이 총 237,300원이었다.

구분	사과	귤	복숭아	딸기
1상자 가격(원)	30,700	25,500	14,300	23,600
구입 수량(상자)	2	3	3	2

① 한 과일이 2상자 더 계산되었다.

② 두 과일이 각각 1상자 더 계산되었다.

③ 한 과일이 1상자 더 계산되고, 다른 한 과일이 1상자 덜 계산되었다.

④ 한 과일이 1상자 더 계산되고, 다른 두 과일이 각각 1상자 덜 계산되었다.

⑤ 두 과일이 각각 1상자 더 계산되고, 다른 두 과일이 각각 1상자 덜 계산되었다.

문 8. 다음 글과 〈상황〉을 근거로 판단할 때, 甲~戊 중 휴가지원사업에 참여할 수 있는 사람만을 모두 고르면?

〈2023년 휴가지원사업 모집 공고〉

□ 사업 목적
• 직장 내 자유로운 휴가문화 조성 및 국내 여행 활성화
□ 참여 대상
• 중소기업 · 비영리민간단체 · 사회복지법인 · 의료법인 근로자. 단, 아래 근로자는 참여 제외
  – 병 · 의원 소속 의사
  – 회계법인 및 세무법인 소속 회계사 · 세무사 · 노무사
  – 법무법인 소속 변호사 · 변리사
• 대표 및 임원은 참여 대상에서 제외하나, 아래의 경우는 참여 가능
  – 중소기업 및 비영리민간단체의 임원
  – 사회복지법인의 대표 및 임원

〈상 황〉

甲~戊의 재직정보는 아래와 같다.

구분	직장명	직장 유형	비고
간호사 甲	A병원	의료법인	근로자
노무사 乙	B회계법인	중소기업	근로자
사회복지사 丙	C복지센터	사회복지법인	대표
회사원 丁	D물산	대기업	근로자
의사 戊	E재단	비영리민간단체	임원

① 甲, 丙
② 甲, 戊
③ 乙, 丁
④ 甲, 丙, 戊
⑤ 乙, 丙, 丁

※ 다음 글을 읽고 물음에 답하시오. [9~10]

'국민참여예산제도'는 국가 예산사업의 제안, 심사, 우선순위 결정과정에 국민을 참여케 함으로써 예산에 대한 국민의 관심도를 높이고 정부 재정운영의 투명성을 제고하기 위한 제도이다. 이 제도는 정부의 예산편성권과 국회의 예산심의 · 의결권 틀 내에서 운영된다.

국민참여예산제도는 기존 제도인 국민제안제도나 주민참여예산제도와 차이점을 지닌다. 먼저 '국민제안제도'가 국민들이 제안한 사항에 대해 관계부처가 채택 여부를 결정하는 방식이라면, 국민참여예산제도는 국민의 제안 이후 사업심사와 우선순위 결정과정에도 국민의 참여를 가능하게 함으로써 국민의 역할을 확대하는 방식이다. 또한 '주민참여예산제도'가 지방자치단체의 사무를 대상으로 하는 반면, 국민참여예산제도는 중앙정부가 재정을 지원하는 예산사업을 대상으로 한다.

국민참여예산제도에서는 3~4월에 국민사업제안과 제안사업 적격성 검사를 실시하고, 이후 5월까지 각 부처에 예산안을 요구한다. 6월에는 예산국민참여단을 발족하여 참여예산 후보사업을 압축한다. 7월에는 일반국민 설문조사와 더불어 예산국민참여단 투표를 통해 사업선호도 조사를 한다. 이러한 과정을 통해 선호순위가 높은 후보사업은 국민참여예산사업으로 결정되며, 8월에 재정정책자문회의의 논의를 거쳐 국무회의에서 정부예산안에 반영된다. 정부예산안은 국회에 제출되며, 국회는 심의 · 의결을 거쳐 12월까지 예산안을 확정한다.

예산국민참여단은 일반국민을 대상으로 전화를 통해 참여의사를 타진하여 구성한다. 무작위로 표본을 추출하되 성 · 연령 · 지역별 대표성을 확보하는 통계적 구성방법이 사용된다. 예산국민참여단원은 예산학교를 통해 국가재정에 대한 교육을 이수한 후, 참여예산 후보사업을 압축하는 역할을 맡는다. 예산국민참여단이 압축한 후보사업에 대한 일반국민의 선호도는 통계적 대표성이 확보된 표본을 대상으로 한 설문을 통해, 예산국민참여단의 사업선호도는 오프라인 투표를 통해 조사한다.

정부는 2017년에 2018년도 예산을 편성하면서 국민참여예산제도를 시범 도입하였는데, 그 결과 6개의 국민참여예산사업이 선정되었다. 2019년도 예산에는 총 39개 국민참여예산사업에 대해 800억 원이 반영되었다.

문 9. 윗글을 근거로 판단할 때 옳은 것은?

① 국민제안제도에서는 중앙정부가 재정을 지원하는 예산사업의 우선순위를 국민이 정할 수 있다.

② 국민참여예산사업은 국회 심의·의결 전에 국무회의에서 정부 예산안에 반영된다.

③ 국민참여예산제도는 정부의 예산편성권 범위 밖에서 운영된다.

④ 참여예산 후보사업은 재정정책자문회의의 논의를 거쳐 제안된다.

⑤ 예산국민참여단의 사업선호도 조사는 전화설문을 통해 이루어진다.

문 10. 윗글과 〈상황〉을 근거로 판단할 때, 甲이 보고할 수치를 옳게 짝지은 것은?

─────── 〈상 황〉 ───────

2019년도 국민참여예산사업 예산 가운데 688억 원이 생활밀착형사업 예산이고 나머지는 취약계층지원사업 예산이었다. 2020년도 국민참여예산사업 예산 규모는 2019년도에 비해 25% 증가했는데, 이 중 870억 원이 생활밀착형사업 예산이고 나머지는 취약계층지원사업 예산이었다. 국민참여예산제도에 관한 정부부처 담당자 甲은 2019년도와 2020년도 각각에 대해 국민참여예산사업 예산에서 취약계층지원사업 예산이 차지한 비율을 보고하려고 한다.

	2019년도	2020년도
①	13 %	12 %
②	13 %	13 %
③	14 %	13 %
④	14 %	14 %
⑤	15 %	14 %

문 11. 다음 글을 근거로 판단할 때, 네 번째로 보고되는 개정안은?

△△처에서 소관 법규 개정안 보고회를 개최하고자 한다. 보고회는 아래와 같은 기준에 따라 진행한다.
• 법규 체계 순위에 따라 법 – 시행령 – 시행규칙의 순서로 보고한다. 법규 체계 순위가 같은 개정안이 여러 개 있는 경우 소관 부서명의 가나다순으로 보고한다.
• 한 부서에서 보고해야 하는 개정안이 여럿인 경우, 해당 부서의 첫 번째 보고 이후 위 기준에도 불구하고 그 부서의 나머지 소관 개정안을 법규 체계 순위에 따라 연달아 보고한다.
• 이상의 모든 기준과 무관하게 보고자가 국장인 경우 가장 먼저 보고한다.

보고 예정인 개정안은 다음과 같다.

개정안명	소관 부서	보고자
A법 개정안	예산담당관	甲사무관
B법 개정안	기획담당관	乙과장
C법 시행령 개정안	기획담당관	乙과장
D법 시행령 개정안	국제화담당관	丙국장
E법 시행규칙 개정안	예산담당관	甲사무관

① A법 개정안

② B법 개정안

③ C법 시행령 개정안

④ D법 시행령 개정안

⑤ E법 시행규칙 개정안

문 12. 다음 글과 〈상황〉을 근거로 판단할 때, 甲이 선택할 사업과 받을 수 있는 지원금을 옳게 짝지은 것은?

○○군은 집수리지원사업인 A와 B를 운영하고 있다. 신청자는 하나의 사업을 선택하여 지원받을 수 있다. 수리 항목은 외부(방수, 지붕, 담장, 쉼터)와 내부(단열, 설비, 창호)로 나누어진다.

〈사업 A의 지원기준〉
• 외부는 본인부담 10 %를 제외한 나머지 소요비용을 1,250만 원 한도 내에서 전액 지원
• 내부는 지원하지 않음

〈사업 B의 지원기준〉
• 담장과 쉼터는 둘 중 하나의 항목만 지원하며, 각각 300만 원과 50만 원 한도 내에서 소요비용 전액 지원
• 담장과 쉼터를 제외한 나머지 항목은 내·외부와 관계없이 본인부담 50 %를 제외한 나머지 소요비용을 1,200만 원 한도 내에서 전액 지원

―――〈상 황〉―――

甲은 본인 집의 창호와 쉼터를 수리하고자 한다. 소요비용은 각각 500만 원과 900만 원이다. 甲은 사업 A와 B 중 지원금이 더 많은 사업을 선택하여 신청하려고 한다.

	사업	지원금
①	A	1,250만 원
②	A	810만 원
③	B	1,250만 원
④	B	810만 원
⑤	B	300만 원

문 13. 다음 글을 근거로 판단할 때, 〈보기〉에서 옳은 것만을 모두 고르면?

이번 주 甲의 요일별 기본업무량은 다음과 같다.

요일	월	화	수	목	금
기본업무량	60	50	60	50	60

甲은 기본업무량을 초과하여 업무를 처리한 날에 '칭찬'을, 기본업무량 미만으로 업무를 처리한 날에 '꾸중'을 듣는다. 정확히 기본업무량만큼 업무를 처리한 날에는 칭찬도 꾸중도 듣지 않는다.

이번 주 甲은 방식1~방식3 중 하나를 선택하여 업무를 처리한다.
방식1: 월요일에 100의 업무량을 처리하고, 그다음 날부터는 매일 전날 대비 20 적은 업무량을 처리한다.
방식2: 월요일에 0의 업무량을 처리하고, 그다음 날부터는 매일 전날 대비 30 많은 업무량을 처리한다.
방식3: 매일 60의 업무량을 처리한다.

―――〈보 기〉―――

ㄱ. 방식1을 선택할 경우 화요일에 꾸중을 듣는다.
ㄴ. 어느 방식을 선택하더라도 수요일에는 칭찬도 꾸중도 듣지 않는다.
ㄷ. 어느 방식을 선택하더라도 칭찬을 듣는 날수는 동일하다.
ㄹ. 칭찬을 듣는 날수에서 꾸중을 듣는 날수를 뺀 값을 최대로 하려면 방식2를 선택하여야 한다.

① ㄱ, ㄷ
② ㄱ, ㄹ
③ ㄴ, ㄷ
④ ㄴ, ㄹ
⑤ ㄴ, ㄷ, ㄹ

문 14. 다음 글을 근거로 판단할 때, 〈보기〉에서 옳은 것만을 모두 고르면?

○○부의 甲국장은 직원 연수 프로그램을 마련하기 위하여 乙주무관에게 직원 1,000명 전원을 대상으로 연수 희망 여부와 희망 지역에 대한 의견을 수렴할 것을 요청하였다. 이에 따라 乙은 설문조사를 실시하였고, 甲과 乙은 그 결과에 대해 대화를 나누고 있다.

甲: 설문조사는 잘 시행되었나요?

乙: 예. 직원 1,000명 모두 연수 희망 여부에 대해 응답하였습니다. 연수를 희망하는 응답자는 43 %였으며, 남자직원의 40 %와 여자직원의 50 %가 연수를 희망하는 것으로 나타났습니다.

甲: 연수 희망자 전원이 희망 지역에 대해 응답했나요?

乙: 예. A지역과 B지역 두 곳 중에서 희망하는 지역을 선택하라고 했더니 B지역을 희망하는 비율이 약간 더 높았습니다. 그리고 연수를 희망하는 여자직원 중 B지역 희망 비율은 연수를 희망하는 남자직원 중 B지역 희망 비율의 2배인 80 %였습니다.

─〈보 기〉─

ㄱ. 전체 직원 중 남자직원의 비율은 50 %를 넘는다.
ㄴ. 연수 희망자 중 여자직원의 비율은 40 %를 넘는다.
ㄷ. A지역 연수를 희망하는 직원은 200명을 넘지 않는다.
ㄹ. B지역 연수를 희망하는 남자직원은 100명을 넘는다.

① ㄱ, ㄷ
② ㄴ, ㄷ
③ ㄴ, ㄹ
④ ㄱ, ㄴ, ㄹ
⑤ ㄱ, ㄷ, ㄹ

문 15. 다음 글을 근거로 판단할 때, 〈보기〉에서 甲이 지원금을 받는 경우만을 모두 고르면?

• 정부는 자영업자를 지원하기 위하여 2020년 대비 2021년의 이익이 감소한 경우 이익 감소액의 10 %를 자영업자에게 지원금으로 지급하기로 하였다.
• 이익은 매출액에서 변동원가와 고정원가를 뺀 금액으로, 자영업자 甲의 2020년 이익은 아래와 같이 계산된다.

구분	금액	비고
매출액	8억 원	판매량(400,000단위)×판매가격(2,000원)
변동원가	6.4억 원	판매량(400,000단위)×단위당 변동원가(1,600원)
고정원가	1억 원	판매량과 관계없이 일정함
이익	0.6억 원	8억 원 − 6.4억 원 − 1억 원

─〈보 기〉─

ㄱ. 2021년의 판매량, 판매가격, 단위당 변동원가, 고정원가는 모두 2020년과 같았다.
ㄴ. 2020년에 비해 2021년에 판매가격을 5 % 인하하였고, 판매량, 단위당 변동원가, 고정원가는 2020년과 같았다.
ㄷ. 2020년에 비해 2021년에 판매량은 10 % 증가하고 고정원가는 5 % 감소하였으나, 판매가격과 단위당 변동원가는 2020년과 같았다.
ㄹ. 2020년에 비해 2021년에 판매가격을 5 % 인상했음에도 불구하고 판매량이 25 % 증가하였고, 단위당 변동원가와 고정원가는 2020년과 같았다.

① ㄴ
② ㄹ
③ ㄱ, ㄴ
④ ㄴ, ㄷ
⑤ ㄷ, ㄹ

문 16. 다음 글과 〈상황〉을 근거로 판단할 때 옳지 않은 것은?

□□시는 부서 성과 및 개인 성과에 따라 등급을 매겨 직원들에게 성과급을 지급하고 있다.

- 부서 등급과 개인 등급은 각각 S, A, B, C로 나뉘고, 등급별 성과급 산정비율은 다음과 같다.

성과 등급	S	A	B	C
성과급 산정비율(%)	40	20	10	0

- 작년까지 부서 등급과 개인 등급에 따른 성과급 산정비율의 산술평균을 연봉에 곱해 직원의 성과급을 산정해왔다.

성과급=연봉×{(부서 산정비율+개인 산정비율) / 2}

- 올해부터 부서 등급과 개인 등급에 따른 성과급 산정비율 중 더 큰 값을 연봉에 곱해 성과급을 산정하도록 개편하였다.

성과급=연봉×max{부서 산정비율, 개인 산정비율}

※ max{a, b}=a와 b 중 더 큰 값

〈상 황〉

작년과 올해 □□시 소속 직원 甲~丙의 연봉과 성과 등급은 다음과 같다.

구분	작년 연봉 (만 원)	작년 성과 등급 부서	작년 성과 등급 개인	올해 연봉 (만 원)	올해 성과 등급 부서	올해 성과 등급 개인
甲	3,500	S	A	4,000	A	S
乙	4,000	B	S	4,000	S	A
丙	3,000	B	A	3,500	C	B

① 甲의 작년 성과급은 1,050만 원이다.

② 甲과 乙의 올해 성과급은 동일하다.

③ 甲~丙 모두 작년 대비 올해 성과급이 증가한다.

④ 올해 연봉과 성과급의 합이 가장 작은 사람은 丙이다.

⑤ 작년 대비 올해 성과급 상승률이 가장 큰 사람은 乙이다.

문 17. 다음 글을 근거로 판단할 때 옳은 것은?

甲부처 신입직원 선발시험은 전공, 영어, 적성 3개 과목으로 이루어진다. 3개 과목 합계 점수가 높은 사람순으로 정원까지 합격한다. 응시자는 7명(A~G)이며, 7명의 각 과목 성적에 대해서는 다음과 같은 사실이 알려졌다.

- 전공시험 점수: A는 B보다 높고, B는 E보다 높고, C는 D보다 높다.
- 영어시험 점수: E는 F보다 높고, F는 G보다 높다.
- 적성시험 점수: G는 B보다도 높고 C보다도 높다.

합격자 선발 결과, 전공시험 점수가 일정 점수 이상인 응시자는 모두 합격한 반면 그 점수에 달하지 않은 응시자는 모두 불합격한 것으로 밝혀졌고, 이는 영어시험과 적성시험에서도 마찬가지였다.

① A가 합격하였다면, B도 합격하였다.

② G가 합격하였다면, C도 합격하였다.

③ A와 B가 합격하였다면, C와 D도 합격하였다.

④ B와 E가 합격하였다면, F와 G도 합격하였다.

⑤ B가 합격하였다면, B를 포함하여 적어도 6명이 합격하였다.

문 18.　다음 글을 근거로 판단할 때, 〈보기〉에서 옳은 것만을 모두 고르면?

- 甲과 乙이 아래와 같은 방식으로 농구공 던지기 놀이를 하였다.
  - 甲과 乙은 각 5회씩 도전하고, 합계 점수가 더 높은 사람이 승리한다.
  - 2점 숏과 3점 숏을 자유롭게 선택하여 도전할 수 있으며, 성공하면 해당 점수를 획득한다.
  - 5회의 도전 중 4점 숏 도전이 1번 가능한데, '4점 도전'이라고 외친 후 뒤돌아서서 숏을 하여 성공하면 4점을 획득하고, 실패하면 1점을 잃는다.
- 甲과 乙의 던지기 결과는 다음과 같았다.

(성공: ○, 실패: ×)

구분	1회	2회	3회	4회	5회
甲	○	×	○	○	○
乙	○	○	×	×	○

〈보 기〉

ㄱ. 甲의 합계 점수는 8점 이상이었다.

ㄴ. 甲이 3점 숏에 2번 도전하였고 乙이 승리하였다면, 乙은 4점 숏에 도전하였을 것이다.

ㄷ. 4점 숏뿐만 아니라 2점 숏, 3점 숏에 대해서도 실패 시 1점을 차감하였다면, 甲이 승리하였을 것이다.

① ㄱ

② ㄴ

③ ㄱ, ㄴ

④ ㄱ, ㄷ

⑤ ㄴ, ㄷ

문 19.　다음 글을 근거로 판단할 때, A군 양봉농가의 최대 수는?

- A군청은 양봉농가가 안정적으로 꿀을 생산할 수 있도록 양봉농가 간 거리가 12 km 이상인 경우에만 양봉을 허가하고 있다.
- A군은 반지름이 12 km인 원 모양의 평지이며 군 경계를 포함한다.
- A군의 외부에는 양봉농가가 존재하지 않는다.

※ 양봉농가의 면적은 고려하지 않음

① 5개

② 6개

③ 7개

④ 8개

⑤ 9개

문 20.　다음 글을 근거로 판단할 때, ㉠에 해당하는 수는?

甲: 그저께 나는 만 21살이었는데, 올해 안에 만 23살이 될 거야.

乙: 올해가 몇 년이지?

甲: 올해는 2022년이야.

乙: 그러면 네 주민등록번호 앞 6자리의 각 숫자를 모두 곱하면 ㉠ 이구나.

甲: 그래, 맞아!

① 0

② 81

③ 486

④ 648

⑤ 2,916

문 21.　다음 글과 〈상황〉을 근거로 판단할 때, 올해 말 A검사국이 인사부서에 증원을 요청할 인원은?

농식품 품질 검사를 수행하는 A검사국은 매년 말 다음과 같은 기준에 따라 인사부서에 인력 증원을 요청한다.

- 다음 해 A검사국의 예상 검사 건수를 모두 검사하는 데 필요한 최소 직원 수에서 올해 직원 수를 뺀 인원을 증원 요청한다.
- 직원별로 한 해 동안 수행할 수 있는 최대 검사 건수는 매년 정해지는 '기준 검사 건수'에서 아래와 같이 차감하여 정해진다.
  - 국장은 '기준 검사 건수'의 100 %를 차감한다.
  - 사무 처리 직원은 '기준 검사 건수'의 100 %를 차감한다.
  - 국장 및 사무 처리 직원을 제외한 모든 직원은 매년 근무시간 중에 품질 검사 교육을 이수해야 하므로, '기준 검사 건수'의 10 %를 차감한다.
  - 과장은 '기준 검사 건수'의 50 %를 추가 차감한다.

〈상 황〉

- 올해 A검사국에는 국장 1명, 과장 9명, 사무 처리 직원 10명을 포함하여 총 100명의 직원이 있다.
- 내년에도 국장, 과장, 사무 처리 직원의 수는 올해와 동일하다.
- 올해 '기준 검사 건수'는 100건이나, 내년부터는 검사 품질 향상을 위해 90건으로 하향 조정한다.
- A검사국의 올해 검사 건수는 현 직원 모두가 한 해 동안 수행할 수 있는 최대 검사 건수와 같다.
- 내년 A검사국의 예상 검사 건수는 올해 검사 건수의 120 %이다.

① 10명

② 14명

③ 18명

④ 21명

⑤ 28명

문 22. 다음 글을 근거로 판단할 때, 〈보기〉에서 옳은 것만을 모두 고르면?

- 甲, 乙, 丙 세 사람은 25개 문제(1~25번)로 구성된 문제집을 푼다.
- 1회차에는 세 사람 모두 1번 문제를 풀고, 2회차부터는 직전 회차 풀이 결과에 따라 풀 문제가 다음과 같이 정해진다.
  - 직전 회차가 정답인 경우: 직전 회차의 문제 번호에 2를 곱한 후 1을 더한 번호의 문제
  - 직전 회차가 오답인 경우: 직전 회차의 문제 번호를 2로 나누어 소수점 이하를 버린 후 1을 더한 번호의 문제
- 풀 문제의 번호가 25번을 넘어갈 경우, 25번 문제를 풀고 더 이상 문제를 풀지 않는다.
- 7회차까지 문제를 푼 결과, 세 사람이 맞힌 정답의 개수는 같았고 한 사람이 같은 번호의 문제를 두 번 이상 푼 경우는 없었다.
- 4, 5회차를 제외한 회차별 풀이 결과는 아래와 같다.

(정답: ○, 오답: ×)

구분	1	2	3	4	5	6	7
甲	○	○	×			○	×
乙	○	○	○			×	○
丙	○	×	○			○	×

―――――〈보 기〉―――――

ㄱ. 甲과 丙이 4회차에 푼 문제 번호는 같다.

ㄴ. 4회차에 정답을 맞힌 사람은 2명이다.

ㄷ. 5회차에 정답을 맞힌 사람은 없다.

ㄹ. 乙은 7회차에 9번 문제를 풀었다.

① ㄱ, ㄴ

② ㄱ, ㄷ

③ ㄴ, ㄷ

④ ㄴ, ㄹ

⑤ ㄷ, ㄹ

문 23. 다음 글을 근거로 판단할 때 옳지 않은 것은?

△△팀원 7명(A~G)은 새로 부임한 팀장 甲과 함께 하는 환영식사를 계획하고 있다. 모든 팀원은 아래 조건을 전부 만족시키며 甲과 한 번씩만 식사하려 한다.

- 함께 식사하는 총 인원은 4명 이하여야 한다.
- 단둘이 식사하지 않는다.
- 부팀장은 A, B뿐이며, 이 둘은 함께 식사하지 않는다.
- 같은 학교 출신인 C, D는 함께 식사하지 않는다.
- 입사 동기인 E, F는 함께 식사한다.
- 신입사원 G는 부팀장과 함께 식사한다.

① A는 E와 함께 환영식사에 참석할 수 있다.

② B는 C와 함께 환영식사에 참석할 수 있다.

③ C는 G와 함께 환영식사에 참석할 수 있다.

④ D가 E와 함께 환영식사에 참석하는 경우, C는 부팀장과 함께 환영식사에 참석하게 된다.

⑤ G를 포함하여 총 4명이 함께 환영식사에 참석하는 경우, F가 참석하는 환영식사의 인원은 총 3명이다.

문 24. 다음 글을 근거로 판단할 때, ㉠에 해당하는 수는?

甲과 乙은 같은 층의 서로 다른 사무실에서 근무하고 있다. 각 사무실은 일직선 복도의 양쪽 끝에 위치하고 있으며, 두 사람은 복도에서 항상 자신만의 일정한 속력으로 걷는다.

甲은 약속한 시각에 乙에게 서류를 직접 전달하기 위해 자신의 사무실을 나섰다. 甲은 乙의 사무실에 도착하여 서류를 전달하고 곧바로 자신의 사무실로 돌아올 계획이었다.

한편 甲을 기다리고 있던 乙에게 甲의 사무실 쪽으로 가야 할 일이 생겼다. 그래서 乙은 甲이 도착하기로 약속한 시각보다 ㉠ 분 일찍 자신의 사무실을 나섰다. 乙은 출발한 지 4분 뒤 복도에서 甲을 만나 서류를 받았다. 서류 전달 후 곧바로 사무실로 돌아온 甲은 원래 예상했던 시각보다 2분 일찍 사무실로 복귀한 사실을 알게 되었다.

① 2

② 3

③ 4

④ 5

⑤ 6

문 25. 다음 글과 〈상황〉을 근거로 판단할 때 옳은 것은?

제00조 ① 재외공관에 근무하는 공무원(이하 '재외공무원'이라한다)이 공무로 일시귀국하고자 하는 경우에는 장관의 허가를 받아야 한다.

② 공관장이 아닌 재외공무원이 공무 외의 목적으로 일시귀국하려는 경우에는 공관장의 허가를, 공관장이 공무 외의 목적으로 일시귀국하려는 경우에는 장관의 허가를 받아야 한다. 다만 재외공무원 또는 그 배우자의 직계존·비속이 사망하거나 위독한경우에는 공관장이 아닌 재외공무원은 공관장에게, 공관장은 장관에게 각각 신고하고 일시귀국할 수 있다.

③ 재외공무원이 공무 외의 목적으로 일시귀국할 수 있는 기간은연 1회 20일 이내로 한다. 다만 다음 각 호의 어느 하나에 해당하는 경우에는 이를 일시귀국의 횟수 및 기간에 산입하지 아니한다.

　1. 재외공무원의 직계존·비속이 사망하거나 위독하여 일시귀국하는 경우

　2. 재외공무원 또는 그 동반가족의 치료를 위하여 일시귀국하는 경우

④ 제2항에도 불구하고 다음 각 호의 어느 하나에 해당하는 경우에는 장관의 허가를 받아야 한다.

　1. 재외공무원이 연 1회 또는 20일을 초과하여 공무 외의 목적으로 일시귀국하려는 경우

　2. 재외공무원이 일시귀국 후 국내 체류기간을 연장하는 경우

〈상 황〉

A국 소재 대사관에는 공관장 甲을 포함하여 총 3명의 재외공무원(甲~丙)이 근무하고 있다. 아래는 올해 1월부터 7월 현재까지 甲~丙의 일시귀국 현황이다.

· 甲: 공무상 회의 참석을 위해 총 2회(총 25일)
· 乙: 동반자녀의 관절 치료를 위해 총 1회(치료가 더 필요하여국내 체류기간 1회 연장, 총 17일)
· 丙: 직계존속의 회갑으로 총 1회(총 3일)

---

① 甲은 일시귀국 시 장관에게 신고하였을 것이다.

② 甲은 배우자의 직계존속이 위독하여 올해 추가로 일시귀국하기 위해서는 장관의 허가를 받아야 한다.

③ 乙이 직계존속의 회갑으로 인해 올해 3일간 추가로 일시귀국하기 위해서는 장관의 허가를 받아야 한다.

④ 乙이 공관장의 허가를 받아 일시귀국하였더라도 국내 체류기간을 연장하였을 때에는 장관의 허가를 받았을 것이다.

⑤ 丙이 자신의 혼인으로 인해 올해 추가로 일시귀국하기 위해서는 공관장의 허가를 받아야 한다.

03 2021년 5급 PSAT 상황판단 기출문제

문 1. 다음 글을 근거로 판단할 때 옳은 것은?

제00조 ① 특별시장 · 광역시장 · 특별자치시장 · 도지사 또는 특별자치도지사(이하 '시 · 도지사'라 한다)는 아이돌보미의 양성을 위하여 적합한 시설을 교육기관으로 지정 · 운영하여야 한다.
② 시 · 도지사는 교육기관이 다음 각 호의 어느 하나에 해당하는 경우 사업의 정지를 명하거나 그 지정을 취소할 수 있다. 다만 제1호에 해당하는 경우 지정을 취소하여야 한다.
1. 거짓이나 그 밖의 부정한 방법으로 교육기관으로 지정을 받은 경우
2. 교육과정을 1년 이상 운영하지 아니하는 경우
③ 제2항 제1호의 방법으로 교육기관 지정을 받은 자는 1년 이하의 징역 또는 1천만 원 이하의 벌금에 처한다.
④ 아이돌보미가 되려는 사람은 시 · 도지사가 지정 · 운영하는 교육기관에서 교육과정을 수료하여야 한다.
⑤ 아이돌보미가 되려는 사람은 여성가족부장관이 실시하는 적성 · 인성검사를 받아야 한다.

제00조 ① 아이돌보미는 다른 사람에게 자기의 성명을 사용하여 아이돌보미 업무를 수행하게 하거나 수료증을 대여하여서는 아니 된다.
② 아이돌보미가 아닌 사람은 아이돌보미 또는 이와 유사한 명칭을 사용할 수 없다.
③ 제1항, 제2항을 위반한 사람에게는 300만 원 이하의 과태료를 부과한다.

제00조 ① 여성가족부장관은 아이돌봄서비스의 질적 수준과 아이돌보미의 전문성 향상을 위하여 보수교육을 실시하여야 한다.
② 제1항에 따른 보수교육은 전문기관에 위탁하여 실시할 수 있다.

① 아이돌보미가 아닌 보육 관련 종사자도 아이돌보미 명칭을 사용할 수 있다.
② 시 · 도지사는 아이돌보미 양성을 위한 교육기관을 지정 · 운영하고 보수교육을 실시하여야 한다.
③ 아이돌보미가 되려는 사람은 시 · 도지사가 실시하는 적성 · 인성검사를 받아야 한다.
④ 서울특별시의 A기관이 부정한 방법을 통해 아이돌보미 양성을 위한 교육기관으로 지정을 받은 경우, 서울특별시장은 200만 원의 과태료를 부과할 수 있다.
⑤ 인천광역시의 B기관이 아이돌보미 양성을 위한 교육기관으로 지정된 후 교육과정을 1년간 운영하지 않은 경우, 인천광역시장은 그 지정을 취소할 수 있다.

문 2. 다음 글과 〈상황〉을 근거로 판단할 때 옳은 것은?

제00조 ① 문화재청장은 학술조사 또는 공공목적 등에 필요한 경우 다음 각 호의 지역을 발굴할 수 있다.
1. 고도(古都)지역
2. 수중문화재 분포지역
3. 폐사지(廢寺址) 등 역사적 가치가 높은 지역
② 문화재청장은 제1항에 따라 발굴할 경우 발굴의 목적, 방법, 착수 시기 및 소요 기간 등의 내용을 발굴 착수일 2주일 전까지 해당 지역의 소유자, 관리자 또는 점유자(이하 '소유자 등'이라 한다)에게 미리 알려 주어야 한다.
③ 제2항에 따른 통보를 받은 소유자 등은 그 발굴에 대하여 문화재청장에게 의견을 제출할 수 있으며, 발굴을 거부하거나 방해 또는 기피하여서는 아니 된다.
④ 문화재청장은 제1항의 발굴이 완료된 경우에는 완료된 날부터 30일 이내에 출토유물 현황 등 발굴의 결과를 소유자 등에게 알려 주어야 한다.
⑤ 국가는 제1항에 따른 발굴로 손실을 받은 자에게 그 손실을 보상하여야 한다.
⑥ 제5항에 따른 손실보상에 관하여는 문화재청장과 손실을 받은 자가 협의하여야 하며, 보상금에 대한 합의가 성립하지 않은 때에는 관할 토지수용위원회에 재결(裁決)을 신청할 수 있다.
⑦ 문화재청장은 제1항에 따른 발굴 현장에 발굴의 목적, 조사기관, 소요 기간 등의 내용을 알리는 안내판을 설치하여야 한다.

―〈상 황〉―

문화재청장 甲은 고도(古都)에 해당하는 A지역에 대한 학술조사를 위해 2021년 3월 15일부터 A지역의 발굴에 착수하고자 한다. 乙은 자기 소유의 A지역을 丙에게 임대하여 현재 임차인 丙이 이를 점유 · 사용하고 있다.

① 甲은 A지역 발굴의 목적, 방법, 착수 시기 및 소요 기간 등에 관한 내용을 丙에게 2021년 3월 29일까지 알려주어야 한다.
② A지역의 발굴에 대한 통보를 받은 丙은 甲에게 그 발굴에 대한 의견을 제출할 수 있다.
③ 乙은 발굴 현장에 발굴의 목적 등을 알리는 안내판을 설치하여야 한다.
④ A지역의 발굴로 인해 乙에게 손실이 예상되는 경우, 乙은 그 발굴을 거부할 수 있다.
⑤ A지역과 인접한 토지 소유자인 丁이 A지역의 발굴로 인해 손실을 받은 경우, 丁은 보상금에 대해 甲과 협의하지 않고 관할 토지수용위원회에 재결을 신청할 수 있다.

문 3.   다음 글을 근거로 판단할 때 옳은 것은?

> **제OO조** ① 농림축산식품부장관은 채소류 등 저장성이 없는 농산물의 가격안정을 위하여 필요하다고 인정할 때에는 생산자 또는 생산자단체로부터 농산물가격안정기금으로 해당 농산물을 수매할 수 있다. 다만 가격안정을 위하여 특히 필요하다고 인정할 때에는 도매시장에서 해당 농산물을 수매할 수 있다.
> ② 제1항에 따라 수매한 농산물은 판매 또는 수출하거나 사회복지단체에 기증하는 등 필요한 처분을 할 수 있다.
> ③ 농림축산식품부장관은 제1항과 제2항에 따른 수매 및 처분에 관한 업무를 농업협동조합중앙회·산림조합중앙회(이하 '농림협중앙회'라 한다) 또는 한국농수산식품유통공사에 위탁할 수 있다.
> **제OO조** ① 농림축산식품부장관은 농산물(쌀과 보리는 제외한다. 이하 이 조에서 같다)의 수급조절과 가격안정을 위하여 필요하다고 인정할 때에는 농산물가격안정기금으로 농산물을 비축하거나 농산물의 출하를 약정하는 생산자에게 그 대금의 일부를 미리 지급하여 출하를 조절할 수 있다.
> ② 제1항에 따른 비축용 농산물은 생산자 또는 생산자단체로부터 수매할 수 있다. 다만 가격안정을 위하여 특히 필요하다고 인정할 때에는 도매시장에서 수매하거나 수입할 수 있다.
> ③ 농림축산식품부장관은 제1항과 제2항에 따른 사업을 농림협중앙회 또는 한국농수산식품유통공사에 위탁할 수 있다.
> ④ 농림축산식품부장관은 제2항 단서에 따라 비축용 농산물을 수입하는 경우, 국제가격의 급격한 변동에 대비하여야 할 필요가 있다고 인정할 때에는 선물거래(先物去來)를 할 수 있다.

① 한국농수산식품유통공사는 가격안정을 위해 수매한 저장성이 없는 농산물을 외국에 수출할 수 없다.

② 채소류의 가격안정을 위해서 특히 필요하다고 인정되어 수매할 경우, 농림협중앙회는 소매시장에서 수매하여야 한다.

③ 농림협중앙회는 보리의 수급조절을 위하여 보리 생산자에게 대금의 일부를 미리 지급하여 출하를 조절할 수 있다.

④ 농림축산식품부장관은 개별 생산자로부터 비축용 농산물을 수매할 수 있다.

⑤ 농림축산식품부장관은 비축용 농산물 국제가격의 급격한 변동에 대비하여야 할 필요가 있다고 인정할 경우에도 선물거래를 할 수 없다.

문 4.   다음 글을 근거로 판단할 때 옳지 <u>않은</u> 것은?

> A협회는 매년 12월 열리는 정기총회에서 다음해 협회장을 선출한다. 협회장의 선출은 ① 입후보자가 1인인 경우에는 '찬반투표'로 이루어지고, ② 입후보자가 2인 이상인 경우에는 '선거'를 통해 이루어진다.
> '찬반투표'에 참여할 수 있는 회원의 자격은 투표일 현재까지 A협회의 정회원인 사람으로 한정한다. A협회의 정회원은 A협회의 준회원으로 만 1년 이상을 활동한 후 정회원 가입 신청을 하고 연회비를 납부한 자를 말한다. 기준에 따라 정회원 가입을 신청하고 연회비를 납부한 그 날부터 정회원 자격이 부여된다. 정회원은 정회원 자격을 획득한 다음해부터 매해 1월 30일까지 연회비를 납부하여야 그 자격이 유지된다. 기한 내에 연회비를 납부하지 않은 정회원은 그 자격이 유보되어 권리를 행사할 수 없고, 정회원 자격을 회복하기 위해서는 그 다음해 연회비 납부일까지 연회비의 3배를 납부하여야 한다. 2년 연속 연회비를 납부하지 않은 사람은 A협회의 회원 자격이 영구히 박탈된다.
> 한편 '선거'에 참여할 수 있는 회원의 자격은 선거일을 기준으로 정회원 자격을 얻은 후 만 1년을 경과한 정회원으로 한정한다. 연회비 미납부로 정회원 자격이 유보된 사람도 정회원 자격을 회복한 후 만 1년을 경과하여야 선거에 참여할 수 있다.

① 2019년 10월 A협회 정회원 자격을 얻은 甲은 '2020년 협회장' 선출을 위한 '선거'에 참여할 수 있었다.

② 2018년 10월 A협회 정회원 자격을 얻은 乙은 2019년 연회비 납부 여부와 관계없이 '2019년 협회장' 선출을 위한 '찬반투표'에 참여할 수 있었다.

③ 2017년 10월 A협회 정회원 자격을 얻은 丙이 연회비 미납부로 자격이 유보되었다가 2019년에 정회원 자격을 회복하였더라도 '2020년 협회장' 선출을 위한 '선거'에 참여할 수 없었다.

④ 2017년 10월 A협회 준회원 활동을 시작한 丁이 최소 요구 연한 경과 직후에 정회원 자격을 획득하였다면 '2019년 협회장' 선출을 위한 '찬반투표'에 참여할 수 있었다.

⑤ 2016년 10월 처음으로 A협회 정회원 자격을 얻은 戊가 2017년부터 연회비를 계속 납부하지 않았다면 협회장 선출을 위한 '선거'에 한 번도 참여할 수 없었다.

문 5. 다음 글과 〈상황〉을 근거로 판단할 때 옳은 것은?

공소제기는 법원에 특정한 형사사건의 심판을 청구하는 검사의 소송행위이다. 그러나 공소시효 기간이 만료(공소시효가 완성)된 범죄에 대하여는 검사가 공소를 제기할 수 없다. 공소시효는 범죄 후 일정 기간이 지나면 국가의 형벌소추권을 소멸시키는 제도이다. 따라서 공소시효가 완성된 범죄에 대한 검사의 공소제기는 위법하다.

공소시효는 범죄행위가 종료된 때를 기준으로 계산한다. 예컨대 감금죄의 경우 범죄행위의 종료는 감금된 날이 아니라 감금에서 벗어나는 날이 기준이므로 그날부터 공소시효를 계산한다. 또한 초일은 시간을 계산하지 않고 1일로 산정하며, 기간의 말일이 공휴일이거나 토요일이라도 기간에 산입한다. 연 또는 월 단위로 정한 기간은 연 또는 월 단위로 기간을 계산한다. 예컨대 절도행위가 2021년 1월 5일에 종료된 경우 절도죄의 공소시효는 7년이고 1월 5일을 1일로 계산하므로 2028년 1월 4일 24시에 공소시효가 완성된다.

한편 공소시효는 일정한 사유로 정지될 수 있다. 공소시효가 정지되었다가 그 사유가 없어지면 그날부터 나머지 공소시효 기간이 진행된다. 예컨대 범인이 형사처벌을 면할 목적으로 1년간 국외에 있다가 귀국하였다면 공소시효의 계산에서 1년을 제외한다. 다만 공범이 있는 경우 국외로 출국하지 않은 공범은 그 기간에도 공소시효가 정지되지 않는다.

또한 공소가 제기되면 그때부터 공소시효가 정지되고, 이는 공범의 경우에도 마찬가지이다. 따라서 공범 1인에 대하여 공소가 제기되면 그날부터 다른 공범의 공소시효도 정지되었다가 공범이 재판에서 유죄로 확정된 날부터 다른 공범에 대한 나머지 공소시효 기간이 진행된다. 그러나 공소가 먼저 제기된 사람이 범죄혐의 없음을 이유로 무죄판결을 받은 경우, 다른 공범에 대한 공소시효는 정지되지 않는다.

〈상 황〉

• 甲은 2015년 5월 1일 피해자를 불법으로 감금하였는데, 피해자는 2016년 5월 2일에 구조되어 감금에서 풀려났다. 甲은 피해자를 감금 후 수사망이 좁혀오자 2개월간 국외로 도피하였다가 2016년 5월 1일에 귀국하였다.

• 乙, 丙, 丁이 공동으로 행한 A죄의 범죄행위가 2015년 2월 1일 종료되었다. 그 후 乙은 국내에서 도피 중 2016년 1월 1일 공소제기 되어 2016년 6월 30일 범죄혐의 없음을 이유로 무죄 확정판결을 받았다. 한편 丙은 범죄행위 종료 후 형사처벌을 면할 목적으로 1년간 국외에서 도피 생활을 하다가 귀국한 뒤 2020년 1월 1일 공소가 제기되어 2020년 12월 31일 유죄 확정판결을 받았다. 丁은 범죄행위 종료 후 계속 국내에서 도피 중이다.

※ 감금죄의 공소시효는 7년, A죄의 공소시효는 5년임.

① 甲에 대해 공소가 제기되기 전 정지된 공소시효 기간은 2개월이다.

② 2023년 5월 1일 甲에 대해 공소가 제기된다면 위법한 공소제기이다.

③ 丙에 대해 공소가 제기되기 전 정지된 공소시효 기간은 1년이다.

④ 丙의 국외 도피기간 중 丁의 공소시효는 정지된다.

⑤ 2022년 1월 31일 丁에 대해 공소가 제기된다면 적법한 공소제기이다.

문 6. 다음 글을 근거로 판단할 때, 甲이 수강할 과목만을 모두 고르면?

• 甲이 소속된 기관에서는 상시학습 과목을 주기적으로 반복하여 수강하도록 하고 있다.

• 甲은 2021년 1월 15일 하루 동안 상시학습 과목을 수강하여 '학습점수'를 최대화하고자 한다.

• 甲이 하루에 수강할 수 있는 최대 시간은 8시간이다.

• 2021년 1월 15일 기준, 권장 수강주기가 지난 상시학습 과목을 수강하는 경우 수강시간 만큼 학습점수로 인정한다.

• 2021년 1월 15일 기준, 권장 수강주기 이내에 상시학습 과목을 수강하는 경우 수강시간의 두 배를 학습점수로 인정한다.

• 과목별 수강시간을 다 채운 경우에 한하여 학습점수를 인정한다.

〈상시학습 과목 정보〉

과목명	수강시간	권장 수강주기	甲의 직전 수강일자
통일교육	2	12개월	2020년 2월 20일
청렴교육	2	9개월	2020년 4월 11일
장애인식교육	3	6개월	2020년 6월 7일
보안교육	3	3개월	2020년 9월 3일
폭력예방교육	5	6개월	2020년 8월 20일

① 통일교육, 폭력예방교육

② 통일교육, 장애인식교육, 보안교육

③ 통일교육, 청렴교육, 보안교육

④ 청렴교육, 장애인식교육, 폭력예방교육

⑤ 보안교육, 폭력예방교육

문 7. 다음 글을 근거로 판단할 때, 〈보기〉에서 옳은 것만을 모두 고르면?

맥동변광성(脈動變光星)은 팽창과 수축을 되풀이하면서 밝기가 변하는 별이다. 맥동변광성은 변광 주기가 길수록 실제 밝기가 더 밝다. 이를 '주기-광도 관계'라 한다.

세페이드 변광성은 보통 3일에서 50일 이내의 변광 주기를 갖는 맥동변광성이다. 지구에서 관찰되는 별의 밝기는 지구로부터의 거리에 따라 달라지기 때문에 실제 밝기는 측정하기 어려운데, 세페이드 변광성의 경우는 주기-광도 관계를 이용하여 실제 밝기를 알 수 있다.

별의 밝기는 등급으로 표시하기도 하는데, 지구에서 측정한 밝기인 겉보기등급과 실제 밝기를 나타낸 절대등급이 있다. 두 경우 모두 등급의 수치가 작을수록 밝은데, 그 수치가 1 줄어들 때마다 2.5배 밝아진다. 겉보기등급이 절대등급과 다른 까닭은 별의 밝기가 거리의 제곱에 반비례하기 때문이다. 한편 모든 별이 지구로부터 10파섹(1파섹=3.26광년)의 일정한 거리에 있다고 가정하고 지구에서 관찰된 밝기를 산출한 것을 절대등급이라고 한다. 어느 성단에서 세페이드 변광성이 발견되면 주기-광도 관계에 따라 별의 절대등급을 알 수 있으므로, 겉보기등급과의 차이를 보아 그 성단까지의 거리를 계산할 수 있다.

천문학자 W. 바데는 세페이드 변광성에 두 종류가 있으며, I형 세페이드 변광성이 동일한 변광 주기를 갖는 II형 세페이드 변광성보다 1.5등급만큼 더 밝다는 것을 밝혀냈다.

─────〈보 기〉─────

ㄱ. 변광 주기가 10일인 I형 세페이드 변광성은 변광 주기가 50일인 I형 세페이드 변광성보다 어둡다.

ㄴ. 변광 주기가 동일한 두 개의 II형 세페이드 변광성의 겉보기등급 간에 수치 차이가 1이라면, 지구로부터 두 별까지의 거리의 비는 2.5이다.

ㄷ. 실제 밝기를 기준으로 비교할 때, 변광 주기가 20일인 I형 세페이드 변광성은 같은 주기의 II형 세페이드 변광성보다 2.5배 이상 밝다.

ㄹ. 지구로부터 1파섹 떨어진 별의 밝기는 절대등급과 겉보기등급이 동일하다.

① ㄱ, ㄷ
② ㄱ, ㄹ
③ ㄴ, ㄷ
④ ㄴ, ㄹ
⑤ ㄱ, ㄴ, ㄷ

문 8. 다음 글을 근거로 판단할 때, ㉠과 ㉡을 옳게 짝지은 것은?

동물로봇공학에서는 다양한 형태의 동물 로봇을 개발한다. 로봇 연구자들이 가장 본뜨고 싶어 하는 곤충은 미국바퀴벌레이다. 이 바퀴벌레는 초당 150cm의 속력으로 달린다. 이는 1초에 몸길이의 50배가 되는 거리를 간다는 뜻이다. 신장이 180cm인 육상선수가 1초에 신장의 50배가 되는 거리를 가려면 시속 (㉠) km로 달려야 한다. 이 바퀴벌레의 걸음걸이를 관찰한 결과, 모양이 서로 다른 세 쌍의 다리를 달아주면 로봇의 보행 속력을 끌어올릴 수 있는 것으로 밝혀졌다.

한편 동물로봇공학에서는 수중 로봇에 대한 연구도 활발하다. 바닷가재나 칠성장어의 운동 능력을 본뜬 수중 로봇도 연구되고 있다. 미국에서 개발된 바닷가재 로봇은 높이 20cm, 길이 61cm, 무게 2.9kg으로, 물속의 기뢰제거에 사용될 계획이다. 2005년 10월에는 세계 최초의 물고기 로봇이 영국 런던의 수족관에 출현했다. 길이 (㉡)cm, 두께 12cm인 이 물고기 로봇은 미국바퀴벌레의 1/3 속력으로 헤엄칠 수 있다. 수중에서의 속력이라는 점을 감안하면 엄청난 수준이다. 이는 1분에 몸길이의 200배가 되는 거리를 간다는 뜻이다. 이 물고기 로봇은 해저탐사나 기름 유출의 탐지 등에 활용될 것으로 전망되었다.

	㉠	㉡
①	81	5
②	162	10
③	162	15
④	324	10
⑤	324	15

문 9.　다음 글을 근거로 판단할 때 옳지 않은 것은?

> 도시 O, A, B, C는 순서대로 동일 직선상에 배치되어 있으며 도시 간 거리는 각각 30km로 동일하다. ($\overline{OA}$: 30km, $\overline{AB}$: 30km, $\overline{BC}$: 30km)
>
> A, B, C가 비용을 분담하여 O에서부터 A와 B를 거쳐 C까지 연결하는 직선도로를 건설하려고 한다. A, B, C 주민은 O로의 이동을 위해서만 도로를 이용한다. 도로 1km당 건설비용은 동일하다. 비용 분담안으로 다음 세 가지 안이 논의되고 있다.
>
> • I안 : 각 도시가 균등하게 비용을 부담
> • II안 : 각 도시가 이용 구간의 길이에 비례하여 비용을 부담
> • III안 : 도로를 $\overline{OA}$, $\overline{AB}$, $\overline{BC}$로 나누어 해당 구간을 이용하는 도시가 해당 구간 건설비용을 균등하게 부담

① A에게는 III안이 가장 부담 비용이 낮다.
② B의 부담 비용은 I안과 II안에서 같다.
③ II안에서 A와 B의 부담 비용의 합은 C의 부담 비용과 같다.
④ I안에 비해 부담 비용이 낮아지는 도시의 수는 II안보다 III안에서 더 많다.
⑤ C의 부담 비용은 III안이 I안의 2배 이상이다.

문 10.　다음 글을 근거로 판단할 때, 하나의 단어를 표현하는 가장 긴 코드의 길이는?

> 일반적으로 대화에는 약 18,000개의 단어가 사용된다. 항공우주연구소는 화성에 보낸 우주비행사와의 통신을 위해 아래의 〈원칙〉에 따라 단어를 코드로 바꾸어 교신하기로 하였다.
>
> 〈원칙〉
> • 하나의 코드는 하나의 단어만을 나타낸다.
> • 26개의 영어 알파벳 소문자를 사용하여 왼쪽에서부터 오른쪽으로 일렬로 나열한 코드를 만든다.
> • 코드 중 가장 긴 것의 길이를 최소화한다.
> • 18,000개의 단어를 표현할 수 있어야 한다.
>
> 〈단어-코드 변환의 예〉
>
> | 코드 | 단어 | 코드 | 단어 |
> |---|---|---|---|
> | a | 우주비행사 | aa | 지구 |
> | b | 우주정거장 | ab | 외계인 |
> | ⋮ | ⋮ | ⋮ | ⋮ |

※ 코드의 길이는 코드에 표시된 글자의 수를 뜻한다.

① 1　　　　　　　　　② 2
③ 3　　　　　　　　　④ 4
⑤ 5

문 11.　다음 글을 근거로 판단할 때 옳지 않은 것은?

> • 甲과 乙은 조선시대 왕의 계보를 외우는 놀이를 한다.
> • 甲과 乙은 번갈아가며 직전에 나온 왕의 다음 왕부터 순차적으로 외친다.
> • 한 번에 최소 1명, 최대 3명의 왕을 외칠 수 있다.
> • 甲이 제1대 왕 '태조'부터 외치면서 놀이가 시작되고, 누군가 마지막 왕인 '순종'을 외치면 놀이가 종료된다.
> • '조'로 끝나는 왕 2명 이상을 한 번에 외칠 수 없다.
> • 반정(反正)에 성공한 왕은 해당 반정으로 폐위(廢位)된 왕과 함께 외칠 수 없다.
>   - 중종 반정 : 연산군 폐위
>   - 인조 반정 : 광해군 폐위
>
> 〈조선시대 왕의 계보〉
>
> | 1 | 태조 | 10 | 연산군 | 19 | 숙종 |
> |---|---|---|---|---|---|
> | 2 | 정종 | 11 | 중종 | 20 | 경종 |
> | 3 | 태종 | 12 | 인종 | 21 | 영조 |
> | 4 | 세종 | 13 | 명종 | 22 | 정조 |
> | 5 | 문종 | 14 | 선조 | 23 | 순조 |
> | 6 | 단종 | 15 | 광해군 | 24 | 헌종 |
> | 7 | 세조 | 16 | 인조 | 25 | 철종 |
> | 8 | 예종 | 17 | 효종 | 26 | 고종 |
> | 9 | 성종 | 18 | 현종 | 27 | 순종 |

① 甲이 '명종'까지 외쳤다면, 甲은 '인조'를 외칠 수 없다.
② 甲과 乙이 각각 6번씩 외치는 것으로 놀이가 종료될 수 있다.
③ 甲이 '인종, 명종, 선조'를 외쳤다면, '연산군'은 甲이 외친 것이다.
④ 甲이 첫 차례에 3명의 왕을 외친다면, 甲은 자신의 다음 차례에 '세조'를 외칠 수 있다.
⑤ '순종'을 외치는 사람이 지는 게임이라면, 甲이 '영조'를 외쳤을 때 乙은 甲의 선택에 관계없이 승리할 수 있다.

문 12. 다음 글을 근거로 판단할 때, 18시에서 20시 사이에 보행신호가 점등된 횟수는?

- A시는 차량통행은 많지만 사람의 통행은 적은 횡단보도에 보행자 자동인식시스템을 설치하였다.
- 보행자 자동인식시스템이 횡단보도 앞에 도착한 보행자를 인식하면 1분 30초의 대기 후에 보행신호가 30초간 점등되며, 이후 차량통행을 보장하기 위해 2분간 보행신호는 점등되지 않는다. 점등 대기와 보행신호 점등, 차량통행 보장 시간 동안에는 보행자를 인식하지 않는다.

점등 대기	→	보행신호 점등	→	차량통행 보장
1분 30초		30초		2분

- 보행신호가 점등되기 전까지 횡단보도 앞에 도착한 사람만 모두 건넌다.
- 다음은 17시 50분부터 20시까지 횡단보도 앞에 도착한 사람의 수와 도착 시각을 정리한 것이다.

도착 시각	인원	도착 시각	인원
18 : 25 : 00	1	18 : 44 : 00	3
18 : 27 : 00	3	18 : 59 : 00	4
18 : 30 : 00	2	19 : 01 : 00	2
18 : 31 : 00	5	19 : 48 : 00	4
18 : 43 : 00	1	19 : 49 : 00	2

---

① 6

② 7

③ 8

④ 9

⑤ 10

문 13. 다음 글을 근거로 판단할 때, 가장 먼저 교체될 시계와 가장 나중에 교체될 시계를 옳게 짝지은 것은?

甲부서에는 1~12시 눈금표시가 된 5개의 벽걸이 시계(A~E)가 있다. 그런데 A는 시침과 분침이 모두 멈춰버려서 더 이상 작동하지 않는 상태다. B는 정확한 시계보다 하루에 1분씩 느려지는 시계다. C는 정확한 시계보다 하루에 1시간씩 느려지는 시계다. D는 정확한 시계보다 하루에 2시간씩 느려지는 시계다. E는 정확한 시계보다 하루에 5분씩 빨라지는 시계다.

甲부서는 5개의 시계를 순차적으로 교체하려고 한다. 앞으로 1년 동안 정확한 시계와 일치하는 횟수가 적을 시계부터 순서대로 교체한다.

※ B~E는 각각 일정한 속도로 작동한다.

	가장 먼저 교체될 시계	가장 나중에 교체될 시계
①	A	C
②	B	A
③	B	D
④	D	A
⑤	D	E

문 14. 다음 글을 근거로 판단할 때, 〈보기〉에서 옳은 것만을 모두 고르면?

> 甲 : 안녕? 나는 지난 주말 중 하루에 당일치기로 서울 여행을 다녀왔는데, 서울에는 눈이 예쁘게 내려서 너무 좋았어. 너희는 지난 주말에 어디 있었니?
>
> 乙 : 나는 서울과 강릉을 하루에 모두 다녀왔는데, 두 곳 다 눈이 예쁘게 내리더라.
>
> 丙 : 나는 부산과 강릉에 하루씩 있었는데 하늘에서 눈을 보지도 못했어.
>
> 丁 : 나도 광주에 하루 있었는데, 해만 쨍쨍하고 눈은 안 왔어. 그날 뉴스를 보니까 부산에도 광주처럼 눈은 커녕 해가 쨍쨍하다고 했더라고.
>
> 甲 : 응? 내가 서울에 있던 날 뉴스를 봤는데, 광주에도 눈이 내리고 있다고 했어.

※ 지난 주말(토요일과 일요일) 각 도시에 눈이 내린 날은 하루 종일 눈이 내렸고, 눈이 내리지 않은 날은 하루 종일 눈이 내리지 않았다.

─────────── 〈보 기〉 ───────────

ㄱ. 광주에는 지난 주말 중 하루만 눈이 내렸다.

ㄴ. 지난 주말 중 하루만 서울에 눈이 내렸다면 부산에도 지난 주말 중 하루만 눈이 내렸다.

ㄷ. 지난 주말 중 하루만 부산에 눈이 내렸다면 甲과 乙이 서울에 있었던 날은 다른 날이다.

ㄹ. 지난 주말 중 하루만 서울에 눈이 내렸다면 丙이 부산에 있었던 날과 丁이 광주에 있었던 날은 다른 날이다.

① ㄱ, ㄴ

② ㄱ, ㄷ

③ ㄴ, ㄹ

④ ㄱ, ㄷ, ㄹ

⑤ ㄴ, ㄷ, ㄹ

문 15. 다음 글과 〈대화〉를 근거로 판단할 때 옳지 않은 것은?

- A부서의 소속 직원(甲~戊)은 법령집, 백서, 판례집, 민원 사례집을 각각 1권씩 보유하고 있었다.
- A부서는 소속 직원에게 다음의 기준에 따라 새로 발행된 도서(법령집 3권, 백서 3권, 판례집 1권, 민원 사례집 2권)를 나누어 주었다.
  - 법령집 : 보유하고 있던 법령집의 발행연도가 빠른 사람부터 1권씩 나누어 주었다.
  - 백서 : 근속연수가 짧은 사람부터 1권씩 나누어 주었다.
  - 판례집 : 보유하고 있던 판례집의 발행연도가 가장 빠른 사람에게 주었다.
  - 민원 사례집 : 민원업무가 많은 사람부터 1권씩 나누어 주었다.

※ 甲~戊는 근속연수, 민원업무량에 차이가 있고, 보유하고 있던 법령집, 판례집은 모두 발행연도가 다르다.

─────────── 〈대 화〉 ───────────

甲 : 나는 책을 1권만 받았어.

乙 : 나는 4권의 책을 모두 받았어.

丙 : 나는 법령집은 받았지만 판례집은 받지 못했어.

丁 : 나는 책을 1권도 받지 못했어.

戊 : 나는 丙이 받은 책은 모두 받았고, 丙이 받지 못한 책은 받지 못했어.

① 법령집을 받은 사람은 백서도 받았다.

② 甲은 丙보다 민원업무가 많다.

③ 甲은 戊보다 많은 도서를 받았다.

④ 丁은 乙보다 근속연수가 길다.

⑤ 乙이 보유하고 있던 법령집은 甲이 보유하고 있던 법령집보다 발행연도가 빠르다.

문 16. 다음 글을 근거로 판단할 때, A시 예산성과금을 가장 많이 받는 사람은?

〈A시 예산성과금 공고문〉

• 제도의 취지
 – 예산의 집행방법과 제도 개선 등으로 예산을 절감하거나 수입을 증대시킨 경우 그 일부를 기여자에게 성과금(포상금)으로 지급함으로써 예산의 효율적 사용 장려
• 지급요건 및 대상
 – 자발적 노력을 통한 제도 개선 등으로 예산을 절감하거나 세입원을 발굴하는 등 세입을 증대한 경우
 – 예산절감 및 수입증대 발생시기 : 2020년 1월 1일~2020년 12월 31일
 – A시 공무원, A시 사무를 위임(위탁) 받아 수행하는 기관의 임직원
 – 예산낭비를 신고하거나, 지출절약이나 수입증대에 관한 제안을 제출하여 A시의 예산절감 및 수입증대에 기여한 국민
• 지급기준
 – 1인당 지급액

구분	예산절감		수입증대
	주요사업비	경상적 경비	
지급액	절약액의 20%	절약액의 50%	증대액의 10%

 – 타 부서나 타 사업으로 확산 시 지급액의 30%를 가산하여 지급

---

① 사업물자 계약방법을 개선하여 2019년 12월 주요사업비 8천만 원을 절약한 A시 사무관 甲

② 제도 개선을 통해 2020년 5월 주요사업비 3천 5백만 원을 절약하여 개선된 제도가 A시청 전 부서에 확대 시행되는 데 기여한 A시 사무관 乙

③ A시 지역축제에 관한 제안을 제출하여 2020년 7월 8천만 원의 수입증대에 기여한 국민 丙

④ A시 위임사무를 수행하면서 제도 개선을 통해 2020년 8월 경상적 경비 1천 8백만 원을 절약한 B기관 이사 丁

⑤ A시장의 지시를 받아 사무용품 조달방법을 개선하여 2020년 9월 경상적 경비 1천만 원을 절약한 A시 사무관 戊

문 17. 다음 글과 〈상황〉을 근거로 판단할 때, 甲관할구역 소방서에 배치되어야 하는 소방자동차의 최소 대수는?

〈소방서에 두는 소방자동차 배치기준〉

가. 소방사다리차
 1) 관할구역에 층수가 11층 이상인 아파트가 20동 이상 있거나 11층 이상 건축물(아파트 제외)이 20개소 이상 있는 경우에는 고가사다리차를 1대 이상 배치한다.
 2) 관할구역에 층수가 5층 이상인 아파트가 50동 이상 있거나 5층 이상 백화점, 복합상영관 등 대형 화재의 우려가 있는 건물이 있는 경우에는 굴절사다리차를 1대 이상 배치한다.
 3) 고가사다리차 또는 굴절사다리차가 배치되어 있는 119안전센터와의 거리가 20km 이내인 경우에는 배치하지 않을 수 있다.
나. 화학차(내폭화학차 또는 고성능화학차) : 위험물을 저장·취급하는 제조소·옥내저장소·옥외탱크저장소·옥외저장소·암반탱크저장소 및 일반취급소(이하 '제조소 등'이라 한다)의 수에 따라 화학차를 설치한다. 관할구역 내 제조소 등이 50개소 이상 500개소 미만인 경우는 1대를 배치한다. 500개소 이상인 경우는 2대를 배치하며, 1,000개소 이상인 경우는 다음 계산식에 따라 산출(소수점 이하 첫째자리에서 올림)된 수만큼 추가 배치한다.

화학차 대수=(제조소 등의 수−1,000)÷1,000

다. 지휘차 및 순찰차 : 각각 1대 이상 배치한다.
라. 그 밖의 차량 : 소방활동을 원활하게 추진하기 위하여 소방서장이 필요하다고 판단하는 경우 배연차, 조명차, 화재조사차, 중장비, 견인차, 진단차, 행정업무용 차량 등을 추가로 배치할 수 있다.

〈상 황〉

甲관할구역 내에는 소방서 한 곳이 설치되어 있으며, 이 소방서와 가장 가까운 119안전센터(乙관할구역)는 소방서로부터 25km 떨어져 있다. 甲관할구역 내에는 층수가 11층 이상인 아파트가 30동 있고, 3층 백화점 건물이 하나 있으며, 위험물을 저장·취급하는 제조소 등이 1,200개소 있다.

---

① 3
② 4
③ 5
④ 6
⑤ 7

문 18. 다음 글과 〈상황〉을 근거로 판단할 때, 甲이 보고할 내용으로 옳은 것은?

대규모 외환거래는 런던, 뉴욕, 도쿄, 프랑크푸르트, 싱가포르 같은 금융중심지에서 이루어진다. 최근 들어 세계 외환거래 규모는 급증하고 있다. 하루 평균 세계 외환거래액은 1989년에 6천억 달러 수준이었는데, 2019년에는 6조 6천억 달러로 크게 늘어났다.

은행 간 외환거래는 대부분 미국 달러를 통해 이루어진다. 달러는 이처럼 외환거래에서 중심적인 역할을 하기 때문에 기축통화라고 불린다. 기축통화는 서로 다른 통화를 사용하는 거래 참여자가 국제거래를 위해 널리 사용하는 통화이다. 1999년 도입된 유럽 유로는 달러와 동등하게 기축통화로 발전할 것으로 예상되었으나, 2020년 세계 외환거래액의 32%를 차지하는 데 그쳤다. 이는 4년 전보다는 2%p 높아진 것이지만 10년 전보다는 오히려 8%p 낮아진 수치이다.

─────〈상 황〉─────

2010년과 2016년의 하루 평균 세계 외환거래액은 각각 3조 9천억 달러와 5조 2천억 달러였다. ○○은행 국제자본이동분석팀장 甲은 2016년 유로로 이루어진 하루 평균 세계 외환거래액을 2010년과 비교(달러 기준)하여 보고하려 한다.

① 10억 달러 감소
② 10억 달러 증가
③ 100억 달러 감소
④ 100억 달러 증가
⑤ 변화 없음

※ 다음 글을 읽고 물음에 답하시오. [19~20]

연령규범은 특정 연령의 사람이 어떤 일을 할 수 있거나 해야 한다는 사회적 기대와 믿음이다. 연령규범은 사회적 자원 분배나 사회문화적 특성, 인간발달의 생물학적 리듬이 복합적으로 작용하여 제도화된다. 그 결과 결혼할 나이, 자녀를 가질 나이, 은퇴할 나이 등 사회구성원이 동의하는 기대연령이 달라진다. 즉 졸업, 취업, 결혼 등에 대한 기대연령은 사회경제적 여건에 따라 달라지는 것이다.

연령규범이 특정 나이에 어떤 행동을 해야 하는지에 대한 기대를 담고 있기 때문에 나이에 따라 사회적으로 용인되는 행위도 달라진다. 이러한 기대는 법적 기준에 반영되기도 한다. 예를 들어 甲국의 청소년법은 만 19세 미만인 청소년의 건강을 고려하여 음주나 흡연을 제한한다. 그럼에도 불구하고 만 19세가 되는 해의 1월 1일부터는 술·담배 구입을 허용한다. 동법에 따르면 청소년은 만 19세 미만이지만, 만 19세에 도달하는 해의 1월 1일을 맞은 사람은 제외하기 때문이다. 이때 사용되는 나이 기준을 '연 나이'라고 한다. '연 나이'는 청소년법 등에서 공식적으로 사용하는 나이 계산법으로 현재 연도에서 태어난 연도를 뺀 값이 나이가 된다. 이와 달리 '만 나이'는 태어난 날을 기준으로 0살부터 시작하여 1년이 지나면 한 살을 더 먹는 것으로 계산한다.

한편 법률상 甲국의 성인기준은 만 19세 이상이지만, 만 18세 이상이면 군 입대, 운전면허 취득, 취업, 공무원 시험 응시가 가능하다. 청소년 관람불가 영화도 고등학생을 제외한 만 18세 이상이면 관람할 수 있다. 국회의원 피선거권은 만 20세 이상, 대통령 피선거권은 만 35세 이상이지만 투표권은 만 19세 이상에게 부여된다.

최근 甲국에서 노인 인구가 급증하면서 노인에 대한 연령규범이 변화하고 노인의 연령기준도 달라지고 있다. 甲국에서 노인 연령기준은 통상 만 65세 이상이지만, 만 65세 이상 국민의 과반수가 만 70세 이상을 노인으로 인식하고 있다.

하지만 甲국의 어떤 법에서도 몇 세부터 노인이라고 규정하는 연령기준이 일관되게 제시되지 않고 있다. 예를 들어 노인복지법은 노인에 대한 정의를 내리지 않고 만 65세 이상에게 교통수단 이용 시 무료나 할인 혜택을 주도록 규정하고 있다. 기초연금 수급, 장기요양보험 혜택, 노인 일자리 제공 등도 만 65세 이상이 대상이다. 한편 노후연금 수급연령은 만 62세부터이며, 노인복지관과 노인교실 이용, 주택연금 가입이나 노인주택 입주자격은 만 60세부터이다.

문 19. 윗글을 근거로 판단할 때 옳은 것은?

① 연령규범은 특정 나이에 어떤 일을 할 수 있는지에 대한 개인적 믿음을 말한다.

② 같은 연도 내에서는 만 나이와 연 나이가 항상 같다.

③ 甲국 법률에서 제시되는 노인 연령기준은 동일하다.

④ 결혼에 대한 기대연령은 생물학적 요인의 영향을 크게 받기 때문에 사회여건 변화가 영향을 미치기 어렵다.

⑤ 甲국의 연령규범에 따르면 만 19세인 사람은 운전면허 취득, 술 구매, 투표가 가능하다.

문 20. 윗글을 근거로 판단할 때, 5월생인 甲국 국민이 '연 나이' 62세가 된 날 이미 누리고 있거나 누릴 수 있게 되는 것만으로 옳은 것은?

① 국회의원 피선거권, 노인교실 이용, 장기요양보험 혜택

② 노후연금 수급, 기초연금 수급, 대통령 피선거권

③ 국회의원 피선거권, 기초연금 수급, 노인주택 입주자격

④ 노후연금 수급, 국회의원 피선거권, 노인복지관 이용

⑤ 노인교실 이용, 대통령 피선거권, 주택연금 가입

문 21. 다음 글과 〈상황〉을 근거로 판단할 때, 〈보기〉에서 옳은 것만을 모두 고르면?

제00조 ① 급식은 유아의 교육을 위하여 설립·운영되는 국립·공립·사립 유치원을 대상으로 실시한다.

② 제1항에도 불구하고 원아수 50명 미만의 사립 유치원은 급식 대상에서 제외한다. 다만 교육감이 필요하다고 인정하는 경우 급식 대상에 포함시킬 수 있다.

③ 교육감은 제2항에 따라 급식 대상에서 제외되는 유치원의 명칭과 주소를 매년 1월말까지 공시하여야 한다.

제00조 ① 유치원에 두는 영양교사의 배치기준은 다음 각 호와 같다.

1. 급식을 실시할 유치원에는 영양교사 1명을 둔다.

2. 제1호에도 불구하고 같은 교육지원청의 관할구역에 있는 원아수 각 200명 미만인 유치원은 2개 이내의 유치원에 순회 또는 공동으로 영양교사를 둘 수 있다.

② 교육감은 급식을 위한 시설과 설비를 갖춘 유치원 중 원아수 100명 미만의 유치원에 대하여 영양관리, 식생활 지도 등의 업무를 지원하기 위하여 교육지원청에 전담직원을 둘 수 있다. 이 경우 교육지원청의 지원을 받는 유치원에는 영양교사를 둔 것으로 본다.

〈상 황〉

• 현재 유치원 현황은 다음과 같다.

유치원	분류	원아수	관할 교육지원청
A	공립	223	甲
B	사립	152	乙
C	사립	123	乙
D	사립	74	丙
E	공립	46	丙

〈보 기〉

ㄱ. A유치원은 급식을 실시하기 위하여 영양교사 1명을 배치해야 한다.

ㄴ. B유치원과 C유치원은 공동으로 영양교사 1명을 배치할 수 있다.

ㄷ. 급식을 위한 시설과 설비를 갖춘 D유치원이 丙교육지원청의 전담직원을 통하여 영양관리, 식생활 지도 등의 업무를 지원받고 있다면, D유치원은 영양교사를 둔 것으로 본다.

ㄹ. E유치원은 급식 대상에서 제외되는 유치원으로 그 명칭과 주소가 매년 1월말까지 공시되어야 한다.

① ㄱ, ㄴ

② ㄱ, ㄹ

③ ㄷ, ㄹ

④ ㄱ, ㄴ, ㄷ

⑤ ㄴ, ㄷ, ㄹ

문 22.   다음 글을 근거로 판단할 때 옳은 것은?

제00조 ① 재산공개대상자 및 그 이해관계인이 보유하고 있는 주식의 직무관련성을 심사·결정하기 위하여 인사혁신처에 주식백지신탁 심사위원회(이하 '심사위원회'라 한다)를 둔다.

② 심사위원회는 위원장 1명을 포함한 9명의 위원으로 구성한다.

③ 심사위원회의 위원장 및 위원은 대통령이 임명하거나 위촉한다. 이 경우 위원 중 3명은 국회가, 3명은 대법원장이 추천하는 자를 각각 임명하거나 위촉한다.

④ 심사위원회의 위원은 다음 각 호의 어느 하나에 해당하는 자격을 갖추어야 한다.

1. 대학이나 공인된 연구기관에서 부교수 이상의 직에 5년 이상 근무하였을 것

2. 판사, 검사 또는 변호사로 5년 이상 근무하였을 것

3. 금융 관련 분야에 5년 이상 근무하였을 것

4. 3급 이상 공무원 또는 고위공무원단에 속하는 공무원으로 3년 이상 근무하였을 것

⑤ 위원장 및 위원의 임기는 2년으로 하되, 1차례만 연임할 수 있다. 다만 임기가 만료된 위원은 그 후임자가 임명되거나 위촉될 때까지 해당 직무를 수행한다.

⑥ 주식의 직무관련성은 주식 관련 정보에 관한 직접적·간접적인 접근 가능성, 영향력 행사 가능성 등을 기준으로 판단하여야 한다.

① 심사위원회의 위원장은 위원 중에서 호선한다.

② 심사위원회의 위원 중 3명은 국회가 위촉한다.

③ 심사위원회의 위원이 4년을 초과하여 직무를 수행하는 경우가 있다.

④ 주식 관련 정보에 관한 간접적인 접근 가능성은 주식의 직무관련성을 판단하는 기준이 될 수 없다.

⑤ 금융 관련 분야에 5년 이상 근무하였더라도 대학에서 부교수 이상의 직에 5년 이상 근무하지 않으면 심사위원회의 위원이 될 수 없다.

문 23.   다음 글을 근거로 판단할 때, 〈보기〉에서 옳은 것만을 모두 고르면?

제00조 ① 여객자동차플랫폼운송사업(이하 '플랫폼운송사업'이라 한다)은 운송플랫폼과 자동차를 확보하고 다른 사람의 수요에 응하여 운송플랫폼을 통해 운송계약을 여객과 체결하여 유상으로 여객을 운송하는 사업을 말한다.

② 플랫폼운송사업을 경영하려는 자는 국토교통부장관의 허가를 받아야 한다.

③ 국토교통부장관은 제2항에 따라 플랫폼운송사업을 허가하는 경우, 30년 이내에서 기간을 한정하여 허가하거나 플랫폼운송사업의 질서를 확립하기 위하여 필요한 조건을 붙일 수 있다.

④ 플랫폼운송사업자는 매출액, 허가대수 또는 운행횟수를 고려하여 다음 각 호에 따른 여객자동차운송시장안정기여금(이하 '기여금'이라 한다)을 국토교통부장관에게 납부해야 한다.

1. 기여금은 월 단위로 산정하여 해당 월의 차차 월(다음다음 달) 말일까지 납부해야 한다.

2. 기여금은 매출액의 5%, 운행횟수당 800원, 허가대수당 40만 원 중 사업자가 어느 하나를 선택할 수 있다. 다만 허가대수가 총 300대 미만인 사업자는 아래 표와 같이 완화하여 적용한다.

기여금 산정방식 ＼ 허가대수	200대 미만	200대 이상 300대 미만
매출액 대비 정률	1.25%	2.5%
운행횟수당 정액	200원	400원
허가대수당 정액	10만 원	20만 원

〈보 기〉

ㄱ. 국토교통부장관은 플랫폼운송사업을 하려는 甲에게 사업 기간을 15년으로 하여 허가할 수 있다.

ㄴ. 플랫폼운송사업허가를 받아 2020년 12월 15일부터 사업을 시작한 乙은 첫 기여금을 2021년 1월 31일까지 납부하여야 한다.

ㄷ. 100대의 차량으로 플랫폼운송사업허가를 받은 丙이 1개월 동안 20,000회 운행하여 매출 3억 원을 올렸다면, 丙이 납부해야 할 해당 월의 기여금은 400만 원 미만이 될 수 있다.

ㄹ. 300대의 차량으로 플랫폼운송사업허가를 받은 丁은 매출액의 5%에 해당하는 금액 또는 허가대수당 800원 중에서 선택하여 기여금을 납부할 수 있다.

① ㄱ, ㄴ

② ㄱ, ㄷ

③ ㄱ, ㄹ

④ ㄴ, ㄷ

⑤ ㄷ, ㄹ

문 24. 다음 글을 근거로 판단할 때 옳은 것은?

상속에는 혈족상속과 배우자상속이 있다. 혈족상속인은 피상속인(사망자)과의 관계에 따라 피상속인의 직계비속(1순위), 피상속인의 직계존속(2순위), 피상속인의 형제자매(3순위), 피상속인의 4촌 이내 방계혈족(4순위) 순으로 상속인이 된다. 후순위 상속인은 선순위 상속인이 없는 경우에 상속재산을 상속할 수 있다. 같은 순위의 혈족상속인이 여럿인 경우, 그 법정상속분은 균분(均分)한다.

피상속인의 배우자는 언제나 상속인이 된다. 그 배우자의 법정상속분은 직계비속과 공동으로 상속하는 때에는 직계비속 상속분의 5할을 가산하고, 직계존속과 공동으로 상속하는 때에는 직계존속 상속분의 5할을 가산한다. 피상속인에게 배우자만 있고 직계비속도 직계존속도 없는 때에는 배우자가 단독으로 상속한다.

한편 개인은 자신의 재산을 증여하거나 유언(유증)으로 자유롭게 처분할 수 있다. 그런데 이러한 자유를 무제한 허용한다면 상속재산의 전부가 타인에게 넘어가 상속인의 생활기반이 붕괴될 우려가 있다. 그래서 법률은 일정한 범위의 상속인에게 유류분을 인정하고 있다. 유류분이란 법률상 상속인에게 귀속되는 것이 보장되는 상속재산에 대한 일정비율을 의미한다.

피상속인이 유류분을 침해하는 유증이나 증여를 하는 경우, 유류분 권리자는 자기가 침해당한 유류분에 대해 반환을 청구할 수 있다. 유류분 권리자는 피상속인의 직계비속, 배우자, 직계존속 및 형제자매이다. 유류분은 피상속인의 배우자 또는 직계비속의 경우 그 법정상속분의 2분의 1, 피상속인의 직계존속 또는 형제자매의 경우 그 법정상속분의 3분의 1이다.

유류분반환청구권의 행사는 반드시 소에 의한 방법으로 하여야 할 필요는 없고, 유증을 받은 자 또는 증여를 받은 자에 대한 의사표시로 하면 된다. 유류분반환청구권은 유류분 권리자가 상속의 개시(피상속인의 사망시)와 반환하여야 할 증여 또는 유증을 한 사실을 안 때부터 1년 내에 행사하지 않거나, 상속이 개시된 때부터 10년이 경과하면 시효에 의하여 소멸한다.

① 피상속인이 유언에 의해 재산을 모두 사회단체에 기부한 경우, 그의 자녀는 유류분 권리자가 될 수 없다.

② 피상속인의 자녀에게는 법정상속분 2분의 1의 유류분이 인정되며, 유류분 산정액은 피상속인의 배우자의 그것과 같다.

③ 피상속인의 부모는 피상속인의 자녀와 공동으로 상속재산을 상속할 수 있다.

④ 상속이 개시한 때부터 10년이 경과하였다면, 소에 의한 방법으로 유류분반환청구권을 행사해야 한다.

⑤ 피상속인에게 3촌인 방계혈족만 있는 경우, 그 방계혈족은 상속인이 될 수 있지만 유류분 권리자는 될 수 없다.

문 25. 다음 글을 근거로 판단할 때, 〈보기〉에서 옳은 것만을 모두 고르면?

제00조 이 법에서 사용하는 용어의 뜻은 다음과 같다.
1. '임종과정에 있는 환자'란 담당의사와 해당 분야의 전문의 1명으로부터 임종과정에 있다는 의학적 판단을 받은 자를 말한다.
2. '연명의료계획서'란 말기환자 등의 의사에 따라 담당의사가 환자에 대한 연명의료중단결정 및 호스피스에 관한 사항을 계획하여 문서(전자문서를 포함한다)로 작성한 것을 말한다.
3. '사전연명의료의향서'란 19세 이상인 사람이 자신의 연명의료중단결정 및 호스피스에 관한 의사를 직접 문서(전자문서를 포함한다)로 작성한 것을 말한다.
4. '연명의료중단결정'이란 임종과정에 있는 환자에 대한 연명의료를 시행하지 아니하거나 중단하기로 하는 결정을 말한다.

제00조 ① 말기환자 등은 담당의사에게 연명의료계획서의 작성을 요청할 수 있다.
② 의료기관의 장은 작성된 연명의료계획서를 등록·보관하여야 한다.

제00조 ① 연명의료중단결정을 원하는 환자의 의사는 다음 각 호의 어느 하나의 방법으로 확인한다.
1. 의료기관에서 작성된 연명의료계획서가 있는 경우 이를 환자의 의사로 본다.
2. 담당의사가 사전연명의료의향서의 내용을 환자에게 확인하는 경우 이를 환자의 의사로 본다.
② 제1항에 해당하지 아니하여 환자의 의사를 확인할 수 없고 환자가 의사표현을 할 수 없는 의학적 상태인 경우 다음 각 호의 어느 하나에 해당할 때에는 해당 환자를 위한 연명의료중단결정이 있는 것으로 본다. 다만 담당의사 또는 해당 분야 전문의 1명이 환자가 연명의료중단결정을 원하지 아니하였다는 사실을 확인한 경우는 제외한다.
1. 미성년자인 환자의 법정대리인(친권자에 한정한다)이 연명의료중단결정의 의사표시를 하고 담당의사와 해당 분야 전문의 1명이 확인한 경우
2. 환자가족 중 다음 각 목에 해당하는 사람(19세 이상인 사람에 한정하며, 행방불명자 등 대통령령으로 정하는 사유에 해당하는 사람은 제외한다) 전원의 합의로 연명의료중단결정의 의사표시를 하고 담당의사와 해당 분야 전문의 1명이 확인한 경우
가. 배우자
나. 1촌 이내의 직계 존속·비속

〈보 기〉

ㄱ. 17세 환자가 자신의 연명의료중단결정에 관한 전자문서를 직접 작성하였다면, 그 문서는 사전연명의료의향서에 해당된다.

ㄴ. 말기환자의 요청에 따라 담당의사가 의료기관에서 문서로 작성한 연명의료계획서가 등록·보관되어 있는 경우, 연명의료중단결정을 원하는 환자의 의사가 있는 것으로 본다.

ㄷ. 21세 환자가 의사를 표현할 수 없는 의학적 상태인 경우, 환자가 1년 전 작성해 둔 사전연명의료의향서가 있다면 담당의사의 확인이 없더라도 연명의료중단결정을 원하는 환자의 의사가 있는 것으로 본다.

ㄹ. 임종과정에 있는 환자에게 배우자, 자녀, 손자녀가 있는 경우, 그 환자에 대한 연명의료중단결정에는 이들 모두의 합의된 의사표시가 필요하다.

① ㄴ
② ㄹ
③ ㄱ, ㄴ
④ ㄴ, ㄷ
⑤ ㄷ, ㄹ

문 26. 다음 글을 근거로 판단할 때, '친구 단위'로 입장한 사람의 수와 '가족 단위'로 입장한 사람의 수를 옳게 짝지은 것은?

A놀이공원은 2명의 친구 단위 또는 4명의 가족 단위로만 입장이 가능하다. 발권기계는 2명의 친구 단위 또는 4명의 가족 단위 당 1장의 표를 발권한다. 놀이공원의 입장객은 총 158명이며, 모두 50장의 표가 발권되었다.

	'친구 단위'로 입장한 사람의 수	'가족 단위'로 입장한 사람의 수
①	30	128
②	34	124
③	38	120
④	42	116
⑤	46	112

문 27. 다음 글과 〈상황〉을 근거로 판단할 때 옳은 것은?

질병의 확산을 예측하는 데 유용한 수치 중 하나로 '기초 감염재생산지수(R_0)'가 있다. 간단히 말해 이 수치는 질병에 대한 예방조치가 없을 때, 해당 질병에 감염된 사람 한 명이 비감염자 몇 명을 감염시킬 수 있는지를 나타낸다. 다만 이 수치는 질병의 전파 속도를 의미하지는 않는다. 예를 들어 R_0가 4라고 하면 예방조치가 없을 때, 한 사람의 감염자가 질병에서 회복하거나 질병으로 사망하기 전까지 그 질병을 평균적으로 4명의 비감염자에게 옮긴다는 뜻이다. 한편 또 하나의 질병 통계치인 치사율은 어떤 질병에 걸린 환자 중 그 질병으로 사망하는 환자의 비율을 나타내는 것으로 R_0의 크기와 반드시 비례하지는 않는다.

예방조치가 없을 때, R_0가 1보다 큰 질병은 전체 개체군으로 확산될 것이다. 이 수치는 때로 1보다 훨씬 클 수 있다. 스페인 독감은 3, 천연두는 6, 홍역은 무려 15였다. 전염성이 강한 질병 중 하나로 꼽히는 말라리아의 R_0는 100이 넘는다.

문제는 특정 전염병이 한 차례 어느 지역을 휩쓸고 지나간 후 관련 통계 자료를 수집·분석할 수 있는 시간이 더 흐르고 난 뒤에야, 그 질병의 R_0에 대해 믿을 만한 추정치가 나온다는 데 있다. 그렇기에 새로운 질병이 발생한 초기에는 얼마 되지 않는 자료를 바탕으로 추정을 할 수밖에 없다. R_0와 마찬가지로 치사율도 확산 초기 단계에서는 정확하게 알 수 없다.

〈상 황〉

다음 표는 甲국의 최근 20년간의 데이터를 토대로 A~F질병의 R_0를 추정한 것이다.

질병	A	B	C	D	E	F
R_0	100	15	6	3	2	0.5

① 예방조치가 없다면, 발병 시 가장 많은 사람이 사망하는 질병은 A일 것이다.

② 예방조치가 없다면, A~F질병 모두가 전 국민을 감염시킬 것이다.

③ 예방조치가 없다면, C질병이 전 국민을 감염시킬 때까지 걸리는 시간은 평균적으로 D질병의 절반일 것이다.

④ R_0와 달리 치사율은 전염병의 확산 초기 단계에서도 정확하게 알 수 있다.

⑤ 예방조치가 없다면, 감염자 1명당 감염시킬 수 있는 사람 수의 평균은 B질병이 D질병의 5배일 것이다.

문 28. 다음 글을 근거로 판단할 때, 〈보기〉에서 옳은 것만을 모두 고르면?

- 3개의 과일상자가 있다.
- 하나의 상자에는 사과만 담겨 있고, 다른 하나의 상자에는 배만 담겨 있으며, 나머지 하나의 상자에는 사과와 배가 섞여 담겨 있다.
- 각 상자에는 '사과 상자', '배 상자', '사과와 배 상자'라는 이름표가 붙어 있다.
- 이름표대로 내용물(과일)이 들어 있는 상자는 없다.
- 상자 중 하나에서 한 개의 과일을 꺼내어 확인할 수 있다.

〈보 기〉

ㄱ. '사과와 배 상자'에서 과일 하나를 꺼내어 확인한 결과 사과라면, '사과 상자'에는 배만 들어 있다.

ㄴ. '배 상자'에서 과일 하나를 꺼내어 확인한 결과 배라면, '사과 상자'에는 사과와 배가 들어 있다.

ㄷ. '사과 상자'에서 과일 하나를 꺼내어 확인한 결과 배라면, '배 상자'에는 사과만 들어 있다.

① ㄱ

② ㄴ

③ ㄱ, ㄷ

④ ㄴ, ㄷ

⑤ ㄱ, ㄴ, ㄷ

문 29. 다음 글을 근거로 판단할 때, 甲이 귀가했을 때의 정확한 시각은?

甲은 집에 있는 시계 X의 건전지가 방전되어 새 건전지로 갈아 끼웠다. 甲은 정확한 시각을 알 수 없어서 일단 X의 시각을 정오로 맞춘 직후 일정한 빠르기로 걸어 친구 乙의 집으로 갔다. 乙의 집에 당일 도착했을 때 乙의 집 시계 Y는 10시 30분을 가리키고 있었다. 甲은 乙과 1시간 동안 이야기를 나눈 후 집으로 출발했다. 집으로 돌아올 때는 갈 때와 같은 길을 2배의 빠르기로 걸었다. 집에 도착했을 때, X는 14시 정각을 가리키고 있었다. 단, Y는 정확한 시각보다 10분 느리게 설정되어 있다.

※ X와 Y는 시각이 부정확한 것 외에는 정상 작동하고 있다.

① 11시 40분

② 11시 50분

③ 12시 00분

④ 12시 10분

⑤ 12시 20분

문 30. 다음 글을 근거로 판단할 때, 〈보기〉에서 옳은 것만을 모두 고르면?

아르키메데스는 대장장이가 만든 왕관이 순금인지 알아내기 위해 질량 1kg인 왕관을 물이 가득 찬 용기에 완전히 잠기도록 넣었을 때 넘친 물의 부피를 측정하였다.

이 왕관은 금, 은, 구리, 철 중 1개 이상의 금속으로 만들어졌고, 밀도는 각각 20, 10, 9, 8g/cm³이다.

밀도와 질량, 부피 사이의 관계는 아래 식과 같다.

$$밀도(g/cm3) = \frac{질량(g)}{부피(cm^3)}$$

※ 각 금속의 밀도, 질량, 부피 변화나 금속 간의 반응은 없고, 둘 이상의 금속을 합해 만든 왕관의 질량(또는 부피)은 각 금속의 질량(또는 부피)의 합과 같다.

〈보 기〉

ㄱ. 대장장이가 왕관을 금으로만 만들었다면, 넘친 물의 부피는 50cm³이다.

ㄴ. 넘친 물의 부피가 80cm³이고 왕관이 금과 은으로만 만들어졌다면, 왕관에 포함된 은의 부피는 왕관에 포함된 금 부피의 3배이다.

ㄷ. 넘친 물의 부피가 80cm³이고 왕관이 금과 구리로만 만들어졌다면, 왕관에 포함된 구리의 부피는 왕관에 포함된 금 부피의 3배 이상이다.

ㄹ. 넘친 물의 부피가 120cm³보다 크다면, 왕관은 철을 포함하고 있다.

① ㄱ, ㄴ

② ㄴ, ㄷ

③ ㄷ, ㄹ

④ ㄱ, ㄴ, ㄹ

⑤ ㄱ, ㄷ, ㄹ

문 31. 다음 글을 근거로 판단할 때, ㉠과 ㉡을 옳게 짝지은 것은?

- 甲회사는 재고를 3개의 창고 A, B, C에 나누어 관리하며, 2020년 1월 1일자 재고는 A창고 150개, B창고 100개, C창고 200개였다.
- 2020년 상반기 입·출고기록은 다음 표와 같으며, 재고는 입고 및 출고에 의해서만 변화한다.

입고기록				출고기록			
창고 일자	A	B	C	창고 일자	A	B	C
3월 4일	50	80	0	2월 18일	30	20	10
4월 10일	0	25	10	3월 27일	10	30	60
5월 11일	30	0	0	4월 13일	20	0	15

- 2020년 5월 25일 하나의 창고에 화재가 발생하여 그 창고 안에 있던 재고 전부가 불에 그을렸는데, 그 개수를 세어보니 150개였다.
- 화재 직후인 2020년 5월 26일 甲회사의 재고 중 불에 그을리지 않은 것은 ㉠ 개였다.
- 甲회사는 2020년 6월 30일 상반기 장부를 정리하던 중 두 창고 ㉡ 의 상반기 전체 출고기록이 맞바뀐 것을 뒤늦게 발견하였다.

	㉠	㉡
①	290	A와 B
②	290	A와 C
③	290	B와 C
④	300	A와 B
⑤	300	A와 C

문 32. 다음 글을 근거로 판단할 때, A물건 1개의 무게로 가능한 것은?

甲이 가진 전자식 체중계는 소수점 이하 첫째 자리에서 반올림하여 kg 단위의 자연수로 무게를 표시한다. 甲은 이 체중계를 아래와 같이 이용하여 A물건의 무게를 추정하고자 한다.

- 甲이 체중계에 올라갔더니 66이 표시되었다.
- 甲이 A물건을 2개 들고 체중계에 올라갔지만 66이 그대로 표시되었다.
- 甲이 A물건을 3개 들고 체중계에 올라갔더니 67이 표시되었다.
- 甲이 A물건을 4개 들고 체중계에 올라갔을 때에도 67이 표시되었다.
- 甲이 A물건을 5개 들고 체중계에 올라갔더니 68이 표시되었다.

① 200g

② 300g

③ 400g

④ 500g

⑤ 600g

문 33. 다음 글을 근거로 판단할 때, 甲이 잃어버린 인물카드의 수는?

甲은 이름, 성별, 직업이 기재된 인물카드를 모으고 있다. 며칠 전 그 중 몇 장을 잃어버렸다. 다음은 카드를 잃어버리기 전과 후의 상황이다.

〈잃어버리기 전〉
- 남성 인물카드를 여성 인물카드보다 2장 더 많이 가지고 있다.
- 가지고 있는 인물카드의 직업은 총 5종류이며, 인물카드는 직업별로 최대 2장이다.
- 가수 직업의 인물카드는 1장만 가지고 있다.

〈잃어버린 후〉
- 잃어버린 인물카드 중 2장은 직업이 소방관이다.
- 가수 직업의 인물카드는 잃어버리지 않았다.
- 인물카드는 총 5장 가지고 있으며, 직업은 4종류이다.

① 2장

② 3장

③ 4장

④ 5장

⑤ 6장

문 34. 다음 글과 〈상황〉을 근거로 판단할 때 옳은 것은?

> 甲은 상자를 운반하려고 한다. 甲은 상자를 1회 운반할 때마다 다음 규칙 중 하나를 선택하여 적용한다.
> ○ 남아 있는 상자 중 가장 무거운 것과 가장 가벼운 것의 총 무게가 17kg 이하이면 함께 운반한다. 가장 무거운 것과 가장 가벼운 것의 총 무게가 17kg 초과이면 가장 무거운 것만 운반한다.
> ○ 남아 있는 상자 중 총 무게가 17kg 이하인 상자 3개를 함께 운반한다.
> ○ 남아 있는 상자를 모두 운반한다. 단, 운반하려는 상자의 총 무게가 17kg 이하여야 한다.

> ─────〈상 황〉─────
> 甲이 운반하는 상자는 10개(A~J)이다. 상자는 A가 20kg으로 가장 무겁고 알파벳순으로 2kg씩 가벼워져 J가 가장 가볍다. 甲은 첫 번째로 A를, 두 번째로 [ⓐ]·I·J를 운반한다.

① D는 다른 상자와 같이 운반된다.
② 두 번째 운반 후에 ○은 적용되지 않는다.
③ ⓐ가 G라면 이후에 ○은 적용될 수 없다.
④ 두 번째 운반부터 상자를 모두 옮길 때까지 운반 횟수를 최소로 하려면 ⓐ가 H여서는 안 된다.
⑤ 상자를 모두 옮길 때까지 전체 운반 횟수를 최소로 하기 위해서는 두 번째 운반에 ○을 적용해야 한다.

문 35. 다음 글을 근거로 판단할 때, 甲과 乙이 가진 4장의 숫자 카드에 적힌 수의 합으로 가능한 것은?

> 1부터 9까지 서로 다른 자연수가 하나씩 적힌 9장의 숫자 카드 1세트가 있다. 甲과 乙은 여기에서 각각 2장씩 카드를 뽑았다. 카드를 뽑고 보니 甲이 가진 카드에 적힌 숫자의 합과 乙이 가진 카드에 적힌 숫자의 합이 같았다. 또한 甲이 첫 번째 뽑은 카드에 3을 곱한 값과 두 번째 뽑은 카드에 9를 곱한 값의 일의 자리 수가 서로 같았다. 乙도 같은 방식으로 곱하여 얻은 두 값의 일의 자리 수가 서로 같았다.

① 18
② 20
③ 22
④ 24
⑤ 26

문 36. 다음 글을 근거로 판단할 때, 규칙 위반에 해당하는 것은?

> **〈드론 비행 안전 규칙〉**
> 드론을 비행하려면 다음 요건을 갖추어야 한다.

구분		기체검사	비행승인	사업등록	구분		장치신고	조종자격
이륙중량 25kg 초과	사업자	○	○	○	자체중량 12kg 초과	사업자	○	○
	비사업자	○	○	×		비사업자	○	×
이륙중량 25kg 이하	사업자	×	△	○	자체중량 12kg 이하	사업자	×	×
	비사업자	×	△	×		비사업자	×	×

> ※ ○ : 필요, × : 불필요
> △ : 공항 또는 비행장 중심 반경 5km 이내에서는 필요

① 비사업자인 甲은 이륙중량 20kg, 자체중량 10kg인 드론을 공항 중심으로부터 10km 떨어진 지역에서 비행승인 없이 비행하였다.
② 비사업자인 乙은 이륙중량 30kg, 자체중량 10kg인 드론을 기체검사, 비행승인을 받아 비행하였다.
③ 사업자인 丙은 이륙중량 25kg, 자체중량 12kg인 드론을 사업등록, 장치신고를 하고 비행승인 없이 비행장 중심으로부터 4km 떨어진 지역에서 비행하였다.
④ 사업자인 丁은 이륙중량 30kg, 자체중량 20kg인 드론을 기체검사, 사업등록, 장치신고, 조종자격을 갖추고 비행승인을 받아 비행하였다.
⑤ 사업자인 戊는 이륙중량 20kg, 자체중량 13kg인 드론을 사업등록, 장치신고, 조종자격을 갖추고 비행승인 없이 비행장 중심으로부터 20km 떨어진 지역에서 비행하였다.

문 37. 다음 글과 〈대화〉를 근거로 판단할 때, 인영이가 현장답사 대상으로 선정한 기업은?

- 인영은 기업 현장답사 계획안을 작성해야 한다.
- 현장답사 할 기업을 먼저 선정해야 하는데, 기업 후보를 5개 받았으며 이 가운데에서 한 기업을 골라야 한다. 현장답사 후보 기업 관련 정보는 다음과 같다.

기업	업종	직원수	실내/실외 여부	근접역 유무 및 역과의 거리
A	제조	80명	실외	있음, 20km
B	서비스	500명	실내	있음, 10km
C	서비스	70명	실외	있음, 12km
D	서비스	100명	실내	없음
E	제조	200명	실내	있음, 8km

- 인영은 서연에게 도움을 요청했고, 다음 〈대화〉를 바탕으로 현장답사 대상 기업을 선정하였다.

―――――― 〈대 화〉 ――――――

인영 : 서연아, 예전에 기업 현장답사 계획한 적 있었지? 나도 이번에 계획안을 작성해야 하는데, 현장답사 기업을 선정할 때 어떤 업종이 좋을까?

서연 : 응, 했었지. 얼마 전 있었던 현장답사 기업이 제조기업이었으니, 이번에는 서비스기업에 가는 것이 좋겠어.

인영 : 그렇구나. 기업의 위치는 어떤 곳이 좋을까?

서연 : 아무래도 일정이 바쁜 사람이 많을 테니 근접역과의 거리가 15km 이내면 좋겠어. 그리고 기업의 규모도 중요할텐데, 관련한 조건은 없었어?

인영 : 그러고 보니 이번에는 직원수가 100명 이하인 곳이어야 해. 그런데 근접역이 없으면 아예 답사 대상에서 제외되는 거야?

서연 : 아니야. 근접역이 없을 때는 차량지원이 나오기 때문에 답사 대상으로 선정 가능해.

인영 : 그렇구나, 또 고려해야 할 것은 없어?

서연 : 답사 예정 날짜를 보니 비 예보가 있네. 그러면 실외는 안 되겠다.

① A
② B
③ C
④ D
⑤ E

문 38. 다음 글과 〈상황〉을 근거로 판단할 때, 수질 개선 설비 설치에 필요한 최소 비용은?

- 용도에 따른 필요 수질은 다음과 같다.
  - 농업용수 : 중금속이 제거되고 3급 이상인 담수
  - 공업용수 : 중금속이 제거되고 2급 이상인 담수
  - 생활용수 : 중금속이 제거되고 음용이 가능하며 1급인 담수
- 수질 개선에 사용하는 설비의 용량과 설치 비용은 다음과 같다.

수질 개선 설비	기능	처리 용량 (대당)	설치 비용 (대당)
1차 정수기	5~4급수를 3급수로 정수	5톤	5천만 원
2차 정수기	3~2급수를 1급수로 정수	1톤	1억 6천만 원
3차 정수기	음용 가능 처리	1톤	5억 원
응집 침전기	중금속 성분 제거	3톤	5천만 원
해수담수화기	염분 제거	10톤	1억 원

  - 3차 정수기에는 2차 정수기의 기능이 포함되어 있다.
  - 모든 수질 개선 설비는 필요 용량 이상으로 설치되어야 한다. 예를 들어 18톤의 해수를 담수로 개선하기 위해 해수담수화기가 최소 2대 설치되어야 한다.
  - 수질 개선 전후 수량 변화는 없는 것으로 간주한다.

―――――― 〈상 황〉 ――――――

○○기관은 중금속이 포함된 4급에 해당하는 해수 3톤을 정수 처리하여 생활용수 3톤을 확보하려 한다. 이를 위해 필요한 설비를 갖추어 수질을 개선하여야 한다.

① 16억 원
② 16억 5천만 원
③ 17억 원
④ 18억 6천만 원
⑤ 21억 8천만 원

※ 다음 글을 읽고 물음에 답하시오. [39~40]

농장동물복지는 인간 편의만 생각해 동물을 이용하는 것이 아니라 이들의 습성을 고려해 적절한 생활환경을 보장하는 것을 의미한다. 이는 세계농장동물복지위원회가 규정한 '동물의 5대 자유', 즉 활동의 부자유·배고픔·불편함·질병·두려움으로부터의 자유를 바탕으로 한다. 사실 농장동물복지는 사람에게도 중요한 문제이다. '공장식 축산'의 밀집사육에 따른 전염병 확산, 항생제 남용은 사람의 건강에도 직·간접적인 영향을 미치기 때문이다. 가축분뇨와 악취에 따른 환경오염 역시 무시할 수 없는 문제이다.

甲국은 2011년 동물보호법을 개정하면서 농장·도축장 등에 대한 '동물복지시설인증제'와 축산물에 대한 '동물복지축산물인증 마크' 두 가지 동물복지인증제도를 도입했다. 동물복지시설인증제는 정부가 정한 기준에 따라 동물을 기르는 농장이나 도축하는 시설에 동물복지시설인증을 부여하는 것이다. 더 나아가 동물복지축산물인증 마크는 사육 과정뿐만 아니라 운송·도축 과정까지 기준을 지킨 축산물에 인증 마크를 부여하는 것이다. 동물복지인증제도는 2012년 산란계(알을 낳는 닭)를 시작으로 2013년 돼지, 2014년 육계(식용육으로 기르는 닭), 2015년 육우·젖소·염소로 대상을 확대했다.

동물복지시설인증을 받은 농장은 먹이는 물론 먹는 물, 사육장 내 온도·조도·공기오염도까지 세밀하게 기준을 지켜야 한다. 이러한 기준을 잘 지키고 있는지 확인하기 위해 인증을 받은 농장에 대해 인증을 받은 다음해부터 매년 1회 사후관리를 위한 점검을 실시한다.

시설인증을 받은 농가가 늘고 있지만 여전히 미미한 수준이다. 2020년 현재 해당 인증을 받은 농장은 산란계 74곳, 육계 5곳, 돼지 9곳, 육우 2곳에 불과하다. 시설인증을 가장 많이 받은 산란계 농장도 전체 산란계 농장의 1.1%만 인증을 받았을 뿐이다.

몇몇 농가에서는 해당 제도의 기준에 대해 문제를 제기하기도 한다. 동물복지시설인증을 받으려면 밀집사육을 피하기 위해 가축 개체당 공간 기준을 충족해야 한다. 최소 사육규모 기준 역시 시설인증을 어렵게 하는 장애물 중 하나이다. 돼지농장이라면 어미돼지를 30마리 이상 키워야 시설인증을 신청할 수 있다. 예컨대 A농장은 가축 개체당 공간 기준과 최소 사육규모 기준을 동시에 충족하기 위하여 어미돼지 수를 20% 줄여서 시설인증을 받았다. 또한 닭의 최소 사육규모 기준은 4,000마리 이상이다. 따라서 사육 수를 늘릴 여력이 없는 소규모 농장에선 공장식 축산을 하지 않아도 인증 신청조차 못하는 것이다.

게다가 축산물을 판매할 때 동물복지축산물인증 마크를 붙이려면 도축도 동물복지시설인증을 받은 곳에서 해야 한다. 하지만 전국 70여개 도축장 가운데 동물복지시설인증을 받은 도축장은 2곳에 불과하다. 시설인증을 받은 농가에서 인증 도축장을 이용하고 싶어도 물리적 거리가 걸림돌이 되고 있다.

한편 소비자들의 동물복지인증제도에 대한 인지도 역시 높지 않다. 또한 동물복지축산물인증 마크가 붙은 닭고기, 돼지고기, 소고기 등은 가격이 높아서 소비자들이 많이 찾지 않는 것이 현실이다.

문 39. 윗글을 근거로 판단할 때 옳은 것은?

① 농장동물복지는 동물의 5대 자유를 보장하기 위한 것으로 사람의 삶과는 무관하다.

② 동물복지시설인증을 받으려는 농장은 도축 시설도 함께 갖추어야 한다.

③ A농장에서 사육하는 돼지는 동물복지축산물인증 마크를 부착한 축산물로 판매된다.

④ 甲국의 소비자 대부분은 동물복지축산물인증 마크가 붙은 축산물을 구매한다.

⑤ 공장식 축산을 하지 않더라도 동물복지시설인증을 받지 못하는 경우가 있다.

문 40. 윗글을 근거로 판단할 때, 〈보기〉에서 옳은 것만을 모두 고르면?

─── 〈보 기〉 ───

ㄱ. 甲국에서 동물복지시설인증을 받은 돼지농장은 2020년 12월 31일까지 사후관리를 위한 점검을 최소 10회 받았다.

ㄴ. 2020년 甲국 전체 농장수가 100,000개라면, 동물복지시설인증을 받은 농장 비율은 0.1% 미만이다.

ㄷ. 2020년 甲국 전체 산란계 농장수는 6,000개 이상이다.

ㄹ. 동물복지시설인증을 받기 전, A농장에서 사육하던 어미돼지는 35마리 이하였다.

① ㄱ

② ㄴ, ㄷ

③ ㄴ, ㄹ

④ ㄱ, ㄷ, ㄹ

⑤ ㄴ, ㄷ, ㄹ

04 2021년 7급 PSAT 상황판단 기출문제

문 1. 다음 글과 〈상황〉을 근거로 판단할 때 옳은 것은?

제00조 ① 다음 각 호의 어느 하나에 해당하는 사람은 주민등록지의 시장(특별시장·광역시장은 제외하고 특별자치도지사는 포함한다. 이하 같다)·군수 또는 구청장에게 주민등록번호(이하 '번호'라 한다)의 변경을 신청할 수 있다.

1. 유출된 번호로 인하여 생명·신체에 위해를 입거나 입을 우려가 있다고 인정되는 사람
2. 유출된 번호로 인하여 재산에 피해를 입거나 입을 우려가 있다고 인정되는 사람
3. 성폭력피해자, 성매매피해자, 가정폭력피해자로서 유출된 번호로 인하여 피해를 입거나 입을 우려가 있다고 인정되는 사람

② 제1항의 신청 또는 제5항의 이의신청을 받은 주민등록지의 시장·군수·구청장(이하 '시장 등'이라 한다)은 ○○부의 주민등록번호변경위원회(이하 '변경위원회'라 한다)에 번호변경 여부에 관한 결정을 청구해야 한다.

③ 주민등록지의 시장 등은 변경위원회로부터 번호변경 인용결정을 통보받은 경우에는 신청인의 번호를 다음 각 호의 기준에 따라 지체 없이 변경하고 이를 신청인에게 통지해야 한다.

1. 번호의 앞 6자리(생년월일) 및 뒤 7자리 중 첫째 자리는 변경할 수 없음
2. 제1호 이외의 나머지 6자리는 임의의 숫자로 변경함

④ 제3항의 번호변경 통지를 받은 신청인은 주민등록증, 운전면허증, 여권, 장애인등록증 등에 기재된 번호의 변경을 위해서는 그 번호의 변경을 신청해야 한다.

⑤ 주민등록지의 시장 등은 변경위원회로부터 번호변경 기각결정을 통보받은 경우에는 그 사실을 신청인에게 통지해야 하며, 신청인은 통지를 받은 날부터 30일 이내에 그 시장 등에게 이의신청을 할 수 있다.

〈상 황〉

甲은 주민등록번호 유출로 인해 재산상 피해를 입게 되자 주민등록번호 변경신청을 하였다. 甲의 주민등록지는 A광역시 B구이고, 주민등록번호는 980101-23456□□이다.

① A광역시장이 주민등록번호변경위원회에 甲의 주민등록번호 변경 여부에 관한 결정을 청구해야 한다.
② 주민등록번호변경위원회는 번호변경 인용결정을 하면서 甲의 주민등록번호를 다른 번호로 변경할 수 있다.
③ 주민등록번호변경위원회의 번호변경 인용결정이 있는 경우, 甲의 주민등록번호는 980101-45678□□으로 변경될 수 있다.
④ 甲의 주민등록번호가 변경된 경우, 甲이 운전면허증에 기재된 주민등록번호를 변경하기 위해서는 변경신청을 해야 한다.
⑤ 甲은 번호변경 기각결정을 통지받은 날부터 30일 이내에 주민등록번호변경위원회에 이의신청을 할 수 있다.

문 2. 다음 글을 근거로 판단할 때 옳은 것은?

> 제00조 ① 각 중앙관서의 장은 그 소관 물품관리에 관한 사무를 소속 공무원에게 위임할 수 있고, 필요하면 다른 중앙관서의 소속 공무원에게 위임할 수 있다.
> ② 제1항에 따라 각 중앙관서의 장으로부터 물품관리에 관한 사무를 위임받은 공무원을 물품관리관이라 한다.
> 제00조 ① 물품관리관은 물품수급관리계획에 정하여진 물품에 대하여는 그 계획의 범위에서, 그 밖의 물품에 대하여는 필요할 때마다 계약담당공무원에게 물품의 취득에 관한 필요한 조치를 할 것을 청구하여야 한다.
> ② 계약담당공무원은 제1항에 따른 청구가 있으면 예산의 범위에서 해당 물품을 취득하기 위한 필요한 조치를 하여야 한다.
> 제00조 물품은 국가의 시설에 보관하여야 한다. 다만 물품관리관이 국가의 시설에 보관하는 것이 물품의 사용이나 처분에 부적당하다고 인정하거나 그 밖에 특별한 사유가 있으면 국가 외의 자의 시설에 보관할 수 있다.
> 제00조 ① 물품관리관은 물품을 출납하게 하려면 물품출납공무원에게 출납하여야 할 물품의 분류를 명백히 하여 그 출납을 명하여야 한다.
> ② 물품출납공무원은 제1항에 따른 명령이 없으면 물품을 출납할 수 없다.
> 제00조 ① 물품출납공무원은 보관 중인 물품 중 사용할 수 없거나 수선 또는 개조가 필요한 물품이 있다고 인정하면 그 사실을 물품관리관에게 보고하여야 한다.
> ② 물품관리관은 제1항에 따른 보고에 의하여 수선이나 개조가 필요한 물품이 있다고 인정하면 계약담당공무원이나 그 밖의 관계 공무원에게 그 수선이나 개조를 위한 필요한 조치를 할 것을 청구하여야 한다.

① 물품출납공무원은 물품관리관의 명령이 없으면 자신의 재량으로 물품을 출납할 수 없다.

② A중앙관서의 장이 그 소관 물품관리에 관한 사무를 위임하고자 할 경우, B중앙관서의 소속 공무원에게는 위임할 수 없다.

③ 계약담당공무원은 물품을 국가의 시설에 보관하는 것이 그 사용이나 처분에 부적당하다고 인정하는 경우, 그 물품을 국가 외의 자의 시설에 보관할 수 있다.

④ 물품수급관리계획에 정해진 물품 이외의 물품이 필요한 경우, 물품관리관은 필요할 때마다 물품출납공무원에게 물품의 취득에 관한 필요한 조치를 할 것을 청구해야 한다.

⑤ 물품출납공무원은 보관 중인 물품 중 수선이 필요한 물품이 있다고 인정하는 경우, 계약담당공무원에게 수선에 필요한 조치를 할 것을 청구해야 한다.

문 3. 다음 글을 근거로 판단할 때 옳은 것은?

> 제00조 ① 누구든지 법률에 의하지 아니하고는 우편물의 검열·전기통신의 감청 또는 통신사실확인자료의 제공을 하거나 공개되지 아니한 타인 상호간의 대화를 녹음 또는 청취하지 못한다.
> ② 다음 각 호의 어느 하나에 해당하는 자는 1년 이상 10년 이하의 징역과 5년 이하의 자격정지에 처한다.
> 1. 제1항에 위반하여 우편물의 검열 또는 전기통신의 감청을 하거나 공개되지 아니한 타인 상호간의 대화를 녹음 또는 청취한 자
> 2. 제1호에 따라 알게 된 통신 또는 대화의 내용을 공개하거나 누설한 자
> ③ 누구든지 단말기기 고유번호를 제공하거나 제공받아서는 안 된다. 다만 이동전화단말기 제조업체 또는 이동통신사업자가 단말기의 개통처리 및 수리 등 정당한 업무의 이행을 위하여 제공하거나 제공받는 경우에는 그러하지 아니하다.
> ④ 제3항을 위반하여 단말기기 고유번호를 제공하거나 제공받은 자는 3년 이하의 징역 또는 1천만 원 이하의 벌금에 처한다.
> 제□□조 제○○조의 규정에 위반하여, 불법검열에 의하여 취득한 우편물이나 그 내용, 불법감청에 의하여 지득(知得) 또는 채록(採錄)된 전기통신의 내용, 공개되지 아니한 타인 상호간의 대화를 녹음 또는 청취한 내용은 재판 또는 징계절차에서 증거로 사용할 수 없다.

① 甲이 불법검열에 의하여 취득한 乙의 우편물은 징계절차에서 증거로 사용할 수 있다.

② 甲이 乙과 정책용역을 수행하면서 乙과의 대화를 녹음한 내용은 재판에서 증거로 사용할 수 없다.

③ 甲이 乙과 丙 사이의 공개되지 않은 대화를 녹음하여 공개한 경우, 1천만 원의 벌금에 처해질 수 있다.

④ 이동통신사업자 甲이 乙의 단말기를 개통하기 위하여 단말기기 고유번호를 제공받은 경우, 1년의 징역에 처해질 수 있다.

⑤ 甲이 乙과 丙 사이의 우편물을 불법으로 검열한 경우, 2년의 징역과 3년의 자격정지에 처해질 수 있다.

문 4. 다음 글과 〈지원대상 후보 현황〉을 근거로 판단할 때, 기업 F가 받는 지원금은?

　　□□부는 2021년도 중소기업 광고비 지원사업 예산 6억 원을 기업에 지원하려 하며, 지원대상 선정 및 지원금 산정 방법은 다음과 같다.
- 2020년도 총매출이 500억 원 미만인 기업만 지원하며, 우선 지원대상 사업분야는 백신, 비대면, 인공지능이다.
- 우선 지원대상 사업분야 내 또는 우선 지원대상이 아닌 사업분야 내에서는 '소요 광고비×2020년도 총매출'이 작은 기업부터 먼저 선정한다.
- 지원금 상한액은 1억 2,000만 원이나, 해당 기업의 2020년도 총매출이 100억 원 이하인 경우 상한액의 2배까지 지원할 수 있다. 단, 지원금은 소요 광고비의 2분의 1을 초과할 수 없다.
- 위의 지원금 산정 방법에 따라 예산 범위 내에서 지급 가능한 최대 금액을 예산이 소진될 때까지 지원대상 기업에 순차로 배정한다.

〈지원대상 후보 현황〉

기업	2020년도 총매출(억 원)	소요 광고비 (억 원)	사업분야
A	600	1	백신
B	500	2	비대면
C	400	3	농산물
D	300	4	인공지능
E	200	5	비대면
F	100	6	의류
G	30	4	백신

① 없음
② 8,000만 원
③ 1억 2,000만 원
④ 1억 6,000만 원
⑤ 2억 4,000만 원

문 5. 다음 글의 ㉠과 ㉡에 해당하는 수를 옳게 짝지은 것은?

甲담당관 : 우리 부서 전 직원 57명으로 구성되는 혁신조직을 출범시켰으면 합니다.
乙주무관 : 조직은 어떻게 구성할까요?
甲담당관 : 5~7명으로 구성된 10개의 소조직을 만들되, 5명, 6명, 7명 소조직이 각각 하나 이상 있었으면 합니다. 단, 각 직원은 하나의 소조직에만 소속되어야 합니다.
乙주무관 : 그렇게 할 경우 5명으로 구성되는 소조직은 최소 (㉠)개, 최대 (㉡)개가 가능합니다.

	㉠	㉡
①	1	5
②	3	5
③	3	6
④	4	6
⑤	4	7

문 6. 다음 글을 근거로 판단할 때, 甲이 통합력에 투입해야 하는 노력의 최솟값은?

- 업무역량은 기획력, 창의력, 추진력, 통합력의 4가지 부문으로 나뉜다.
- 부문별 업무역량 값을 수식으로 나타내면 다음과 같다.

　부문별 업무역량 값
　＝(해당 업무역량 재능×4)＋(해당 업무역량 노력×3)
　※ 재능과 노력의 값은 음이 아닌 정수이다.

- 甲의 부문별 업무역량의 재능은 다음과 같다.

기획력	창의력	추진력	통합력
90	100	110	60

- 甲은 통합력의 업무역량 값을 다른 어떤 부문의 값보다 크게 만들고자 한다. 단, 甲이 투입 가능한 노력은 총 100이며 甲은 가능한 노력을 남김없이 투입한다.

① 67
② 68
③ 69
④ 70
⑤ 71

문 7. 다음 글을 근거로 판단할 때, 마지막에 송편을 먹었다면 그 직전에 먹은 떡은?

> 원 쟁반의 둘레를 따라 쑥떡, 인절미, 송편, 무지개떡, 팥떡, 호박떡이 순서대로 한 개씩 시계방향으로 놓여 있다. 이 떡을 먹는 순서는 다음과 같은 규칙에 따른다. 특정한 떡을 시작점(첫 번째)으로 하여 시계방향으로 떡을 세다가 여섯 번째에 해당하는 떡을 먹는다. 떡을 먹고 나면 시계방향으로 이어지는 바로 다음 떡이 새로운 시작점이 된다. 이 과정을 반복하여 떡이 한 개 남게 되면 마지막으로 그 떡을 먹는다.

① 무지개떡

② 쑥떡

③ 인절미

④ 팥떡

⑤ 호박떡

문 8. 다음 글을 근거로 판단할 때, 甲이 구매하려는 두 상품의 무게로 옳은 것은?

> ○○마트에서는 쌀 상품 A~D를 판매하고 있다. 상품 무게는 A가 가장 무겁고, B, C, D 순서대로 무게가 가볍다. 무게 측정을 위해 서로 다른 두 상품을 저울에 올린 결과, 각각 35kg, 39kg, 44kg, 45kg, 50kg, 54kg으로 측정되었다. 甲은 가장 무거운 상품과 가장 가벼운 상품을 제외하고 두 상품을 구매하기로 하였다.

※ 상품 무게(kg)의 값은 정수이다.

① 19kg, 25kg

② 19kg, 26kg

③ 20kg, 24kg

④ 21kg, 25kg

⑤ 22kg, 26kg

문 9. 다음 글을 근거로 판단할 때, A 괘종시계가 11시 정각을 알리기 위한 마지막 종을 치는 시각은?

> A 괘종시계는 매시 정각을 알리기 위해 매시 정각부터 일정한 시간 간격으로 해당 시의 수만큼 종을 친다. 예를 들어 7시 정각을 알리기 위해서는 7시 정각에 첫 종을 치기 시작하여 일정한 시간 간격으로 총 7번의 종을 치는 것이다. 이 괘종시계가 정각을 알리기 위해 2번 이상 종을 칠 때, 종을 치는 시간 간격은 몇 시 정각을 알리기 위한 것이든 동일하다. A 괘종시계가 6시 정각을 알리기 위한 마지막 6번째 종을 치는 시각은 6시 6초이다.

① 11시 11초

② 11시 12초

③ 11시 13초

④ 11시 14초

⑤ 11시 15초

문 10. 다음 글을 근거로 판단할 때, 현재 시점에서 두 번째로 많은 양의 일을 한 사람은?

> A부서 주무관 5명(甲~戊)은 오늘 해야 하는 일의 양이 같다. 오늘 업무 개시 후 현재까지 한 일을 비교해 보면 다음과 같다.
> 甲은 丙이 아직 하지 못한 일의 절반에 해당하는 양의 일을 했다. 乙은 丁이 남겨 놓고 있는 일의 2배에 해당하는 양의 일을 했다. 丙은 자신이 현재까지 했던 일의 절반에 해당하는 일을 남겨 놓고 있다. 丁은 甲이 남겨 놓고 있는 일과 동일한 양의 일을 했다. 戊는 乙이 남겨 놓은 일의 절반에 해당하는 양의 일을 했다.

① 甲

② 乙

③ 丙

④ 丁

⑤ 戊

문 11. 다음 글과 〈대화〉를 근거로 판단할 때, 丙이 받을 수 있는 최대 성과점수는?

- A과는 과장 1명과 주무관 4명(甲~丁)으로 구성되어 있으며, 주무관의 직급은 甲이 가장 높고, 乙, 丙, 丁 순으로 낮아진다.
- A과는 프로젝트를 성공적으로 마친 보상으로 성과점수 30점을 부여받았다. 과장은 A과에 부여된 30점을 자신을 제외한 주무관들에게 분배할 계획을 세우고 있다.
- 과장은 주무관들의 요구를 모두 반영하여 성과점수를 분배하려 한다.
- 주무관들이 받는 성과점수는 모두 다른 자연수이다.

〈대 화〉

甲 : 과장님이 주시는 대로 받아야죠. 아! 그렇지만 丁보다는 제가 높아야 합니다.

乙 : 이번 프로젝트 성공에는 제가 가장 큰 기여를 했으니, 제가 가장 높은 성과점수를 받아야 합니다.

丙 : 기여도를 고려했을 때, 제 경우에는 상급자보다는 낮게 받고 하급자보다는 높게 받아야 합니다.

丁 : 저는 내년 승진에 필요한 최소 성과점수인 4점만 받겠습니다.

① 6
② 7
③ 8
④ 9
⑤ 10

문 12. 다음 글을 근거로 판단할 때, 아기 돼지 삼형제와 각각의 집을 옳게 짝지은 것은?

- 아기 돼지 삼형제는 엄마 돼지로부터 독립하여 벽돌집, 나무집, 지푸라기집 중 각각 다른 한 채씩을 선택하여 짓는다.
- 벽돌집을 지을 때에는 벽돌만 필요하지만, 나무집은 나무와 지지대가, 지푸라기집은 지푸라기와 지지대가 재료로 필요하다. 지지대에 소요되는 비용은 집의 면적과 상관없이 나무집의 경우 20만 원, 지푸라기집의 경우 5만 원이다.
- 재료의 1개당 가격 및 집의 면적 $1m^2$당 필요 개수는 아래와 같다.

구분	벽돌	나무	지푸라기
1개당 가격(원)	6,000	3,000	1,000
$1m^2$당 필요 개수	15	20	30

- 첫째 돼지 집의 면적은 둘째 돼지 집의 2배이고, 셋째 돼지 집의 3배이다. 삼형제 집의 면적의 총합은 $11m^2$이다.
- 모두 집을 짓고 나니, 둘째 돼지 집을 짓는 재료 비용이 가장 많이 들었다.

	첫째	둘째	셋째
①	벽돌집	나무집	지푸라기집
②	벽돌집	지푸라기집	나무집
③	나무집	벽돌집	지푸라기집
④	지푸라기집	벽돌집	나무집
⑤	지푸라기집	나무집	벽돌집

문 13. 다음 〈A기관 특허대리인 보수 지급 기준〉과 〈상황〉을 근거로 판단할 때, 甲과 乙이 지급받는 보수의 차이는?

───── 〈A기관 특허대리인 보수 지급 기준〉 ─────

• A기관은 특허출원을 특허대리인(이하 '대리인')에게 의뢰하고, 이에 따라 특허출원 건을 수임한 대리인에게 보수를 지급한다.
• 보수는 착수금과 사례금의 합이다.
• 착수금은 대리인이 작성한 출원서의 내용에 따라 〈착수금 산정 기준〉의 세부항목을 합산하여 산정한다. 단, 세부항목을 합산한 금액이 140만 원을 초과할 경우 착수금은 140만 원으로 한다.

〈착수금 산정 기준〉

세부항목	금액(원)
기본료	1,200,000
독립항 1개 초과분(1개당)	100,000
종속항(1개당)	35,000
명세서 20면 초과분(1면당)	9,000
도면(1도당)	15,000

※ 독립항 1개 또는 명세서 20면 이하는 해당 항목에 대한 착수금을 산정하지 않는다.

• 사례금은 출원한 특허가 '등록결정'된 경우 착수금과 동일한 금액으로 지급하고, '거절결정'된 경우 0원으로 한다.

───── 〈상황〉 ─────

• 특허대리인 甲과 乙은 A기관이 의뢰한 특허출원을 각각 1건씩 수임하였다.
• 甲은 독립항 1개, 종속항 2개, 명세서 14면, 도면 3도로 출원서를 작성하여 특허를 출원하였고, '등록결정'되었다.
• 乙은 독립항 5개, 종속항 16개, 명세서 50면, 도면 12도로 출원서를 작성하여 특허를 출원하였고, '거절결정'되었다.

① 2만 원
② 8만 5천 원
③ 123만 원
④ 129만 5천 원
⑤ 259만 원

문 14. 다음 글과 〈상황〉을 근거로 판단할 때, 〈보기〉에서 옳은 것만을 모두 고르면?

ㅁㅁ부서는 매년 △△사업에 대해 사업자 자격 요건 재허가 심사를 실시한다.

• 기본심사 점수에서 감점 점수를 뺀 최종심사 점수가 70점 이상이면 '재허가', 60점 이상 70점 미만이면 '허가 정지', 60점 미만이면 '허가 취소'로 판정한다.
  − 기본심사 점수 : 100점 만점으로, ㉮~㉱의 4가지 항목(각 25점 만점) 점수의 합으로 한다. 단, 점수는 자연수이다.
  − 감점 점수 : 과태료 부과의 경우 1회당 2점, 제재 조치의 경우 경고 1회당 3점, 주의 1회당 1.5점, 권고 1회당 0.5점으로 한다.

───── 〈상황〉 ─────

2020년 사업자 A~C의 기본심사 점수 및 감점 사항은 아래와 같다.

사업자	기본심사 항목별 점수			
	㉮	㉯	㉰	㉱
A	20	23	17	?
B	18	21	18	?
C	23	18	21	16

사업자	과태료 부과횟수	제재 조치 횟수		
		경고	주의	권고
A	3	−	−	6
B	5	−	3	2
C	4	1	2	−

───── 〈보기〉 ─────

ㄱ. A의 ㉱ 항목 점수가 15점이라면 A는 재허가를 받을 수 있다.
ㄴ. B의 허가가 취소되지 않으려면 B의 ㉱ 항목 점수가 19점 이상이어야 한다.
ㄷ. C가 2020년에 과태료를 부과받은 적이 없다면 판정 결과가 달라진다.
ㄹ. 기본심사 점수와 최종심사 점수 간의 차이가 가장 큰 사업자는 C이다.

① ㄱ
② ㄴ
③ ㄱ, ㄴ
④ ㄴ, ㄷ
⑤ ㄷ, ㄹ

문 15. 다음 글과 〈상황〉을 근거로 판단할 때, 수질검사빈도와 수질기준을 둘 다 충족한 검사지점만을 모두 고르면?

□□법 제00조(수질검사빈도와 수질기준) ① 기초자치단체의 장인 시장·군수·구청장은 다음 각 호의 구분에 따라 지방상수도의 수질검사를 실시하여야 한다.
1. 정수장에서의 검사
　가. 냄새, 맛, 색도, 탁도(濁度), 잔류염소에 관한 검사 : 매일 1회 이상
　나. 일반세균, 대장균, 암모니아성 질소, 질산성 질소, 과망간산칼륨 소비량 및 증발잔류물에 관한 검사 : 매주 1회 이상
　　단, 일반세균, 대장균을 제외한 항목 중 지난 1년간 검사를 실시한 결과, 수질기준의 10퍼센트를 초과한 적이 없는 항목에 대하여는 매월 1회 이상
2. 수도꼭지에서의 검사
　가. 일반세균, 대장균, 잔류염소에 관한 검사 : 매월 1회 이상
　나. 정수장별 수도관 노후지역에 대한 일반세균, 대장균, 암모니아성 질소, 동, 아연, 철, 망간, 잔류염소에 관한 검사 : 매월 1회 이상
3. 수돗물 급수과정별 시설(배수지 등)에서의 검사
　일반세균, 대장균, 암모니아성 질소, 동, 수소이온 농도, 아연, 철, 잔류염소에 관한 검사 : 매 분기 1회 이상
② 수질기준은 아래와 같다.

항목	기준	항목	기준
대장균	불검출/100mL	일반세균	100CFU/mL 이하
잔류염소	4mg/L 이하	질산성 질소	10mg/L 이하

― 〈상 황〉 ―

甲시장은 □□법 제00조에 따라 수질검사를 실시하고 있다. 甲시 관할의 검사지점(A~E)은 이전 검사에서 매번 수질기준을 충족하였고, 이번 수질검사에서 아래와 같은 결과를 보였다.

검사지점	검사대상	검사결과	검사빈도
정수장 A	잔류염소	2mg/L	매일 1회
정수장 B	질산성 질소	11mg/L	매일 1회
정수장 C	일반세균	70CFU/mL	매월 1회
수도꼭지 D	대장균	불검출/100mL	매주 1회
배수지 E	잔류염소	2mg/L	매주 1회

※ 제시된 검사대상 외의 수질검사빈도와 수질기준은 모두 충족한 것으로 본다.

① A, D
② B, D
③ A, D, E
④ A, B, C, E
⑤ A, C, D, E

문 16. 다음 글과 〈상황〉을 근거로 판단할 때 옳은 것은?

• 민원의 종류
　법정민원(인가·허가 등을 신청하거나 사실·법률관계에 관한 확인 또는 증명을 신청하는 민원), 질의민원(법령·제도 등에 관하여 행정기관의 설명·해석을 요구하는 민원), 건의민원(행정제도의 개선을 요구하는 민원), 기타민원(그 외 상담·설명 요구, 불편 해결을 요구하는 민원)으로 구분함
• 민원의 신청
　문서(전자문서를 포함, 이하 같음)로 해야 하나, 기타민원은 구술 또는 전화로 가능함
• 민원의 접수
　민원실에서 접수하고, 접수증을 교부하여야 함(단, 기타민원, 우편 및 전자문서로 신청한 민원은 접수증 교부를 생략할 수 있음)
• 민원의 이송
　접수한 민원이 다른 행정기관의 소관인 경우, 접수된 민원문서를 지체 없이 소관 기관에 이송하여야 함
• 처리결과의 통지
　접수된 민원에 대한 처리결과를 민원인에게 문서로 통지하여야 함(단, 기타민원의 경우와 통지에 신속을 요하거나 민원인이 요청하는 경우, 구술 또는 전화로 통지할 수 있음)
• 반복 및 중복 민원의 처리
　민원인이 동일한 내용의 민원(법정민원 제외)을 정당한 사유 없이 3회 이상 반복하여 제출한 경우, 2회 이상 그 처리결과를 통지하였다면 그 후 접수되는 민원에 대하여는 바로 종결 처리할 수 있음

― 〈상 황〉 ―

• 甲은 인근 공사장 소음으로 인한 불편 해결을 요구하는 민원을 A시에 제기하려고 한다.
• 乙은 자신의 영업허가를 신청하는 민원을 A시에 제기하려고 한다.

① 甲은 구술 또는 전화로 민원을 신청할 수 없다.
② 乙은 전자문서로 민원을 신청할 수 없다.
③ 甲이 신청한 민원이 다른 행정기관 소관 사항인 경우라도, A시는 해당 민원을 이송 없이 처리할 수 있다.
④ A시는 甲이 신청한 민원에 대한 처리결과를 전화로 통지할 수 있다.
⑤ 乙이 동일한 내용의 민원을 이미 2번 제출하여 처리결과를 통지받았으나 정당한 사유 없이 다시 신청한 경우, A시는 해당 민원을 바로 종결 처리할 수 있다.

문 17. 다음 글과 〈상황〉을 근거로 판단할 때 옳지 않은 것은?

제00조 ① 건축물을 건축하거나 대수선하려는 자는 특별자치시장·특별자치도지사 또는 시장·군수·구청장의 허가를 받아야 한다. 다만 21층 이상의 건축물이나 연면적 합계 10만 제곱미터 이상인 건축물을 특별시나 광역시에 건축하려면 특별시장이나 광역시장의 허가를 받아야 한다.
② 허가권자는 제1항에 따른 허가를 받은 자가 다음 각 호의 어느 하나에 해당하면 허가를 취소하여야 한다. 다만 제1호에 해당하는 경우로서 정당한 사유가 있다고 인정되면 1년의 범위에서 공사의 착수기간을 연장할 수 있다.
1. 허가를 받은 날부터 2년 이내에 공사에 착수하지 아니한 경우
2. 제1호의 기간 이내에 공사에 착수하였으나 공사의 완료가 불가능하다고 인정되는 경우
제00조 ① ○○부 장관은 국토관리를 위하여 특히 필요하다고 인정하거나 주무부장관이 국방, 문화재보존, 환경보전 또는 국민경제를 위하여 특히 필요하다고 인정하여 요청하면 허가권자의 건축허가나 허가를 받은 건축물의 착공을 제한할 수 있다.
② 특별시장·광역시장·도지사(이하 '시·도지사'라 한다)는 지역계획이나 도시·군계획에 특히 필요하다고 인정하면 시장·군수·구청장의 건축허가나 허가를 받은 건축물의 착공을 제한할 수 있다.
③ ○○부 장관이나 시·도지사는 제1항이나 제2항에 따라 건축허가나 건축허가를 받은 건축물의 착공을 제한하려는 경우에는 주민의견을 청취한 후 건축위원회의 심의를 거쳐야 한다.
④ 제1항이나 제2항에 따라 건축허가나 건축물의 착공을 제한하는 경우 제한기간은 2년 이내로 한다. 다만 1회에 한하여 1년 이내의 범위에서 제한기간을 연장할 수 있다.

─────── 〈상 황〉 ───────

甲은 20층의 연면적 합계 5만 제곱미터인 건축물을, 乙은 연면적 합계 15만 제곱미터인 건축물을 각각 A광역시 B구에 신축하려고 한다.

① 甲은 B구청장에게 건축허가를 받아야 한다.
② 甲이 건축허가를 받은 경우에도 A광역시장은 지역계획에 특히 필요하다고 인정하면 일정한 절차를 거쳐 甲의 건축물 착공을 제한할 수 있다.
③ B구청장은 주민의견을 청취한 후 건축위원회의 심의를 거쳐 건축허가를 받은 乙의 건축물 착공을 제한할 수 있다.
④ 乙이 건축허가를 받은 날로부터 2년 이내에 정당한 사유 없이 공사에 착수하지 않은 경우, A광역시장은 건축허가를 취소하여야 한다.
⑤ 주무부장관이 문화재보존을 위하여 특히 필요하다고 인정하여 요청하는 경우, ○○부 장관은 건축허가를 받은 乙의 건축물에 대해 최대 3년간 착공을 제한할 수 있다.

문 18. 다음 글을 근거로 판단할 때 옳지 않은 것은?

제00조 ① 정보공개심의회(이하 '심의회'라 한다)는 다음 각 호의 구분에 따라 10인 이내의 위원으로 구성한다.
1. 내부 위원 : 위원장 1인(○○실장)과 각 부서의 정보공개담당관 중 지명된 3인
2. 외부 위원 : 관련분야 전문가 중에서 총 위원수의 3분의 1 이상 위촉
② 위원은 특정 성별이 다른 성별의 2분의 1 이하가 되지 않도록 한다.
③ 위원장을 비롯한 내부 위원의 임기는 그 직위에 재직하는 기간으로 하며, 외부 위원의 임기는 2년으로 하되 2회에 한하여 연임할 수 있다.
④ 심의회는 위원장이 소집하고, 회의는 위원장을 포함한 재적위원 3분의 2 이상의 출석으로 개의하고 출석위원 3분의 2 이상의 찬성으로 의결한다.
⑤ 위원은 부득이한 이유로 참석할 수 없는 경우에는 서면으로 의견을 제출할 수 있다. 이 경우 해당 위원은 심의회에 출석한 것으로 본다.

① 외부 위원의 최대 임기는 6년이다.
② 정보공개심의회는 최소 6명의 위원으로 구성된다.
③ 정보공개심의회 내부 위원이 모두 여성일 경우, 정보공개심의회는 7명의 위원으로 구성될 수 있다.
④ 정보공개심의회가 8명의 위원으로 구성되면, 위원 3명의 찬성으로 의결되는 경우가 있다.
⑤ 위원장을 포함한 위원 5명이 직접 출석하여 이들 모두 안건에 찬성하고, 위원 2명이 부득이한 이유로 서면으로 의견을 제출한 경우, 제출된 서면 의견에 상관없이 해당 안건은 찬성으로 의결된다.

문 19. 다음 글을 근거로 판단할 때, 〈보기〉에서 옳은 것만을 모두 고르면?

2021년에 적용되는 ○○인재개발원의 분반 허용 기준은 아래와 같다.

• 분반 허용 기준
  - 일반강의 : 직전 2년 수강인원의 평균이 100명 이상이거나, 그 2년 중 1년의 수강인원이 120명 이상
  - 토론강의 : 직전 2년 수강인원의 평균이 60명 이상이거나, 그 2년 중 1년의 수강인원이 80명 이상
  - 영어강의 : 직전 2년 수강인원의 평균이 30명 이상이거나, 그 2년 중 1년의 수강인원이 50명 이상
  - 실습강의 : 직전 2년 수강인원의 평균이 20명 이상
• 이상의 기준에도 불구하고 직전년도 강의만족도 평가점수가 90점 이상이었던 강의는 위에서 기준으로 제시한 수강인원의 90% 이상이면 분반을 허용한다.

〈보 기〉

ㄱ. 2019년과 2020년의 수강인원이 각각 100명과 80명이고 2020년 강의만족도 평가점수가 85점인 일반강의 A는 분반이 허용된다.

ㄴ. 2019년과 2020년의 수강인원이 각각 10명과 45명인 영어강의 B의 분반이 허용되지 않는다면, 2020년 강의만족도 평가점수는 90점 미만이었을 것이다.

ㄷ. 2019년 수강인원이 20명이고 2020년 강의만족도 평가점수가 92점인 실습강의 C의 분반이 허용되지 않는다면, 2020년 강의의 수강인원은 15명을 넘지 않았을 것이다.

① ㄴ
② ㄷ
③ ㄱ, ㄴ
④ ㄱ, ㄷ
⑤ ㄴ, ㄷ

문 20. 다음 글과 〈상황〉을 근거로 판단할 때, 〈사업 공모 지침 수정안〉의 밑줄 친 ㉮~㉲ 중 '관계부처 협의 결과'에 부합한 것만을 모두 고르면?

• '대학 캠퍼스 혁신파크 사업'을 담당하는 A주무관은 신청 조건과 평가지표 및 배점을 포함한 〈사업 공모 지침 수정안〉을 작성하였다. 평가지표는 I~IV의 지표와 그 하위 지표로 구성되어 있다.

〈사업 공모 지침 수정안〉
㉮ □ 신청 조건
최소 1만m² 이상의 사업부지 확보. 단, 사업부지에는 건축물이 없어야 함
□ 평가지표 및 배점

평가지표	배점	
	현행	수정
㉯ I. 개발 타당성	20	25
– 개발계획의 합리성	10	10
– 관련 정부사업과의 연계가능성	5	10
– 학습여건 보호 가능성	5	5
㉰ II. 대학의 사업 추진 역량과 의지	10	15
– 혁신파크 입주기업 지원 방안	5	5
– 사업 전담조직 및 지원체계	5	5
– 대학 내 주체 간 합의 정도	–	5
㉱ III. 기업 유치 가능성	10	10
– 기업의 참여 가능성	7	3
– 참여 기업의 재무건전성	3	7
㉲ IV. 시범사업 조기 활성화 가능성	10	삭제
– 대학 내 주체 간 합의 정도	5	이동
– 부지 조기 확보 가능성	5	삭제
합계	50	50

〈상 황〉

A주무관은 〈사업 공모 지침 수정안〉을 작성한 후 뒤늦게 '관계부처 협의 결과'를 전달받았다. 그 내용은 다음과 같다.

• 대학이 부지를 확보하는 것이 쉽지 않으므로 신청 사업부지 안에 건축물이 포함되어 있어도 신청 허용
• 도시재생뉴딜사업, 창업선도대학 등 '관련 정부사업과의 연계 가능성' 평가비중 확대
• 시범사업 기간이 종료되었으므로 시범사업 조기 활성화와 관련된 평가지표를 삭제하되 '대학 내 주체 간 합의 정도'는 타 지표로 이동하여 계속 평가
• 논의된 내용 이외의 하위 지표의 항목과 배점은 사업의 안정성을 위해 현행 유지

① ㉮, ㉯
② ㉮, ㉱
③ ㉯, ㉱
④ ㉰, ㉲
⑤ ㉯, ㉰, ㉲

문 21. 다음 글과 〈대화〉를 근거로 판단할 때, ㉠에 들어갈 丙의 대화내용으로 옳은 것은?

> 주무관 丁은 다음과 같은 사실을 알고 있다.
> • 이번 주 개업한 A식당은 평일 '점심(12시)'과 '저녁(18시)'으로만 구분해 운영되며, 해당 시각 이전에 예약할 수 있다.
> • 주무관 甲~丙은 A식당에 이번 주 월요일부터 수요일까지 서로 겹치지 않게 예약하고 각자 한 번씩 다녀왔다.

───────── 〈대 화〉 ─────────

甲 : 나는 이번 주 乙의 방문후기를 보고 예약했어. 음식이 정말 훌륭하더라!

乙 : 그렇지? 나도 나중에 들었는데 丙은 점심 할인도 받았대. 나도 다음에는 점심에 가야겠어.

丙 : 월요일은 개업일이라 사람이 많을 것 같아서 피했어.
　　────────── ㉠ ──────────

丁 : 너희 모두의 말을 다 들어보니, 각자 식당에 언제 갔는지를 정확하게 알겠다!

① 乙이 다녀온 바로 다음날 점심을 먹었지.

② 甲이 먼저 점심 할인을 받고 나에게 알려준 거야.

③ 甲이 우리 중 가장 늦게 갔었구나.

④ 월요일에 갔던 사람은 아무도 없구나.

⑤ 같이 가려고 했더니 이미 다들 먼저 다녀왔더군.

문 22. 다음 글과 〈상황〉을 근거로 판단할 때, 날씨 예보 앱을 설치한 잠재 사용자의 총수는?

> 내일 비가 오는지를 예측하는 날씨 예보시스템을 개발한 A청은 다음과 같은 날씨 예보 앱의 '사전테스트전략'을 수립하였다.
> • 같은 날씨 변화를 경험하는 잠재 사용자의 전화번호를 개인의 동의를 얻어 확보한다.
> • 첫째 날에는 잠재 사용자를 같은 수의 두 그룹으로 나누어, 한쪽은 "비가 온다"로 다른 한쪽에는 "비가 오지 않는다"로 메시지를 보낸다.
> • 둘째 날에는 직전일에 보낸 메시지와 날씨가 일치한 그룹을 다시 같은 수의 두 그룹으로 나누어, 한쪽은 "비가 온다"로 다른 한쪽에는 "비가 오지 않는다"로 메시지를 보낸다.
> • 이후 날에도 같은 작업을 계속 반복한다.
> • 보낸 메시지와 날씨가 일치하지 않은 잠재 사용자를 대상으로도 같은 작업을 반복한다. 즉, 직전일에 보낸 메시지와 날씨가 일치하지 않은 잠재 사용자를 같은 수의 두 그룹으로 나누어, 한쪽은 "비가 온다"로 다른 한쪽에는 "비가 오지 않는다"로 메시지를 보낸다.

───────── 〈상 황〉 ─────────

A청은 사전테스트전략대로 200,000명의 잠재 사용자에게 월요일부터 금요일까지 5일간 메시지를 보냈다. 받은 메시지와 날씨가 3일 연속 일치한 경우, 해당 잠재 사용자는 날씨 예보 앱을 그날 설치한 후 제거하지 않았다.

① 12,500명

② 25,000명

③ 37,500명

④ 43,750명

⑤ 50,000명

※ 다음 글을 읽고 물음에 답하시오. [23~24]

- 국가는 지방자치단체인 시·군·구의 인구, 지리적 여건, 생활권·경제권, 발전가능성 등을 고려하여 통합이 필요한 지역에 대하여는 지방자치단체 간 통합을 지원해야 한다.
- △△위원회(이하 '위원회')는 통합대상 지방자치단체를 발굴하고 통합방안을 마련한다. 지방자치단체의 장, 지방의회 또는 주민은 인근 지방자치단체와의 통합을 위원회에 건의할 수 있다. 단, 주민이 건의하는 경우에는 해당 지방자치단체의 주민투표권자 총수의 50분의 1 이상의 연서(連書)가 있어야 한다. 지방자치단체의 장, 지방의회 또는 주민은 위원회에 통합을 건의할 때 통합대상 지방자치단체를 관할하는 특별시장·광역시장 또는 도지사(이하 '시·도지사')를 경유해야 한다. 이 경우 시·도지사는 접수받은 통합건의서에 의견을 첨부하여 지체 없이 위원회에 제출해야 한다. 위원회는 위의 건의를 참고하여 시·군·구 통합방안을 마련해야 한다.
- □□부 장관은 위원회가 마련한 시·군·구 통합방안에 따라 지방자치단체 간 통합을 해당 지방자치단체의 장에게 권고할 수 있다. □□부 장관은 지방자치단체 간 통합권고안에 관하여 해당 지방의회의 의견을 들어야 한다. 그러나 □□부 장관이 필요하다고 인정하여 해당 지방자치단체의 장에게 주민투표를 요구하여 실시한 경우에는 그렇지 않다. 지방자치단체의 장은 시·군·구 통합과 관련하여 주민투표의 실시 요구를 받은 때에는 지체 없이 이를 공표하고 주민투표를 실시해야 한다.
- 지방의회 의견청취 또는 주민투표를 통하여 지방자치단체의 통합의사가 확인되면 '관계지방자치단체(통합대상 지방자치단체 및 이를 관할하는 특별시·광역시 또는 도)'의 장은 명칭, 청사 소재지, 지방자치단체의 사무 등 통합에 관한 세부사항을 심의하기 위하여 공동으로 '통합추진공동위원회'를 설치해야 한다.
- 통합추진공동위원회의 위원은 관계지방자치단체의 장 및 그 지방의회가 추천하는 자로 한다. 통합추진공동위원회를 구성하는 각각의 관계지방자치단체 위원 수는 다음에 따라 산정한다. 단, 그 결과값이 자연수가 아닌 경우에는 소수점 이하의 수를 올림한 값을 관계지방자치단체 위원 수로 한다.

> 관계지방자치단체 위원 수=[(통합대상 지방자치단체 수)×6+(통합대상 지방자치단체를 관할하는 특별시·광역시 또는 도의 수)×2+1]÷(관계지방자치단체 수)

- 통합추진공동위원회의 전체 위원 수는 위에 따라 산출된 관계지방자치단체 위원 수에 관계지방자치단체 수를 곱한 값이다.

문 23. 윗글을 근거로 판단할 때 옳은 것은?

① □□부 장관이 요구하여 지방자치단체의 통합과 관련한 주민투표가 실시된 경우에는 통합권고안에 대해 지방의회의 의견을 청취하지 않아도 된다.

② 지방의회가 의결을 통해 다른 지방자치단체와의 통합을 추진하고자 한다면 통합건의서는 시·도지사를 경유하지 않고 △△위원회에 직접 제출해야 한다.

③ 주민투표권자 총수가 10만 명인 지방자치단체의 주민들이 다른 인근 지방자치단체와의 통합을 △△위원회에 건의하고자 할 때, 주민 200명의 연서가 있으면 가능하다.

④ 통합추진공동위원회의 위원은 □□부 장관과 관계지방자치단체의 장이 추천하는 자로 한다.

⑤ 지방자치단체의 장은 해당 지방자치단체의 통합을 △△위원회에 건의할 때, 지방의회의 의결을 거쳐야 한다.

문 24. 윗글과 〈상황〉을 근거로 판단할 때, '통합추진공동위원회'의 전체 위원 수는?

─── 〈상 황〉 ───

甲도가 관할하는 지방자치단체인 A군과 B군, 乙도가 관할하는 지방자치단체인 C군, 그리고 丙도가 관할하는 지방자치단체인 D군은 관련 절차를 거쳐 하나의 지방자치단체로 통합을 추진하고 있다. 현재 관계지방자치단체장은 공동으로 '통합추진공동위원회'를 설치하고자 한다.

① 42명

② 35명

③ 32명

④ 31명

⑤ 28명

문 25. 다음 글과 〈상황〉을 근거로 판단할 때, 괄호 안의 ㉠과 ㉡에 해당하는 것을 옳게 짝지은 것은?

- 행정구역분류코드는 다섯 자리 숫자로 구성되어 있다.
- 행정구역분류코드의 '처음 두 자리'는 광역자치단체인 시·도를 의미하는 고유한 값이다.
- '그 다음 두 자리'는 광역자치단체인 시·도에 속하는 기초자치단체인 시·군·구를 의미하는 고유한 값이다. 단, 광역자치단체인 시에 속하는 기초자치단체는 군·구이다.
- '마지막 자리'에는 해당 시·군·구가 기초자치단체인 경우 0, 자치단체가 아닌 경우 0이 아닌 임의의 숫자를 부여한다.
- 광역자치단체인 시에 속하는 구는 기초자치단체이며, 기초자치단체인 시에 속하는 구는 자치단체가 아니다.

〈상 황〉

○○시의 A구와 B구 중 B구의 행정구역분류코드의 첫 네 자리는 1003이며, 다섯 번째 자리는 알 수 없다.

甲은 ○○시가 광역자치단체인지 기초자치단체인지 모르는 상황에서, A구의 행정구역분류코드는 ○○시가 광역자치단체라면 (㉠), 기초자치단체라면 (㉡)이/가 가능하다고 판단하였다.

	㉠	㉡
①	10020	10021
②	10020	10033
③	10033	10034
④	10050	10027
⑤	20030	10035

05 5 · 7급 PSAT 상황판단 기출문제 정답 및 해설

오답해설

① 제1항에 의하면 A의 직계혈족인 B가 A의 기본증명서 교부를 청구할 때에는 A의 위임이 필요하지 않다.

② 제3항에 따르면 증명서의 교부를 청구하는 사람은 수수료를 납부하여야 하고, 증명서의 송부를 신청하는 경우에 우송료를 따로 납부하여야 한다.

③ 제1항 제1호에 따르면 국가 또는 지방자치단체는 직무상 필요에 따라 문서로 교부를 신청할 수 있다.

⑤ 제4항 단서에 따르면 친양자는 성년이 된 이후에만 전자적 방법에 의한 열람을 청구할 수 있다.

2022 5급 PSAT 상황판단 기출문제

01	02	03	04	05	06	07	08	09	10
①	④	①	②	②	④	①	④	④	③
11	12	13	14	15	16	17	18	19	20
④	②	②	④	③	⑤	②	③	⑤	
21	22	23	24	25	26	27	28	29	30
②	①	⑤	③	⑤	③	⑤	③	⑤	②
31	32	33	34	35	36	37	38	39	40
③	⑤	④	③	①	④	②	①	②	④

합격생 가이드

조항에 단서가 있는 경우 대개 단서에서 선지가 도출되는 경우가 많으므로, 단서는 항상 주의 깊게 읽고 넘어가야 한다.

01 답 ①

난도 ★★

정답해설

① 두 번째 조 제3항 제2호에 의하면 의사자의 경우 보상금은 배우자, 자녀, 부모, 조부모, 형제자매의의 순으로 지급한다. 배우자와 자녀가 있는 경우 보상금은 더 높은 순위인 배우자에게 전액 지급된다.

오답해설

② 두 번째 조 제1항에 의하면 서훈 수여의 주체는 국가이므로, 지방자치단체는 서훈 수여가 불가능하다.

③ 첫 번째 조 제3항에 의하면 의상자란 직무 외의 행위로 구조행위를 하였어야 한다. 소방관의 행위는 직무행위이므로 의상자로 인정될 수 없다.

④ 첫 번째 조 제1항 제4호에 의하면 다른 사람의 생명 또는 신체를 구하다가 부상을 입었어야 한다. 애완동물의 구조는 의상자로 인정될 수 없다.

⑤ 첫 번째 조 단서에 의하면 자신의 행위로 인하여 위해에 처한 사람에 대한 구조행위는 제외한다고 하였으므로 戊은 의상자로 인정될 수 없다.

합격생 가이드

법조문 문제에서는 각 조항의 주어(주체)를 표시하면서 읽어야 한다. ②와 같은 선지는 법조문 유형에서 반드시 출제되는 매력적인 오답 장치이기 때문에 주의해야 한다.

02 답 ④

난도 ★

정답해설

④ 제4항에 의하면 본인 또는 자녀는 가족관계등록부의 기록사항에 대하여 전자적 방법에 의한 열람을 청구할 수 있다.

03 답 ①

난도 ★★

정답해설

① 첫 번째 조 제3항 제1호에 의하면 사업자인 乙은 소비자 甲으로부터 피해구제의 신청을 받은 날부터 30일이 경과하여도 합의에 이르지 못하는 경우 한국소비자원에 그 처리를 의뢰할 수 있다.

오답해설

② 첫 번째 조 제3항 제2호에 의하면 한국소비자원에 피해구제의 처리를 의뢰하기로 소비자와 합의한 경우 乙은 한국소비자원에 그 처리를 의뢰할 수 있다.

③ 네 번째 조로 미루어 보면 한국소비자원의 피해구제 처리절차 중에 甲은 해당 사건에 대해 법원에 소를 제기할 수 있다.

④ 세 번째 조에 의하면 해당 합의가 이루어지지 않은 경우 한국소비자원장은 지체 없이 소비자분쟁조정위원회에 분쟁조정을 신청하여야 한다.

⑤ 두 번째 조 제1항 제2호에 의하면 관계 기관에서 위법사실을 이미 인지 · 조사하고 있는 경우에는 관계 기관에 이를 통보하고, 적절한 조치를 의뢰하여야 하는 것은 아니다.

합격생 가이드

법조문 문제에서는 주체, 귀속 · 재량 여부(하여야 한다 or 할 수 있다)와 시기(30일 이내, 지체 없이 등)가 중요하다. 선지에서 그러한 내용이 법조문과 다르지 않은지를 중심적으로 살펴보아야 한다.

04 답 ②

난도 ★★

정답해설

② 세 번째 조 제3항에 따르면 이사회는 재적이사 과반수의 출석으로 개의하고, 재적이사 과반수의 찬성으로 의결한다. 이사회에 A, B, C, D, E가 출석한 경

우, 이사는 B, C, D, E 이므로 이 중 2명이 반대하면 과반수가 되지 않아서 안건은 부결된다.

오답해설

① 두 번째 조 제3항에 따르면 임원의 사임 등으로 선임되는 임원의 임기는 새로 시작되며, 새로 임명된 관장의 임기는 3년이다.

③ 두 번째 조 제5항에 따르면 관장이 부득이한 사유로 직무를 수행할 수 없을 때에는 상임이사가 그 직무를 대행한다. 따라서 B가 직무를 대행한다.

④ 네 번째 조 제2항에 의하면 2년 이하의 징역 또는 2천만 원 이하의 벌금에 처한다. 징역과 벌금은 동시에 처해질 수 없다.

⑤ 첫 번째 조 제2항에 따르면 감사는 비상임으로 한다.

05
답 ②

난도 ★★

정답해설

② 청구인명부의 서명에 이의가 있는 주민은 열람기간 동안 이의를 신청할 수 있다. 열람기간은 지방자치단체장이 공표한 날을 포함하여 10일간이다. A시 시장 B는 2022. 1. 5. 공표하였으므로 이의를 신청할 수 있는 기간은 2022. 1. 14.까지이다.

오답해설

① 19세 이상 주민은 총 20만 명이므로 50분의 1을 하면 최소 4,000명 이상의 연서가 필요하다.

③ 지방자치단체의 장은 이의신청을 받으면 열람기간이 끝난 날의 다음 날부터 14일 이내에 그에 대해 심사·결정하고 그 결과를 당사자에게 알려야 한다. 열람기간은 2022. 1. 14.에 끝나므로 같은 해 2022. 1. 28.까지 심사·결정 결과를 당사자에게 통보해야 한다.

④ 지방자치단체의 장은 청구를 수리한 날을 포함하여 60일 이내에 주민청구조례안을 지방의회에 부의하여야 한다. 2022. 2. 1을 포함하여 60일 이내라면 같은 해 4. 1.까지 부의해야 한다.

⑤ 지방의회는 재적 의원 3분의 1 이상의 출석으로 개의한다. 재적의원은 12명이므로 4명 이상 참석하여야 개의할 수 있다.

합격생 가이드

글의 여러 부분에서 필요한 정보를 찾아야 하기 때문에 중요한 내용은 밑줄을 그어 표시해 놓는 것이 좋다. 예를 들어 이의 신청 기간은 열람기간 내이고, 공표한 날부터 10일이라는 것 등을 표시해 놓도록 한다.

06
답 ④

난도 ★

정답해설

분석 결과를 바탕으로 정의 상관관계를 갖는 변수를 정리하면 다음과 같다.

- 관리자의 업무지시 능력
- 근로자의 직무만족도
- 업무실수 기록건수
- 학습하려는 직장문화
- 징계 우려

ㄴ. 근로자의 직무만족도가 높을수록 업무실수 기록건수가 많았다.

ㄹ. 마지막 문장에 따르면 징계 우려가 강할수록 업무실수 기록건수가 적을 것이다.

오답해설

ㄱ. 학습하려는 직장문화에서는 업무실수 기록건수가 많았다.

ㄷ. 관리자의 업무지시 능력이 우수한 작업장일수록 업무실수 기록건수가 많았다.

합격생 가이드

해설과 같이 정의 상관관계에 있는 변수들을 정리해서 메모해 놓으면 선지의 정오판단에서 헷갈리지 않게 풀이할 수 있다.

07
답 ①

난도 ★

정답해설

- 순위규모분포일 때 인구규모가 가장 큰 도시의 인구를 a라고 하면, 두 번째 도시 인구는 1/2a, 세 번째 도시는 인구는 1/3a이다.
- 종주도시지수는 1위 도시 인구/2위 도시 인구이다.

① 1/3a=200만 명이라면 A국 수위도시 인구는 a=600만 명. 두 번째 도시 인구는 1/2a=300만 명이다. 수위도시와 두 번째 도시 간 인구의 차이는 300만 명이다.

오답해설

② 종주도시지수로는 인구규모 세 번째 도시의 인구를 알 수 없다.

③ B국의 종주도시지수는 3.30이므로 1위 도시 인구/200=3.3, 즉 1위 도시 인구는 660만 명이다. A국의 수위도시에 비해 60만 명 많다.

④ A국은 900만 명(600+300), B국은 860만 명(660+200)이므로, A국이 40만 명 더 많다.

⑤ A국은 300만 명, B국은 200만 명이므로 동일하지 않다.

합격생 가이드

상황판단 영역에서 자주 출제되는 조건적용 문제는 미지수를 활용하면 빠르게 풀 수 있기 때문에 이를 적용해서 풀 수 있는 연습이 필요하다.

08
답 ④

난도 ★★

정답해설

문제의 조건을 정리하여 표로 나타내면 다음과 같다.

구분	빨	파	노	검	합계
甲	4	1	2	0	
乙	b	a	c		
丙	1-b	a+1	0		
丁	2	0	6-c	c-2	6
합계	7	4	8	3	

1) 파란색 접시는 총 4개이므로 a=1이다.

2) 모두 각각 3가지 색의 접시만 먹었으므로 병은 빨간색 접시를 1개 이상 먹었다. 1-b≥1이므로 b=0이다.

3) 검정색 접시는 총 3개인데, 甲을 제외한 모든 사람이 1개 이상 먹어야 하므로 丁의 검정색 접시는 c-2=1이다. 따라서 c=3이다.

4) 결론적으로 乙은 빨, 파, 노, 검 접시 순서대로 0개, 1개, 3개, 1개를 먹었다. 따라서 각각 1,200원, 6,000원, 4,000원을 더하면 11,200원이다.

구분	빨	파	노	검	합계
甲	4	1	2	0	
乙	0	1	3	1	
丙	1	2	0	1	
丁	2	0	3	1	6
합계	7	4	8	3	

◆ 합격생 가이드

을의 접시 개수를 미지수로 놓는 것이 계산하기 편하다. 또한 변수가 2가지일 경우(이 문제의 경우 사람, 접시 수이다) 표를 그려 문제를 해결하도록 한다.

09

답 ④

난도 ★★

정답해설

ㄱ. 甲은 수면다원검사 결과 무호흡·저호흡 지수가 16이다. 증상이 없었더라도 급여 대상이므로 양압기 처방을 받을 수 있다.

ㄴ.

구분	자동형	수동형
기준금액	3,000원	2,000원
순응기간	1,500원	1,000원
정식사용기간	600원	400원

4월 동안 수동형 양압기를 대여하고, 순응기간이었다면 30일×1,000원이므로 대여료는 30,000원이다. 자동형 양압기를 대여하였다면 순응기간을 21일만 계산해도 대여료는 21일×1,500원=31,500원이므로 자동형 양압기를 대여받아서 대여료가 30,000원이 나오는 것은 불가능하다.

ㄷ. 4월 1일 양압기 처방을 받은 이후 최대 90일간 순응기간이 주어진다. 90일 기간 내에 연이은 30일 중 하루 4시간 이상 사용한 일수가 21일이 되면 그날로 순응기간이 종료된다. 따라서 처방 후 90일 이전인 5월 21일에 종료되었다면 4월 22일부터 4월 30일까지 매일 4시간씩 9일간 사용하고, 5월 중으로 4시간씩 12일을 사용하였을 때 순응기간이 종료된다. 5월에는 양압기를 4시간×12일, 최소 48시간 이상 사용하였을 것이다.

오답해설

ㄹ. 6월에 부담한 자동형 양압기 대여료가 36,000원이라면 순응기간이 6월 중에 종료되었다는 것을 뜻한다(36,000원/1,500원≠30일). 따라서 4월과 5월은 모두 순응기간이었다고 할 수 있고, 4, 5월의 대여료는 61일×1,500원=91,500원이다. 따라서 총 대여료는 127,500원이다.

◆ 합격생 가이드

ㄹ과 같은 경우 6월에 부담한 대여료가 36,000원/1,500원≠30일이라는 사실을 통해 4, 5월은 모두 순응기간임을 알았다면 쉽게 문제를 해결할 수 있었다. ㄷ과 같은 경우는 선지 중 유일하게 일수를 계산하기 때문에 이해가 어렵고 실수가 발생할 수 있다. 이 경우 ㄱ, ㄴ, ㄹ을 먼저 판단하여 선지를 소거하는 전략을 취하는 것이 좋다.

10

답 ③

난도 ★★★

정답해설

제시된 내용을 정리하면 다음과 같다.

- 사료비 : (10마리×0.3kg+5마리×0.6kg+5마리×0.4kg)×30일×5,000원=1,200,000원
- 인건비
  - 포획활동비 : 115,000원×8일=920,000원
  - 관리비 : 115,000원×0.2×20마리×30일=13,800,000원
- 보호비(공제, 3일부터) : 100,000+100,000+200,000+300,000=700,000원

따라서 경비 총액은 사료비(120만 원)+인건비(1,472만 원)−보호비(70만 원)이므로 1,522만 원이다.

◆ 합격생 가이드

단순계산 문제 중 난이도가 높은 편에 속하여 시간이 많이 소요될 우려가 있다. 이러한 문제는 처음에 풀 때는 넘겼다가 시간이 남는 경우 돌아와서 다시 푸는 것이 좋은 방법 중 하나이다.

11

답 ④

난도 ★★

정답해설

문제의 조건을 정리하여 표로 나타내면 다음과 같다.

구분	월	화	수	목
출근	3×20=60쪽	3×20=60쪽	3×20=60쪽	3×20=60쪽
			2×20=40쪽	
퇴근	1×20=20쪽 (280쪽 책 끝)	3×20=60쪽	(9시 이후)	3×20=60쪽 (퇴근 중 350쪽 달성)
	2×15=30쪽 (300쪽 책 시작)			

월요일 결과   화요일 결과   수요일 결과
30쪽   30+120=150쪽   150+100=250쪽

따라서 A는 목요일 퇴근 중에 책을 다 읽게 된다.

◆ 합격생 가이드

요일로 나뉜 어떠한 작업의 총시간을 구하는 유형의 문제에서는 월요일부터 필요한 만큼 요일을 표로 나타낸 뒤 그 밑에 소요된 시간 등을 계산하면 풀이가 좀 더 편리하다. 단 오답을 유도하는 조건들은 항상 주의해야 한다.

12

답 ②

난도 ★

정답해설

'사무관'의 자모는 'ㅅㅏㅁㅜㄱㅘㄴ'이 된다.

먼저 자모변환표에서, ㅅ의 변환숫자는 4790이다. 변환숫자 첫 번째 자리인 4는 난수표의 첫 번째 자리인 4와 대응되는데, 암호숫자를 x라고 하면, x+4(변환숫자)=4(난수표의 대응 숫자)가 성립하여야 한다. 따라서 첫 번째 암호는 0이다. 같은 방법으로 변환했을 때, ㅅ은 015, ㅏ는 721, ㅁ은 685, ㅜ는 789…가 암호숫자가 된다. 따라서 사무관(ㅅㅏㅁㅜㄱㅘㄴ)을 암호화하면 0157216857892285624330이다.

합격생 가이드

실제로 확인하면 되는 정보의 양을 최소화하기 위해서는 선지 소거법을 활용하여야 한다. 실전에서는 ㅅ의 암호숫자가 015임을 확인하고, ㅜ의 암호숫자가 789임을 확인하면 바로 전체 자릿수가 21자리인 ②를 선택할 수 있다.

13

답 ②

난도 ★

정답해설

제시된 조건을 정리하면 다음과 같다.

1) 네 자리 일련번호의 맨 앞자리가 00이 아니라면 10이다(10월, 11월, 12월).
2) 31일까지 있는 달이라면 10월과 12월이다.
3) 생신의 일이 8의 배수라면 8일, 16일, 24일 중 하나이다.
4) 1)~3)과 ⊙의 조건을 통해 하나의 일련번호가 확정된다.

위의 조건에 따라 후보인 일련번호는 1008, 1016, 1024, 1208, 1216, 1224(월일)이다.

② 1224(12월 24일)라는 하나의 일련번호가 확정된다.

오답해설

① 1008, 12080이 해당되므로 확정할 수 없다.
③ 1016, 1024, 1216, 1224가 해당되므로 확정할 수 없다.
④ 1024, 12080이 해당되므로 확정할 수 없다.
⑤ 1008, 1224가 해당되므로 확정할 수 없다

합격생 가이드

1)부터 3)까지의 조건을 만족시키는 모든 후보를 생각해놓은 다음, 선지를 차례대로 대입하며 풀이하면 된다. 일련번호를 하나로 확정해야 한다는 점을 생각하면 빠르게 답을 찾을 수 있다.

14

답 ④

난도 ★★

정답해설

A, B, C, D의 대화를 표로 정리하면 다음과 같다.

구분	월	화	수	목	금
당번	A				D

여기서 C는 청소할 수 있는 요일이 하루밖에 없다고 하였다. 시험·발표 당일과 그 전날은 청소를 할 수 없고, 한사람이 최소 한 번씩 청소당번을 하며 이틀 연속으로는 할 수 없기 때문에 C의 시험·발표 날은 화요일과 금요일이므로 C가 청소할 수 있는 요일은 수요일밖에 없다.

이 조건을 다시 표로 정리하면 다음과 같다.

구분	월	화	수	목	금
당번	A	B	C	A	D

따라서 다음 주 수요일과 목요일의 청소당번은 C와 A이다.

합격생 가이드

요일을 나열한 후 확정적인 청소당번을 써 놓고, 당번이 불가능한 날 역시 모두 표시하면 실수를 줄일 수 있다. 예를 들어 월요일에 '~B', 화요일에 '~A' 등을 표시해 놓으면 더 쉽게 파악할 수 있다.

15

답 ⑤

난도 ★★★

정답해설

제시된 조건을 정리하면 다음과 같다.

구분	밝은 색				어두운 색			
순서	1	2	3	4	5	6	7	8
톤								
타입								
사람								

- 甲 : 가을 타입이고, 8번째는 아니다.
- 乙 : 짝수 번째는 아니다.
- 丙 : 乙과 같은 톤이고, 순서의 숫자를 더하면 6이다.
- 丁 : 밝은 색 천일 때, 乙보다 먼저 형광등이 켜졌다.

여기서 8번째가 쿨톤이라고 가정한다면, 甲과 丁이 짝수 번째여야 하는데, 이는 乙의 진술과 모순된다. 따라서 8번째는 웜톤이고, 봄임을 알 수 있다.

丁의 진술에 따라 밝은 색일 때 丁은 2번째에 형광등이 켜졌고, 丙의 진술에 따라 丙은 1번과 5번임을 알 수 있다.

이 조건들을 다시 표로 나타내면 다음과 같다.

구분	밝은 색				어두운 색			
순서	1	2	3	4	5	6	7	8
톤	쿨	웜	쿨	웜	쿨	웜	쿨	웜
타입		봄		가을		가을		봄
사람	丙	丁	乙	甲	丙	甲	乙	丁

ㄴ. 丙은 1번과 5번이므로 첫 번째에 형광등이 켜졌다.
ㄷ. 순서별로 형광등이 켜진 사람이 누구인지 알 수 있다.
ㄹ. 甲, 乙, 丁 모두 순서의 숫자를 더하면 합은 10으로 같다.

오답해설

ㄱ. 쿨톤의 경우 乙, 丙이 각각 무슨 타입인지는 알 수 없다.

합격생 가이드

많은 종류의 정보를 추론하여야 하는 논리퀴즈이다. 조건이 복잡한 만큼 표를 적극적으로 활용하여야 한다.

16

답 ③

난도 ★★

정답해설

제시된 조건과 상황을 정리하면 다음과 같다.

- A 기업은 청년수당 가입유지율이 30% 미만이므로 참여가 불가하다.
- B 기업은 고용보험 피보험자 수가 5인 이상이고, 청년수당 가입유지율이 30% 이상이므로 참여가 가능하다.
- C 기업은 고용보험 피보험자 수가 5인 미만이고, 청년기업에 해당되지 않아서 참여가 불가하다.
- D 기업은 고용보험 피보험자 수가 5인 미만이지만 청년기업이기 때문에 참여 자격이 되고, 청년수당 가입유지율이 30% 미만이지만 청년수당 가입 인원이 2인 이하인 경우이므로 참여가 가능하다.
- E 기업은 고용보험 피보험자 수가 5인 미만이고, 사업 개시 경과연수가 7년이 초과되어 청년기업에 해당되지 않아서 참여가 불가하다.

따라서 참여 가능한 기업은 B, D이다.

🖐 합격생 가이드

조건의 단서를 꼼꼼히 적용할 수 있어야 한다. 고용보험 피보험자 수가 5인 미만인 기업은 3개였고, 청년기업이라는 단서의 적용을 통해 해당하는 대상이 되거나 되지 않았다.

17

답 ⑤

난도 ★★

정답해설

ㄱ. (가)의 경우 국민 전체 혜택의 합이 더 큰 정책을 채택한다. A인구가 4, B인구가 1인 경우 국민 전체 혜택의 합은 다음과 같다. 현행 정책은 $4 \times 100 + 1 \times 50 = 450$, 개편안은 $4 \times 90 + 1 \times 80 = 4400$이다. 현행 정책이 국민 전체 혜택의 합보다 더 크므로 현행 정책이 유지된다.

ㄴ. (가)를 기준으로 판단하고, A인구에 가중치 7, B인구에 가중치 3을 두면 국민 전체 혜택의 합은 다음과 같다. 현행 정책은 $7 \times 100 + 3 \times 50 = 850$, 개편안은 $7 \times 90 + 3 \times 80 = 8700$이다. 개편안이 국민 전체 혜택의 합보다 더 크므로 개편안이 채택된다.

ㄷ. (나)는 개인이 얻는 혜택이 적은 집단에 더 유리한 정책을 채택한다. 개인이 얻은 혜택이 적은 집단은 B집단이고, B집단에 더 유리한 정책은 개편안이다.

오답해설

ㄹ. (다)는 A, B 두 집단 간 개인 혜택의 차이가 더 작은 정책을 채택한다. 현행 정책은 개인 간 혜택의 차이가 $100 - 50 = 500$이고, 개편안은 $90 - 80 = 100$이다. 인구와 관계없이 개편안이 채택된다.

🖐 합격생 가이드

가중치라는 함정에 걸리지 않도록 주의해야 한다. 또한 가중치를 적용한 합계 계산을 연습하면 다른 문제 풀이에도 도움이 될 수 있다.

18

답 ②

난도 ★★

정답해설

제시된 조건을 표로 정리하면 다음과 같다.

이름	성별	2020년 (나이)	2021년 (나이)	2022년 (나이)
甲	여	없음 (28)	없음 (29)	선택(자궁경부) (30)
乙	남	위 (45)	심장 (46)	위 (47)
丙	여	간 (40)	간, 위, 자궁경부 (41)	간 (42)
丁	남	심장 (48)	위 (49)	심장, 대장 (50)
戊	여	대장 (54)	위, 심장, 대장 (55)	대장 (56)

따라서 2022년에 건강검진을 받을 직원이 가장 많은 검진항목은 대장이다.

🖐 합격생 가이드

甲은 2022년에 자궁경부 검진을 받거나, 2023년에 받는다. 2년 주기의 검진항목은 해당 연도에 없다면 다음 연도에 받는다는 사실을 파악하였다면 표를 구성하기 수월하였을 것이다. 丁의 경우 대장 검진은 주기가 1년이기 때문에 50세가 된 그 해에 바로 대장 검진을 받아야 한다.

19

답 ③

난도 ★★

정답해설

ㄴ. A은행의 전력차단 프로젝트로 인해 절감되는 총 전력량은 연간 35만kWh이다. 컴퓨터는 총 22,000대이므로 절감되는 컴퓨터 1대당 전력량은 연간 $\frac{350,000}{22,000} \fallingdotseq 15.9$(kWh/대)이다.

ㄹ. 4명이 자동차 한 대로 출장을 가는 경우 이산화탄소 배출량은 $400\text{kg} \times \frac{1}{2} = 200\text{kg}$이다. 같은 거리를 1명이 비행기로 출장하는 경우 400kg가 배출된다. 1인당 이산화탄소 평균 배출량은 전자가 $\frac{200}{4} = 50\text{kg}$이고, 후자가 400kg이므로 전자는 후자의 1/8에 해당한다.

오답해설

ㄱ. A은행이 수행하는 전력차단프로젝트는 컴퓨터가 일정시간 사용되지 않으면 언제라도 컴퓨터와 모니터의 전원이 자동으로 꺼진다. 따라서 주간에도 전력 절감이 있을 것이다.

ㄷ. A은행이 연간 배출하는 이산화탄소 배출량을 계산하면, 3문단에서 매년 연인원 1,000명이 항공출장을 가고 있다고 하고, 2문단에서 항공 출장으로 배출하는 이산화탄소 양은 A은행의 연간 전체 이상화탄소 배출량의 1/5에 해당하는 수준이라고 하였으므로 전체 이산화탄소 배출량은 1,000명 × 400kg × 5 = 2,000,000kg이다.
   - 화상회의시스템으로 절감할 수 있는 이산화탄소 양 : 1,000명 × 30% × 9/10 = 108,000kg
   - 전력차단프로그램으로 절감할 수 있는 이산화탄소 양 : 652,000kg
   따라서 절감량이 전체 이산화탄소 배출량과 같지 않으므로 넷제로가 실현되지 않는다.

20

답 ⑤

난도 ★★

정답해설

• 도입 전 전체 이산화탄소 배출량 : 1,000명 × 400kg × 5 = 2,000,000kg(2,000t)
• 화상회의시스템으로 절감하는 양 : 1,000명 × 30% × 9/10 = 108,000kg(108t)
• 전력차단프로그램으로 절감하는 이산화탄소 양 : 652,000kg(652t)
따라서 절감되는 양은 760t으로 도입 전과 비교하면 38%가 감소한다.

🖐 합격생 가이드

19, 20번 문제 모두 t(톤)과 kg(킬로그램)의 단위에 주의하도록 한다. 또한 지문 곳곳에 숨어있는 단서를 활용하여 전체 이산화탄소 배출량 등을 계산하기 위해 지문 옆쪽이나 빈 여백에 필요한 정보를 빠르게 파악하여 메모하는 습관도 도움이 된다.

21

답 ②

난도 ★★

甲 : 신고기간이 지난 후 6개월 초과에 해당하므로 초과분은 5만 원이다.

乙 : 신고기간이 지난 후 1개월 초과 6개월 이내에 해당하므로 초과분은 3만 원이다. 하지만 부실하게 신고하였으므로 2배를 부과하여 초과분은 6만 원이다.

丙 : 신고기간이 지난 후 1개월 이내에 해당하고, 자진신고(높은 경감비율만 적용) 비율을 적용하여 초과분은 1만 원×1/2=5천 원이다.

따라서 잘못 부과한 과태료 초과분의 합은 甲(10−5)+乙(6−6)+丙(1.5−0.5)=6만 원이다.

✦ 합격생 가이드

법조문과 계산문제가 복합된 형태이다. 이러한 경우 단순한 법조문 형태보다 더 많은 시간이 소요될 수 있다. 라책형의 경우 1번으로 문제가 나왔는데, 첫 문제부터 계산 문제가 나와서 당황할 수 있다. 따라서 전략적으로 넘어가고 시간적 여유가 있을 때 푸는 방법도 권해본다.

22

답 ①

난도 ★★

정답해설

① 첫 번째 조 제2항에 제1호에 의하면 일시적으로 하는 작업을 도급하는 경우 고용노동부장관의 승인 없이 자신의 사업장에서 수급인의 근로자가 그 작업을 하도록 할 수 있다.

오답해설

② 세 번째 조 제1항에 따르면 10억 원 이하의 과징금을 부과·징수할 수 있다.

③ 첫 번째 조 제2항 제2호과 제3항에 따르면 기술이 필수불가결한 경우 그 작업을 하도급할 수 없을 뿐, 필수불가결한 경우가 아니라면 그 작업을 하도급할 수 없다는 규정은 없다.

④ 두 번째 조에 의하면 乙의 근로자가 甲의 사업장에서 작업을 하는 경우, 안전조치 및 보건조치를 할 의무는 도급인 甲이 진다.

⑤ 네 번째 조에 의하면 필요한 안전조치 및 보건조치를 하지 않을 경우 3년 이하의 징역 또는 3천만 원 이하의 벌금에 처해진다.

✦ 합격생 가이드

선지의 판단과 관련하여 한 개의 조항에 딸려있는 각호는 서로 독립적인 규정이다. 따라서 첫 번째 조 제2항 제1호와 제2호는 독립적이므로, 일시적으로 작업을 도급하는 경우 고용노동부장관의 승인을 받을 필요가 없다.

23

답 ⑤

난도 ★★

정답해설

제시된 상황을 표로 정리하면 다음과 같다.

구분	乙	丙		
	재산상 손해	적극적 손해	소극적 손해	위자료
주장	6천만 원	1천만 원	1억 원	5천만 원
법원의 판단	5천만 원	5백만 원	1억 2천만 원	3천 5백만 원

⑤ C견해에 따르면, 적극적 손해와 소극적 손해는 동일한 성질이고 위자료는 다르다. 적극적 손해와 소극적 손해를 합산한 재산상 손해와 위자료를 두 개의 항목으로 나누고 그 항목별 상한 금액을 넘지 않으면 된다. 따라서 법원의 심리 결과에 따라 손해 상한은 재산상 손해(적극+소극) 1억 2천 5백만 원과 위자료 3천 5백만 원이다. 丙의 주장에 따라 재산상 손해(적극+소극) 1억 1천만 원과 위자료 3천 5백만 원을 지급한다면 법원은 1억 4천 5백만 원을 지급하라고 판결해야 한다.

오답해설

① 1문단에 따르면 법원의 심리 결과에 따라 재산상 손해인 5천만 원을 지급하라고 판결해야 한다.

② 1문단에 따르면 법원의 심리 결과를 초과하여 지급할 수 없다. 법원의 판단에 따라 5천만 원을 지급하라고 판결해야 한다.

③ A견해에 따르면, 각 손해 항목별로 금액의 상한을 초과하는 판결을 할 수 없다. 적극적 손해 5백만 원, 소극적 손해 1억 원, 위자료 3천 5백만 원이므로 1억 4천만 원을 지급하라고 판결해야 한다.

④ B견해에 따르면, 손해배상 총액의 상한만 넘지 않는다면 가능하다. 丙의 주장에 따르면 손해배상 총액이 1억 6천만 원이고, 법원의 심리 결과에 따른 총액도 1억 6천만 원이므로 1억 6천만 원을 지급하라고 판결해야 한다.

24

답 ③

난도 ★★

정답해설

③ 제5항에 따르면 협상에 의한 계약을 체결하는 경우 제안서 제출마감일의 전일부터 기산하여 40일 전에 공고하여야 한다. 다만 해당 선지는 제5항 제1호에 따른 제4항 제2호에 해당하는 경우이므로, 제안서 제출마감일의 전일부터 기산하여 10일 전까지 공고할 수 있다. 제출마감일이 2021. 4. 1.이고 2021. 3. 19.에 공고하였다면 공고 기간을 준수한 것이다.

오답해설

① 제1항에 따르면 입찰서 제출마감일의 전일부터 기산하여 7일 전에 행하여야 한다. 제출 마감일이 2021. 4. 1.이므로 2021. 3. 24.에 공고하여야 한다.

② 제2항 단서에 따라 현장설명일의 전일부터 기산하여 30일 전에 공고하여야 한다.

④ 제5항에 따라 제안서 제출마감일의 전일부터 기산하여 40일 전에 공고하여야 한다.

⑤ 제4항에 따라 입찰서 제출 마감일의 전일부터 기산하여 5일 전까지 공고할 수 있다. 제출마감일을 2021. 4. 9.로 다시 정했으므로 2021. 4. 3.까지 재공고하여야 한다.

✦ 합격생 가이드

제출마감일 전일부터 기산한다는 뜻을 이해하여야 한다. 또한 법조문 문제의 특성상 주어진 대부분의 조항이나 호가 활용된다는 것을 생각하면 선지의 정오 판단 시 빠뜨리는 조항이 있는지 주의해야 한다.

25

답 ⑤

난도 ★

정답해설

㉠ : 1957년 개정 「저작권법」에 따르면 저작물의 저작재산권을 저작자가 사망한 후 30년간 존속하는 것으로 규정한다. 따라서 1993. 12. 31.까지이다.

ⓒ : 1987년 개정 「저작권법」에 따르면 저작재산권을 저작자가 사망한 후 50년간으로 개정하였다. 따라서 ③의 보호기간이 연장되므로 20년을 더한 2013. 12. 31.까지이다.

ⓒ : 2011년 개정 「저작권법」에 따르면 보호기간을 저작자가 사망한 후 70년간으로 개정하였다. 따라서 ⓒ에 20년을 더한 2033. 12. 31.까지이다.

◆ 합격생 가이드

기산일과 관련된 정보는 상황판단 문제를 풀기 위해서 자주 접해보았을 것이다. 따라서 많은 수험생들이 어렵지 않게 풀 수 있었을 것이라 생각한다. ③, ⓒ, ⓒ을 차례대로 풀이하는 경우 앞에서 도출한 정답이 뒤의 빈칸에 힌트가 되는 것도 이러한 문제의 특징이므로 알아두어야 한다.

26

답 ③

난도 ★

정답해설

ㄴ. 1문단에 따르면 석유에서 얻은 연료와 달리 식물성 기름에는 황이 거의 들어 있지 않다. 따라서 석유에서 얻은 연료에는 황 성분이 포함되어 있을 것이다.

ㄹ. 2문단에 따르면 바이오디젤은 질소산화물을 일반디젤보다 더 많이 배출하고, 1문단에 따르면 바이오디젤은 일반디젤보다 이산화황을 거의 배출되지 않는다.

오답해설

ㄱ. 2문단에 따르면 바이오디젤은 일반디젤보다 생산원가가 훨씬 높다. 따라서 바이오디젤이 혼합된 BD20은 일반디젤보다 생산원가가 높을 것이다.

ㄷ. 2문단에 따르면 바이오디젤은 일반디젤보다 응고점이 높다. 따라서 같은 온도에서 바이오디젤이 액체일 때 일반디젤은 고체일 수 없다.

27

답 ⑤

난도 ★

정답해설

⑤ 3문단에 따르면 카페인 분해 효소의 효율이 유전적 · 환경적 요인에 따라 어떻게 달라지는지 확인하기 위한 조사에서 유전적 요인이 가장 큰 영향을 준다는 결론에 도달했다.

오답해설

① 1문단에 따르면 카페인에 따른 각성효과는 권고 섭취량과 관계없이 사람마다 다르다.

② 2문단에 따르면 카페인은 아데노신의 역할을 방해한다.

③ 3문단에 따르면 A형이 빠른 대사자, C형이 느린 대사자이다. C형인 사람이 A형인 사람보다 카페인의 각성효과가 더 오래 유지된다.

④ 1문단에 따르면 성인은 몸무게와 관계없이 400mg 이하를 권고한다.

◆ 합격생 가이드

2020년 이후로 잘 출제되지 않았던 줄글 지문의 단순한 정보확인 문제가 출제되었다. 이러한 문제는 답을 찾기 수월하여 풀이시간이 짧기 때문에 시간을 최대한 절약하여 후반부의 퀴즈나 계산 문제에서 쓸 수 있어야 한다.

28

답 ③

난도 ★★

정답해설

기준규격 20gtt/ml는 20방울이 떨어졌을 때 수액 1ml가 주입되는 것을 말한다.

③ : 수액 360ml는 7,200gtt와 같다. 2시간은 7,200초이므로 모두 주입하려면, 1초당 1gtt(방울)씩 주입하여야 한다.

ⓒ : 기준규격에 따라 3초당 1gtt(방울)씩 수액을 주입하면 1분당 20gtt(방울), 즉 1ml를 주입하는 것과 같다. 24시간은 1,440분이므로 최대 1,440ml를 주입할 수 있다.

◆ 합격생 가이드

새로운 단위가 나오는 계산문제에서는 단위가 어떤 의미를 가지고 있는지 잘 파악하여야 한다. ⓒ의 경우 3초당 1gtt로 수액을 주입하며, 기준규격에 따를 때 20방울이 1ml가 되는 것을 이해하면 1분당 1ml가 주입된다는 것을 알 수 있다.

29

답 ⑤

난도 ★★

정답해설

• 각 진로의 편익은 다음과 같다.
 - A : 25×1억 원=25억 원
 - B : 35×7천만 원=24.5억 원
 - C : 30×5천만 원=15억 원×연금(1.2)=18억 원
• 각 진로의 비용은 다음과 같다.
 - A : 3×6천만 원×1.5=2.7억 원
 - B : 1×1천만 원×1.0+2억 원(비연고지)=2.1억 원
 - C : 4×3천만 원×2.0+2억 원(비연고지)=4.4억 원

비용편익분석(편익−비용) 결과값은 A : 22.3억 원, B : 22.4억 원, C : 13.6억 원이다. 단 평판도 1위인 C는 결과값에 2를 곱하여 27.2억 원이 된다.

따라서 진로의 순위는 1순위부터 C, B, A 순이다.

◆ 합격생 가이드

다소 재미있는 소재가 출제되었다. 문제의 숨은 의도를 해석해보자면 진로 C는 5급 공채 시험을 준비하는 것일 가능성이 다분하다. PSAT 문제를 출제 · 검토하는 주체는 교수이거나 5급 공채 출신 현직자인 것을 감안할 때, 수험생들에게 희망을 주는 문제가 아니었나 싶다. 비합리적인 풀이는 지양해야 하지만, 누가 보더라도 C가 사무관인 경우 진로의 순위가 1위가 되는 것은 우연의 일치라기보다는 출제자의 배려라고 생각할 수 있겠다.

30

답 ②

난도 ★★★

정답해설

• 신용카드 거래 시 甲, 乙의 이득
 - 甲 : 100만 원×0.05×0.2(세율)=1만 원
 - 乙 : (100−80)만 원×(1−0.2)−100만 원×0.01(수수료)=15만 원

갑의 이득은 신용카드 거래 시 공제되는 금액에 세율을 곱한 값이고, 을의 이득은 세금을 지출하고 난 뒤 사업소득에 신용카드 수수료를 뺀 값이다.

• 상품권 거래 시 甲, 乙의 이득

– 甲 : X만 원
– 乙 : (100−X)만 원−80만 원=20−X만 원

갑의 이득은 상품권 사용으로 할인받은 X만 원이고, 을의 이득은 세금을 지불하지 않는 사업소득(20−X만 원)이다.

따라서 상품권으로 구매했을 경우 갑과 을 모두 금전적으로 이득을 보았으므로 X의 범위는 1<X<5가 된다.

◆ 합격생 가이드

난도가 높은 수리퀴즈 문제였다. 이러한 문제를 해결하기 위해서는 신용카드 거래 시와 상품권 거래 시로 경우를 나누고, 각각의 경우에 해당하는 조건들을 계산한 뒤 비교하는 방법을 채택하여야 한다.

31

답 ③

난도 ★★★

정답해설

5세트에서 원정팀이 승리하고, 홈팀이 두 세트를 이긴 경우를 모두 나열하면 다음과 같다. 이때의 특징은 5세트는 반드시 원정팀이 승리한다는 것이다. 이를 계산하면 아래 표와 같은 6가지 경우가 나온다.

1세트	2세트	3세트	4세트	5세트	나간 관람객 수(명)
홈	홈	원정	원정	원정	(−500−500−500−0)=−1,500
홈	원정	홈	원정	원정	(−500−0−500−0)=−1,000
홈	원정	원정	홈	원정	(−500−0−1000−0)=−1,500
원정	홈	홈	원정	원정	(−1000−0−500−0)=−1,500
원정	홈	원정	홈	원정	(−1000−0−1000−0)=−2,000
원정	원정	홈	홈	원정	(−1000−1000−1000−0)=−3,000

따라서 5세트가 시작한 시점에 남아 있는 관람객 수의 최댓값은 −1,000명인 7,000명이다.

◆ 합격생 가이드

각 세트가 끝날 때마다 누적 세트 점수가 낮은 팀을 응원하는 관람객이 경기장을 나간다. 이때 누적 세트 점수가 동률이라면 홈팀이든 원정팀이든 아무도 나가지 않는다. 따라서 최대한 경기를 박빙으로 만들고, 동시에 홈팀이 먼저 많은 세트를 따는 경우가 바람직할 것이다. 이러한 포인트를 캐치한다면 홈−원정−홈−원정−원정 순으로 승리하는 경우를 충분히 생각해낼 수 있을 것이다.

32

답 ⑤

난도 ★★★

정답해설

1단계를 통해 도출되는 숫자를 x, 2단계를 통해 도출되는 숫자를 y, 3단계를 통해 도출되는 숫자를 z라고 하자. x, y, z는 1~9까지의 자연수이고, 1, 2, 3단계를 모두 거친 후 출력되는 수는 x+11y+111z이다.

ㄴ. 2500이 출력되도록 누르는 방법은 z=2, y=2, z=6의 한 가지 경우 밖에 가능하지 않다.

```
      x
    y y
+ z z z
─────────
  2 5 0
```

ㄷ. 100의 배수가 출력되려면 y+z=9이고, x+y+z=10이 성립하여야 한다. 즉, 이를 위해선 x는 반드시 10이다.

```
      x
    y y
+ z z z
─────────
1~9 0 0
```

오답해설

ㄱ. 반례를 생각해보면 333과 같은 숫자는 출력할 수 없다.

```
      x
    y y
+ z z z
─────────
  3 3 3
```

일 때, x, y, z는 1~9까지의 자연수로 불가능하다.

◆ 합격생 가이드

난도가 높은 수리퀴즈였다. 해설과 같이 덧셈의 형태를 만들었다면 그나마 수월하게 문제를 풀 수 있었을 것이나, 이를 실전에서 곧바로 생각해낼 수 있는 수험생은 소수이다. ㄷ과 관련하여서도 수학적 센스를 요구하기 때문에 평소에 수리퀴즈를 많이 접해보는 연습이 필요하다.

33

답 ④

난도 ★★

정답해설

주어진 조건을 정리하면 다음과 같다.

1) A : A포함 3명 옹달샘(토끼지만 편의상 '명'을 단위로 한다).
2) B : D물 → B물
3) C : C옹달샘 ↔ D옹달샘
4) D : ~B옹달샘 → ~D옹달샘
5) E : E제외 2명이 물을 마셨다.

제시된 조건을 표로 나타내면 다음과 같다.

구분	A	B	C	D	E
물(2명)					X
옹달샘(3명)	O				

3)과 4)를 통해 'D옹달샘 → C옹달샘∧B옹달샘'이다. 옹달샘은 3명이므로 D는 옹달샘에 가지 않았다. '~D옹달샘 → ~C옹달샘'이고, 나머지 A, B, E가 옹달샘에 다녀왔다.

구분	A	B	C	D	E
물(2명)					X
옹달샘(3명)	O	O	X	X	O

옹달샘에서 물을 마시는 경우의 수는 다음과 같다.

i)

구분	A	B	C	D	E
물(2명)	X	O	X	O	X
옹달샘(3명)	O	O	X	X	O

ii)

구분	A	B	C	D	E
물(2명)	O/X	O	X/O	X	X
옹달샘(3명)	O	O	X	X	O

iii)

구분	A	B	C	D	E
물(2명)	O	X	O	X	X
옹달샘(3명)	O	O	X	X	O

④ 모든 경우에 '~A물 → B물'이다.

오답해설

① i), ii)의 경우에 A, D 둘 다 물을 마신 것은 아니다.
② ii), iii)의 경우에 C, D 둘 다 물을 마신 것은 아니다.
③ E는 옹달샘에 다녀갔다.
⑤ 모든 경우에 '~물 → 옹달샘'인 것은 아니다. 물을 마시지 않은 경우도 존재한다.

◆ 합격생 가이드

전형적인 논리퀴즈 문제이고, 충분히 연습되었다면 시간을 단축하며 풀 수 있었을 것이다. 실전에서는 모든 경우의 수를 나타내도 좋지만, ④를 귀류법으로 검증하여 '~A물∧~B물'인 경우 모순이 발생함을 알고 ④가 반드시 참이라는 결과를 도출하여도 좋다.

34

난도 ★★★

정답해설

편의상 제시된 조건에 1)부터 5)까지 번호를 붙인다면 1)~3)까지 조건에 따라 A전화번호를 구성하는 홀수는 (1, 5, 9) 또는 (3, 5, 7)이다.

• A전화번호가 (1, 5, 9)로 이루어져 있는 경우
  – 공통된 숫자의 종류 또한 (1, 5, 9)가 된다.
  – 5)에 따르면 B전화번호의 두 번째로 작은 숫자는 2 또는 4이다.
  – 4)에 따르면 B전화번호를 구성하는 숫자 중 가장 큰 숫자는 세 번 나타나므로 6개의 숫자 종류는 4가지이다(여섯 자리가 aaabcd이기 때문에 숫자 종류는 a~d까지 4가지).
  – B전화번호를 구성하는 6개 숫자는 (1, 2, 5, 9) 또는 (1, 4, 5, 9)이다.
  따라서 최댓값은 (1, 4, 5, 9)일 때 숫자를 모두 합한 37이다.
• A전화번호가 (3, 5, 7)로 이루어져 있는 경우
  – 공통된 숫자의 종류 또한 (3, 5, 7)이다.
  – B전화번호의 두 번째로 작은 숫자는 4이다.
  – B전화번호를 구성하는 6개 숫자는 (3, 4, 5, 7)이다.
  따라서 (3, 4, 5, 7)을 더한 값은 33이므로 B전화번호의 최댓값은 (1, 4, 5, 9)일 때의 37이다.

◆ 합격생 가이드

B전화번호를 구성하는 숫자의 종류는 4가지인 것을 1), 4), 5)의 조건을 통해 알 수 있다. 이를 이용한 경우의 수를 나누어 최대가 되는 경우를 도출해내도록 한다.

35

답 ①

난도 ★★★

정답해설

제시된 내용을 표로 정리하면 다음과 같다.

구분	봄	여름	가을	겨울
	물	불	돌	눈
수컷	물			
암컷	불			

ㄱ. 겨울에 태어난 양이므로 눈과 암컷이므로 불이 반드시 포함되어야 한다. 이 양에게 붙일 수 있는 두 글자 이름은 눈불 또는 불눈 두 가지이다.

오답해설

ㄴ. 물불이 여름에 태어난 암컷일 경우 불만 포함되면 된다. 따라서 물불이 여름에 태어났다고 반드시 수컷인 것은 아니고, 봄에 태어났다고 반드시 암컷인 것도 아니다.
ㄷ. A마을 양의 이름은 한 글자일 수 있다. 여름에 태어난 암컷일 경우 이름이 불일 수 있다.

◆ 합격생 가이드

함정이 있는 퀴즈 문제이다. ㄴ의 경우 출제자가 함정에 걸릴 것을 의도한 것으로, ㄱ, ㄴ을 옳다고 판단하고 ④를 선택하고 넘어간 학생이 많을 것이다. 하지만 ㄷ에서 힌트를 얻는다면 그러한 함정을 피할 수 있다. 상황판단 문제를 풀 때는 항상 종합적인 사고를 하여야 하며, 출제자가 의도한 틀에 갇혀서 섣부르게 판단하면 안 된다.

36

답 ④

난도 ★★

정답해설

乙 : 1급지이고, 총시설평가액의 $\frac{2}{3}$(6.67억 원) 이상이 본인 소유 시설평가액(8억 원)이어서 가능하다. 두 번째 조건으로 하역시설 평가액 총액(8억 원) 역시 해당 사업자의 시설평가액 총액(11억 원)의 $\frac{2}{3}$(7.4억 원) 이상이므로 적정하다.

丁 : 3급지이고, 자본금이 1억 원 이상이므로 등록기준 총시설평가액은 5천만 원으로 완화된다. 총시설평가액의 $\frac{2}{3}$(3.34천만 원) 이상이 본인 소유 시설평가액(7천만 원)이므로 가능하다. 두 번째 조건 역시 하역시설 평가총액(6천만 원)이 시설평가액 총액(9천만 원)의 $\frac{2}{3}$ 이상이므로 적정하다.

오답해설

甲 : 1급지이므로 총시설평가액의 $\frac{2}{3}$ 이상(6.67억 원)이 본인 소유 시설평가액이어야 하지만 이는 6억 원으로 불가능하다. 또한 甲은 최소 등록기준의 자본금에서부터 제외된다.
丙 : 2급지이고 총시설평가액의 $\frac{2}{3}$(3.34억 원) 이상이 본인 소유 시설평가액(5억 원)이므로 가능하다. 하지만 두 번째 조건의 하역시설 평가액 총액(5억 원)이 해당 사업자의 시설평가액 총액(8억 원)의 $\frac{2}{3}$(5.4억 원) 이상이 아니므로 적정하지 않다.

⬥ **합격생 가이드**

여러 선지 중 어느 선지가 조건을 충족하는지 묻는 조건적용 문제에서는 대부분 단서에 의해 조기에 소거되는 선지가 존재한다. 이 문제의 경우 甲은 첫 번째 조건(자본금)부터 충족시키지 못하여 바로 소거되었다. 이러한 점을 빠르게 파악하는 연습을 해두어야 한다.

37

🔖 ②

난도 ★★

정답해설

제시된 내용을 정리하면 다음과 같다.

- 소방자동차1 : 마지막 조건에 의해 운행거리가 12만km를 초과하여 내용연수 기준을 초과하므로 폐기한다.
- 소방자동차2 : 내용연수는 10년이고, 현재 사용연수는 9년이므로 교체대상까지 1년, 연장 사용한다면 2년이 남았다.
- 소방용로봇 : 내용연수는 7년이고, 현재 사용연수는 4년이므로 교체대상까지 3년이 남았다.
- 구조용 안전벨트 : 내용연수 기준으로 기본 3년이고, 1회 연장 사용시 최대 4년이므로, 내용연수 기준을 초과하여 폐기한다.
- 폭발물방호복 : 마지막 조건에 의해 실사용량이 경제적 사용량을 초과하여 내용연수 기준을 초과하므로 폐기한다.

따라서 가장 먼저 교체대상이 될 장비는 소방자동차2이다.

⬥ **합격생 가이드**

정답이 아닌 선지를 빠르게 소거해나간다는 식으로 문제를 풀어가는 것은 조건적용 문제에서 항상 강조하는 내용이다. 이 문제에서는 마지막 조건을 보고 바로 소방자동차1과 폭발물방호복을 소거하였다면 그만큼 계산하여야 할 시간을 단축하였다.

38

🔖 ①

난도 ★★

정답해설

갑과 을의 점수를 표로 나타내면 다음과 같다.

구분	등산		스키		암벽등반		수영		볼링	
	甲	乙	甲	乙	甲	乙	甲	乙	甲	乙
비용	5	5	1	1	2	2	3	3	4	4
만족도	2	2	4	4	5	5	1	1	3	3
위험도	1	5	5	1	4	2	2	4	3	3
활동량	2	4	5	1	3	3	4	2	1	5
합계	10	16	15	7	14	12	10	10	11	15

등산과 암벽등반, 볼링의 합계점수가 각 26점으로 가장 높고, 동점일 때에는 乙이 부여한 점수의 합이 가장 높은 종목을 선택하므로 등산이 선택된다.

⬥ **합격생 가이드**

실전에서는 표 옆에 점수를 표시하도록 한다. 또한, 위험도와 활동량의 점수를 적을 때, 甲과 乙의 점수의 합이 항상 60이 됨을 파악했다면 문제를 조금 더 빨리 풀 수 있다.

39

🔖 ②

난도 ★★

정답해설

② 플래터가 5개, 플래터당 트랙이 10개, 트랙당 섹터가 20개라면, 실린더의 개수는 10개이다. 4문단에 따르면 플래터 표면 중심에서 거리가 같은 모든 트랙을 수직으로 묶어 하나의 실린더라고 한다. 플래터당 트랙이 10개라면 실린더의 개수 또한 10개이다.

오답해설

① 1문단에 따르면 플래터에는 양면으로 표면이 2개씩 있다. 플래터가 5개라면 표면의 개수는 최대 10개이다.

③ 3문단에 따르면 모든 섹터의 크기가 같다면 바깥쪽 트랙일수록 더 많은 섹터가 있다.

④ 3문단에 따르면 한 섹터는 512바이트를 저장하든, 10바이트를 저장하든 섹터 한 개를 전부 사용해야 한다.

⑤ 4문단에 따르면 하드디스크의 여러 곳(트랙과 섹터)에 분산되어 파일이 저장되기도 한다.

⬥ **합격생 가이드**

시험지 여백에 하드디스크의 원반 모양을 그려 플래터와 헤드, 트랙과 실린더 등을 표시하면 이해하기 더 편하다. 실전에서는 이러한 사항들을 그려보는 시간도 아끼려는 수험생이 많은데, 가능하면 확실하게 풀고 넘어가는 방법을 찾아야 한다.

40

🔖 ④

난도 ★★

정답해설

플래터의 회전속도가 7,200rpm이라는 것은 분당 7,200번 회전한다는 것을 의미한다. 바꿔 말하면 60초에 7,200번 회전하므로 1초당 120번을 회전한다. 즉 1회전에 1/120초가 걸리므로 ㉠은 $\dfrac{1}{120}$이다.

헤드의 이동속도가 5Hz라는 것은 1초에 헤드가 5번 왕복한다는 것을 의미한다. 표면당 트랙이 20개가 있으므로, 1번 왕복에 트랙을 40번 지나게 된다. 이를 비례식으로 나타내면 '1초 : 트랙(40×5개)=㉡초 : 트랙 1개'가 되므로 ㉡=$\dfrac{1}{200}$이다.

⬥ **합격생 가이드**

상황판단에서 자주 등장하는 단위 계산 문제이다. 단위 계산 문제를 푸는 정석적인 방법은 해당 단위에 대한 이해를 바탕으로 비례식을 세워 푸는 것임을 기억해둔다면 문제 풀이에 유용하게 쓰일 수 있다.

2022 7급 PSAT 상황판단 기출문제

01	02	03	04	05	06	07	08	09	10
⑤	①	⑤	①	②	②	③	④	②	③
11	12	13	14	15	16	17	18	19	20
①	②	③	⑤	①	③	④	②	③	③
21	22	23	24	25					
⑤	④	①	④	④					

01 정답 ⑤

난도 ★

정답해설

⑤ 합병 등에 의하여 인증받은 요건이 변경된 경우에는 인증을 취소할 수 있을 뿐 반드시 취소해야 하는 것은 아니다.

오답해설

① 재해경감활동 비용 조건은 최초 평가에 한하여 3개월 내에 충족할 것을 조건으로 인증할 수 있다.
② 우수기업에 대한 재평가는 의무적으로 실시해야 하는 것이 아니다.
③ 평가 및 인증에 소요되는 비용은 신청하는 자가 부담한다.
④ 거짓으로 인증을 받은 경우 A부 장관은 인증을 취소하여야 한다.

02 정답 ①

난도 ★

정답해설

① 가족관계등록부에는 등록기준지가 기록되어야 한다. 그런데 김가을은 김여름의 성과 본을 따르므로 김여름의 등록기준지인 '부산광역시 남구 ◇◇로 2-22'가 기록되어야 한다.

오답해설

② ①의 해설과 같다.
③ · ④ · ⑤ 가족관계등록부에는 출생연월일, 본, 성별이 기록되어야 한다.

03 정답 ⑤

난도 ★

정답해설

⑤ 시장 등은 직접 시행하는 정비사업에 관한 공사가 완료된 때에는 그 완료를 해당 지방자치단체의 공보에 고시해야 한다.

오답해설

① 토지 등 소유자로 구성된 조합을 설립하는 경우는 시장 등이 아닌자가 정비사업을 시행하려는 경우이다.
② 준공인가신청이 필요한 경우는 시장 등이 아닌자가 정비사업 공사를 완료한 때이다.
③ · ④ 준공인가 후 공사완료의 고시가 있는 날의 다음 날에 정비구역이 해제되지만 이는 조합의 존속에 영향을 주지 않는다.

04 정답 ①

난도 ★

정답해설

① 총톤수 100톤 미만인 부선은 소형선박에 해당하며, 소형선박 소유권의 이전은 계약당사자 사이의 양도합의와 선박의 등록으로 효력이 생긴다.

오답해설

② 총톤수 20톤 이상인 기선은 선박의 등기를 한 후에 선박의 등록을 신청하여야 한다.
③ 선박의 신청은 선적항을 관할하는 지방해양수산청장에게 한다.
④ 선박국적증서는 등기가 아니라 등록신청을 한 후에 지방해양수산청장이 발급하는 것이다.
⑤ 등록 신청을 받은 후 이를 선박원부에 등록하는 것은 지방해양수산청장이다.

05 정답 ②

난도 ★

정답해설

② 봄보리는 봄에 파종하여 그해 여름에 수확하며, 가을보리는 가을에 파종하여 이듬해 여름에 수확하므로 봄보리의 재배기간이 더 짧다.

오답해설

① 흰색 쌀은 가을, 여름에 심는 콩은 가을에 수확한다.
③ 흰색 쌀은 논에서 수확한 벼를 가공한 것이며, 회색 쌀은 밭에서 자란 보리를 가공한 것이다.
④ 보릿고개는 하지까지이므로 그 이후에는 보릿고개가 완화된다.
⑤ 봄철 밭에서는 보리, 콩, 조가 함께 자라는 것을 볼 수 있었다고 하였다.

06 정답 ②

난도 ★

정답해설

출발지부터 대안경로의 시점까지의 평균속력은 모든 경우에서 동일하므로 대안경로에서의 평균속력($\frac{거리(A)}{시간(B)}$)으로 판단해보자.

ㄱ. 분자가 커지고 분모가 작아지므로 전체 값은 커진다. 따라서 대안경로를 선택한다.
ㄷ. 분자와 분모가 모두 작아지는 경우 분모의 감소율이 분자의 감소율보다 더 클 경우 전체 값은 증가한다. 이 경우에 해당한다면 대안경로를 선택한다.

오답해설

ㄴ. 분자와 분모가 모두 커진다면 전체 값의 방향을 알 수 없다. 따라서 대안경로를 선택할 지의 여부를 알 수 없다.
ㄹ. 분자가 작아지고 분모가 커진다면 전체 값은 작아진다. 따라서 대안경로를 선택하지 않는다.

07 정답 ③

난도 ★

정답해설

③ 총액의 차이가 9,300원이므로 이를 만족하는 경우를 찾으면 된다. 딸기 한 상자가 더 계산되고, 복숭아 한 상자가 덜 계산된 경우가 이에 해당한다.

08 정답 ④

난도 ★

정답해설

- 甲 : 의료법인 근로자에 해당하므로 참여 가능하다.
- 乙 : 회계법인 소속 노무사에 해당하므로 참여 불가능하다.
- 丙 : 대표는 참여 대상에서 제외되지만 사회복지법인의 대표이므로 참여 가능하다.
- 丁 : 대기업 근로자에 해당하므로 참여 불가능하다.
- 戊 : 임원은 참여 대상에서 제외되지만 비영리민간단체의 임원이므로 참여 가능하다.

09 정답 ②

난도 ★

정답해설

② 국민참여예산사업은 국무회의에서 정부예산안에 반영된 후 국회에 제출된다.

오답해설

① 국민제안제도에서는 국민들이 제안을 할 수 있을 뿐이며 우선순위 결정과정에는 참여하지 못한다.

③ 국민참여예산제도는 정부의 예산편성권 내에서 운영된다.

④ 결정된 참여예산 후보사업이 재정정책자문회의의 논의를 거쳐 국무회의에서 정부예산안에 반영되므로 순서가 반대로 되었다.

⑤ 예산국민참여단의 사업선호도는 오프라인 투표를 통해 조사한다.

10 정답 ③

난도 ★

정답해설

제시된 자료를 토대로 자료를 정리하면 다음과 같다.

	2019년도			2020년도		
	생활밀착형 사업	취약계층 지원사업	계	생활밀착형 사업	취약계층 지원사업	계
	688억 원	112억 원	800억 원	870억 원	130억 원	1,000억 원

따라서 2019년도와 2020년도 각각에서 국민참여예산사업에서 취약계층지원사업이 차지한 비율은 $14\%(=\frac{112}{800})$, $13\%(=\frac{130}{1,000})$이다.

11 정답 ①

난도 ★

정답해설

① 보고자가 국장인 경우에는 가장 먼저 보고하므로 D법 시행령 개정안이 가장 먼저 보고되며, 법규 체계 순위에 따라 법이 다음으로 보고되어야 한다. 그런데 법에는 A법과 B법 두 개가 존재하므로 소관부서명의 가나다 순에 따라 B법 개정안이 두 번째로 보고된다. 세번째로는 소관부서가 기획담당관으로 같은 C법 시행령 개정안이 보고되어야 하며, 네 번째로는 다시 법규 체계 순위에 따라 A법 개정안이 보고되어야 한다.

12 정답 ②

난도 ★

정답해설

- A사업 : 창호(내부)는 지원하지 않으므로 쉼터 수리비용만 해당된다. 따라서 본인부담 10%를 제외한 810만 원을 지원받을 수 있다

- B사업 : 쉼터 수리비용은 50만 원 한도내에 지원 가능하므로 한도액인 50만 원을 지원받을 수 있으며, 창호 수리비용은 본인부담 50%를 제외한 250만 원을 지원받을 수 있다. 따라서 총 300만 원을 지원받을 수 있다.

甲은 둘 중 지원금이 더 많은 사업을 선택하여 신청한다고 하였으므로 A사업을 신청하게 되며, 이때 지원받게 되는 금액은 810만 원이다.

13 정답 ③

난도 ★

정답해설

방식 1~방식 3을 정리하면 다음과 같다.

1) 방식 1

	월	화	수	목	금
기본업무량	60	50	60	50	60
처리업무량	100	80	60	40	20
칭찬/꾸중	칭찬	칭찬	–	꾸중	꾸중

2) 방식 2

	월	화	수	목	금
기본업무량	60	50	60	50	60
처리업무량	0	30	60	90	120
칭찬/꾸중	꾸중	꾸중	–	칭찬	칭찬

3) 방식 3

	월	화	수	목	금
기본업무량	60	50	60	50	60
처리업무량	60	60	60	60	60
칭찬/꾸중	–	칭찬	–	칭찬	–

ㄴ. 위 표에 의하면 수요일에는 어느 방식을 선택하더라도 칭찬도 꾸중도 듣지 않는다.

ㄷ. 위 표에 의하면 어떤 방식을 선택하더라도 칭찬을 듣는 날수는 2일이다.

오답해설

ㄱ. 위 표에 의하면 화요일에는 칭찬을 듣는다.

ㄹ. 방식 1은 0, 방식 2는 0, 방식 3은 2이므로 방식 3을 선택하여야 한다.

14

정답 ⑤

난도 ★★

정답해설

제시된 자료를 정리하면 다음과 같다.(비희망 인원은 문제풀이에 필요 없음)

남자 700명		여자 300명	
희망 280명		희망 150명	
A지역	B지역	A지역	B지역
168명(60%)	112명(40%)	30명(20%)	120명(80%)

ㄱ. 전체 직원 중 남자직원의 비율은 70%이다.
ㄷ. A지역 연수를 희망하는 직원은 198명이다.
ㄹ. B지역 연수를 희망하는 남자직원은 112명이다.

오답해설

ㄴ. 전체 연수 희망인원은 430명이므로 이의 40%는 172명인데, 여자 희망인원은 150명에 불과하므로 40%를 넘지 않는다.

15

정답 ①

난도 ★★

정답해설

ㄴ. 판매가격을 5% 인하했다면 매출액이 0.4억 원만큼 감소하며, 나머지 항목이 같으므로 이익 역시 0.4억원 감소한다.

오답해설

ㄱ. 모든 항목이 같다면 2021년의 이익과 2020년의 이익은 같다.
ㄷ. 판매량이 10% 증가했다면 매출액에서 변동원가를 뺀 수치가 10% 즉, 0.16억 원 증가하였으나 고정원가는 0.05억 원 감소하는데 그치므로 전체 이익은 증가한다.
ㄹ. 판매가격과 판매량이 모두 증가했다면 매출액에서 변동원가를 뺀 수치는 증가하게 되는데 고정원가가 불변이므로 전체 이익은 증가한다.

16

정답 ③

난도 ★

정답해설

甲~丙의 작년과 올해 성과급을 구하면 다음과 같다.

	작년	올해
甲	1,050만 원(=3,500만 원×30%)	1,600만 원(=4,000만 원×40%)
乙	1,000만 원(=4,000만 원×25%)	1,600만 원(=4,000만 원×40%)
丙	450만 원(=3,000만 원×15%)	350만 원(=3,500만 원×10%)

③ 丙은 작년에 비해 올해 성과급이 감소한다.

오답해설

① 甲의 작년 성과급은 1,050만 원이다.
② 甲과 乙의 올해 성과급은 1,600만 원으로 모두 같다.
④ 丙의 올해 연봉과 성과급의 합은 800만 원으로 셋 중 가장 작다.
⑤ 丙은 성과급이 감소하였으므로 제외하고 甲과 乙을 비교해보면 올해의 성과급은 같은 반면 작년의 성과급은 乙이 작다. 따라서 상승률은 乙이 더 크다.

17

정답 ④

난도 ★★

정답해설

④ 제시된 조건을 정리하면 다음과 같다.
전공시험 점수 : A > B > E, C > D
영어시험 점수 : E > F > G
적성시험 점수 : G > B, G > C
B와 E가 합격하였다면 전공시험 점수가 높은 A가 합격하였을 것이고, 적성시험 점수가 높은 G도 합격하였을 것이다. G가 합격하였다면 영어시험 점수가 높은 F도 합격하였을 것이다.

오답해설

① A의 합격여부만을 가지고 B의 합격여부를 판단할 수는 없다.
② G가 합격하였다면 영어시험 점수가 더 높은 E와 F도 합격하였을 것이고 E가 합격하였다면 전공시험 점수가 더 높은 A와 B도 합격하였을 것이다. 또한 B가 합격하였다면 적성시험 점수가 높은 G도 합격하였을 것이다. 하지만 C는 합격여부를 판단할 수 없다.
③ A와 B가 합격하였다면 적성시험 점수가 높은 G가 합격하였을 것이고, G가 합격하였다면 영어시험 점수가 높은 E와 F도 합격하였을 것이다. 또한 E가 합격하였다면 전공시험 점수가 높은 A와 B도 합격하였을 것이다. 하지만 C와 D는 합격여부를 판단할 수 없다.
⑤ B가 합격하였다면 전공시험 점수가 높은 A와 적성시험 점수가 높은 G가 합격하였을 것이다. G가 합격하였다면 영어시험 점수가 높은 E와 F도 합격하였을 것이므로 적어도 5명이 합격하였을 것이다.

18

정답 ②

난도 ★★

정답해설

ㄴ. 만약 乙이 4점 슛에 도전하지 않은 상태라면 이 때 얻을 수 있는 최대 득점은 1, 2, 5회차에 모두 3점 슛을 성공시킨 9점이다. 甲이 3점 슛에 2번 도전하였을 경우의 최소 득점은 3점 슛을 1번 성공하고 2점 슛을 3번 성공시킨 9점이다. 따라서 乙이 4점 슛에 도전하지 않은 상태라면 甲에게 승리할 수 없으므로 만약 乙이 甲에게 승리하였다면 반드시 4점 슛에 도전했을 것이다.

오답해설

ㄱ. 甲이 2회차에 4점 슛을 실패하고 나머지 회차에 2점 슛을 성공시키는 경우가 합계 점수가 최소가 되는 경우인데 이때의 득점은 7점이다.
ㄷ. 선택지의 조건을 적용했을 때 乙의 최댓값보다 甲의 최솟값이 더 크다면 甲은 항상 승리하게 된다. ㄱ에서 甲의 최솟값이 7점임을 알 수 있었으며, 乙의 최댓값은 4점 슛 1번, 3점 슛 2번을 성공한 8점이다. 따라서 항상 甲이 승리하는 것은 아니다.

19

정답 ③

난도 ★★★

정답해설

③ 양봉농가 간 거리가 12km 이상인 경우라고 하였으므로 양봉농가를 최대한 배치하기 위해서는 아래의 그림과 같은 경우가 되어야 한다. 따라서 최대 7개가 가능하다.

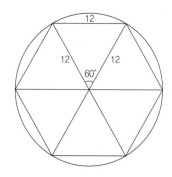

20
정답 ③

난도 ★★★

정답해설

만약 대화 중인 날이 7월 3일이라고 해보자. 그렇다면 어제는 7월 2일이고 그저께는 7월 1일이 되는데, 7월 1일의 만 나이가 21살이고, 같은 해의 어느 날의 만 나이가 23살이 되는 것은 불가능하다. 이는 대화 중인 날이 7월 3일 이후 어느 날이 되었든 마찬가지이므로 이번에는 앞으로 날짜를 당겨보자.

대화 중인 날이 1월 2일이라고 해보자(1월 3일은 7월 3일과 같은 현상이 발생하므로 제외한다). 그렇다면 어제는 1월 1일이고, 그저께는 12월 31일이 되는데, 1월 1일과 1월 2일, 그리고 같은 해의 어느 날의 만나이가 모두 다르게 되는 것은 불가능하다.

이번에는 대화 중인 날이 1월 1일이라고 해보자. 그렇다면 어제는 12월 31일이고 그저께는 12월 30일이 되는데 만약 12월 31일이 생일이라면 대화의 조건을 모두 충족한다.

따라서 甲의 생일은 12월 31일이며, 만 나이를 고려한 출생연도는 1999년이다. 그렇다면 甲의 주민등록번호 앞 6자리는 991231이 되어 각 숫자를 모두 곱하면 4860이 된다.

✦ 합격생 가이드

이와 같이 두뇌 테스트 같은 문제들이 종종 출제되곤 한다. 이런 문제를 만나게 되면 논리적으로 풀기보다는 이 문제의 해설과 같이 직관적인 수치를 직접 대입해서 판단하는 것이 훨씬 빠르고 정확하다. 실전에서 사용할 수도 없는 논리적인 틀을 굳이 찾아내려고 하지 말자.

21
정답 ⑤

난도 ★★★

정답해설

주어진 상황을 토대로 자료를 정리하면 다음과 같다.

1) 올해 최대 검사 건수 : $(9 \times 100 \times 40\%) + (80 \times 100 \times 90\%) = 360 + 7{,}200 = 7{,}560$건

2) 내년 예상 검사 건수 : $7{,}560 \times 120\% = 9{,}072$건

3) 내년 최대 검사 건수(현재 인원으로 검사 가정) : $(9 \times 90 \times 40\%) + (80 \times 90 \times 90\%) = 324 + 6{,}480 = 6{,}804$건

4) 내년 부족 건수 : $9{,}070 - 6{,}804 = 2{,}268$건

5) 증원 요청 인원 : $2{,}268 \div 81 = 28$명

여기서 81로 나누는 이유는 필요한 최소 직원 수에서 올해 직원 수를 뺀 인원을 증원 요청한다고 했기 때문이다. 즉, 최대 검사 건수가 가장 많은 직원들로 충원한다고 가정해야 이것이 가능한데, 이에 해당하는 직원 그룹은 국장, 사무처리 직원, 과장을 제외한 나머지 직원들이다. 이들의 내년도 기준 검사건수는 90건이지만 품질 검사 교육 이수로 인해 10%를 차감한 81건으로 나누게 되는 것이다.

22
정답 ④

난도 ★★

정답해설

주어진 조건을 토대로 4, 5회차를 제외한 세 사람의 문제 풀이 결과를 정리하면 다음과 같다.

구분	1	2	3	4	5	6	7
甲	1 ○	3 ○	7 ×	4		○	×
乙	1 ○	3 ○	7 ○	15		×	○
丙	1 ○	3 ×	2 ○	5		○	×

• 甲이 4회차에 4번 문제를 틀렸다면 5회차에 3번을 풀어야 하는데, 이는 같은 문제를 두 번 풀지 않는다는 조건에 위배된다. 따라서 甲은 4번을 맞추었다.

• 乙이 4회차에 15번 문제를 맞추었다면 5회차에 25번을 풀고 그 이후로는 문제를 풀지 않아야 한다는 조건에 위배된다. 따라서 乙은 15번을 틀렸다.

• 丙이 4회차에 5번 문제를 틀렸다면 5회차에 3번을 풀어야 하는데, 이는 같은 문제를 두 번 풀지 않는다는 조건에 위배된다. 따라서 丙은 5번을 맞추었다.

여기까지의 결과를 정리하면 다음과 같다.

구분	1	2	3	4	5	6	7
甲	1 ○	3 ○	7 ×	4 ○	9	○	×
乙	1 ○	3 ○	7 ○	15 ×	8	×	○
丙	1 ○	3 ×	2 ○	5 ○	11	○	×

乙이 5회차에 8번 문제를 틀렸다면 6회차에 5번, 7회차에 3번을 풀어야 하는데, 이는 같은 문제를 두 번 풀지 않는다는 조건에 위배된다. 따라서 乙은 8번을 맞추었다. 그런데 7회차까지 세 사람이 맞힌 정답의 개수가 같다고 하였으므로 甲과 丙 역시 해당되는 문제를 맞추었음을 알 수 있다.

이제 위의 결과를 최종적으로 정리하면 다음과 같다.

구분	1	2	3	4	5	6	7
甲	1 ○	3 ○	7 ×	4 ○	9 ○	○	×
乙	1 ○	3 ○	7 ○	15 ×	8 ○	×	○
丙	1 ○	3 ×	2 ○	5 ○	11 ○	○	×

ㄴ. 4회차에는 甲과 丙 두 명이 정답을 맞췄다.

ㄹ. 위 표를 토대로 판단해보면 乙은 6회차에 17번, 7회차에 9번을 풀었다.

오답해설

ㄱ. 4회차에 甲은 4번, 丙은 5번을 풀었다.

ㄷ. 5회차에는 세 명 모두 정답을 맞췄다.

23
정답 ①

난도 ★★★

정답해설

① A가 E와 함께 참석한다면, F도 같이 참석해야 한다. 그런데 식사인원은 최대 4명이므로 (갑, A, E, F)를 한 조로 묶을 수 있다. 다음으로 C와 D는 함께 식사하지 않는다고 하였으므로 C가 들어간 조와 D가 들어간 조로 나누어 생각해보자. 남은 사람은 B와 G인데 G는 부팀장과 함께 식사한다고 하였으므로 B와 G는 하나의 세트로 묶을 수 있다. 그렇다면, 갑, B, G가 고정된 상태에서 C 혹은 D를 추가로 묶어 한 조가 됨을 알 수 있다. 그런데 이렇게 될 경우 C

혹은 D 중 한명은 갑과 단 둘이 식사를 해야 하는 상황이 되고 만다. 이를 표시하면 아래와 같다.

갑	A	B	C	D	E	F	G
○	○	×	×	×	○	○	×
○	×	○	○/×	×/○	×	×	○
○	×	×	×/○	○/×	×	×	×

오답해설

② 가능한 경우를 판단해보면 (갑, B, C), (갑, E, F), (갑, A, D, G)가 가능하다.

③ 가능한 경우를 판단해보면 (갑, A, C, G), (갑, B, D), (갑, E, F)가 가능하다.

④ D와 E가 함께 참석한다면 F도 함께 참석해야 하므로 (갑, D, E, F)를 한 조로 묶을 수 있다. 그런데 부팀장 A와 B는 함께 식사할 수 없으므로 A와 B는 각각 다른 조에 편성이 되어야 한다. 전체 인원으로 인해 남은 조는 2개 뿐이므로 C는 부팀장인 A 또는 B와 같은 조에 편성될 수 밖에 없다.

⑤ G는 부팀장 A 또는 B와 함께 식사해야 하므로 갑, 부팀장1, G의 3명을 일단 묶을 수 있는데 E와 F는 같이 식사해야 하므로 이들은 이 조에 편성될 수 없다. 그렇다면 남은 것은 부팀장2, C, D인데 부팀장2는 같이 식사를 할 수 없으므로 이 조가 4명이 되기 위해서는 C 혹은 D중 한명이 이 조에 편성되어야 한다. 다음으로 갑과 E, F가 묶여진 조를 생각해볼 수 있는데 이 조에는 더 이상 다른 인원이 들어갈 수 없다. 왜냐하면 남은 사람은 B와 D뿐인데 이들이 나뉘게 될 경우 (갑, E, F)조에 들어가지 않은 사람 갑과 단 둘이 식사를 해야 하기 때문이다. 따라서 (갑, E, F)가 하나의 조로 묶이게 되며, 이를 표시하면 아래와 같다.

갑	A	B	C	D	E	F	G
○	○	×	○	×	×	×	○
○	×	×	×	×	○	○	×
○	×	○	×	○	×	×	×

24

정답 ④

난도 ★★★

정답해설

복잡하게 생각하면 머릿 속에서 정리가 쉽게 되지 않지만, 단순하게 생각하면 이보다 간단할 수 없는 문제이다.

먼저 두 사람은 자신만의 일정한 속력으로 걷는다고 하였으므로 동일한 거리를 왕복하는데 걸리는 시간은 동일하다는 것을 알 수 있다. 따라서 甲이 예상했던 시각보다 2분 일찍 사무실로 복귀했다는 것은 가는데 1분, 오는데 1분의 시간만큼 예상보다 빨랐다는 것을 의미한다.

다음으로 문제와는 다르게 만약 甲이 예상했던 시각에 맞추어 사무실로 복귀했다고 해보자. 그렇다면 실제 소요시간과 예상 소요시간이 같으므로 甲은 4분 일찍 자신의 사무실을 떠났을 것이다(예상 소요시간이 4분이므로 4분 전에 나가야 함은 너무나 당연하다). 그런데 문제에서는 2분 일찍(편도로는 1분) 일찍 도착하였으므로 甲은 원래 5분이 걸릴 것을 예상했는데 실제로는 4분밖에 걸리지 않았다는 결론이 나오게 된다.

25

정답 ④

난도 ★

정답해설

④ 재외공무원이 일시귀국 후 국내 체류기간을 연장하는 경우에는 장관의 허가를 받아야 한다.

오답해설

① 재외공무원이 공무로 일시귀국하고자 하는 경우에는 장관의 허가를 받아야 한다.

② 공관장이 공무 외의 목적으로 일시귀국하려는 경우에는 장관의 허가를 받아야 하나, 배우자의 직계존속이 위독한 경우에는 장관에게 신고하고 일시귀국할 수 있다.

③ 재외공무원이 연 1회를 초과하여 공무 외의 목적으로 일시귀국하려는 경우에는 장관의 허가를 받아야 하나, 동반가족의 치료를 위하여 일시귀국하는 경우에는 일시귀국의 횟수에 산입하지 않는다.

⑤ 재외공무원이 연 1회를 초과하여 공무 외의 목적으로 일시귀국하기 위해서는 장관의 허가를 받아야 한다.

2021 | 5급 PSAT 상황판단 기출문제

01	02	03	04	05	06	07	08	09	10
⑤	②	④	①	③	①	①	⑤	⑤	③
11	12	13	14	15	16	17	18	19	20
①	②	②	④	③	②	④	⑤	⑤	⑤
21	22	23	24	25	26	27	28	29	30
④	③	②	⑤	①	④	⑤	①	③	④
31	32	33	34	35	36	37	38	39	40
⑤	③	②	④	④	③	④	③	⑤	②

01

답 ⑤

난도 ★★

정답해설

⑤ 제1조 제2항 제2호에 따르면 시·도지사는 교육과정을 1년 이상 운영하지 아니하는 경우 사업의 정지를 명하거나 그 지정을 취소할 수 있다.

오답해설

① 제2조 제2항에 따르면 아이돌보미가 아닌 사람은 아이돌보미 또는 이와 유사한 명칭을 사용할 수 없다.

② 제3조 제1항에 따르면 아이돌보미 양성을 위한 교육기관을 지정·운영하고 보수교육을 실시하는 주체는 시·도지사가 아닌 여성가족부장관이다.

③ 제1조 제5항에 따르면 아이돌보미가 되려는 사람은 여성가족부장관이 실시하는 적성·인성검사를 받아야 한다.

④ 제1조 제2항 단서에 따르면 교육기관이 거짓이나 그밖에 부정한 방법으로 교육기관으로 지정을 받은 경우 필요적 취소 대상이다. 그러므로 200만 원의 과태료를 부과는 가능하지 않다.

합격생 가이드

지문과 같이 여러 가지 행정절차가 나타나는 법조문 문제에서는 행정절차를 진행하는 주체와 각 행정절차를 섞어 오답을 구성하는 경우가 많다. 그러므로 각 조항별 주체를 미리 표시해서 정리해 두고 해결한다면 보다 정확한 문제 풀이가 가능하다.

02

답 ②

난도 ★

정답해설

② 제3항에 따르면 통보를 받은 발굴 대상 지역의 소유자 등은 그 발굴에 대하여 문화재청장에게 의견을 제출할 수 있다. 제2항에 따르면 소유자 등이란 해당 지역의 소유자, 관리자 또는 점유자를 의미한다. 丙은 해당 지역의 점유자라고 할 수 있다.

오답해설

① 제2항에 따르면 관련 내용의 통보시기는 발굴 착수일 2주일 전까지이다. A지역의 경우 발굴 착수일이 2021년 3월 15일이라는 점에서 늦어도 2021년 3월 1일까지 통보해야 한다.

③ 제7항에 따르면 안내판 설치의 주체는 문화재청장이다. 그러나 乙은 대상 토지의 소유주이다.

④ 제3항에 따르면 소유자 등은 발굴을 거부하거나 방해 또는 기피하여서는 아니 된다. 그러므로 소유자 乙은 거부할 수 없다.

⑤ 제6항에 따르면 소유자 등과의 손실보상에 대한 협의는 의무사항이다. 따라서 甲은 인접토지 소유자인 丁이 발굴로 인해 손실을 겪었다면 그 보상에 대해 재결 신청 이전에 협의해야 한다.

합격생 가이드

법조문을 상황에 적용시키는 유형의 문제의 경우 상황이 어느 조항에 대응되는지 파악하는 것이 중요하다. 상황과 등장인물을 먼저 읽은 후, 조문을 정리하면서 각 내용별 주체를 파악하는 한편 주체와 미리 파악한 등장인물을 대응시킨다면 더 수월하게 풀 수 있다.

03

답 ④

난도 ★★

정답해설

④ 제2조 제2항에 따르면 비축용 농산물은 생산자 또는 생산자단체로부터 수매할 수 있다. 동조 제3항에 따르면 이 수매의 주체가 농림축산식품부장관인 사실을 확인할 수 있다.

오답해설

① 제1조 제1항에 따르면 저장성이 없는 농산물의 가격안정을 위해 해당 농산물을 수매할 수 있다. 동조 제3항에 따르면 해당 사업을 한국농수산식품유통공사가 위탁받을 수 있다. 그러나 수출 제한에 대한 정보는 주어진 법조문상 제시되어 있지 않다.

② 제1조 제1항에 따르면 채소류 등 저장성이 없는 농산물의 가격안정을 위해 해당 농산물을 수매할 수 있다. 동조 제3항에 따르면 해당 사업을 농림협중앙회가 위탁받을 수 있다. 그러나 첫 번째 조문 제1항 단서에 따르면 도매시장에서 수매하는 것도 가능하다.

③ 제2조 제1항에 따르면 수급조절과 가격안정을 위한 비축용 농산물의 수매 대상에서 쌀과 보리는 제외하고 있다. 그러므로 보리는 대상이 될 수 없다.

⑤ 제2조 제4항에 따르면 농림축산식품부장관은 비축용 농산물을 수입하는 경우, 국제가격의 급격한 변동에 대비하여야 할 필요가 있다고 인정할 때에는 선물거래(先物去來)를 할 수 있다.

합격생 가이드

이 문제의 조문 구조상 제1조는 저장성 없는 농산물, 제2조는 비축용 농산물에 대한 내용임을 파악하는 것이 중요하다. 각 조문의 단서나 괄호상 예외 사항은 ②, ③과 같이 선지로 자주 이용되기 때문에 특별히 주의해서 정리한다면 정확한 문제 풀이가 가능하다.

04

답 ①

난도 ★★

정답해설

① 3문단에 따르면 선거에 참여할 수 있는 회원의 자격은 선거일을 기준으로 정회원 자격을 얻은 후 만 1년을 경과한 정회원으로 한정한다. 1문단에 따르면 매년 12월 열리는 정기총회에서 다음해 협회장을 선출한다. 그러므로 2020년 협회장 선출을 위한 선거는 2019년 12월에 진행될 것이다. 2020년 10월이 지나야 만 1년이 경과하는 甲은 참여할 수 없을 것이다.

오답해설

② 2문단에 따르면 찬반투표에 참여할 수 있는 회원의 자격은 투표일 현재까지 A협회의 정회원인 사람이다. 1문단에 따르면 매년 12월 열리는 정기총회에서 다음해 협회장을 선출한다. 그러므로 2019년 협회장 선출을 위한 찬반투표는 2018년 12월에 진행될 것이다. 2018년 10월 A협회 정회원 자격을 얻은 乙의 첫 연회비 납부는 2019년 1월 30일까지이므로 연회비 미납부로 정회원 자격이 유보될 가능성은 없다고 할 수 있다.

③ 3문단에 따르면 연회비 미납부로 정회원 자격이 유보된 사람도 정회원 자격을 회복한 후 만 1년을 경과하여야 선거에 참여할 수 있다. 1문단에 따르면 매년 12월 열리는 정기총회에서 다음해 협회장을 선출한다. 그러므로 2020년 협회장 선출을 위한 선거는 2019년 12월에 진행될 것이다. 그러므로 2020년 협회장 선출을 위한 선거 진행시에 丙은 자격 회복 후 만 1년이 경과하지 않은 상태라고 할 수 있다.

④ 2문단에 따르면 A협회의 정회원은 A협회의 준회원으로 만 1년 이상을 활동한 후 정회원 가입 신청을 하고 연회비를 납부한 자를 말한다. 또한 기준에 따라 정회원 가입을 신청하고 연회비를 납부한 그 날부터 정회원 자격이 부여된다. 그러므로 丁은 2018년 10월 정회원 자격을 획득했을 것이다. 1문단에 따르면 매년 12월 열리는 정기총회에서 다음해 협회장을 선출한다. 그러므로 2019년 협회장 선출을 위한 찬반투표는 2018년 12월에 진행될 것이다. 2문단에 따르면 찬반투표에 참여할 수 있는 회원의 자격은 투표일 현재까지 A협회의 정회원인 사람이다. 그러므로 丁은 참여할 수 있었다.

⑤ 3문단에 따르면 선거에 참여할 수 있는 회원의 자격은 선거일을 기준으로 정회원 자격을 얻은 후 만 1년을 경과한 정회원으로 한정한다. 2문단에 따르면 정회원은 정회원 자격을 획득한 다음해부터 매해 1월 30일까지 연회비를 납부하여야 하고, 기한 내에 연회비를 납부하지 않은 정회원은 그 자격이 유보되어 권리를 행사할 수 없다. 또한 2년 연속 연회비를 납부하지 않은 사람은 A협회의 회원 자격이 영구히 박탈된다. 3문단에 따르면 연회비 미납부로 정회원 자격이 유보된 사람도 정회원 자격을 회복한 후 만 1년을 경과하여야 선거에 참여할 수 있다. 그러므로 戊는 2016년 10월 정회원 자격을 얻은 이후 2017년 1월 30일 이후부터 자격 유보 상태라고 할 수 있어, 만 1년을 유지하지 못해 2017 협회장 선출을 위한 선거에 참여하지 못했을 것이다. 나아가 정회원 자격 유보 혹은 회원 자격 영구 박탈 상태로 그 이후 선거에도 참여하지 못했을 것이다.

합격생 가이드

> 1문단에 매년 12월 다음해 협회장을 선출한다는 것이 선지 해결의 핵심이라고 할 수 있다. 이처럼 단순한 발문으로 보이는 지문에도 조건을 제시하는 경우가 최근 기출에서 많이 늘어나고 있는 추세이다. 선지의 각 선거 혹은 찬반투표가 언제 이루어지는지를 정확히 파악하고 분석하는 것이 중요하다.

05

답 ③

난도 ★★

정답해설

③ 4문단에 따르면 공소가 먼저 제기된 사람이 범죄혐의 없음을 이유로 무죄판결을 받은 경우, 다른 공범에 대한 공소시효는 정지되지 않는다. 그러므로 乙의 재판기간 동안 丙의 공소시효가 정지되지 않는다. 3문단에 따르면 범인이 형사처벌을 면할 목적으로 1년간 국외에 있다가 귀국하였다면 공소시효의 계산에서 1년을 제외한다. 그러므로 별다른 사유가 없다면 丙의 공소제기 전 정지된 공소시효 기간은 1년이다.

오답해설

① 2문단에 따르면 공소시효는 범죄행위가 종료된 때를 기준으로 계산한다. 甲의 범죄행위는 2016년 5월 2일에 종료된다. 그러므로 2016년 5월 1일까지의 국외 도피는 공소시효 개시 전으로 정지될 공소시효가 존재하지 않는다고 할 수 있다.

② 2문단에 따르면 공소시효는 범죄행위가 종료된 때를 기준으로 계산하고 초일은 1일로 산입한다. 甲의 범죄행위는 2016년 5월 2일에 종료된다. 상황에 따르면 甲의 범죄행위가 종료된 것은 2016년 5월 2일이고 감금죄의 공소시효는 7년이다. 별도의 공소시효 기간 정지가 없다고 가정할 때, 공소시효는 2023년 5월 1일 24시에 완성된다.

④ 3문단에 따르면 공범이 있는 경우 국외로 출국하지 않은 공범은 그 기간에도 공소시효가 정지되지 않는다. 상황의 丁은 2015년 2월 1일 이후 국내에서 도주 중이다. 그러므로 丁의 공소시효는 정지되지 않는다.

⑤ 4문단에 따르면 공소가 먼저 제기된 사람이 범죄혐의 없음을 이유로 무죄판결을 받은 경우, 다른 공범에 대한 공소시효는 정지되지 않는다. 그러므로 乙의 재판기간 동안 丁의 공소시효가 정지되지 않는다. 3문단에 따르면 범인이 형사처벌을 면할 목적으로 1년간 국외에 있다가 귀국하였다면 공소시효의 계산에서 1년을 제외하지만 국외로 출국하지 않은 공범은 그 기간에도 공소시효가 정지되지 않는다. 4문단에 따르면 공범 1인에 대하여 공소가 제기되면 그날부터 다른 공범의 공소시효도 정지되었다가 공범이 재판에서 유죄로 확정된 날부터 다른 공범에 대한 나머지 공소시효 기간이 진행된다. 따라서 丙의 재판기간 1년 동안 丁의 공소시효는 정지된다. A죄의 공소시효는 5년이다. 즉 丁에 대한 공소시효는 2021년 1월 31일 24시에 완성된다. 그러므로 2022년 1월 31일 丁에 대한 공소가 제기된다면 1문단에 따라 공소시효가 완성된 범죄에 대한 검사의 공소제기로 위법하다.

합격생 가이드

> 초일 산입 등 날짜 계산에 대한 예시가 제시문에 많이 주어져 있는 만큼 예시를 적극적으로 활용하는 것이 문제 풀이에 유리하다. 또한 甲~丁 각자 공소시효가 있는 만큼 상황상 날짜나 사건이 어떻게 각자에게 적용되는지 따로따로 정리하는 것이 정확한 문제 풀이에 도움이 된다.

06

답 ①

난도 ★

정답해설

① 원5와 상시학습 과목 정보에 따라 통일교육과 폭력예방교육은 수강시간의 두 배를 학습점수로 인정한다. 그러므로 두 과목을 수강하면 얻게 되는 학습점수는 14점이다. 통일교육을 다른 교육과 대체하더라도 학습점수를 4점 이상 얻을 수 있는 과목은 없다. 마찬가지로 폭력예방교육을 여타 과목의 조합으로 대체하더라도 10점 이상 얻을 수 없다. 그러므로 甲의 선택은 (통일교육, 폭력예방교육)이다.

오답해설

② 학습점수는 9점이다. 원2에 위배된다.

③ 학습점수는 9점이다. 원2에 위배된다.

④ 세 과목을 모두 수강하기 위해 필요한 시간은 10시간이다. 원3에 따라 하루 최대 수강 시간은 8시간이다. 그러므로 일부 과목에 대해 학습점수를 인정받을 수 없고 이때 가능한 최대 인정 학습점수는 13점이다. 원2에 위배된다.

⑤ 학습점수는 13점이다. 원2에 위배된다.

🔖 합격생 가이드

문제와 같이 일정한 시간 제약 내 최대의 점수를 얻는 조합을 도출하는 문제의 경우 두 배로 점수를 인정해주는 등 큰 점수를 줄 수 있는 대상을 먼저 조합하고 점수의 개선이 가능한지 확인하는 것이 신속한 문제 풀이에 도움이 된다. 예컨대 (통일교육, 폭력예방교육)의 점수를 확인하고 나머지 선지와 비교해 대체되는 과목들의 점수가 어떻게 되는지 확인한다면 쉽게 해결할 수 있다.

07

답 ①

난도 ★

정답해설

ㄱ. 1문단에 따르면 맥동변광성은 변광 주기가 길수록 실제 밝기가 더 밝다. 2문단에 따르면 세페이드 변광성은 맥동변광성이다.

ㄷ. 3문단에 따르면 절대등급은 수치가 1 줄어들 때마다 2.5배 밝아진다. 4문단에 따르면 Ⅰ형 세페이드 변광성이 동일한 변광 주기를 갖는 Ⅱ형 세페이드 변광성보다 1.5등급만큼 더 밝다. 그러므로 20일 주기의 Ⅰ형 세페이드 변광성은 같은 주기의 Ⅱ형 세페이드 변광성보다 2.5(1.5)배 밝을 것이다.

오답해설

ㄴ. 3문단에 따르면 별의 밝기가 거리의 제곱에 반비례한다. 또한 3문단에 따르면 겉보기등급은 수치가 1 줄어들 때마다 2.5배 밝아진다. 그러므로 지구로부터 두 별까지의 거리의 비는 √2.5이다.

ㄹ. 3문단에 따르면 절대등급의 기준 거리는 10파섹이다. 그러므로 1파섹 떨어진 별의 밝기는 절대등급 수치보다 겉보기등급 수치가 낮을 것이다.

🔖 합격생 가이드

비교적 친숙한 소재와 계산을 바탕으로 쉽게 구성된 문제라고 할 수 있다. 밝기 비교의 경우 3문단의 정보를 바탕으로 정확히 계산하는 것이 문제 해결의 핵심이다. 제곱에 반비례하는 관계가 직관적으로 다가오지 않는다면 손을 써서라도 각 선지를 해결하는 것이 필요하다.

08

답 ⑤

난도 ★

정답해설

㉠ 1km=1,000m=100,000cm이다. 1시간=60분=3,600초이다. 그러므로 ㉠의 값은 다음과 같이 도출된다.
㉠=180×50×60×60÷100,000=324

㉡ 1문단에 따라 바퀴벌레의 속력은 초당 150cm이다. 2문단에 따라 물고기 로봇의 속력은 미국바퀴벌레의 1/3 속력인 초당 50cm이다. 이는 분당 3,000cm의 속력과 같다. 물고기 로봇의 분당 이동 거리는 몸길이인 ㉡의 200배이다. 그러므로 몸길이는 15cm이다.

🔖 합격생 가이드

단위 환산에 주의만 한다면 매우 쉬운 문제이다. 지문의 km, m, cm 표기에 주의해 정확히 환산해야 한다.

09

답 ⑤

난도 ★★

정답해설

⑤ C의 Ⅰ안에서의 부담 비용은 전체 건설 비용의 1/30다. C는 모든 도로 구간을 이용하는 바 C의 Ⅲ안에서의 부담비용은 $\overline{OA}$ 건설 비용의 1/3, $\overline{AB}$ 건설 비용의 1/2, $\overline{BC}$ 건설비용의 전부이다. 2문단에 따라 도로 1km당 건설비용이 동일하고 각 구간의 길이가 동일하기 때문에 C의 부담비용은 전체 건설비의 11/180이다. 그러므로 C의 부담 비용은 Ⅲ안이 Ⅰ안의 2배 미만이다.

오답해설

① A는 도로 구간 중 $\overline{OA}$, 즉 30km만 이용한다. A의 Ⅲ안에서의 부담비용은 $\overline{OA}$ 건설 비용의 1/30이다. 즉 전체 건설비의 1/90이다. 이는 Ⅰ안의 경우 전체 건설비의 1/3, Ⅱ안의 경우 전체 건설비의 1/6보다 낮다.

② B는 도로 구간 중 $\overline{OA}$, $\overline{AB}$, 즉 60km를 이용한다. B의 Ⅰ안에서의 부담비용은 전체 건설비의 1/30이다. B의 Ⅱ안에서의 부담비용은 2/6, 즉 전체 건설비의 1/30이다.

③ A는 도로 구간 중 $\overline{OA}$, 즉 30km만 이용한다. B는 도로 구간 중 $\overline{OA}$, $\overline{AB}$, 즉 60km만 이용한다. C는 모든 도로 구간을 이용해 90km를 이용한다. 따라서 각자의 부담 비율은 A:B:C=1:2:3이다. 그러므로 A와 B의 부담비용의 합은 C의 부담비용과 같다.

④ 각 도시의 분배안 별 전체공사비용 대비 부담비용의 비는 다음과 같다.
A(Ⅰ, Ⅱ, Ⅲ) : (1/3, 1/6, 1/9)
B(Ⅰ, Ⅱ, Ⅲ) : (1/3, 1/3, 5/18)
C(Ⅰ, Ⅱ, Ⅲ) : (1/3, 1/2, 11/18)
그러므로 Ⅰ안에 비해 Ⅱ안에서 부담 비용이 낮아지는 도시 수는 1이고 Ⅰ안에 비해 Ⅲ안에서 부담 비용이 낮아지는 도시 수는 2이다.

🔖 합격생 가이드

구체적인 비용이 주어지지 않기 때문에 전체 공사비 대비 분수로서 각 비용 분담안별 비용을 비교해야 한다. Ⅱ안과 Ⅲ안의 경우 각 구간별 거리가 동일해서 두 분담안이 동일하다고 착각할 수 있으나 명확히 다르다는 것을 확인할 수 있도록 각 방법을 대략적으로라도 적용해보는 방법이 정확한 문제 풀이에 도움이 된다.

10

답 ③

난도 ★

정답해설

③ 길이가 하나인 단어-코드의 수는 26개이다. 길이가 두 개인 단어-코드의 수는 26의 제곱인 676개이다. 길이가 세 개인 단어-코드의 수는 26의 세제곱인 17,546개이다. 코드 중 가장 긴 것의 길이를 최소화한다는 가정하에 3을 가장 긴 코드의 길이로 하면서 표현할 수 있는 단어의 수는 18,278개로 18,000보다 크다.

🔖 합격생 가이드

코드나 암호를 통해 단어를 나타낼 수 있는 개수를 도출해야 하는 빈출 유형이라고 할 수 있다. 기존 기출에 비해 훨씬 쉬운 형태로 출제돼 풀이에 큰 어려움이 없을 것으로 예상된다. 실수를 방지하기 위해 원칙을 철저히 파악할 필요가 있다.

11
답①

난도 ★

정답해설

① 원5, 6의 조건에 따라 乙이 선조, 광해군, 인조를 동시에 외칠 수 없다. 그러므로 乙이 선조, 광해군을 외친다면 甲은 인조를 외칠 수 있다.

오답해설

② 다음은 각각 6번씩 외치는 경우의 예시이다.
- 甲 : (태조~태종), (세조~성종), (중종~명종), (인조~현종), (영조), (순조~철종): 총 6번
- 乙 : (세종~단종), (연산군), (선조, 광해군), (숙종~경종), (정조), (고종~순종): 총 6번

③ 원6의 조건에 따라 연산군과 중종은 동시에 외칠 수 없다. 그러므로 乙은 직전에 중종만 외친 것이고 연산군은 甲이 그 직전에 외친 것이다.

④ 원3의 조건에 따라 각 참여자는 최대 3명의 왕을 외칠 수 있다. 그러므로 다른 조건에 위배되지 않는다면 각 참여자는 자신이 마지막 외친 왕으로부터 4번째에 있는 왕을 무조건 외칠 수 있다. 세조는 태종으로부터 네 번째 왕이다.

⑤ 甲이 영조를 외쳤을 때 원5의 조건에 따라 甲은 더 외칠 수 없다. 乙의 경우 원5의 조건에 따라 정조만 외칠 수 있다. 그다음 甲의 차례에 (순조), (순조, 현종), (순조, 현종, 철종) 세 가지 경우가 가능하다. 각각의 경우 乙은 (현종, 철종, 고종), (철종, 고종), (고종)을 외쳐 다음 甲의 차례에 순종을 외치게 할 수 있다. 그러므로 甲의 선택에 관계없이 乙은 승리할 수 있다.

합격생 가이드

한 번 외칠 때 최대 3명까지만 가능하다는 것은 한 참여자가 다른 조건에 위배되지 않는다면 4칸 떨어져 있는 왕 이름을 무조건 외칠 수 있다는 사실은 선지 해결에 큰 도움이 된다. 유사한 게임 종류가 기출에도 많이 출제된 만큼 관련 문제를 알아두는 것이 중요하다. 원활한 해결을 위해 원5, 원6의 조건에 따라 연달아 외칠 수 없는 연산군-중종, 선조-광해군, 영조-정조, 정조-순조를 미리 표시해 둔다면 신속한 문제 해결이 가능하다.

12
답②

난도 ★★

정답해설

② 처음 점등된 이후 2분 30초 내에 새로운 인원이 도착한다면 보행신호가 끝난 이후 3분 30초가 지나 다시 보행신호가 점등된다. 2분 30초 내에 도착 인원이 없다면 다음 도착 시각으로부터 1분 30초 후 새롭게 점등된다. 이에 따라 횡단보도는 다음의 시각에 보행신호가 점등된다. (18:26:30~18:27:00), (18:30:30~18:31:00), (18:34:30~18:35:00), (18:44:30~18:45:00), (19:00:30~19:01:00), (19:04:30~19:05:00), (19:49:30~19:50:00). 총 7회

합격생 가이드

보행신호 점등의 기준이 보행자가 도착한 시점에 따라 다르다는 점이 문제 해결의 핵심이다. 중요한 것은 보행신호인 만큼 점등 대기 시간과 차량통행 보장 시간을 최대한 간단하게 처리할 방법이 필요하다. 최초 점등 시간을 구한 이후 2분 30초씩 더해 보면서 해당 시간 동안 보행자가 도착하는 지 여부를 확인한다면 일일이 시간을 구하지 않고도 점등 횟수를 도출할 수 있다.

13
답②

난도 ★★

정답해설

② 고장난 시계가 정확한 시계와 일치하기 위해서는 정확히 12시간의 오차가 발생하는 경우뿐이다. 이를 바탕으로 각 시계가 1년 동안 정확한 시계와 일치하게 되는 횟수는 다음과 같다. A(하루 2회) : 730회, B(720일에 1회) : 0회, C(12일에 1회) : 30회, D(6일에 1회) : 60회, E(144일에 1회) : 2회. 따라서 가장 먼저 교체될 시계는 B이고, 가장 나중에 교체될 시계는 A이다.

합격생 가이드

고장난 시계도 하루에 두 번은 맞는다. 가장 나중에 교체될 시계를 바로 도출한다면 규칙성을 찾지 못하더라도 단순 비교를 통해 답을 도출할 수 있다. 느려지거나 빨라지는 기준이 모두 하루라는 점에 주목해서 규칙성을 찾아 문제를 해결한다면 더욱 정확하게 해결하는 것 역시 가능하다.

14
답④

난도 ★

정답해설

ㄱ. 우선 광주에 주말 내내 눈이 내렸다고 가정하자. 이 경우 丁의 발언과 불일치한다. 다음 광주에 주말 내내 눈이 내리지 않았다고 가정하자. 이 경우 甲의 두 번째 발언과 불일치한다. 그러므로 광주에는 지난 주말 중 하루만 눈이 내렸다.

ㄷ. 부산에 하루는 눈이 왔고 하루는 눈이 내리지 않았다고 가정하자. 눈 내린 날이 A, 눈이 내리지 않은 날이 B라 하자. 丙의 발언에 따라 丙이 강릉에 있던 날은 A이고 그날 강릉에는 눈이 내리지 않았다. 丁의 발언에 따라 丁이 광주에 있던 B에는 광주에도 눈이 내리지 않았다. 甲의 두 번째 발언에 따라 甲이 서울에 있던 A에는 광주에 눈이 내렸다. 乙의 발언에 따라 서울 강릉에서 동시에 눈이 내리는 게 가능한 B에 乙이 다녀왔다. 그러므로 甲과 乙은 서울에 서로 다른 날에 있었다.

구분	서울	강릉	부산	광주
A	○	×	○	○
B	○	○	×	×

ㄹ. 서울에 하루는 눈이 왔고 하루는 눈이 내리지 않았다고 가정하자. 눈 내린 날이 A, 눈이 내리지 않은 날이 B라 하자. 乙의 발언에 따라 A에는 강릉에 눈이 내렸다. 甲의 두 번째 발언에 따라 A에는 광주에도 눈이 내렸다. 丙의 발언에 따라 丙이 강릉에 있던 날은 B이고 그날 강릉에는 눈이 내리지 않았다. 또한 丙이 부산에 있던 A에는 부산에도 눈이 내리지 않았다. 丁의 발언에 따라 B에는 부산과 광주 모두 눈이 내리지 않았다. 그러므로 丙이 부산에 있었던 날과 丁이 광주에 있었던 날은 다른 날이다.

구분	서울	강릉	부산	광주
A	○	○	×	○
B	×	×	×	×

오답해설

ㄴ. 서울에 하루는 눈이 왔고 하루는 눈이 내리지 않았다고 가정하자. 눈 내린 날이 A, 눈이 내리지 않은 날이 B라 하자. 乙의 발언에 따라 A에는 강릉에 눈이 내렸다. 甲의 두 번째 발언에 따라 A에는 광주에도 눈이 내렸다. 丙의 발언에 따라 丙이 강릉에 있던 날은 B이고 그날 강릉에는 눈이 내리지 않았다. 또한 丙이 부산에 있던 A에는 부산에도 눈이 내리지 않았다. 丁의 발언에 따라 B에는 부산과 광주 모두 눈이 내리지 않았다. 그러므로 부산에는 지난 주말에 눈이 전혀 내리지 않았다.

구분	서울	강릉	부산	광주
A	○	○	×	○
B	×	×	×	×

합격생 가이드

주말이 토요일과 일요일로 나누어져 있지만, 구체적으로 언제가 토요일이고 일요일인지는 문제 해결에 중요하지 않다. 그러므로 불필요한 정보를 제거하고 A, B 등으로 단순화해서 접근하면 보다 정확한 해결이 가능하다. 선지가 ㄴ~ㄹ처럼 조건문의 형태로 나왔다면 가능한 경우의 수가 여럿일 가능성이 크다. 그러므로 모든 경우를 구하려 하기보다 선지에 맞춰 타당성을 검토한다면 더 신속한 해결이 가능하다.

15

답 ③

난도 ★★

[도서 분배 상황의 도해]

구분	甲	乙	丙	丁	戊	발행 수량
법령집	×	○	○	×	○	3
백서	×	○	○	×	○	3
판례집	×	○	×	×	×	1
민원~	○	○	×	×	×	2
교환 수	1	4	2	0	2	

乙의 발언에 따라 乙은 모든 책을 받았다. 丁은 丁의 발언에 따라 책을 받지 못했다. 丙과 戊는 丙과 戊의 발언에 따라 법령집을 받았다. 발행된 도서 수를 고려할 때 갑이 받은 도서는 법령집과 판례집이 아니다. 戊의 발언에 따라 丙과 戊는 민원 사례집을 받을 수 없다. 그러므로 甲이 받은 책은 민원 사례집이다. 甲의 발언에 따라 甲은 백서를 받지 않았고 발행 수량을 고려할 때 丙과 戊 모두 백서를 받았다.

정답해설

③ 甲은 甲의 발언에 따라 1권만 받았다. 戊는 丙과 戊의 발언에 따라 적어도 법령집을 받았다. 나아가 대화와 제시문상 새로 발행된 도서 수에 따라 백서 역시 받았다. 그러므로 戊가 甲보다 많은 도서를 받았다.

오답해설

① 丙과 戊는 丙과 戊의 발언에 따라 법령집을 받았다. 乙의 발언에 따라 乙은 법령집을 받았다. 나아가 대화와 제시문상 새로 발행된 도서 수에 따라 세 명 모두 백서 역시 받았다.

② 민원 사례집의 분배 기준은 민원업무가 많은 순이다. 甲은 민원 사례집을 받았지만, 丙은 민원 사례집을 받지 못했다. 그러므로 甲은 丙보다 민원업무가 많다.

④ 백서의 분배 기준은 근속연수가 짧은 순이다. 乙은 백서를 받았지만, 丁은 백서를 받지 못했다. 그러므로 乙은 丁보다 근속연수가 짧다.

⑤ 법령집의 분배 기준은 보유하고 있던 법령집의 발행연도가 빠른 순이다. 乙은 법령집을 받았지만 甲은 법령집을 받지 못했다. 그러므로 乙이 보유하고 있던 법령집은 甲이 보유하고 있던 법령집보다 발행연도가 빠르다.

합격생 가이드

모든 선지가 확정적 상태에 대한 내용을 담고 있는 만큼 분배 상태가 하나의 경우로 확정될 확률이 높다. 그러므로 대화와 신규 발행 도서 수를 바탕으로 분배상태를 확정짓는다면 정확한 문제 풀이가 가능하다.

16

답 ②

난도 ★★

정답해설

② 乙에 의해 절약된 금액은 3,500만 원이다. 乙의 사례는 주요사업비 예산절감 항목이다. 乙의 기여는 전 부처로 확산되어 가산 지급 대상이다. 그러므로 乙의 예산성과금은 다음과 같이 도출된다. 3,500×20%×1.3=910만 원

오답해설

① 지급요건에 따르면 발생시기가 2020년 1월 1일부터 2020년 12월 31일까지인 예산절감 및 수입증대가 예산성과금 지급 대상이다. 甲의 예산절감은 2019년 이루어졌다.

③ 丙에 의해 절약된 금액은 8,000만 원이다. 丙의 사례는 수입증대 항목이다. 그러므로 丙의 예산성과금은 다음과 같이 도출된다. 8,000×10%=800만 원

④ 丁에 의해 절약된 금액은 1,800만 원이다. 丁의 사례는 경상적 경비 예산절감 항목이다. 그러므로 丁의 예산성과금은 다음과 같이 도출된다. 1,800×50%=900만 원

⑤ 戊에 의해 절약된 금액은 1,000만 원이다. 戊의 사례는 경상적 경비 예산절감 항목이다. 그러므로 戊의 예산성과금은 다음과 같이 도출된다. 1,000×50%=500만 원

합격생 가이드

①과 같이 계산 이외의 조건을 적용해서 제외되는 대상이 없는지 먼저 파악하자. 계산을 하나 더 하는 것이 조건을 찾아보는 시간보다 오래 걸린다. 확산 시 가산 조건과 같이 다른 선지와 구별되는 예외적 계산 사항에 대해 주의를 기울이자. 조건을 놓쳐서 오답을 선택하도록 유도한 기출 문제가 상당수 있다.

17

답 ④

난도 ★

정답해설

④ 배치기준 가목 1)에 따르면 관할구역에 층수가 11층 이상인 아파트가 20동 이상 있는 경우에는 고가사다리차를 1대 이상 배치한다. 甲관할구역 내 층수가 11층 이상인 아파트가 30동 있고, 가장 가까운 119안전센터(乙관할구역)는 소방서로부터 25km 떨어져 있다. 그러므로 甲관할구역 소방소에 고가사다리차를 최소 1대 배치해야 한다. 배치기준 나목에 따라 1,000개소 이상 제조소 등이 존재하는 경우 최소 2대에 더해 계산식에 따라 산출되는 수만큼의 화학차를 배치해야 한다. 甲관할구역 내에 제조소 등은 1,200개소 존재한다. 계산식에 따라 추가되는 화학차 대수는 1대이므로 최소 3대의 화학차를 배치한다((1,200−1,000)÷1,000=0.2, 2+1(추가, 올림)=3). 배치기준 다목에 따라 최소 지휘차 1대, 순찰차 1대를 배치한다. 그러므로 배치되어야 하는 소방자동차의 최소 대수는 고가사다리차 1대, 화학차 3대, 지휘차 1대, 순찰차 1대 총 6대이다.

합격생 가이드

가목 3)과 같은 예외조건에 해당하지 않는 경우이지만 차근차근 배치기준에 맞춰 상황에 적용하는 것이 필요하다. 배치한다와 배치할 수 있다의 의미상 구분 역시 중요하다. 전반적인 조건 적용이 매우 쉽게 구성되어 있어 잘못 읽지 않는 이상 문제 해결에 어려움이 있지 않을 것이라고 생각한다.

18

답 ⑤

난도 ★

정답해설

⑤ 2문단에 따르면 세계 외환거래액 중 유로 거래액의 비중은 2020년 32%, 2016년 30%, 2010년 40%이다. 그러므로 2010년 달러 기준으로 측정된 유로로 이루어진 하루 평균 외환거래액은 1조 5,600억 달러이다(3.9×40%= 1.56). 2016년 달러 기준으로 측정된 유로로 이루어진 하루 평균 외환거래액은 1조 5,600억 달러로 2010년과 2016년 액수가 동일하다(5.2×30%= 1.56).

합격생 가이드

%p와 %의 구별이 조금 필요한 문제이나 너무 쉽게 구성되어 문제 해결에 큰 어려움이 없을 것이라 생각한다.

19

답 ⑤

난도 ★

정답해설

⑤ 2문단에 따르면 甲국에서는 만 19세가 되는 해의 1월 1일부터는 술·담배 구입을 허용한다. 3문단에 따르면 甲국에서는 만 18세 이상이면 운전면허 취득이 가능하고 투표권은 만 19세 이상에게 부여된다.

오답해설

① 1문단에 따르면 연령규범은 특정 연령의 사람이 어떤 일을 할 수 있거나 해야 한다는 사회적 기대와 믿음이다.

② 2문단에 따르면 연 나이는 청소년법 등에서 공식적으로 사용하는 나이 계산법으로 현재 연도에서 태어난 연도를 뺀 값이 나이가 된다. 이와 달리 만 나이는 태어난 날을 기준으로 0살부터 시작하여 1년이 지나면 한 살을 더 먹는 것으로 계산한다. 예컨대 2020년 10월에 태어난 사람이 2021년 9월에 연 나이는 1살이고 만 나이는 0살인 상황이 가능하다. 그러므로 만 나이와 연 나이는 다를 수 있다.

③ 5문단에 따라 甲국의 어떤 법에서도 몇 세부터 노인이라고 규정하는 연령기준이 일관되게 제시되지 않고 있다. 예컨대 기초연금 수급 시작은 만 65세인 반면 노인복지관 이용은 만 60세부터이다.

④ 1문단에 따르면 연령규범에 따라 결혼할 나이 등 사회구성원이 동의하는 기대연령이 달라지며 사회경제적 여건의 영향을 받는다.

합격생 가이드

상황판단 영역의 정보확인 유형은 언어논리와 달리 정보의 확인에 그친다. 그러므로 지문을 빠르게 오가면서 해당 선지의 내용을 찾아 확인하는 것이 신속한 문제 해결의 방법이라고 생각한다.

20

답 ⑤

난도 ★★

정답해설

⑤ 노인교실 이용(5문단, 만 60세 이상), 대통령 피선거권(3문단, 만 35세 이상), 주택연금 가입(5문단, 만 60세 이상)

오답해설

① 국회의원 피선거권(3문단, 만 20세), 노인교실 이용(5문단, 만 60세), 장기요양보험 혜택(5문단, 만 65세)

② 노후연금 수급(5문단, 만 62세), 기초연금 수급(5문단, 만 65세), 대통령 피선거권(3문단, 만 35세). 연 나이가 62세가 된 날은 '만 나이' 62세가 되기 약 5개월 전인 만 61세일 때이다.

③ 국회의원 피선거권(3문단, 만 20세), 기초연금 수급(5문단, 만 65세), 노인주택 입주자격(5문단, 만 60세)

④ 노후연금 수급(5문단, 만 62세), 국회의원 피선거권(3문단, 만 20세), 노인복지관 이용(5문단, 만 60세). 연 나이가 62세가 된 날은 '만 나이' 62세가 되기 약 5개월 전인 만 61세일 때이다.

합격생 가이드

발문의 '연 나이'에서 지문상 연 나이와 만 나이 차이를 선지 장치로서 활용한 것을 예상할 수 있다. 따라서 지문상 만 62세부터 시작인 노후연금 수급 연령이 있는 선지는 확인하자마자 지우며 시작할 수 있다. 피선거권의 경우 아예 문단이 달랐던 만큼 따로 찾아보지 않고 넘겨도 된다고 생각한다.

21

답 ④

난도 ★★

정답해설

ㄱ. 제2조 제1항 제1호에 따르면 원아수가 200명 이상인 경우 다른 고려 없이 급식을 실시할 유치원에는 영양교사 1명을 둔다. A유치원 원아수는 223명이다.

ㄴ. 제2조 제1항 제2호에 따라 같은 교육지원청의 관할구역에 있는 원아수 각 200명 미만인 유치원은 2개 이내의 유치원에 순회 또는 공동으로 영양교사를 둘 수 있다. B와 C는 각각 원아수가 200명 미만이며 관할 교육지원청이 乙로 같다.

ㄷ. 제2조 제2항에 따라 교육감은 급식을 위한 시설과 설비를 갖춘 유치원 중 원아수 100명 미만의 유치원에 대하여 영양관리, 식생활 지도 등의 업무를 지원하기 위하여 교육지원청에 전담직원을 둘 수 있다. 이 경우 교육지원청의 지원을 받는 유치원에는 영양교사를 둔 것으로 본다. D의 원아수는 100명 미만이다.

오답해설

ㄹ. 제1조 제2항에 따라 원아수 50명 미만의 사립 유치원은 급식 대상에서 제외한다. 다만 교육감이 필요하다고 인정하는 경우 급식 대상에 포함시킬 수 있다. 그러나 E유치원은 공립 유치원이다.

합격생 가이드

빠르게 읽다보면 공립유치원과 사립유치원을 분리해둔 이유인 ㄹ을 놓치는 문제가 생길 수 있다. 상황에서와 같이 얼핏보기에 필요 없는 정보라도 일단 문제에서 구별해서 나눠놨다면 쓰일 수 있겠다는 생각을 가지고 법조문 등을 독해하자.

22

답 ③

난도 ★★

정답해설

③ 제5항에 따라 위원의 임기는 2년이고 1차례 연임할 수 있다. 제5항 단서에 따라 임기가 만료된 위원은 그 후임자가 임명되거나 위촉될 때까지 해당 직무를 수행한다. 그러므로 후임자의 임명이 지연된다면 4년을 초과하여 직무를 수행할 수 있다.

오답해설

① 위원장의 호선 방식에 대한 정보가 제시되어 있지 않다.

② 제3항에 따라 위원장 및 위원은 대통령이 임명하거나 위촉한다. 국회는 위원 중 3명을 추천할 뿐이다.

④ 제6항에 따르면 주식의 직무관련성은 주식 관련 정보에 관한 직접적 · 간접적인 접근 가능성, 영향력 행사 가능성 등을 기준으로 판단하여야 한다. 그러므로 주식 관련 정보에 대한 간접적인 접근 가능성 역시 주식의 직무 관련성 판단 기준이다.

⑤ 제4항에 따르면 위원의 자격 요건은 각 호의 어느 하나이다. 그러므로 금융 관련 분야에 5년 이상 근무하였다면 제4항 제3호를 충족시키는 바 부교수직 근무 없이도 심사위원회의 위원이 될 수 있다.

합격생 가이드

쉽게 구성된 법조문 문제인 만큼 틀리지 않는 것이 중요하다. 기존 기출 문제에서 위원 위촉과 관련된 문제가 으레 위원장의 선출 방식에 대해 담고 있었던 반면, 해당 법조문에서는 제시되지 않고 있다. 따라서 잘못 읽고 ①을 옳다고 판단하는 등의 실수를 방지해야 한다.

23

답 ②

난도 ★

정답해설

ㄱ. 제3항에 따라 국토교통부장관은 플랫폼운송사업을 30년 이내에서 기간을 한정하여 허가할 수 있다.

ㄷ. 제4항 제2호에 따라 총 300대 미만인 사업자는 매출액의 1.25%, 운행횟수당 200원, 허가대수당 10만 원 중 어느 하나를 선택하여 기여금을 납부해야 한다. 매출액 대비 정률을 택하는 경우 375만 원이다(3,000×1.25%=375만 원). 참고로 매출액 대비 정률을 택하는 경우 1천만 원, 운행횟수당 정액을 택하는 경우 400만 원이다.

오답해설

ㄴ. 제4항 제1호에 따르면 플랫폼운송사업자는 기여금 납부 월의 차차월 말일까지 납부해야 한다. 그러므로 2020년 12월 15일 사업을 시작한 乙은 차차월 말일인 2021년 2월 28일까지 납부하여야 한다.

ㄹ. 제4항 제2호에 따르면 기여금은 매출액의 5%, 운행횟수당 800원, 허가대수당 40만 원 중 사업자가 어느 하나를 선택할 수 있다. 그러므로 매출액의 5%, 운행횟수당 800원 또는 허가대수당 40만 원을 선택할 수 있고, 허가대수당 800원은 선택할 수 없다.

합격생 가이드

만 단위와 억 단위가 섞여 있어 ㄷ 등의 해결 과정에서 어려움이 있을 수 있다. (만×만=억), (천×천=백만을 기억해 두면 헷갈리지 않을 수 있다.

24

답 ⑤

난도 ★★

정답해설

⑤ 1문단에 따르면 피상속인의 5촌 이내 방계혈족은 4순위 혈족상속인이다. 4문단에 따르면 유류분 권리자는 피상속인의 직계비속, 배우자, 직계존속 및 형제자매이다. 그러므로 3촌 방계혈족은 유류분 권리자가 될 수 없다.

오답해설

① 3문단에 따르면 법률은 상속재산의 전부가 타인에게 넘어가 상속인의 생활 기반이 붕괴될 우려를 고려해 유류분을 인정하고 있다. 4문단에 따르면 유류분 권리자는 피상속인의 직계비속, 배우자, 직계존속 및 형제자매이다. 그러므로 직계비속인 피상속인의 자녀는 유류분 권리자가 될 수 있다.

② 4문단에 따르면 유류분은 피상속인의 배우자 또는 직계비속의 경우 그 법정 상속분의 2분의 1이다. 2문단에 따르면 그 배우자의 법정상속분은 직계비속과 공동으로 상속하는 때에는 직계비속 상속분의 5할을 가산한다. 그러므로 피상속인의 자녀와 배우자의 유류분 산정액은 같지 않다.

③ 1문단에 따르면 후순위 상속인은 선순위 상속인이 없는 경우에 상속재산을 상속할 수 있다. 1순위 혈족상속인은 직계비속이며, 2순위 혈족상속인은 직계존속이다. 그러므로 피상속인의 직계존속인 부모는 1순위 혈족상속인인 피상속인의 자녀와 공동 상속할 수 없다.

④ 5문단에 따르면 유류분반환청구권은 상속이 개시된 때부터 10년이 경과하면 시효에 의하여 소멸한다. 그러므로 상속이 개시한 때부터 10년이 경과하였다면 유류분반환청구권은 이미 소멸되어 소를 제기할 수 없다.

합격생 가이드

제시문이 짧고 간단한 여러 문단으로 나누어져 있어 선지에 대응해 필요한 정보를 얻기 매우 쉽다. 혈족상속, 배우자상속, 유류분 청구 등 여러 제도와 그 설명이 서로 교차되어 오답선지가 구성될 것으로 예상되므로 각각의 특징에 집중하여 제시문을 분석하는 것이 정확한 풀이에 도움이 된다.

25

답 ①

난도 ★★

정답해설

ㄴ. 제1조 제2호에 따라 연명의료계획서란 말기환자 등의 의사에 따라 담당의사가 환자에 대한 연명의료중단결정 및 호스피스에 관한 사항을 계획하여 문서로 작성한 것을 의미한다. 제3조 제1항 제1호에 따르면 의료기관에서 작성된 연명의료계획서가 있는 경우 이를 환자의 의사로 보아 연명의료중단결정을 원하는 환자의 의사가 있는 것으로 볼 수 있다.

오답해설

ㄱ. 제1조 제3호에 따르면 사전연명의료의향서란 19세 이상인 사람이 자신의 연명의료중단결정 및 호스피스에 관한 의사를 직접 문서(전자문서를 포함한다)로 작성한 것을 말한다. 그러므로 17세 환자가 작성한 문서는 사전연명의료의향서라고 할 수 없다.

ㄷ. 제3조 제1항 제2호에 따르면 담당의사가 사전연명의료의향서의 내용을 환자에게 확인하는 경우 이를 환자의 연명의료중단결정 의사로 본다. 제3조 제2항에 따르면 환자의 의사를 확인할 수 없고 환자가 의사표현을 할 수 없는 의학적 상태인 경우 어떤 방법이더라도 담당의사와 해당 분야 전문의 1명의 확인이 필요하다. 그러므로 21세 환자가 의사를 표현할 수 없는 의학적 상태인 경우, 환자가 1년 전 작성해 둔 사전연명의료의향서가 있더라도 제3조 제2항의 적용대상이 되어 연명의료중단결정을 원하는 환자의 의사 확인을 위해서는 담당의사의 확인이 필요하다.

ㄹ. 제3조 제2항 제2호에 따라 환자가족 중 배우자 및 1촌 이내 직계 존비속 전원의 합의로 연명의료중단결정의 의사표시를 하고 담당의사 등의 확인을 통해 해당 환자를 위한 연명의료중단결정이 있는 것으로 볼 수 있다. 그러나 손자녀는 1촌 이내 직계 비속이 아니다.

합격생 가이드

제1조에 각 용어의 정의는 일견 무의미해 보일 수도 있으나 ㄷ 등의 해결을 위해 활용되는 만큼 주의가 필요하다. 하지만 일일이 정리하고 선지 해결에 들어가기에는 법조문이 유사하고 양이 많으므로 선지에 따라 돌아와 참고한다면 정확한 풀이에 도움이 될 수 있다.

26

답 ④

난도 ★

정답해설

④ 50장의 표가 발권된 만큼 50개의 조가 존재한다고 생각하자. 친구 단위로 입장한 사람의 수는 친구 단위 조의 수의 2배이며 가족 단위로 입장한 사람의 수는 가족 단위 조의 수의 4배이다. 총 입장객 수는 종류별 입장한 사람의 수의 합이다. 그러므로 놀이공원 총 입장객 수 158명은 친구 단위 조의 수의 2배와 가족 단위 조의 수의 4배의 합이다. 따라서 158명을 2로 나누고 50을 뺀다면 가족 단위 조의 수를 구할 수 있다. 29개 조가 가족 단위 조이고 나머지 21개 조가 친구 단위 조인만큼 가족 단위로 입장한 사람의 수는 116명(29×4=116), 친구 단위로 입장한 사람의 수는 42명(21×2=42)이다.

합격생 가이드

가족 단위 또는 친구 단위로 입장객을 묶을 수 있는 만큼 2명 혹은 4명이라는 장치를 활용하는 것이 신속한 문제 해결의 핵심이다. 총 50장의 표가 발권되었고 2, 4 모두 값을 깔끔하게 도출할 수 있는 수인 만큼 신속하게 해결할 수 있는 방법을 찾기 용이하다.

27

답 ⑤

난도 ★

정답해설

⑤ 1문단에 따르면 R_0는 예방조치가 없을 때, 해당 질병에 감염된 사람 한 명이 비감염자 몇 명을 감염시키는지에 대한 수치이다. B질병의 R_0는 15이고, D질병의 R_0는 3이다. 그러므로 예방조치가 없다면, 감염자 1명당 감염시킬 수 있는 사람 수의 평균은 B질병이 D질병의 5배일 것이다.

오답해설

① 1문단에 따르면 치사율은 어떤 질병에 걸린 환자 중 그 질병으로 사망하는 환자의 비율을 나타내는 것으로 R_0의 크기와 반드시 비례하지는 않는다. 그러므로 가장 많은 사람이 사망하는 질병은 주어진 자료만으로 알 수 없다.

② 2문단에 따르면 예방조치가 없을 때, R_0가 1보다 큰 질병은 전체 개체군으로 확산될 것이다. 그러나 F질병의 경우 R_0가 0.5에 불과하다. 그러므로 F질병은 예방조치가 없어도 전국민을 감염시키지는 않을 것이다.

③ 상황에 따르면 C질병의 R_0는 6, D질병의 R_0는 3이다. 임의의 시간 단위 n이 지났을 때 각 질병이 감염시켰을 것이라고 예상되는 인원은 C 질병의 경우 $\frac{6^n-1}{5}$명이고, D질병의 경우 $\frac{3^n-1}{2}$명이다. 인구 수가 충분해서 n의 크기가 30이상이 될 수 있다면 C질병이 전 국민을 감염시킬 때까지 걸리는 시간은 D질병의 절반보다 훨씬 짧을 것이다.

④ 3문단에 따르면 R_0와 마찬가지로 치사율도 확산 초기 단계에서는 정확하게 알 수 없다.

합격생 가이드

③을 옳다고 판단하지 않도록 주의가 필요하다. 기초 감염재생산지수는 신규 감염자 수가 일종의 등비수열을 취하고 있다는 모형이다. 따라서 총 감염자 수는 신규 감염자 수보다 훨씬 빠른 양상으로 증가한다. 변화율과 총량을 혼용해서 오답 선지를 구성하는 장치들은 기존 기출 문제에도 다수 등장한 만큼 주의가 필요하다.

28

답 ①

난도 ★

정답해설

ㄱ. 사과와 배 상자에서 과일 하나를 꺼내어 확인한 결과 사과라면 원4 조건에 따라 사과만 담겨 있을 것이다. 그러므로 남아 있는 사과 상자에는 배만, 배 상자에는 사과와 배가 섞여 담겨 있을 것이다.

오답해설

ㄴ. 배 상자에서 과일 하나를 꺼내어 확인한 결과 배라면 원4 조건에 따라 사과와 배가 섞여 담겨 있을 것이다. 그러므로 남아있는 사과 상자에는 배만 사과와 배 상자에는 사과만 담겨 있을 것이다.

ㄷ. 사과 상자에서 과일 하나를 꺼내어 확인한 결과 배라면 원4 조건을 고려하더라도 배만 담겨 있을지 아니면 사과와 배가 섞여 담겨 있을지 확정할 수 없다. 그러므로 사과 상자에 배만 담겨 있는 경우, 배 상자에는 사과와 배가 섞여 담겨 있어야 한다.

합격생 가이드

제시문을 읽고 배치가 확정되지 않는 사과 상자에서 배가 나온 경우와 배 상자에서 사과가 나온 경우가 선지로 활용될 수 있겠다는 예측을 할 수 있다. 이외의 경우는 한 가지 조합으로 내용물이 확정되는 만큼 두 경우가 활용될 수 있는 ㄷ과 같은 선지에 주의해야 한다.

29

답 ③

난도 ★

정답해설

③ 甲이 출발했을 때 정오에 맞춰진 시계X가 귀가 이후 2시간이 지난 14시 정각을 가리키고 있다. 그러므로 乙의 집까지 가는 시간, 이야기 한 1시간, 돌아온 시간 모두 합쳐 2시간이라는 것을 알 수 있다. 또한 제시문에 따라 돌아온 시간이 乙의 집까지 가는 시간의 절반이라는 것을 알 수 있는바, 甲이 乙의 집에서 귀가하는 데 20분이 걸렸다는 것을 알 수 있다. 乙의 집에 도착했을 때 Y의 부정확성 고려하면 당시 정확한 시간은 10시 40분이었다. 그러므로 이후 1시간의 이야기 한 시간, 20분의 이동시간이 지났다는 것을 고려할 때 甲이 귀가했을 때의 정확한 시각은 12시 00분이다.

합격생 가이드

고장난 시계, 시차 등과 관련된 이런 유형의 문제들을 해결할 때는 시계에 나타난 시간보다 걸린 시간을 활용하는 것이 좀 더 쉬운 접근이라고 할 수 있다. 나아가 발문에서 귀가했을 때의 시각을 묻고 있는 만큼 그에 맞춰서 10시 40분 이후의 시간만을 계산하는 것이 신속한 문제 풀이에 도움이 된다.

30

답 ④

난도 ★

정답해설

ㄱ. 밀도와 질량이 주어져 있을 때, 부피는 질량을 밀도로 나눈 값과 같다. 제시문에 따라 왕관의 질량이 1kg(1,000g), 금의 밀도가 20g/cm³이기 때문에 부피는 50cm³이다.

ㄴ. 왕관의 부피가 80cm³이고 왕관에 포함된 은의 부피가 금의 부피의 3배라고 가정하자. 그러한 경우 왕관에 포함된 은의 부피는 60cm³이고, 금의 부피는 20cm³이다. 밀도와 부피를 곱한 값은 질량과 같은 바, 선지의 내용이 맞다면 각 은과 금의 질량 합은 1kg일 것이다. 은의 질량은 600g(60×10=600g), 금의 질량은 400g(20×20=400g)이다.

ㄹ. 왕관에 철을 전혀 사용하지 않았다고 가정해보자. 부피는 질량을 밀도로 나눈 값과 같다. 따라서 같은 질량 하에서 부피를 극대화하기 위해서는 구리를 사용했을 것이다. 이때 가능한 부피는 약 111.11cm³이다. 그러나 이는 넘친 물의 부피보다 작다. 그러므로 왕관에는 구리보다 밀도가 낮은 철이 사용됐다.

오답해설

ㄷ. 왕관에 사용된 금의 부피를 a, 구리의 부피를 b라고 가정하자. 이때 주어진 조건 하에서는 다음의 두 식이 성립한다.

: a+b=80, 20a+9b=1,000.

그러므로 금의 부피는 약 25.45cm³$\left(=\dfrac{280}{11}\right)$이고 구리의 부피는 약 54.55cm³$\left(=\dfrac{600}{11}\right)$이다.

🔷 **합격생 가이드**

가중평균을 이용해서 각 부피의 정확한 값을 구할 수도 있겠지만 ㄴ의 해설과 같이 선지의 내용이 참인 경우를 가정하고 내용을 검증하는 것이 더 빠른 경우도 있다. 이 문제와 같이 값이 깔끔하게 나누어지는 경우라면 후자의 방식을 통해 신속한 선지의 해결을 도모하는 것을 추천한다.

31

답 ⑤

난도 ★★

정답해설

㉠ 제시문에 따르면 하나의 창고 안에 있는 재고인 150개만이 그을렸고 나머지 재고인 ㉠개는 불에 그을리지 않았다. 그러므로 모든 입고기록과 출고기록 및 기존 재고를 고려했을 때의 수량은 150+㉠개일 것이다. 도출과정은 다음과 같다. ㉠은 300이다.

㉡ 불에 그을린 개수에 대한 정보를 바탕으로 적어도 한 창고에는 모든 기록을 처리한 후 150개가 남아야 한다는 것을 알 수 있다. 입고 기록과 1월 1일자 재고를 고려한 각 창고별 재고는 다음과 같다. (A, B, C)=(230, 205, 210). 각 창고별 출고기록의 합은 다음과 같다. (A, B, C)=(60, 50, 85). 이때 주어진 조건하에서 150개 재고가 남아 있는 재고를 만들 수 있는 경우는 C의 입고기록 및 1월1일자 재고에서 A창고 출고기록을 제외하는 경우뿐이다(210-60=150). 그러므로 맞바뀐 창고는 A와 C이다.

🔷 **합격생 가이드**

㉠을 도출하는 과정에서 전체 개수를 더해서 구할 수 있다는 발상이 중요하다. 계산과정에서는 출고기록과 입고기록을 적절히 대응시켜 소거를 하는 것이 계산을 정확하고 간편하게 하는 데 도움이 된다. ㉡의 해결 과정은 주어진 정보를 바탕으로 출고기록을 검증할 수 있는 방법을 찾아 이루어진다. 이처럼 주어진 정보를 최대한 활용할 방법을 찾는 것이 문제가 유도하고 있는 풀이를 찾는 방법이라고 생각한다.

32

답 ③

난도 ★★

정답해설

③ 소수점 첫째 자리까지 고려할 때, 甲의 체중은 65.5~66.4kg 범위에 있다. 이 범위의 길이는 0.9kg라고 할 수 있는데 A물건을 2개 들어도 66으로 유지됐다는 점에서 A물건 2개의 무게가 900g 이하, 즉 A물건 1개의 무게가 450g 이하여야 한다는 사실을 알 수 있다. 또한 A물건 5개 들고 체중계에 올라갔을 때 총 무게의 범위는 67.5~68.4kg 범위에 있을 것이다. 따라서 A물건을 2개 들었을 때와 비교를 통해 A물건 3개의 무게는 적어도 1.1kg(=67.5-66.4) 이상이라는 것을 알 수 있다. 즉 A 물건 1개의 무게는 약 367g 이상이어야 한다. 그러므로 A물건 1개의 무게범위는 367≤A≤450이다. 이를 만족하는 선지는 400g이다.

🔷 **합격생 가이드**

반올림이 제공하는 정보는 추정하는 값이 속하는 범위이다. 각 범위 내 최댓값과 최솟값을 활용해서 구하려는 무게의 범위를 도출할 수 있다. 조금 더 신속한 풀이를 위해서는 직관적으로 너무 무겁거나 가벼운 경우 답이 될 수 없을 것이라는 전제하에 가운데 값인 ②, ③, ④를 조건에 대입해 보는 것을 제시해 볼 수 있다.

33

답 ②

난도 ★★

정답해설

② 잃어버리기 전 조건 1에 따라 여성 인물카드 장 수를 n이라고 할 때, 甲은 총 2n+2장을 가지고 있을 것이다. 잃어버리기 전 조건 2와 3에 따라 가능한 보유 장수는 5~9장이다. 그러므로 기존 인물카드 수로 가능한 것은 6장 혹은 8장이다. 잃어버린 후 조건 1과 3에 따라 모든 소방관 카드를 잃어버렸다는 것을 알 수 있고 그 장수가 2장이라는 것 역시 알 수 있다. 이때 기존 인물카드 수가 6장이라면 소방관 카드를 잃어버린 것만으로 잔여 카드 수가 4장이어야 하지만 잃어버린 후 조건 3에 따라 이는 조건에 위배된다. 그러므로 기존 인물카드 수는 8장이며 잃어버린 후 카드 수는 5장인 바, 잃어버리는 인물카드의 수는 3장이다.

🔷 **합격생 가이드**

조건이 잃어버리기 전 후의 상황으로 나누어져 제시된 만큼, 각 상황별 조건만을 조합해서 얻을 수 있는 정보를 찾아보는 것이 문제 해결의 핵심이다. 적어도 잃어버리기 전 조건 1을 통해 기존 인물카드의 수가 짝수이고 잃어버린 후 조건 3에 따라 홀수 장수가 됐다는 점에서 ② 혹은 ④로 선지를 줄일 수 있어야 한다고 생각한다.

34

답 ④

난도 ★★

정답해설

④ 두 번째 운반에서 I, J를 포함한 3개의 박스를 운반하면서 운반 횟수를 최소로 하는 조합은 순서에 상관없이 다음의 조합이다. (FJ) (B) (C) (D) (E) (GH). 이는 각각 4kg과 2kg인 I와 J가 한 번에 운반됨에 따라 10kg 이상 상자와 결합하여 같이 옮겨질 수 있는 상자가 6kg인 H밖에 안 남기 때문이다.

오답해설

① D의 무게는 14kg이다. 다른 상자와 같이 운반되기 위해서는 3kg 이하인 상자가 필요하다. 그러나 유일한 3kg 이하 상자인 J는 두 번째 운반에 I와 이미 결합하여 총 6kg의 무게를 가진다. 그러므로 어떠한 경우에도 D는 따로 운반된다.

② 두 번째 운반 후에 B, C, D, E 는 무게로 인해 단독으로 운반된다. 그 과정에서 모두 ⊙이 적용된다.

③ 단 하나의 상자만이 남더라도 ©을 적용해 운반할 수 있다.

⑤ 두 번째 운반에 ©을 적용하더라도 전체 운반 횟수를 최소로 할 수 있다. 예컨대 (A) (FJ) (B) (C) (D) (E) (GH)—총 7회는 ⊙을 적용한 최소 이동 경우 (A) (B) (C) (DJ) (EI) (FH) (G)—총 7회와 횟수가 같다. 이는 17kg이라는 무게 제한으로 인해 어차피 16kg 이상인 A, B, C가 다른 상자와 같이 옮겨지는 것이 가능하지 않고, © 적용으로 3개가 동시에 옮겨지고 1개를 따로 운반하는 것과 ⊙ 적용으로 2개가 동시에 옮겨지는 사건이 2번 발생한 것이 운반횟수 측면에서는 동등하기 때문이다.

🔖 합격생 가이드

⑤에 대해 직접 나열해보지 않았을 때 해결하기 어렵다는 인상을 받을 수 있다. ⊙, ©의 규칙을 통해 옮길 수 있는 조합을 몇 가지 고려해 본다면 모든 횟수를 나열하지 않고도 최소 전체 운반 횟수가 7회라는 것을 찾을 수 있다.

35

답 ④

난도 ★

정답해설

④ 3과 9를 1~9까지 곱했을 때 일의 자리 수를 정리하면 다음과 같다. 서로 다른 두 카드 간 합이 같은 쌍이 나올 수 있는 숫자 합의 최솟값인 5부터 15까지 모두 확인해본다면 가능한 경우는 두 카드에 적힌 숫자의 합이 12가 되는 (4, 8) (3, 9)만이 가능하다. 그러므로 4장의 숫자 카드에 적힌 수의 합은 24이다.

구분	1	2	3	4	5	6	7	8	9
x3	3	6	9	2	5	8	1	4	7
x9	9	8	7	6	5	4	3	2	1

🔖 합격생 가이드

문제에는 카드에 적힌 숫자 합이 같다는 조건과 각 숫자에 3과 9를 곱한 값의 일의 자리 수가 같다는 조건, 총 2가지 조건이 제시되어 있다. 보다 특수한 조건인 두 번째 조건을 만족시키는 경우의 수가 더 적을 것이라는 판단 하에 문제를 접근한다면 더 쉽고 신속하게 문제를 해결할 수 있다.

36

답 ③

난도 ★

정답해설

③ 丙의 경우는 (이륙중량 25kg 이하)-(사업자)/(자체중량 12kg 이하)-(사업자)이다. 또한 비행장 중심으로부터 반경 5km 이내에서 비행하므로 비행승인이 필요하다. 그러나 비행승인 없이 비행하였으므로 규칙 위반이다.

오답해설

① 甲의 경우는 (이륙중량 25kg 이하)-(비사업자)/(자체중량 12kg 이하)-(비사업자)이다. 모든 규칙을 준수했다.

② 乙의 경우는 (이륙중량 25kg 초과)-(비사업자)/(자체중량 12kg 이하)-(비사업자)이다. 모든 규칙을 준수했다.

④ 丁의 경우는 (이륙중량 25kg 이하)-(사업자)/(자체중량 12kg 초과)-(사업자)이다. 모든 규칙을 준수했다.

⑤ 戊의 경우는 (이륙중량 25kg 이하)-(사업자)/(자체중량 12kg 초과)-(사업자)이다. 모든 규칙을 준수했다.

🔖 합격생 가이드

문제상 특수한 조건이라고 할 수 있는 것은 △:공항 또는 비행장 중심 반경 5km 이내에서는 필요뿐이다. 그러므로 해당 조건을 활용한 정답 내지 오답의 구성을 예상할 수 있다.

37

답 ④

난도 ★

정답해설

④ 현장답사 대상 기업은 서연의 첫 번째 발언에 따라 서비스 기업이다. 현장답사 대상 기업은 인영의 세 번째 발언에 따라 직원수가 100명 이하인 곳이다. 현장답사 대상 기업은 서연의 두 번째, 세 번째 발언에 따라 근접역으로부터 15km 이내이거나 근접역이 없다. 현장답사 대상 기업은 서연의 네 번째 발언에 따라 실내 기업이다. D는 모든 조건을 만족시킨다.

오답해설

① 현장답사 대상 기업은 서연의 첫 번째 발언에 따라 서비스 기업이다. 그러나 A는 제조 기업이다.

② 현장답사 대상 기업은 인영의 세 번째 발언에 따라 직원수가 100명 이하인 곳이다. 그러나 B는 직원수가 500명이다.

③ 현장답사 대상 기업은 서연의 네 번째 발언에 따라 실내 기업이다. 그러나 C는 실외 기업이다.

⑤ 현장답사 대상 기업은 서연의 첫 번째 발언에 따라 서비스 기업이다. 그러나 E는 제조 기업이다.

🔖 합격생 가이드

발문에서부터 하나의 기업을 선정해야 된다는 정보를 제시하고 있는 만큼 대화를 따라가면서 바로 제외 기업들을 소거시킨다면 더 신속한 문제 해결이 가능하다.

38

답 ③

난도 ★

정답해설

③ 생활용수는 중금속이 제거되고 음용이 가능하며 1급인 담수이다. 그러므로 상황의 해수의 처리를 위해 1급수로 정수 및 음용 가능 처리, 중금속 성분 제거, 염분 제거가 필요하다. 1차 정수기가 필요하다. 제시문에 따라 3차 정수기는 2차 정수기의 기능이 포함되어 있는 바, 1급수로 정수 및 음용 기능 처리를 위해 3차 정수기가 필요하다. 또한 중금속 성분 제거를 위해 응집 침전기가 필요하며, 염분 제거를 위해 해수담수화기가 필요하다. 그러므로 3톤이라는 해수 양에 맞춰, 1차 정수기 1대, 3차 정수기 3대, 응집 침전기 1대, 해수담수화기 1대가 필요하며 그에 따른 설치시 최소 비용이 17억 원이다.

합격생 가이드

처리용량에 따른 설비당 필요 대수를 파악하는 것이 문제의 핵심이다. 특히나 3차 정수기의 경우에만 문제가 되는 바, 놓쳐서 주어진 선지 내 답을 찾지 못하는 실수를 하는 것을 최대한 방지해야 한다.

39

답 ⑤

난도 ★

정답해설

⑤ 4문단에 따르면 최소 사육규모로 인한 시설인증의 어려움이 있다. 또한 사육 수를 늘릴 여력이 없는 소규모 농장에선 공장식 축산을 하지 않아도 인증 신청을 못하는 경우가 있다는 정보가 제시되어 있다. 그러므로 공장식 축산을 하지 않더라도 동물복지시설인증을 받지 못하는 경우가 있다고 할 수 있다.

오답해설

① 1문단에 따르면 공장식 축산의 밀집사육에 따른 전염병 확산, 항생제 남용은 사람의 건강에도 직 · 간접적인 영향을 미치고 분뇨 등으로 인한 환경 문제로 인해 농장동물복지는 사람에게도 중요한 문제이다.

② 2문단에 따르면 동물복지시설인증제는 정부가 정한 기준에 따라 동물을 기르는 농장이나 도축하는 시설에 동물복지시설인증을 부여하는 것이다. 6문단에 따르면 시설인증을 받은 농가에서 인증 도축장을 이용하고 싶어도 물리적 거리가 걸림돌이 되고 있다는 정보가 제시되어 있다. 그러므로 동물복시시설인증제가 농장과 도축시설이 개별적으로 운영된다는 것을 알 수 있다.

③ 5문단에 따르면 A농장은 시설인증을 받은 농장이다. 6문단에 따르면 축산물을 판매할 때 동물복지축산물인증 마크를 붙이려면 도축도 동물복지시설인증을 받은 곳에서 해야 한다. 그러므로 A농장 사육 돼지가 어디서 도축되는지에 따라 동물복지축산물인증 마크 부착 여부가 달라진다고 할 수 있다.

④ 7문단에 따르면 동물복지축산물인증 마크가 붙은 닭고기, 돼지고기, 소고기 등은 가격이 높아서 소비자들이 많이 찾지 않는 것이 현실이다. 그러므로 소비자 대부분은 동물복지축산물인증 마크가 붙은 축산물을 구매하지 않는다.

합격생 가이드

두 가지 동물복지인증제도가 교차되며 나타난다. 그러나 문단이 주제별로 무려 7개로 나누어져 있어 각 문단별 주제만 잘 확인해 둔다면 내용상 혼선 없이 선지를 해결할 수 있을 것이다.

40

답 ②

난도 ★★

정답해설

ㄴ. 4문단에 따르면 2020년 현재 해당 인증을 받은 농장은 산란계 74곳, 육계 5곳, 돼지 9곳, 육우 2곳으로 총 90개 농장이다. 전체 농장수가 100,000개라면 그 0.1%는 100개이다. 그러므로 동물복지시설인증을 받은 농장 비율은 0.1% 미만이다.

ㄷ. 4문단에 따르면 2020년 현재 동물복지 시설인증을 받은 산란계 농장수는 74곳이고 이는 전체 산란계 농장의 1.1%이다. 6,000개의 1.1%는 60개이다. 그러므로 전국 산란계 농장수는 6,000개보다 많다.

오답해설

ㄱ. 3문단에 따르면 인증을 받은 농장에 대해 인증을 받은 다음해부터 매년 1회 사후관리를 위한 점검을 실시한다. 2문단에 따르면 2013년에 돼지농장 동물복지시설인증이 처음 도입됐다. 그러므로 제도 도입과 함께 인증 받은 농장이라고 하더라도 최대 7회에 불과하다.

ㄹ. 5문단에 따르면 돼지농장이라면 어미돼지를 30마리 이상 키워야 시설인증을 신청할 수 있고 A농장은 어미돼지 수를 20% 감축했다. A농장에서 사육하던 어미돼지 수가 35마리라고 가정하자. 20% 감축하는 경우 28마리이다. 그러므로 감축 이전 35마리보다 많이 사육했을 것이다.

합격생 가이드

정답이 되는 ㄴ, ㄷ의 경우 계산을 통해 명확히 판단할 수 있으나, ㄱ, ㄹ과 같은 보기를 해결할 때, 근거를 찾지 못해 시간을 지체하게 되는 경우가 종종 발생한다. ㄹ과 같이 계산이 가능한 부분이라면 보기의 내용에 부합되는 숫자를 대입하는 방법 등을 활용하여 확인하는 것이 가장 빠르다. ㄱ과 같은 보기는 2013년 돼지농장에 대한 인증제도를 도입했다는 등 정보를 놓쳤더라도 주어진 다른 정보, 예컨대 모든 인증제도가 2011년에 도입됐다는 점에서 어떤 농장이더라도 최대 9회의 사후관리 점검을 받았을 것 등의 판단을 활용해야 신속한 문제 풀이가 가능할 것이다.

2021 7급 PSAT 상황판단 기출문제

01	02	03	04	05	06	07	08	09	10
④	①	⑤	④	④	①	①	③	②	③
11	12	13	14	15	16	17	18	19	20
②	⑤	③	④	③	④	③	④	⑤	⑤
21	22	23	24	25					
②	⑤	①	②	②					

01

답 ④

난도 ★★

정답해설

④ 제4항에 따르면 제3항의 번호변경 통지를 받은 신청인은 운전면허증 등에 기재된 번호의 변경을 위해서는 그 번호의 변경을 신청해야 한다. 그러므로 甲의 주민등록번호가 변경된 경우, 甲이 운전면허증에 기재된 주민등록번호를 변경하기 위해서는 변경신청을 해야 한다.

오답해설

① 제1항에 따라 유출된 번호로 인하여 재산에 피해를 입었고 주민등록번호 변경을 신청하고자 하는 사람은 주민등록지의 광역시장 등을 제외한 시장, 군수 또는 구청장에게 신청해야 한다. 제2항에 따라 제1항의 신청을 받은 주민등록지의 시장 등은 주민등록변경위원회에 번호 변경 여부에 관한 결정을 청구해야 한다. 상황에 따르면 주민등록번호 유출로 인해 재산상 피해를 입은 甲의 주민등록지는 A광역시 B구이다. 따라서 甲은 변경신청을 A광역시장이 아닌 B구청장에게 해야 하고, B구청장이 주민등록번호변경위원회에 관련 청구를 해야 한다.

② 제3항에 따르면 변경위원회로부터 번호변경 인용결정이 통보된 경우 주민등록지의 시장 등은 신청인의 번호를 변경한다. 따라서 주민등록번호 변경의 주체는 시장 등이다. 그러므로 주민등록번호변경위원회는 번호변경 인용결정을 하면서 甲의 주민등록번호를 다른 번호로 변경할 수 없다.

③ 제3항 각 호에 따르면 주민등록번호 변경시 번호 앞 6자리 및 뒤 7자리 중 첫째 자리는 변경할 수 없다. 상황에 따르면 甲의 기존 주민등록번호는 980101-23456ㅁ이다. 따라서 '980101-2'까지는 변경된 번호도 동일해야한다. 그러므로 甲의 주민등록번호는 980101-45678ㅁ으로 변경될 수 없다.

⑤ 제5항에 따르면 변경위원회로부터 번호변경 기각결정이 있는 경우 신청인은 통지를 받은 날로부터 30일 이내에 시장 등에게 이의신청을 할 수 있다. 상황에 따르면 甲의 주민등록지는 A광역시 B구이다. 따라서 甲은 이의신청을 B구청장에게 할 수 있다.

합격생 가이드

다양한 사무 주체가 등장하는 법조문의 경우, 각 조항별 사무가 어디에 귀속되는 지 명확하게 파악할 필요가 있다. 예컨대 제시된 법조문의 경우 번호변경 결정 청구 및 번호 변경, 통지, 이의신청 접수는 시장 등에게 귀속되고, 번호 변경의 결정은 변경위원회로 귀속되고 있다는 점을 제시문의 독해 과정에서 미리 정리해두는 것이 좋다.

02

답 ①

난도 ★★

정답해설

① 네 번째 조문 제2항에 따르면 물품출납공무원은 동조 제1항의 물품관리관에 따른 명령이 없으면 물품을 출납할 수 없다. 그러므로 물품출납공무원은 물품관리관의 명령이 없으면 자신의 재량으로 물품을 출납할 수 없다고 할 수 있다.

오답해설

② 첫 번째 조문 제1항에 따르면 각 중앙관서의 장은 그 소관 물품관리에 관한 사무를 소속 공무원에게 위임할 수 있고, 필요하면 다른 중앙관서의 소속 공무원에게 위임할 수 있다. 그러므로 A중앙관서의 장이 그 소관 물품관리에 관한 사무를 위임하고자 할 경우, B중앙관서의 소속 공무원에게 위임할 수 있다.

③ 세 번째 조문 단서에 따르면 물품관리관이 물품을 국가의 시설에 보관하는 것이 물품의 사용이나 처분에 부적당하다고 인정하는 경우 국가 외의 자의 시설에 보관할 수 있다. 그러나 계약담당공무원이 인정하는 경우에 대한 정보는 제시되어 있지 않다.

④ 두 번째 조문 제1항에 따르면 물품관리관은 물품수급관리계획 밖의 물품에 대하여 필요할 때마다 계약담당공무원에게 물품의 취득에 관한 필요한 조치를 할 것을 청구하여야 한다. 그러나 물품출납공무원에게 필요한 조치를 청구해야 한다는 정보는 제시되어 있지 않다.

⑤ 다섯 번째 조문에 따르면 물품출납공무원은 보관 중인 물품 중 수선이 필요한 물품이 인정되는 경우 물품관리관에게 보고하여야 하고, 해당 보고를 받은 물품관리관은 계약담당공무원 등에게 필요한 조치를 할 것을 청구하여야 한다. 그러나 물품출납공무원이 동일한 경우 계약담당공무원에게 청구할 수 있는지에 대한 정보는 제시되어 있지 않다.

합격생 가이드

물품관리과, 계약담당공무원, 물품출납공무원 등 다양한 주체가 법조문에 등장하는 만큼 각각 주체를 표기 등을 활용해 명확히 구별 후 선지 해결에 들어가는 것이 정확한 문제풀이를 위해 좋다.

03

답 ⑤

난도 ★

정답해설

⑤ 제ㅇㅇ조 제1항에 따르면 누구든지 법률에 의하지 아니하고는 우편물의 검열 등을 하지 못한다. 동조 제2항 제1호에 따르면 제1항에 위반하여 우편물의 검열 등을 한 자는 1년 이상 10년 이하의 징역과 5년 이하의 자격정지에 처한다. 그러므로 甲이 乙과 丙 사이의 우편물을 불법으로 검열한 경우, 법정형의 범위 내인 2년의 징역과 3년의 자격정지에 처해질 수 있다.

오답해설

① 제ㅇㅇ조 제1항에 따르면 누구든지 법률에 의하지 아니하고는 우편물의 검열 등을 하지 못한다. 제ㅁㅁ조에 따르면 제ㅇㅇ조에 위반하여 불법검열에 의하여 취득한 우편물 등은 징계 절차에서 증거로 사용할 수 없다.

② 제ㅇㅇ조 제1항에 따르면 누구든지 법률에 의하지 아니하고는 타인 상호간의 대화를 녹음 또는 청취하지 못한다. 그러나 본인과 타인 간의 대화에 대한 정보는 제시되지 않았다. 그러므로 甲이 乙과 정책용역을 수행하면서 乙과의 대화를 녹음한 내용은 재판에서 증거로 사용할 수 없다고 할 수 없다.

③ 제○○조 제2항 및 제2항 제2호에 따르면 타인 상호 간의 대화를 녹음하여 공개한 자는 1년 이상 10년 이하의 징역과 5년 이하의 자격정지에 처한다. 그러나 동일한 내용에 대하여 벌금에 처해질 수 있다는 정보는 제시되어 있지 않다.

④ 제○○조 제3항 단서에 따르면 이동통신사업자 등이 개통처리 등을 위한 경우 단말기기 고유번호를 제공할 수 있다.

합격생 가이드

놓치기 쉬운 조건 중 하나인 제○○조 제1항의 타인 상호 간 등에 조심해서 선지에 접근한다면 큰 어려움없이 해결할 수 있는 문제라고 생각한다. 또한 징역, 자격정지 등 법정형 범위를 잘 확인해서 선지 정오 판단시 헷갈리지 않도록 주의가 필요하다.

04

답 ④

난도 ★★

정답해설

④ 주어진 조건에 따라 지원 순위와 지원금을 나타내면 다음과 같다. 이때 첫 번째 조건에 따라 2020년도 총매출이 500억 원 이상인 A, B는 제외되며, 세 번째 조건에 따라 지원 1순위인 G는 소요 광고비의 2분의 1인 2억 원을 받는다.

기업	2020 총매출	광고비	총매출 ×광고비	우선 지원대상	순위	지원금
A	600	1	–	–	–	–
B	500	2	–	–	–	–
C	400	3	1200	X	5	0
D	300	4	1200	○	3	1억 2천
E	200	5	1000	○	2	1억 2천
F	100	6	600	X	4	1억 6천
G	30	4	120	○	1	2억

합격생 가이드

이처럼 지원금을 나누는 과정에서 조건을 적용하는 문제를 풀 때, 답 도출 이후 사용되지 않은 조건이 없는지 확인하는 것이 중요하다. 대다수의 기출 문제들이 조건 적용 유형에 있어서 제시한 모든 조건을 활용한다는 점에서 구체적인 검산 대신 모든 조건을 활용했는지 점검하는 것이 더 효율적인 확인 방법이 될 수 있다.

05

답 ④

난도 ★★

정답해설

④ 5명으로 구성된 소조직이 a개, 6명으로 구성된 소조직이 b개 있다고 가정하자. 이때 조건에 따라 7명으로 구성된 소조직은 10−a−b개이다. 이를 바탕으로 전 직원으로 구성되는 혁신조직의 수에 대한 조합을 나타내면 다음과 같다.

$5a+6b+7(10-a-b)=57$

$\Leftrightarrow 2a+b=13$

$\therefore (a, b)=(4, 5), (5, 3), (6, 1)$ (where $a+b<10$)

따라서 5명으로 구성되는 소조직은 최소 4개, 최대 6개가 가능하다.

합격생 가이드

더 빠른 풀이를 위해 주어진 선지의 숫자를 직접 대입해서 해결하는 것이 좋다고 할 수 있다. 그러나 그 과정에서 문제의 주요 조건들이 빠짐없이 반영되도록 주의가 필요하다.

06

답 ①

난도 ★★

정답해설

① 업무역량 값에 대한 해결을 위해 계산식에 따라 각 재능에 4를 곱한 값은 다음과 같다. 이때 최대값인 추진력과 통합력 사이의 차이는 2000이며, 그에 따라 甲의 통합력의 업무역량 값이 다른 어떤 부문의 값보다 크게 만들고자 한다면 적어도 (통합력 노력×3)의 값이 200을 초과해야 한다. 이를 만족시키는 노력의 최솟값은 67이다. (67×3=201)

기획력	창의력	추진력	통합력
360	400	440	240

통합력 노력의 최솟값 67이 투입되는 경우 잔여하고 있는 노력의 값 33을 적절히 분배하여 통합력을 최대로 만들 수 있는지 확인이 필요하다. 앞서와 마찬가지 방식으로 각 기획력과 추진력의, 그리고 창의력과 추진력의 (재능×3) 값 차이는 각각 80과 400이라는 점을 알 수 있으며 그 합 120을 3으로 나눈 경우 400이 도출되는데 이는 잔여하고 있는 노력의 값 33보다 크다. 그러므로 통합력에 투입해야 하는 노력의 최솟값이 67이라는 점을 확인할 수 있다.

합격생 가이드

업무역량 값이 최대가 되기 위해서는 두 번째로 큰 업무역량 값을 가진 영역보다 단 1이라도 크기만 하면 된다. 그러한 점에 착안하여 제일 커 보이는 추진력의 값보다 1이라도 크게 만들기 위해 필요한 값을 구하면 답을 도출할 수 있을 것이다.

07

답 ①

난도 ★★

정답해설

① 시작점을 기준으로 각 위치의 떡을 1~6까지 숫자로 매긴다면 먹는 순서는 다음과 같다. 이에 따라 4번 위치의 떡이 가장 마지막으로 먹히는 바, 이를 기준으로 주어진 순서에 따라 송편이 마지막에 먹히도록 4번 위치에 배치할 수 있다.

떡의 위치	먹히는 순서	조건에 맞는 배치
1	2	호박떡
2	4	쑥떡
3	3	인절미
4	6	송편(마지막 먹힘)
5	5	무지개떡
6	1	팥떡

경우의 수가 한정되는 만큼 최적의 문제 풀이 방법보다 그림을 그리든 나머지를 활용하든 떠오르는 방식대로 직접 도출해보는 게 신속한 해결에 도움이 되는 문제라고 볼 수 있다.

08

난도 ★★

정답해설

③ A, B, C, D의 무게를 각각 a, b, c, d(kg)라고 하자. 제시문의 조건에 따라 a+b는 54kg, a+c는 50kg이 성립한다는 것을 알 수 있다. 마찬가지로 c+d는 35kg, b+d는 39kg일 것이다. 이에 따라 b와 c의 차이는 4kg이라는 사실을 알 수 있다. 나아가 차이가 짝수라는 점에서 b와 c의 합 역시 짝수라는 것을 알 수 있다. 그러므로 b와 c의 합은 44kg이다. 이를 바탕으로 b, c를 다음과 같이 도출할 수 있다.

b=c+4
b+c=44
∴ (b, c)=(24, 20)

합격생 가이드

차이가 4kg, 합이 44kg이라는 정보 중 적어도 하나만 찾더라도 이를 바탕으로 일부 선지를 삭제할 수 있다. 예컨대 차이가 4kg이라는 정보를 찾았다면 ①, ②를 지울 수 있고 반대로 합이 44kg이라는 정보를 찾았다면 ④, ⑤를 지울 수 있다. 이처럼 활용할 수 있는 정보를 바탕으로 선지를 지워나가면 더 정답률을 높일 수 있다.

09

난도 ★★

정답해설

② 제시문에 따르면 6시 정각을 알리기 위한 마지막 6번째 종을 치는 시각은 6시 6초이다. 이때 첫 종은 정각에 치기 시작하므로 일정한 간격으로 5번 종을 치기까지 걸리는 시간이 6초라는 점을 알 수 있다. 11시 정각을 알리기 위해 종을 치는 횟수는 11회이다. 마찬가지로 첫 종은 정각에 치기 시작함으로 이후 일정한 간격으로 10번 종을 추가로 쳐야 하고 그 시간은 6초의 2배인 12초가 걸린다. 그러므로 11시 정각을 알리기 위한 마지막 종을 치는 시각은 11시 12초이다.

합격생 가이드

종을 치는 시각을 정확히 계산하는 데 필요한 것은 종을 치는 횟수보다 종 간 시간 간격의 횟수에 의존한다는 사실을 파악하는 것이다. 종 횟수에 매몰된다면 쉬운 문제임에도 '6시=6초' 등의 함정에 빠져 오답을 고르게 될 우려가 있다.

10

답 ③

난도 ★★

정답해설

③ A부서 주무관들이 오늘 해야 하는 일의 양을 1, 현재까지 한 일을 각각 a, b, c, d, e라고 가정하자. 제시문에 따라 일한 양을 정리하면 다음과 같다.

주무관	甲	乙	丙	丁	戊
현재까지 한 일	a	b	c	d	e
조건	$a=\frac{1}{2}(1-c)$	$b=2(1-d)$	$1-c=\frac{1}{2}c$	$d=1-a$	$e=\frac{1}{2}(1-b)$
1			$c=\frac{2}{3}$		
2	$a=\frac{1}{6}$				
3				$d=\frac{5}{6}$	
4		$b=\frac{1}{3}$			
5					$e=\frac{1}{3}$
결론	$a=\frac{1}{6}$	$b=\frac{1}{3}$	$c=\frac{2}{3}$	$d=\frac{5}{6}$	$e=\frac{1}{3}$

합격생 가이드

丙에 대한 조건만이 한 일의 상대적인 크기를 직접 도출할 수 있다는 점에 주목해서 문제풀이를 시작할 필요가 있다. 이를 바탕으로 나머지 주무관들이 한 일의 상대적 크기에 대해서도 도출한다면 쉽게 문제에서 요구하는 정답을 도출할 수 있다.

11

답 ②

난도 ★★

정답해설

② 주어진 대화의 조건들에 따라 성과점수의 크기는 乙>甲>丙>丁 순이다. 나아가 丁의 점수는 4점이며, 네 번째 조건에 따라 성과점수는 모두 다른 자연수인바, 성과점수를 모두에게 최소한으로 배정하면 다음과 같다.

乙	甲	丙	丁	합계
7	6	5	4	22

이때 잔여 점수 8에 대해서 甲, 乙, 丙에게 조건에 따라 배분할 경우 丙이 받을 수 있는 추가 점수는 최대 2점이다. 대소관계를 지키기 위해 丙에게 추가 점수를 배분하는 경우 적어도 같은 점수만큼은 甲과 乙에게 배정해야 되기 때문이다. 그러므로 丙에게 최대 성과점수를 배분하는 경우는 다음과 같다.

乙	甲	丙	丁	합계
10	9	7	4	30
11	8	7	4	30

따라서 丙이 받을 수 있는 최대 성과점수는 7점이다.

대소관계가 명확히 제시되어 있다는 점에서 성과점수만 적절히 대입한다면 큰 어려움 없이 해결할 수 있는 문제이다. 丙이 최대 점수를 배분받는 경우가 2가지 나오는데, 하나로 확정되지 않더라도 조건과 모순이 없다면 도출 후 빠르게 넘어가는 판단이 시험 전반을 운영하는 데 있어 중요하다고 할 수 있다.

만 원 단위에 주목한다면 갑의 착수금만을 계산한 후 구할 수 있다. 乙의 착수금 산정 기준에 따른 착수금이 140만 원을 초과한다는 것을 독립항 초과분 계산 이후 알 수 있는바, 둘 사이 보수 총액의 차이의 만 원 단위는 3만 원이라는 것을 알 수 있다. 그러므로 답이 될 수 있는 선지는 ③뿐이다.

12   답 ⑤

난도 ★★

정답해설

⑤ 주어진 조건에 따라 각 아기 돼지의 집 종류별 비용은 다음과 같다.

(단위 : 만 원)

집의 종류	첫째(6m²)	둘째(3m²)	셋째(2m²)
벽돌집	54	27	18
나무집	56	38	32
지푸라기집	23	14	11

따라서 조건에 따라 둘째 돼지 집을 짓는 재료 비용이 가장 많이 든 경우는 첫째가 지푸라기집, 둘째가 나무집, 셋째가 벽돌집을 짓는 경우뿐이다.

첫째가 나무집이나 벽돌집을 짓는 경우가 정답 선지에서 제외된다는 점을 직관적으로 파악하는 것이 중요하다. 또한 나무집 지지대 20만 원이 여타 재료 비용들과 비교했을 때 상당히 큰 값이므로 셋째가 나무집을 짓는 경우 역시 둘째보다 클 수 있다는 사실을 유념해 문제에 접근한다면 더 정확한 문제풀이에 도움이 된다고 생각한다.

13   답 ③

난도 ★★

정답해설

③ 상황에 따라 甲과 乙이 지급 받는 보수 총액은 다음과 같다. 이때 세 번째 조건의 단서에 따라 乙의 착수금은 140만 원으로 한다.

(단위 : 원)

세부항목	금액	甲	乙
기본료	1,200,000	1,200,000	1,200,000
독립항 1개 초과분 (1개당)	100,000	–	400,000
종속항(1개당)	35,000	70,000	560,000
명세서 20면 초과분 (1면당)	9,000	–	270,000
도면(1도당)	15,000	45,000	180,000
착수금 총액		1,315,000	1,400,000
사례금	–	1,315,000	0
총액		2,630,000	1,400,000

14   답 ④

난도 ★★

정답해설

ㄴ. B의 ㉣ 항목 점수가 19점이라고 가정하자. B의 기본심사 점수는 76점이며 감점점수는 15.5점이므로, 최종심사 점수는 60.5점이다. 조건에 따라 각 기본심사 항목 점수는 자연수이므로 ㉣ 항목 점수가 19점보다 낮다면 B의 최종심사 결과는 허가 취소이다. 그러므로 B의 허가가 취소되지 않으려면 B의 ㉣ 항목 점수가 19점 이상이어야 한다고 할 수 있다.

ㄷ. 상황에 따른 C의 기본심사 점수는 78점, 감점점수는 14점으로 최종심사 점수는 64점 심사결과는 허가정지이다. C의 과태료 부과횟수가 0이라고 가정하자. 이 경우 C의 감점점수는 6점으로 감소한다. 따라서 최종심사 점수는 72점 심사결과는 재허가이다. 그러므로 C가 2020년에 과태료를 부과받은 적이 없다면 판정 결과가 달라진다고 할 수 있다.

오답해설

ㄱ. ㉣ 항목 점수가 15점이라면 A의 기본심사 점수는 75점이며 감점점수는 9점이므로, 최종심사 점수는 66점이다. 따라서 A의 심사 결과는 허가 정지로 재허가를 받을 수 있다고 할 수 없다.

ㄹ. 조건에 따라 기본심사 점수와 최종심사 점수 간의 차이는 감점점수이다. 각 사업자의 감점점수는 A 9점, B 15.5점, C 14점으로 B가 제일 높다. 그러므로 기본심사 점수와 최종심사 점수 간의 차이가 가장 큰 사업자는 C가 아닌 B이다.

계산이 다소 복잡하다고 느껴질 수도 있는 만큼 풀이 과정에서 감점 사항은 표에 각 가중치를 표기해서 접근한다면 계산 실수를 줄일 수 있다고 생각한다. 또한 ㄹ과 같은 상대적 크기 비교를 요하는 선지는 점수 계산 대신 차이 값만 계산하는 것이 더 빠른 풀이법이라고 할 수 있다. 예컨대 B와 C의 감점 사항의 비교는 B가 C보다 과태료 부과 횟수 1회, 주의 1회, 권고 2회가 더 많고 반면에 C는 B보다 경고 1회가 더 많다.

15   답 ③

난도 ★★

정답해설

B. 제○○조 제2항에 따르면 질산성 질소에 대한 수질기준은 10mg/L 이하이다. 상황에 따르면 정수장 B에서의 질산성 질소 검사 결과는 11mg/L이므로, 정수장 B는 수질기준을 충족하지 못했다.

C. 제○○조 제1항 제1호 나목에 따르면 일반세균에 대한 수질검사빈도는 매주 1회 이상이다. 검사빈도를 매월 1회 이상으로 할 수 있는 단서 규정의 경우 대상 항목에서 일반세균과 대장균을 제외하고 있다. 상황에 의하면 정수장 C는 일반세균을 매월 1회 검사한 것으로 제시하고 있으므로, 수질검사빈도를 충족하지 못했다.

합격생 가이드

조건이 법조문 형태로 주어진 만큼 항목별로 정확한 적용 조문을 찾는 것이 중요하다고 할 수 있다. 또한 상황에 따라 보다 쉽게 확인할 수 있는 게 수질기준인 만큼, 수질기준을 우선적으로 확인한 후 정수장 B를 제외하는 것 역시 빠른 해결을 위한 접근법이라고 생각한다.

16

답 ④

난도 ★

정답해설

④ 다섯 번째 항목에 따르면 민원 처리결과의 통지는 문서로 함이 원칙이나 접수된 민원이 기타 민원인 경우 구술 또는 전화로 통지할 수 있다. 첫 번째 항목에 따르면 법정민원, 질의민원, 건의민원에 해당하지 않으며 상담·설명 요구, 불편 해결을 요구하는 민원을 기타민원이라고 한다. 상황에 따르면 甲은 인근 공사장 소음으로 인한 불편 해결을 요구하는 민원을 제기한바 기타민원이다. 그러므로 A시는 甲이 신청한 민원에 대한 처리결과를 전화로 통지할 수 있다.

오답해설

① 첫 번째 항목에 따르면 법정민원, 질의민원, 건의민원에 해당하지 않으며 상담·설명 요구, 불편 해결을 요구하는 민원을 기타민원이라고 한다. 두 번째 항목에 따르면 민원의 신청은 문서로 해야 하나, 기타 민원은 구술 또는 전화로 가능하다. 상황에 따르면 甲은 인근 공사장 소음으로 인한 불편 해결을 요구하는 민원을 제기한바 기타민원이다. 그러므로 甲은 구술 또는 전화로 민원을 신청할 수 있다.

② 두 번째 항목에 따르면 민원의 신청은 기타 민원을 제외하고 문서로 해야 하며 전자문서로 하는 것 역시 가능하다. 그러므로 乙은 전자문서로 민원을 신청할 수 있다.

③ 네 번째 항목에 따르면 접수한 민원이 다른 행정기관의 소관인 경우, 접수된 민원문서를 지체 없이 소관 기관에 이송하여야 한다. 그러므로 甲이 신청한 민원이 다른 행정기관 소관 사항인 경우 A시는 해당 민원을 이송 없이 처리할 수 없다.

⑤ 여섯 번째 항목에 따르면 동일한 내용의 민원이 정당한 사유 없이 반복 제출된 경우에 따라 규정을 두고 있으나, 그 대상에서 법정민원은 제외된다. 첫 번째 항목에 따르면 인가·허가 등을 신청하거나 사실·법률관계에 관한 확인 또는 증명을 신청하는 민원을 법정민원이라고 한다. 상황에 따르면 乙은 자신의 영업허가를 신청하는 민원을 A시에 제기한바 법정민원이다. 그러므로 乙의 민원은 여섯 번째 항목 상 반복 및 중복 민원의 처리에 관한 규정이 적용되지 않는바, A시는 해당 민원을 바로 종결 처리할 수 없다.

합격생 가이드

법조문과 선지가 매우 쉽게 구성되어 있는 만큼 상황에 따라 민원 종류를 정확히 판단할 수 있도록 주의가 필요하다. 이처럼 법조문이 조항 형태로 주어지지 않은 경우 오히려 문제 접근하기 더 쉽다는 점에서 당황하지 않는 자세 역시 중요하다고 할 수 있다.

17

답 ③

난도 ★★

정답해설

③ 두 번째 제ㅇㅇ조 제3항에 따르면 주민의견 청취 후 건축위원회의 심의를 거쳐 건축허가를 받은 건축물의 착공을 제한할 수 있는 주체는 ㅇㅇ부 장관이나 시·도지사이다. 그러므로 ㅇㅇ부 장관이나 시·도지사가 아닌 B구청장은 주민의견을 청취한 후 건축위원회의 심의를 거쳐 건축허가를 받은 乙의 건축물 착공을 제한할 수 없다.

오답해설

① 첫 번째 제ㅇㅇ조 제1항에 따르면 건축물을 건축하려는 자는 특별자치시장·특별자치도지사 또는 시장·군수·구청장의 허가를 받아야 하나, 21층 이상의 건축물이나 연면적 합계 10만 제곱미터 이상이면 단서 조항이 적용된다. 상황에 따르면 甲이 지으려는 건축물은 A광역시 B구에 위치하며 20층의 연면적 합계 5만 제곱미터이다. 그러므로 甲은 B구청장에게 건축허가를 받아야 한다.

② 두 번째 제ㅇㅇ조 제2항에 따르면 시·도지사는 지역계획이나 도시·군계획에 특히 필요하다고 인정하면 시장·군수·구청장의 건축허가나 허가를 받은 건축물의 착공을 제한할 수 있다. 상황에 따르면 甲이 건축하려는 건축물은 A광역시 B구에 있어 건축허가권자는 B구청장이다. 그러므로 A광역시장은 지역계획에 특히 필요하다고 인정하면 일정한 절차를 거쳐 甲의 건축물 착공을 제한할 수 있다고 할 수 있다.

④ 첫 번째 제ㅇㅇ조 제1항 단서에 따르면 21층 이상의 건축물이나 연면적 합계 10만 제곱미터 이상인 건축물을 특별시나 광역시에 건축하려면 특별시장이나 광역시장의 허가를 받아야 한다. 상황에 따르면 乙은 연면적 합계 15만 제곱미터인 건축물을 A광역시 B구에 신축하려고 한다. 따라서 乙의 건축물에 대한 허가권자는 A광역시장이다. 첫 번째 제ㅇㅇ조 제2항 및 그 제1호에 따르면 1항에 따른 허가를 받은 자가 허가를 받은 날부터 2년 이내에 공사에 착수하지 아니한 경우 허가를 취소하여야 한다. 그러므로 乙이 건축허가를 받은 날로부터 2년 이내에 정당한 사유 없이 공사에 착수하지 않은 경우, 乙의 건축물에 대한 허가권자인 A광역시장은 건축허가를 취소하여야 한다.

⑤ 두 번째 제ㅇㅇ조 제1항에 따르면 ㅇㅇ부 장관은 주무부장관이 문화재보존을 위하여 특히 필요하다고 인정하여 요청하면 허가권자의 건축허가나 허가를 받은 건축물의 착공을 제한할 수 있다. 동조 제4항에 따르면 착공 제한 조치의 제한기간은 2년 이내로 하나, 1회에 한하여 1년 이내의 범위에서 제한기간을 연장할 수 있다. 그러므로 주무부장관이 문화재보존을 위하여 특히 필요하다고 인정하여 요청하는 경우, ㅇㅇ부 장관은 건축허가를 받은 乙의 건축물에 대해 최대 3년간 착공을 제한할 수 있다.

합격생 가이드

甲과 乙 두 경우에 따라 허가권자가 달라지는 만큼 각 선지 해석, 조문 적용에 주의가 필요하다. 단서 조항이 많은 만큼 독해과정에서 미리 표기해 두는 것도 효과적인 접근법이라고 할 수 있다.

18

답 ④

난도 ★★

정답해설

④ 제4항에 따르면 회의는 위원장을 포함한 재적위원 3분의 2 이상의 출석으로 개의하고 출석위원 3분의 2 이상의 찬성으로 의결한다. 정보공개심의회가 8명의 위원으로 구성됐다고 가정하자. 개의를 위한 최소 출석위원 수는 6명이다. 6명 출석 시 의결되기 위한 찬성 위원 수는 4명이다. 그러므로 정보공개심의회가 8명의 위원으로 구성되면 의결을 위해 최소 위원 4명의 찬성이 필요하기 때문에 3명의 찬성으로 의결되는 경우는 없다.

오답해설

① 제3항에 따르면 외부 위원의 임기는 2년으로 하되 2회에 한하여 연임할 수 있다. 그러므로 연임 2회를 포함하여 총 3회의 임기를 지내게 되는 경우 외부 위원의 임기는 최대로 6년이다.

② 제1항에 따르면 정보공개심의회는 10인 이내의 위원으로 구성되며 내부 위원은 4인이고, 외부 위원은 총 위원수의 3분의 1 이상 위촉한다. 외부 위원 수를 x라고 가정하자. 내부 위원 수와 외부 인원 수를 합친 4+x의 3분의 1보다 x가 커야 한다. 그러므로 외부 위원은 적어도 2명이 위촉되는 바, 정보공개심의회는 최소 6명의 위원으로 구성된다.

$$\frac{1}{3}(4+x) \leq x \Leftrightarrow 2 \leq x$$

③ 제1항에 따르면 내부 위원은 4명이고 외부 위원은 2명 이상 6명 이하이다. 제2항에 따르면 위원은 특정 성별이 다른 성별의 2분의 1 이하가 되지 않도록 구성해야 한다. 그러므로 남자인 위원이 적어도 3명 이상 있어야 하므로 남자인 외부 위원 3명을 포함하여 7명의 위원으로 정보공개심의회가 구성될 수 있다.

⑤ 제4항에 따르면 회의는 위원장을 포함한 재적위원 3분의 2 이상의 출석으로 개의하고 출석위원 3분의 2 이상의 찬성으로 의결한다. 제5항에 따르면 서면으로 의견을 제출한 위원의 경우 심의회에 출석한 것으로 본다. 위원장 포함하여 5명이 직접 출석하고 위원 2명이 부득이한 이유로 서면으로 의견을 제출했다고 하자. 총 위원 수는 알 수 없지만 7명의 위원이 심의회에 출석한 바 제1항에 따른 최대 인원수인 10명인 경우라도 재적위원 3분의 2 이상이 출석했다고 할 수 있다. 또한 적어도 5명이 찬성함에 따라 출석위원의 3분의 2 이상의 찬성이 있다고 할 수 있다. 그러므로 선지의 조건에 따른 안건은 찬성으로 의결된다.

합격생 가이드

위원 수를 중요 장치로 활용한 만큼 인원수에 대한 분수 계산 및 법조문 적용 시 올림이 필요하다는 점을 잊지 말아야 한다. 최대 인원수, 성별 조건 등 다양한 인원 수 관련 조항들이 제시되어 있는 만큼 풀이과정에서 적용을 빼먹지 않았는지, 활용되지 않은 조항이 있지 않은지 확인이 필요하다

19

답 ⑤

난도 ★★

정답해설

ㄴ. 평가점수가 90점 이상인 영어강의에 대한 분반 허용 기준은 직전 2년 수강인원의 평균이 27명 이상이거나, 그 2년 중 1년의 수강인원이 45명 이상이다. 영어강의 B의 2019년과 2020년의 수강인원은 각각 10명과 45명으로 2년 평균은 27.5명이고, 2020년 수강인원은 45명 이상으로 분반 허용 기준을 만족한다. 그러나 B에 대한 분반이 허용되지 않았다. 그러므로 B의 2020년 강의만족도 평가점수는 90점 미만이었을 것이다.

ㄷ. 평가점수가 90점 이상인 실습강의에 대한 분반 허용 기준은 직전 2년 수강인원의 평균이 18명 이상이다. 평가점수가 92점인 실습강의 C의 2019년 수강인원이 20명이고 C의 분반이 허용되지 않는다면, 2019년과 2020년 수강인원의 평균이 18명 미만이어야 한다. 이는 2019년과 2020년 수강인원의 합이 36명 미만인 경우와 같다. 그러므로 2019년과 2020년 수강인원의 합은 35명을 넘지 않았을 것이며, 2020년 강의의 수강인원은 15명을 넘지 않았을 것이다.

오답해설

ㄱ. 평가점수가 90점 미만인 일반강의의 분반 허용 기준은 직전 2년 수강인원의 평균이 100명 이상이거나 2년 중 1년의 수강인원이 120명 이상이다. 평가점수가 85점인 일반강의 A의 2019년과 2020년 수강인원이 각각 100명과 80명이다. A의 직전 2년 수강인원 평균은 90명이고 2개년 모두 120명 이내의 수강인원을 기록한바, A에 대한 분반은 허용되지 않는다.

합격생 가이드

두 번째 기준의 기준 변동 조건을 빼놓지 않고 적용하는 것이 틀리지 않기 위한 핵심이라고 할 수 있다. ㄴ의 경우 평균 인원 수 조건과 단일 수강인원 조건 모두를 만족시키도록 문제에서 제시되었지만, 제시문과 같이 기준 등이 제시된 경우 둘 중 하나만 만족시키더라도 기준 등을 만족시키게 된다는 점 역시 주의가 필요하다.

20

답 ⑤

난도 ★

정답해설

④ 상황 두 번째 내용에 따르면 관련 정부사업과의 연계가능성 평가비중이 확대되어야 한다. ④ 이하의 관련 정부사업과의 연계가능성의 배점에 따르면 현행 5점에서 10점으로 확대되었다. 그러므로 관계부처 협의 결과에 부합한다고 할 수 있다.

© 상황 세 번째 내용에 따르면 시범사업 조기 활성화와 관련된 대학 내 주체 간 합의 정도에 대한 지표를 이동하여 계속 평가하여야 한다. ④ 이하의 대학 내 주체 간 합의 정도 항목은 현행에는 존재하지 않으나 수정안에서 배점 5점으로 추가되었다. 그러므로 관계부처 협의 결과에 부합한다고 할 수 있다.

⑩ 상황 세 번째 내용에 따르면 시범사업 조기 활성화와 관련된 평가지표를 삭제하되 대학 내 주체 간합의 정도는 타 지표로 이동하여 계속 평가해야 한다. ⑩ 및 그 이하의 하위 지표에 따르면 ⑩ 지표는 삭제되며 대학 내 주체 간 합의 정도는 'Ⅱ. 대학의 사업 추진 역량과 의지' 이하로 이동되어 계속 평가하고, 부지 조기 확보 가능성은 삭제된다. 그러므로 관계부처 협의 결과에 부합한다고 할 수 있다.

오답해설

㉮ 상황 첫 번째 내용에 따르면 신청 사업 부지 안에 건축물이 포함되어 있어도 신청을 허용해야 한다. 그러나 ㉮의 단서에서는 건축물이 없어야 한다고 정하고 있다. 그러므로 '관계부처 협의 결과'에 부합한다고 할 수 없다.

㉲ 상황 네 번째 내용에 따르면 논의된 내용 이외의 하위 지표의 항목과 배점은 사업의 안정성을 위해 현행 유지해야 한다. 그러나 ㉲ 이하의 기업의 참여 가능성, 참여 기업의 재무건전성의 배점은 현행에서 각각 수정됐다. 그러므로 관계부처 협의 결과에 부합한다고 할 수 없다.

합격생 가이드

각 상황에 따라 확인해야 할 지표들이 1대1 대응에 가깝게 제시되어 있어 쉽게 풀 수 있는 문제라고 할 수 있다. 세 번째 내용에 대한 수정사항이 다수 등장하고 있는 만큼 풀이 과정에서 유의한다면 오답의 가능성을 상당히 낮출 수 있다고 생각한다.

21

답 ②

난도 ★★

정답해설

② 甲의 발언에 따르면 甲은 乙보다 늦게 다녀왔다. 乙의 발언에 따르면 乙은 저녁에 다녀왔고, 丙은 점심에 다녀왔다. 丙의 발언에 따르면 丙은 월요일에 다녀오지 않았다. 이에 따라 가능한 조합은 다음과 같다. (甲, 乙, 丙) = (화저, 월저, 화점), (수점, 월저, 화점), (수저, 월저, 화점), (수점, 화저, 화점), (수저, 화저, 화점), (화저, 월저, 수점), (화점, 월저, 수점), (수점, 월저, 수점), (수저, 화저, 수점) (총 9가지). 선지의 조건에 따라 甲이 점심에 다녀왔고, 丙보다 먼저 다녀왔다고 가정하자. 그때 가능한 조합은 (甲, 乙, 丙)=(화점, 월저, 수점)뿐이다.

오답해설

① 주어진 조건에 따르면 (甲, 乙, 丙)=(화저, 월저, 화점), (수점, 월저, 화점), (수저, 월저, 화점), (수점, 화저, 화점), (수저, 화저, 화점), (화저, 월저, 수점), (화점, 월저, 수점), (수점, 월저, 수점), (수저, 화저, 수점) 총 9가지 경우가 가능하다. 선지의 조건을 줬을 때 가능한 경우는 (화저, 월저, 화점), (수점, 월저, 화점), (수저, 월저, 화점), (수저, 화저, 수점) 4가지이다.

③ 주어진 조건에 따르면 (甲, 乙, 丙)=(화저, 월저, 화점), (수점, 월저, 화점), (수저, 월저, 화점), (수점, 화저, 화점), (수저, 화저, 화점), (화저, 월저, 수점), (화점, 월저, 수점), (수점, 월저, 수점), (수저, 화저, 수점) 총 9가지 경우가 가능하다. 선지의 조건을 줬을 때 가능한 경우는 (화저, 월저, 화점), (수점, 월저, 화점), (수저, 월저, 화점), (수점, 화저, 화점), (수저, 화저, 화점), (화저, 월저, 수점), (수저, 화저, 수점) 7가지이다.

④ 주어진 조건에 따르면 (甲, 乙, 丙)=(화저, 월저, 화점), (수점, 월저, 화점), (수저, 월저, 화점), (수점, 화저, 화점), (수저, 화저, 화점), (화저, 월저, 수점), (화점, 월저, 수점), (수점, 월저, 수점), (수저, 화저, 수점) 총 9가지 경우가 가능하다. 선지의 조건을 줬을 때 가능한 경우는 (수점, 화저, 화점), (수저, 화저, 화점), (수저, 화저, 수점) 3가지이다.

⑤ 주어진 조건에 따르면 (甲, 乙, 丙)=(화저, 월저, 화점), (수점, 월저, 화점), (수저, 월저, 화점), (수점, 화저, 화점), (수저, 화저, 화점), (화저, 월저, 수점), (화점, 월저, 수점), (수점, 월저, 수점), (수저, 화저, 수점) 총 9가지 경우가 가능하다. 선지의 조건을 줬을 때 가능한 경우는 (화저, 월저, 수점), (화점, 월저, 수점) 2가지이다.

합격생 가이드

제시된 조건만으로 가능한 경우의 수가 많을 때는 가장 정답일 가능성이 높은 선지부터 골라내는 것이 빠른 해결을 위해 중요하다고 생각한다. 정답일 가능성이 높은 선지를 찾기 위해서 가장 경우의 수가 적은 대상부터 공략하는 것이 효과적이다. 예컨대 위 문제의 경우 조건에 따라 가장 경우의 수가 많은 것은 甲인 반면, 乙은 월요일 저녁과 화요일 저녁, 丙은 화요일 점심과 수요일 점심 각 2가지 경우만이 가능하다. 따라서 ⊙에 들어갈 내용이 이 둘 중 하나라도 확정시킬 수 있다면 답이 될 가능성이 가장 크다고 판단할 수 있다. 정답이 되는 ②는 丙의 가능성을 하나로 줄이는 것은 물론 甲의 위치까지 확정시킨다. 이러한 접근법을 다른 비슷한 문제에도 적용을 통해 숙달시킨다면 훨씬 더 쉽게 해당 유형을 해결할 수 있다고 생각한다.

구분	월	화	수
점심			丙
저녁	乙		

22

답 ⑤

난도 ★★★

정답해설

⑤ 상황에 따르면 3일 연속 일치한 경험을 한 잠재 사용자는 날씨 예보 앱을 설치한다. 사전테스트전략에 따르면 날씨 일치 여부와 관계 없이 잠재 사용자 집단의 절반에게는 "비가 온다"로 다른 절반에게는 "비가 오지 않는다"로 메시지를 보낸다. 따라서 개별 사용자가 예보와 날씨가 일치하는 경험을 할 확률은 $\frac{1}{2}$이라고 할 수 있다. 이에 따라 설치하게 되는 경우는

- 첫째 날부터 셋째 날까지 일치한 경우
- 첫째 날 불일치 이후 둘째 날부터 넷째 날까지 일치한 경우
- 첫째 날 일치 후 둘째 날 불일치, 셋째 날부터 다섯째 날까지 일치한 경우
- 첫째 날, 둘째 날 불일치, 셋째 날부터 다섯째 날까지 일치한 경우 총 4가지뿐이다.

그러므로 상황에 따른 실험 결과는 다음과 같이 도출될 수 있다.

(설치한 사용자 수)$=200,000\times\left\{\left(\frac{1}{2}\right)^3+\left(\frac{1}{2}\right)^4+\left(\frac{1}{2}\right)^5+\left(\frac{1}{2}\right)^6\right\}=200,000\times\left(\frac{1}{2}\right)^2$

$=50,000$

합격생 가이드

제시문이 길게 제시되어 있어 상황이 이해가 가지 않아 틀릴 위험이 있는 문제라고 생각한다. 이해가 안되는 경우 오히려 도식화를 하는 것이 가장 빠른 방법이 될 수 있다고 생각한다.

23

답 ①

난도 ★

정답해설

① 세 번째 내용에 따르면 □□부 장관은 지방자치단체 간 통합권고안에 관하여 해당 지방의회의 의견을 들어야 하나, □□부 장관이 필요하다고 인정하여 해당 지방자치단체의 장에게 주민투표를 요구하여 실시한 경우에는 그렇지 않다. 그러므로 □□부 장관이 요구하여 지방자치단체의 통합과 관련한 주민투표가 실시된 경우에는 통합권고안에 대해 지방의회의 의견을 청취하지 않아도 된다고 할 수 있다.

오답해설

② 두 번째 내용에 따르면 지방의회 또는 주민은 위원회에 통합을 건의할 때 통합대상 지방자치단체를 관할하는 특별시장 · 광역시장 또는 도지사(시 · 도지사)를 경유해야 한다.

③ 두 번째 내용에 따르면 주민이 인근 지방자치단체와의 통합을 위원회에 건의하는 경우 해당 지방자치단체의 주민투표권자 총수의 50분의 1 이상의 연서(連書)가 있어야 한다. 따라서 주민투표권자 총수가 10만 명인 지방자치단체의 주민들이 통합을 건의하고자 할 때, 그 50분의 1인 2,000명 이상의 연서가 있어야 한다.

④ 다섯 번째 내용에 따르면 통합추진공동위원회의 위원은 관계지방자치단체의 장 및 그 지방의회가 추천하는 자로 한다. 그러나 □□부 장관의 추천에 대한 정보는 제시되어 있지 않다.

⑤ 두 번째 내용에 따르면 지방자치단체의 장, 지방의회 또는 주민은 위원회에 통합을 건의할 때 통합대상 지방자치단체를 관할하는 특별시장 · 광역시장 또는 도지사(이하 시 · 도지사)를 경유해야 한다. 그러나 지방의회의 의결을 거쳐야 한다는 정보는 제시되어 있지 않으므로, 지방자치단체의 장은 해당 지방자치단체의 통합을 △△위원회에 건의할 때, 지방의회의 의결을 거쳐야 한다고 할 수 없다.

24

답 ②

난도 ★★

정답해설

② 여섯 번째 내용에 따르면 통합추진공동위원회의 위원 수는 관계지방자치단체 위원 수에 관계지방자치단체 수를 곱하여 도출한다. 다섯 번째 내용에 따르면 관계지방자치단체 위원 수는 다음과 같이 도출한다. 관계지방자치단체 위원 수=[(통합대상 지방자치단체 수)×6+(통합대상 지방자치단체를 관할하는 특별시·광역시 또는 도의 수)×2+1]÷(관계지방자치단체 수). 상황에 따르면 관계지방자치단체 수는 甲도, A군, B군, 乙도, C군, 丙도, D군 등 7개이다. 따라서 관계지방자치단체 위원 수는 5명이다.

(관계자치단체위원 수)=(4×6+3×2+1)÷7=4.42857…≈5

그러므로 통합추진공동위원회의 위원 수는 관계지방자치단체 위원 수에 관계지방자치단체 수를 곱한 35명이다.

◆ 합격생 가이드

제시문을 바탕으로 상황에 적용하는 간단한 문제라고 할 수 있다. 관계지방자치단체 수를 정확히 셀 수만 있다면 틀리기 어려운 만큼, 제시문에서 관계지방자치단체가 무엇을 의미하는 지 파악하는 한편, ④와 같이 식에 따라 답이 될 가능성이 전혀 없는 선지들을 미리 지우는 것이 틀릴 가능성을 낮추는 데 좋다고 생각한다.

25

답 ②

난도 ★★★

정답해설

② 주어진 조건에 따라 B구의 행정구역분류코드를 해석한다면 다음과 같다.

분류코드	1	0	0	3	?
의미	광역자치단체		기초자치단체		기타
㉠	○○시		B구(자치구)		0
㉡	임의의 광역		○○시		B구(임의의 수)

이에 따라 ㉠의 경우 A구의 행정구역분류코드는 처음 두 자리가 10으로 같고 그다음 두 자리는 03과 달라야 하며, 마지막 자리는 00이어야 한다. ㉡의 경우 A구의 행정구역분류코드는 처음 두 자리와 그다음 두 자리가 B와 같고 마지막 자리만 00이 아닌 B와 다른 숫자여야 한다. 그러므로 ㉠ : 10020, ㉡ : 10033은 해석된 조건을 만족시킨다고 할 수 있다.

오답해설

① 조건에 따르면 ㉡의 경우 A구의 행정구역분류코드는 처음 두 자리와 그다음 두 자리가 B와 같고 마지막 자리만 00이 아닌 B와 다른 숫자여야 한다. 그러나 ㉡ : 10021의 경우 그다음 두 자리가 B의 행정구역분류코드와 다르다.

③ 조건에 따르면 ㉠의 경우 A구의 행정구역분류코드는 처음 두 자리가 10으로 같고 그 다음 두 자리는 03과 달라야 하며, 마지막 자리는 00이어야 한다. ㉡의 경우 A구의 행정구역분류코드는 처음 두 자리와 그다음 두 자리가 B와 같고 마지막 자리만 00이 아닌 B와 다른 숫자여야 한다. 그러나 ㉠ : 10033의 마지막 자리는 00이 아니며, 그다음 두 자리는 B와 같다.

④ 조건에 따르면 ㉡의 경우 A구의 행정구역분류코드는 처음 두 자리와 그다음 두 자리가 B와 같고 마지막 자리만 00이 아닌 B와 다른 숫자여야 한다. 그러나 ㉡ : 10027의 경우 그다음 두 자리가 B의 행정구역분류코드와 다르다.

⑤ 조건에 따르면 ㉠의 경우 A구의 행정구역분류코드는 처음 두 자리가 10으로 같고 그다음 두 자리는 03과 달라야 하며, 마지막 자리는 00이어야 한다. ㉡의 경우 A구의 행정구역분류코드는 처음 두 자리와 그다음 두 자리가 B와 같고 마지막 자리만 00이 아닌 B와 다른 숫자여야 한다. 그러나 ㉠ : 20030의 경우 B와 처음 두 자리가 다르다.

◆ 합격생 가이드

상황에서 명확하게 경우의 수를 둘로 나눠주고 있는 만큼, 제시문의 조건을 독해하는 과정에서 둘로 분류해서 접근하는 것이 좋다. '시'가 중의적일 수 있다는 점을 주요 장치로써 활용하고 있다는 점에서 조건 해석에 더욱 유의가 필요해 보인다.

좋은 책을 만드는 길
독자님과 함께하겠습니다.

도서나 동영상에 궁금한 점, 아쉬운 점, 만족스러운 점이
있으시다면 어떤 의견이라도 말씀해 주세요.
SD에듀는 독자님의 의견을 모아 더 좋은 책으로 보답하겠습니다.

www.sdedu.co.kr

2023 5·7급 PSAT 상황판단 퍼즐+계산 유형 뽀개기!

개정1판1쇄 발행	2023년 01월 05일 (인쇄 2022년 09월 28일)
초 판 발 행	2022년 05월 04일 (인쇄 2022년 03월 21일)
발 행 인	박영일
책 임 편 집	이해욱
편 저	SD PSAT연구소
편 집 진 행	한성윤
표지디자인	박종우
편집디자인	김예슬 · 윤준호
발 행 처	(주)시대고시기획
출 판 등 록	제 10-1521호
주 소	서울시 마포구 큰우물로 75 [도화동 538 성지 B/D] 9F
전 화	1600-3600
팩 스	02-701-8823
홈 페 이 지	www.sdedu.co.kr
I S B N	979-11-383-3319-1 (13350)
정 가	20,000원